II 債権編

Law Practice
民 法 ［第5版］

千葉恵美子＋潮見佳男＋片山直也 ［編］

Civil Law

商事法務

第5版はしがき

2017（平成29）年の民法（債権関係）改正に続き，2018（平成30）年には，相続法改正（平成30年法律第72号），また，2021（令和3）年4月には，「民法等の一部を改正する法律」（令和3年法律第24号）によって民法・不動産登記法等の改正が行われ，また，「相続等により取得した土地所有権の国庫への帰属に関する法律」（令和3年法律第25号。以下「相続土地国庫帰属法」という）が新設されました。

そこで，こられの改正を踏まえて，本書を4年ぶりに全面的に改訂し第5版として刊行することにいたしました。

改訂にあたっては，初版のはしがきで述べた本書の執筆方針を維持することを確認した上で，編者3名で，改正民法の施行によってどのようなテーマを補充するべきか，また，これまでの項目に変更すべき点がないか慎重に検討いたしました。

協議を重ねた結果，新規のテーマを追加するとともに，これまでの項目についても，2017年の民法（債権関係）改正に基づく解釈論が展開されてきつつあることから，新しい判例の補充とともに，改正民法に基づいた解説の修正・補充を全面的に行うことにいたしました。この結果，本書は，すべて改正後の民法の条文に基づいて解説が行われています。

改正内容についてみると，2018年の相続法改正については『Law Practice 民法III〔第2版〕』でも取り扱われていますが，財産法との関係で議論すべき点については，読者の理解を深めるために『Law Practice 民法I』，『Law Practice 民法II』でも適宜取り上げることにしました。一方，2021年改正では，所有者不明土地の増加等によって不動産の管理が十分でない状況が生じていることから，所有者不明土地の発生の予防とこのような土地の利用・管理の円滑化のために，不動産所有権を中心とした民事基本法および不動産登記制度の総合的な見直しが行われており，主に『Law Practice 民法I』で取り上げました。

なお，2021年改正にかかる民法および不動産登記制度の改正部分については，2023（令和5）年4月1日から（ただし，不動産登記法の改正のうち，

相続登記の申請義務化および相続人申告登記に関する規定については2024年4月1日，住所等の変更登記の申請義務や所有不動産記録証明制度などについては，2026年4月28日までに），また，相続土地国庫帰属法は，2023（令和5）年4月27日から施行されます。

改正民法によって新たな法規範として追加された条文の中には，解釈論が固まっていない点も多く，注文の多い編者からのお願いに，執筆者の先生方に丁寧にご対応いただきましたこと，編者一同，心より感謝申し上げます。「改正民法に即して事例問題を作成した上で，改正民法に基づいてどのように考えるのか」をわかりやすく解説するという難しい作業となりましたが，充実した内容の第5版を刊行することができますのも，ひとえに執筆者の先生方のご尽力の賜物です。

また，この度も，㈱商事法務コンテンツ制作部の吉野祥子氏のご奮闘なしには，改正民法に基づいて全面改訂した本書を迅速に皆様にお届けすることはできなかったと思います。細部にわたるチェック，編者と執筆者の連絡・調整など，執筆者が多い本書の編集作業を精力的に行っていただき，さまざまにご支援・ご協力をいただきましたことを，この場を借りて厚く御礼を申し上げます。

最後になりましたが，校正作業の段階で，本書の編者の1人であり，この間の民法改正作業の中で，大きな影響を与えてこられた潮見佳男教授が逝去されました。多忙な公務の中，潮見教授は，体系書の改訂作業を精力的に進められ，多くの改正について解釈の方向性を，また，民法学の体系にどのように位置づけられるのかを示され，残された課題を明らかにして下さいました。63歳という円熟期に急逝された潮見教授自身の無念さを想うとともに，潮見教授ともう議論ができない寂しさを感じております。30年余りになる交流を懐かしく思い出しながら，潮見教授のご冥福を心よりお祈り申し上げたいと思います。

2022年8月

編者を代表して　千葉惠美子

初版はしがき

　本書は，法律基本７法についての「基本的な知識の習得」と「実践的な応用力の育成」をコンセプトとする『Law Practice シリーズ』の１つとして企画されました。『Law Practice シリーズ』は，法学部の３年生・４年生および法科大学院の未修者コースの学生・法科大学院の既修者コースの受験をめざす学生を対象とする「自習用演習教材」です。

　本書には，２つの点で特色があります。

　『Law Practice シリーズ』では，原則として数名で共同執筆する方式がとられていますが，民法については，当該分野について造詣が深い 63 名の先生に執筆をお願いすることにいたしました。膨大な情報量と知識を必要とする民法については，このような方式のほうが，スタンダードで，かつ，質の高い演習書を作成することができると考えたためです。

　本書の編集にあっては，編者３名が協議を重ね，民法の財産法領域全体をカバーする 100 項目を選び，執筆者の先生に特に取り上げていただきたい事項や論点を抽出し，次の執筆方針を採用することにいたしました。

　第１に，基本判例をベースとしながら，当該事案に対する解答を導くために，民法の基本的な考え方をできるだけわかりやすく示すこと，第２に，解決に至る思考のプロセスを示すこと，第３に，判例の考え方をわかりやすく記述すること，第４に，判例・学説上，見解の対立がある場合には，見解の対立点がどこにあるのかに焦点を当てて記述すること，以上の点です。

　「注文の多い」編者からのお願いにもかかわらず，執筆者の先生には，適切で興味深い事例問題を作成していただき，問題の解決の道筋を示しながら，関連する判例（参考判例）の正確な理解や見解の対立点に深く言及していただきました。論点としては，すでに多くの解説などがある分野であっても，これまで教科書などで十分に記述されていない点や見過ごされてきた点などについて丁寧に論述していただきました。編者一同，執筆者の先生には，厚く御礼申し上げます。

　本書のもう１つの特色は，民事訴訟手続の中で，紛争の当事者が民法をどのように活用するのかという観点から，事案を作成し解説をお願いした点に

あります。「民事訴訟」という一般的には馴染みがない場面で，民法をどのように活用するのかを考慮した理由の1つは，もちろん，本書が，法科大学院の学生を読者としている点にありますが，より本質的には，訴訟での民法の活用を意識することが，民法についての体系的で正確な理解を促進される働きがあると考えたためです。

「民法を学ぶ」という段階から「民法を使う」という段階へ。

すぐれた料理人の包丁さばきを見た後は，読者自身が，本書と基本書と判例を参考に，自分で料理を実践してみることが肝要です。本書では，関連問題として，事例問題を発展・展開させた問題，他の関連領域を扱った問題などを作成してあります。関連問題についても，具体的な紛争を解決する醍醐味を味わっていただくことを期待しています。

本書が，初学者向けの信頼される演習書となることを編者一同願っています。

最後になりましたが，㈱商事法務書籍出版部の吉野祥子氏には，本書の企画段階はもとより，執筆者が非常に多くなった本書の編集作業を粘り強く行っていただき，また，編集者と執筆者の連絡・調整などにご尽力いただきました。吉野氏の奮闘なくして，本書は日の目を見なかったと思います。編者一同，この場をお借りして，心よりお礼申し上げます。

2009 年 8 月

千葉恵美子

潮見　佳男

片山　直也

1　法令名の表記

　2017 年改正分・2018 年改正分については，すべて現行法ということになるので，条数のみ（○条）。ただし，「2017 年改正前民法○条」「2018 年改正前民法○条」の場合，「2017 改正前○条」のように示す。

　また，民法および不動産登記制度の改正部分については，令和 5（2023）年 4 月 1 日から（ただし，不動産登記法の改正のうち，相続登記の申請義務化および相続人申告登記に関する規定については 2024 年 4 月 1 日，住所等の変更登記の申請義務や所有不動産記録証明制度などについては，2026 年 4 月 28 日までに），相続土地国庫帰属法は，令和 5（2023）年 4 月 27 日から施行される。上記改正について，2023 年 4 月 1 日の時点で施行されている条文を引用する場合には条数のみを，その時点で施行前の条文については，「○条〔未施行〕」と表記する。

2　判例の表示

最判昭和 45・9・22 民集 24 巻 10 号 1424 頁
→最高裁判所昭和 45 年 9 月 22 日判決，最高裁判所民事判例集 24 巻 10 号 1424 頁

3　判例集・雑誌等の略称

下民集	下級裁判所民事判例集
金判	金融・商事判例
金法	旬刊金融法務事情
刑集	大審院・最高裁判所刑事判例集
交民集	交通事故民事裁判例集
高民集	高等裁判所民事判例集
集民	最高裁判所裁判集民事
ジュリ	ジュリスト
新聞	法律新聞
判決全集	大審院判決全集
判時	判例時報
判タ	判例タイムズ
判評	判例評論
法教	法学教室
評論	法律学説判例評論全集
民集	大審院・最高裁判所民事判例集
民録	大審院民事判決録
論究ジュリ	論究ジュリスト

4　文献の略称

一問一答債権関係	筒井健夫＝村松秀樹編著『一問一答 民法（債権関係）改正』（商事法務・2018）
環境百選	淡路剛久＝大塚直＝北村喜宣編『環境法判例百選〔第 2 版〕』（有斐閣・2011）
講義	中田裕康ほか『講義 債権法改正』（商事法務・2017）
潮見 I II	潮見佳男『新債権総論 I II』（信山社・2017）

基本判例	平井宜雄編『民法の基本判例〔第 2 版〕(別冊法学教室)』(有斐閣・1999)
最判解民	最高裁判所判例解説民事篇
重判	重要判例解説 (ジュリスト臨時増刊)
商法百選	江頭憲治郎＝山下友信編『商法 (総則・商行為) 判例百選〔第 5 版〕』(有斐閣・2008)
争点	内田貴＝大村敦志編『民法の争点 (ジュリスト増刊)』(有斐閣・2007)
中田・契約法	中田裕康『契約法〔新版〕』(有斐閣・2021)
中田・債権総論	中田裕康『債権総論〔第 4 版〕』(岩波書店・2020)
Before/After	潮見佳男ほか編著『Before/After 民法改正〔第 2 版〕』(弘文堂・2021)
百選ⅠⅡⅢ	潮見佳男＝道垣内弘人編『民法判例百選Ⅰ〔第 8 版〕』(有斐閣・2018),窪田充見＝森田宏樹編『民法判例百選Ⅱ〔第 8 版〕』(有斐閣・2018),水野紀子＝大村敦志編『民法判例百選Ⅲ〔第 2 版〕』(有斐閣・2018)
不動産百選	安永正昭＝鎌田薫＝山野目章夫編『不動産取引判例百選〔第 3 版〕』(有斐閣・2008)
ポイント	大村敦志＝道垣内弘人編『解説 民法 (債権法) 改正のポイント』(有斐閣・2017)
民事法ⅠⅡⅢ	鎌田薫ほか編著『民事法ⅠⅡⅢ〔第 2 版〕』(日本評論社・2010)
リマークス	私法判例リマークス (法律時報別冊)

＊最新版より古い百選については，版数と刊行年を示すことにした。

目　　次

● Law Practice 民法Ⅰ巻【総則・物権編】目次 ●

■編者紹介■

千葉恵美子（Chiba Emiko）
昭和 28 年生まれ。昭和 51 年北海道大学卒業
現在：大阪大学大学院高等司法研究科招聘教授
主著：集団的消費者利益の実現と法の役割（商事法務・2014）（共編著），
　　　新・シネマで法学（有斐閣・2014）（共著），キャッシュレス決済と
　　　法規整（民事法研究会・2019）（編著），アルマ民法2：物権〔第4
　　　版〕（有斐閣・2022）（共著）

潮 見 佳 男 （Shiomi Yoshio）
昭和 34 年生まれ。昭和 56 年京都大学卒業
元京都大学大学院法学研究科教授
主著：契約規範の構造と展開（有斐閣・1991），契約責任の体系（有斐閣・
　　　2000），契約法理の現代化（有斐閣・2004），新債権総論Ⅰ・Ⅱ（信山
　　　社・2017），民法（全）〔第3版〕（有斐閣・2022），詳解相続法〔第2
　　　版〕（弘文堂・2022）

片 山 直 也 （Katayama Naoya）
昭和 36 年生まれ。昭和 58 年慶應義塾大学卒業
現在：慶應義塾大学大学院法務研究科教授
主著：債権各論Ⅰ（弘文堂・2008）（共著），詐害行為の基礎理論（慶應義塾
　　　大学出版会・2011），財の多様化と民法学（商事法務・2014）（共編
　　　著），法典とは何か（慶應義塾大学出版会・2014）（共編著）

執筆者一覧（50音順）

秋山　靖浩（早稲田大学教授）→Ⅰ巻28・38

阿部　裕介（東京大学准教授）→Ⅰ巻54

池田　清治（北海道大学教授）→Ⅱ巻3

池田　雅則（成城大学教授）→Ⅰ巻56

石川　博康（東京大学教授）→Ⅱ巻15

石田　剛（一橋大学教授）→Ⅰ巻29・Ⅱ巻36

伊藤　栄寿（上智大学教授）→Ⅰ巻39・40

岩藤美智子（岡山大学教授）→Ⅱ巻22

臼井　豊（立命館大学教授）→Ⅰ巻16

大久保邦彦（大阪大学教授）→Ⅰ巻21・25

大澤　彩（法政大学教授）→Ⅱ巻1

大澤慎太郎（早稲田大学教授）→Ⅱ巻28

大塚　智見（大阪大学准教授）→Ⅰ巻18

大中　有信（同志社大学教授）→Ⅰ巻4

大場　浩之（早稲田大学教授）→Ⅰ巻33

岡本　裕樹（筑波大学教授）→Ⅰ巻15・Ⅱ巻30

荻野　奈緒（同志社大学教授）→Ⅱ巻10

尾島　茂樹（金沢大学教授）→Ⅰ巻23・Ⅱ巻23

笠井　修（中央大学教授）→Ⅱ巻21

※片山　直也（慶應義塾大学教授）→Ⅰ巻44・45・49・Ⅱ巻34

金子　敬明（名古屋大学教授）→Ⅰ巻22

鹿野菜穂子（慶應義塾大学教授）→Ⅰ巻13

鎌野　邦樹（早稲田大学教授）→Ⅰ巻5・6

川地　宏行（明治大学教授）→Ⅱ巻25

北居　功（慶應義塾大学教授）→Ⅱ巻7・12

久保　宏之（関西大学名誉教授）→Ⅱ巻19

窪田　充見（神戸大学教授）→Ⅱ巻53

栗田　昌裕（名古屋大学教授）→Ⅱ巻49

黒沼　悦郎（早稲田大学教授）→Ⅱ巻47

髙　秀成（大阪大学准教授）→Ⅱ巻24

小池　泰（九州大学教授）→Ⅱ巻54

古積健三郎（中央大学教授）→Ⅰ巻55

後藤　巻則（早稲田大学教授）→Ⅰ巻9

小山　泰史（上智大学教授）→Ⅰ巻57

三枝　健治（早稲田大学教授）→Ⅱ巻4

齋藤　由起（北海道大学教授）→Ⅰ巻26

※潮見　佳男（元京都大学教授）→Ⅱ巻8・11・26・56

七戸　克彦（九州大学教授）→Ⅰ巻32

下村　信江（近畿大学教授）→Ⅰ巻43

白石　　大（早稲田大学教授）→Ⅱ巻37・38

白石　友行（千葉大学教授）→Ⅱ巻9

水津　太郎（東京大学教授）→Ⅰ巻47

角田美穂子（一橋大学教授）→Ⅰ巻14

高須　順一（法政大学教授）→Ⅱ巻35

髙原　知明（大阪大学教授）→Ⅰ巻41

滝沢　昌彦（一橋大学教授）→Ⅱ巻40

田髙　寛貴（慶應義塾大学教授）→Ⅰ巻50・51

田中　教雄（九州大学教授）→Ⅱ巻13

※千葉恵美子（大阪大学招聘教授）→Ⅰ巻27・36・42・Ⅱ巻16

都筑　満雄（明治大学教授）→Ⅱ巻17

常岡　史子（横浜国立大学教授）→Ⅰ巻2

手嶋　　豊（神戸大学教授）→Ⅱ巻45

鳥山　泰志（東北大学教授）→Ⅰ巻48

長野　史寛（京都大学教授）→Ⅱ巻51

中原　太郎（東京大学教授）→Ⅱ巻50

難波　譲治（中央大学教授）→Ⅰ巻8

西内　康人（京都大学准教授）→Ⅰ巻7

野澤　正充（立教大学教授）→Ⅱ巻39

野々上敬介（龍谷大学准教授）→Ⅰ巻19

橋本　佳幸（京都大学教授）→Ⅱ巻48

平野　裕之（慶應義塾大学教授）→Ⅰ巻59・Ⅱ巻32

平林　美紀（南山大学教授）→Ⅱ巻31

深川　裕佳（南山大学教授）→Ⅱ巻29

福田　誠治（駒澤大学教授）→Ⅱ巻27

藤原　正則（北海道大学名誉教授）→Ⅱ巻41・42

松井　和彦（大阪大学教授）→Ⅱ巻6・14

松尾　　弘（慶應義塾大学教授）→Ⅰ巻30・31

松岡　久和（立命館大学教授）→Ⅰ巻35・53

松久三四彦（北海学園大学教授）→Ⅰ巻24

松本　克美（立命館大学特任教授）→Ⅱ巻5

水野　　謙（学習院大学教授）→Ⅱ巻52・55

宮下　修一（中央大学教授）→Ⅰ巻20

武川　幸嗣（慶應義塾大学教授）→Ⅰ巻11・12
村田　大樹（関西大学教授）→Ⅰ巻52・Ⅱ巻20
山下　純司（学習院大学教授）→Ⅰ巻1
山田　　希（立命館大学教授）→Ⅰ巻17
山野目章夫（早稲田大学教授）→Ⅰ巻58
山本　和彦（一橋大学教授）→Ⅱ巻33
山本　敬三（京都大学教授）→Ⅰ巻10
山本　周平（北海道大学准教授）→Ⅱ巻44
油納　健一（広島大学教授）→Ⅱ巻43
吉永　一行（東北大学教授）→Ⅰ巻3
吉原　知志（大阪公立大学准教授）→Ⅰ巻34
吉政　知広（京都大学教授）→Ⅱ巻2・18
和田　勝行（京都大学准教授）→Ⅰ巻46
和田　真一（立命館大学教授）→Ⅱ巻46
渡邊　　力（関西学院大学教授）→Ⅰ巻37

※は編者を指す。氏名・所属の後は担当の問題番号を指す。

債権編

1 定型約款の拘束力

弁護士 X は自己の事務所にコピー機を設置して弁護士業務に使用するため，業務用コピー機のリース業務を行っている Y との間でコピー機のリース契約（月額 2 万円）および，同コピー機の保守契約を締結した。契約にあたり，Y から「本契約の詳しい内容は約款に定められております。約款は当社のインターネットサイトに掲載されておりますので後でご覧になってください」といわれていたが，X は多忙であったため，約款の内容をよく読んでいなかった。契約締結から 1 か月後，X は最初の保守点検サービスを受ける際に，トナーとコピー用紙 1 万枚を購入するよう，Y から求められた。X がこれを拒絶しようとしたところ，Y から「当社の約款に『保守契約を締結した者は，毎月トナーとコピー用紙 1 万枚を購入すること』を義務づける条項が入っております」といわれた。納得がいかない X は Y に対して本件リース契約と本件保守契約を解除したい旨主張したところ，Y から「リース契約，保守契約ともに最低 1 年間は契約すること，および，1 年以内にリース契約および保守契約を解除した場合には X は Y に対して違約金として残期間の賃料を支払う」旨定めた条項が約款に定められていると主張された。X はコピー用紙とトナーの購入を義務づけられるのか。また，Y との間の本件リース契約および本件保守契約を解除することはできるのか。

●】解説【●

1 約款とは何か：約款の拘束力をめぐる従来の学説

約款とは，一般に，契約の一方当事者が多数の相手方との契約に用いるためにあらかじめ定式化された契約条項の一群のことをいう。約款は契約の一方当事者のみ（本問では Y のみ）によって定められ，相手方（本問では X）

はそこに含まれる契約条項の内容の決定や修正に関与しないどころか，個々の条項の内容を理解し，吟味することが困難なままに契約を締結することも多い。その結果，相手方が思いもよらないような契約条項や相手方に一方的に不利な内容の契約条項が約款に含まれていることがある。

　そこで，学説では，約款に含まれる個別の契約条項の内容に当事者が合意し，それらが契約内容に組み入れられたといえる場合はどのような場合なのか，および，約款に相手方にとって不利な内容の条項が含まれていた場合に，当該条項の効力はどうなるのかについて，議論が展開されてきた。最近の学説によれば，約款が契約内容に組み入れられるためには，約款が相手方に開示され，それによって相手方が約款の内容について具体的に認識可能な状態にあること，および，約款を組み入れる旨の当事者の合意が必要である。そのうえで，約款の組入要件が満たされ，当事者が約款に含まれる個別の条項へ合意をしたとみなされる場合であっても，約款に定められた条項に不当な内容がある場合には規制の対象となる。これが不当条項規制であり，民法の規定であれば公序良俗規定などによる条項無効や契約の解釈による実質的な内容規制，消費者契約については消費者契約法8条以下の規定による内容規制がなされる。また，条項作成者の相手方にとっておよそ合理的に予測できない内容の条項は契約内容にならないという，不意打ち条項の排除という考え方も存在している。

　民法では約款のうち，「定型取引において，契約の内容とすることを目的としてその特定の者により準備された条項の総体」を「定型約款」と定義したうえで（548条の2第1項本文），当事者が定型約款内の個別の条項に合意をしたものとみなされる場合，言い換えれば，定型約款に当事者が拘束される場合を明文で定めている（同項1号・2号）。また，定型約款の中に不当な内容の条項が含まれている場合には，当該条項がそもそも契約内容として組み入れられないという効果が発生するため，不当な内容の条項を実質的に排除することが可能である（同条2項）。

　本問でYがXをはじめとする顧客向けに使用している約款が民法の「定型約款」に当たる場合には，本件約款がXを拘束するための要件を満たしているか否かが民法の定型約款の規定によって判断されることになる。これ

に対して,「定型約款」には当たらないのであれば,以上に述べた学説の考え方に基づいて当該約款の拘束力の有無が判断されることになる。

2 定型約款とは

そこで,本問でYがXをはじめとする顧客に対して用いている約款が「定型約款」に当たるか否かが問題となる。

民法548条の2によると,定型約款とは「定型取引において,契約の内容とすることを目的としてその特定の者により準備された条項の総体」である。要件は以下のとおりである。

(1) 要件ⓐ 「定型取引において」用いられるものであること

まず,「定型取引において」用いられるものでなければならない。当該取引が「定型取引」に当たるか否かは,次の2つの要件のもとで判断される。

第1に,「ある特定の者が不特定多数の者を相手方として行う取引」でなければならない。ここでは「多数」ではなく「不特定多数」であることが要件とされているが,これは相手方の個性に着目した取引か否かを問題とする要件であると理解されている(そのことから,相手方の個性に着目して締結される労働契約は「定型取引」ではない)。もっとも,一定の集団に属する「特定多数」の者との間での取引であっても,相手方の個性に着目せずに行う取引であれば,この要件を満たしうる。

第2に,その内容の全部または一部が画一的であることが当事者双方にとって合理的なものであることが要求されている。すなわち,当事者が交渉によって契約条項を修正することがまったく予定されていない場合や,約款作成者の都合(大量取引の実現性や迅速性等)や事実上の力関係の差ゆえに交渉が想定されていないという場合ではなく,その取引の客観的態様およびその取引に対する一般的な認識を踏まえて,契約相手方が交渉を行わずに一方当事者が準備した契約条項の総体をそのまま受け入れることが合理的であるといえる場合,言い換えれば,多数の人々に対して物やサービスが平等な基準で一律に提供される取引が,定型取引として想定されている。この場合に,当事者が事業者か消費者かは問わない。

リース契約および本件保守契約はコピー機を日常的に利用したいと考える不特定多数の顧客を対象として,それらの顧客の個性を問わずに一律に締結

される契約である。そのうえで，これらの契約が顧客ごとに対価等を見直すことなく一律な内容で提供されるものであることが通常ということができるかどうかが問題となる。

(2) 要件ⓑ「契約の内容とすることを目的として」特定の者により準備された条項の総体

「契約の内容とすることを目的として」，すなわち，契約内容に組み入れることを目的として，当該定型取引を行うその特定の者により準備された条項の総体であれば，「定型約款」に当たる。本問のように，一方当事者（Y）が複数の条項を掲載した約款をあらかじめ準備しているような場合がこれに当たる。

(3) 民法の定型約款に関する経過措置

定型約款に関する民法の規定については，原則として，2017年改正前民法（以下，「改正前民法」という）の下で締結された契約に係る定型約款についても全体としてこれを適用する（附則33条1項）。ただし，改正前民法の規定によって生じた効力は妨げられない。また，施行日の前日までの間に当事者の一方が書面または電磁的記録によって反対の意思（すなわち，民法の規定を適用しない旨の意思）を表示した場合に限り，当該契約については引き続き改正前民法によるが（附則33条2項・3項），「契約又は法律の規定により解除権を現に行使」することによって民法の適用を望まない場合に当該契約から離脱することができる者は，反対の意思を表示することができない（同条2項第一括弧書部分）。

3 定型約款のみなし合意

(1) 問題の所在

本問のように，約款に含まれる個別の条項の内容を相手方（X）が認識・理解していたとはいえない状態で契約が締結された場合に，Xはこれらの個別の条項に拘束されるのだろうか。従来の学説によればXが約款の内容を認識することができたうえで，当該約款に合意したことが求められるが，民法の規定によるとどうなるのだろうか。

(2) 定型約款へのみなし合意が認められる場合

民法548条の2第1項によれば，以下の2つの場合には，定型約款準備者

の相手方は定型約款内の個別の条項にも合意したものとみなされる。

第1に，定型取引を行うことの合意（「定型取引合意」）をした者が，定型約款を契約の内容とする旨の合意をした場合である（548条の2第1項1号）。合意は明示された合意はもちろん，黙示の合意もこれに当たる。

第2に，第1のような定型約款を契約内容に組み入れる旨の合意がない場合であっても，定型約款を準備した者が，あらかじめ（すなわち，契約締結前に），「その定型約款を契約の内容とする」旨を相手方に表示（548条の2第1項2号）していた場合にも同様に定型約款に含まれる個別条項に合意したものとみなされる。「定型約款を準備した者」には約款を作成した者はもちろん，たとえば別の者が作成した約款（業界団体が作成した契約ひな型など）を契約に用いるために準備した者も含まれる。

民法548条の2第1項では，約款の内容そのものを契約締結時までに事前に相手方に示すことや，相手方が合理的な行動をとれば約款の内容を知ることができる機会が確保されていることは要件とされておらず，同項2号のように，定型約款を準備した者が「その定型約款を契約の内容とする」旨を相手方に表示していた場合にも，相手方の定型約款に含まれる個別条項への合意があったとみなされる。本問では，XとYがコピー機のリース契約と保守契約という定型取引を行う旨の合意をしていたことを前提として，Yの「本契約の詳しい内容は約款に定められております。約款は当社のインターネットサイトに掲載されておりますので後でご覧になってください」という言葉が，本件定型約款を契約の内容とする旨を相手方（X）に表示したものと判断できるかどうかが問題となる。

(3) 定型約款の開示

しかし，これでは定型約款準備者の相手方からすれば，何が契約内容になるかをおよそ知りようもない状態で当該契約内容に拘束されるおそれがある。特に，民法548条の2第1項2号については，相手方の定型約款（ここでは個別の条項ではなく総体としての定型約款）を契約の内容とすることへの合意すら要求していないため，なぜ相手方は合意していない定型約款に拘束されるのかが問題となる。これについて，同号についても，定型約款準備者が定型約款による旨を表示したことに対して，相手方が異議をとどめずに定

型取引についての合意をした（すなわち，黙示の合意があった）という点に定型約款の拘束力の根拠を求めるものであるとの説が有力に主張されている。しかし，約款の開示が相手方に対する契約内容についての情報提供の機能をも果たすことを踏まえると，以上の要件の下ではこの機能すら果たされないおそれがある。

そこで，民法548条の3は，定型約款準備者の相手方が定型取引合意前または定型取引合意後相当の期間内に定型約款の開示を請求できると定めている。「相当な方法」としては，立案担当者によれば定型条項を記載した書面を現実に開示したり，定型条項が掲載されているホームページを案内するといった方法が考えられているが，相手方に契約上の権利義務の内容確認ができるよう，常時確認が可能となる書面の交付や電磁的記録の交付が必要であるとの見解も有力に主張されている。

ただし，定型約款準備者がすでに相手方に対して定型約款を記載した書面を交付し，またはこれを記録した電磁的記録（CDの交付やメールでのPDFファイルの送信など）を提供していたときは，相手方の手元に定型条項があっていつでも相手方は内容を確認できる状態となっていることから，その後の請求を認める必要がない（548条の3第1項ただし書）。

定型約款準備者が定型取引合意の前において前項の請求を拒んだときは，民法548条の2が適用されないため，当該定型約款は契約に組み入れられない。ただし，一時的な通信障害が発生した場合その他正当な事由がある場合は，この限りではない。

その一方で，定型取引合意後の開示請求を正当な理由なく拒絶した場合にも，信義則上，約款の内容たる条項の援用が否定されるとともに，開示の正当な理由なき拒絶は債務不履行に当たり，定型約款準備者に対する損害賠償請求，履行強制としての書面・電磁的記録の交付の強制を行うことができると考えられている。

以上のように，相手方から約款の開示請求があった場合のみ，定型約款の開示が義務づけられるというのが民法の規定の特徴であるが，上述したように相手方に対する契約内容についての情報提供の必要性を考えると，少なくとも約款使用者の相手方が約款の内容を認識できるようにするために契約締

結前に約款を開示していることが，約款の拘束力を肯定するうえでも求められるのではないだろうか。

4　みなし合意の例外規定

以上のように，民法の規定によれば定型約款へのみなし合意が比較的緩やかに認められるが，定型約款内の個別の条項の内容によってはみなし合意が否定されることもある。民法548条の2第2項によると，同条1項の条項のうち，「相手方の権利を制限し，又は相手方の義務を加重する条項であって，その定型取引の態様及びその実情並びに取引上の社会通念に照らして第1条第2項に規定する基本原則に反して相手方の利益を一方的に害すると認められるもの」については，合意をしなかったものとみなされる。

本条は，緩やかな要件で合意したとみなされる定型約款に紛れ込んでいる不当条項や不意打ち条項を契約から除外するものである。もっとも，消費者契約法10条や民法の公序良俗規定等による不当条項規制は，問題となる条項に対する合意が成立していることを前提としたうえで不当な条項を無効とする規定であるのに対して，民法548条の2第2項はこの要件に該当する不当条項については合意しなかったものとみなすという規定である。

(1)　要件ⓐ「相手方の権利を制限し，又は相手方の義務を加重する条項」

みなし合意が否定される条項は「相手方の権利を制限し，又は相手方の義務を加重する条項」である。具体的には，当該条項がなければ認められるであろう相手方の権利義務が制限・加重されている場合には，この要件を満たす。本問では，毎月トナーやコピー用紙を購入させるという条項の内容，および，最低1年間の契約期間を定め，途中で解除する場合には違約金を課すという条項の内容が，相手方の権利義務を制限・加重したものといえるかどうかが問題となる。

(2)　要件ⓑ「その定型取引の態様及びその実情並びに取引上の社会通念に照らして第1条2項に規定する基本原則に反して相手方の利益を一方的に害すると認められるもの」

当該「定型取引の態様及びその実情並びに取引上の社会通念」を考慮したうえで，当該条項が信義則に反して相手方の利益を一方的に害するといえるかが問題となる。

具体的にはまず，「定型取引の態様」は，条項が隠蔽されたり明確性を欠いている結果，相手方が予測し得ない条項が存在する可能性があるという定型約款の特殊性を考慮するための要件であることから，相手方にとって予測し得ない条項が存在する場合には，信義則に反することになると判断される可能性がある。また，「（定型取引の）実情」「取引上の社会通念」という要件では，当該条項そのものの内容のみならず，合意内容の希薄性，契約締結の態様（十分な説明があったか否か，など），健全な取引慣行など取引全体にかかわる事情を取引通念に照らして広く考慮することが予定されている。

本問では，トナーとコピー用紙を毎月購入することを義務づける条項，および，最低契約期間1年を定め，解約した場合に違約金を課す条項が相手方（X）にとって予測し得ない条項であり，また，コピーリース取引における慣行等を全体的に考慮した結果，信義則に反する条項といえるかどうかが問題となる。なお，仮に本条に基づいてみなし合意が否定されなくとも，民法の公序良俗規定に照らしてこれらの条項が無効となるかどうかも検討する必要がある。

5　定型約款の変更

民法の定型約款規定には，定型約款準備者が個別に相手方と合意をすることなく定型約款の変更ができる場合の要件を定めた規定が存在する。本来であれば，契約内容を変更する際には相手方との合意によらなければならず，これは約款による契約の場合も同様である。しかし，定型約款のように相手方が不特定多数存在する場合に個別の相手方との間で合意することは容易ではないことから，民法において定型約款の変更に関する規定が設けられた。

具体的には，民法548条の4によれば，「定型約款の変更が，相手方の一般の利益に適合するとき」または，「定型約款の変更が，契約をした目的に反せず，かつ，変更の必要性，変更後の内容の相当性，この条の規定により定型約款の変更をすることがある旨の定めの有無及びその内容その他の変更に係る事情に照らして合理的なものであるとき」（同条1項2号）には，定型約款準備者は個別に相手方と合意をすることなく定型約款の内容を変更することができる（定型約款の内容変更のための実体的要件）。ただし，定型約款の変更をするときには，その効力発生時期を定め，かつ，「定型約款を変更す

る旨及び変更後の定型約款の内容並びにその効力発生時期をインターネットの利用その他の適切な方法により」（548条の4第2項），効力発生時期到来までに周知しなければならない（同条3項。定型約款の内容変更のための手続的要件）。

関連問題

　本問で，Ｙが保守契約を締結した顧客が支払う毎月のメンテナンス料金を値上げするために定型約款の内容を変更することは可能か。可能な場合，どのような要件に基づいて認められるか。メンテナンス料金の値下げのために変更することは可能か（548条の4）。

●】 **参考文献** 【●

＊「特集・定型約款と消費者法」消費者法研究3号（2017）1頁以下／森田修『「債権法改正」の文脈──新旧両規定の架橋のために』（有斐閣・2020）87頁以下，松岡久和ほか編『改正債権法コンメンタール』（法律文化社・2020）662頁以下〔大澤彩〕／ポイント373頁以下〔角田美穂子〕

（大澤　彩）

2 事情変更の原則

　精密機器メーカーであるＡ社は，2021年4月に，Ｂ社との間で，同年6月から3年間にわたり，Ａ社の製品で使用する部品をＢ社より固定価格で毎月5000個購入する契約を締結した。同年6月以降，契約で定められたとおりに，Ｂ社は自社の工場で製造した部品を納品し，Ａ社は納品の翌月に代金の支払をしていた。

　Ｂ社は，本件部品の製造に不可欠な希少金属αをＳ国から輸入していたが，2021年11月，Ｓ国は，突如として，自国の産業振興を優先させるという政策のもと，αの国外への輸出を原則として禁止する措置をとるに至った。Ｂ社は，Ｔ国産のαに切り替えるなどの対応をしたものの，世界的な価格の高騰もあり，2022年2月の時点で，本件部品の原材料コストは契約締結時と比べて約6倍にまで上昇した。

　2022年3月に，Ｂ社は，Ａ社に対して事情を説明したうえで，同年4月から本件部品の代金を従前の4倍ほどの額にしてほしいと申し入れた。Ａ社は，関係部署においてＢ社の要請に応じることができるかを検討したが，すでに本件部品を使用する機器の売買契約が締結されていることもあり，4倍もの増額に応じることはできないと判断し，その旨をＢ社に返答した。

　返答を受けたＢ社は，2022年4月以降，Ａ社に対する部品の納品を停止した。その結果，Ａ社は，機器の製造を続けることができなくなり，製造ラインの停止を余儀なくされた。

　Ａ社は，Ｂ社に対して，被った諸々の損害の賠償を請求したいと考えている。Ａ社の主張は認められるか。Ｂ社としては，どのような反論をすることができるか。

●】参考判例【●

①　最判平成 9・7・1 民集 51 巻 6 号 2452 頁

②　最判平成 15・10・21 民集 57 巻 9 号 1213 頁

●】解説【●

1　A 社による損害賠償請求

　A 社としては，B 社による債務不履行を理由として，損害賠償を請求して
いきたい（415 条）。そのためには，A 社は，ⓐ債務の発生原因（A 社と B 社の
間の契約の締結），ⓑ（契約に基づいて発生した）債務の本旨に従った履行がな
いこと，ⓒ賠償されるべき損害が発生していることを，主張・立証しなければ
ならない。

　本問においては，要件ⓐⓑは充足されていると考えられる。要件ⓒについ
ては，A 社が被った損害のうち，どこまでが賠償されるべきかが問題とな
る。債務不履行に際して賠償されるべき損害の範囲を明らかにするには，債
務の発生原因である契約において，債権者のどのような利益が保護の対象と
なっていたのかを検討しなければならない。本問では，A 社と B 社の間で
締結された契約の解釈・補充を通じて，その範囲が明らかにされることにな
る。具体的には，納品されるべき部品が A 社の製品に用いられることが予
定されていたことなどを踏まえると，A 社が当該製品を売却することによ
って得られたであろう利益も，賠償されるべき損害に含まれると判断される
可能性がある。当該損害の賠償請求が「債務の履行に代わる損害賠償の請
求」に該当する場合，415 条 2 項の定める追加的要件も充足する必要があ
る。本問では，債務者である B 社の履行拒絶（同項 2 号），契約の解除，ま
たは，解除権の発生（同項 3 号）が問題となるだろう。

　また，本問では，同時履行の抗弁（533 条）の存否も問題となる。つまり，
A 社が履行遅滞を理由として損害賠償を請求する場合，上記の要件だけで
なく，同時履行の抗弁が存在しないことも主張・立証しなければならないと
一般的に考えられている。このような理解の問題点についてここで立ち入る
ことはできないが，こうした理解に従うならば，A 社としては，同時履行

の抗弁が存在しないということ，具体的にはＢ社がその債務を先に履行する義務を負っていることなどを主張・立証しなければならない。

　以上を踏まえて，Ｂ社としては，損害賠償責任を免れるために，どのような反論をすることができるのかを検討していこう。

2　Ｂ社の免責の可否

　まず，Ｂ社は，債務の不履行が自らの責めに帰することができない事由によるものであるとして，免責を主張することが考えられる（415条１項ただし書）。

　2017年改正前民法の下での伝統的通説は，債務者の責めに帰すべき事由（帰責事由）とは債務者の故意・過失または信義則上これと同視すべき事由を指すと解してきた。このような理解に立って本問におけるＢ社に帰責事由が認められるかを検討すると，一方で，Ｂ社は自らの意思で債務の履行をしていないのであるから，帰責事由が認められるという判断が考えられる。他方で，Ｂ社の不履行の理由となったのがＳ国による a の輸出禁止措置であることに着目し，当該事情の下で，Ｂ社としては，債務を履行するために同様の地位にある者に一般に要求される程度の注意を果たしたかを判断するアプローチも考えられる。

　以上に対して，近時は，債務者の故意・過失が債務不履行責任の要件であるという理解に批判的な見解が有力になっている。つまり，伝統的通説が債務者の帰責事由を故意・過失のことであると理解した背後には，民法が過失責任の原則を採用しているという理解が存在すると考えられるところ，債務不履行責任において問題となる債務者の義務の内容は，当事者が締結した契約を離れて定めることができない。したがって，債務者の帰責事由とは，不法行為法において問題とされるような一般的・抽象的な過失のことではなく，当事者が締結した契約に基づいて課される義務に違反したことを意味すると考えるのである。

　2017年改正後の民法415条１項ただし書は，「契約その他の債務の発生原因及び取引上の社会通念」に照らして債務の不履行が債務者の責めに帰することができない事由によるものであるかを判断するべき旨を規定しているが，その意味するところは，債務者が契約においてどのような義務を負担しているのかが責任の成否の基準になるということである。この点を踏まえて本

問をみると，債務者Ｂ社は，Ａ社に部品を引き渡すという結果を実現する債務を負っていると考えられる。このような債務を結果債務という。債務者が結果債務を負担している場合，約束された結果が実現されていなければ，債務者は債務不履行責任を免れないのが原則である。もっとも，債務者が結果債務を負っている場合であっても，債務者が契約において引き受けていない事由によって不履行が生じたと評価されるときには，債務者が損害賠償責任を負うことはない。そのような場合，債務者は当該事由を克服して履行を行うことを契約において義務づけられていないからである。本問では，Ｓ国による輸出禁止措置がそのような事由に該当すると評価できるかが問題となる。

3　事情変更の原則の適用

　Ｂ社としては，事情変更の原則の適用を主張することも考えられる。

　事情変更の原則とは，ⓐ契約の成立時にその基礎となっていた事情が変更すること，ⓑ事情の変更が当事者の予見したもの，または，予見できたものでないこと，ⓒ事情の変更が当事者の責めに帰することができない事由によって生じたものであること，ⓓ事情の変更の結果，当初の契約内容に当事者を拘束することが信義則上著しく不当と認められることを要件として，契約の解除，または，改訂を認める法理である。近時の学説では，事情の変更に直面した契約当事者に，新たな契約条件などをめぐって相手方と再交渉をする義務を課すべきことも有力に主張されている。

　この法理は，一般論としては，判例・学説において広く承認されており（参考判例①参照），2017年民法改正の際にも最終段階まで立法化を行うことが検討されていた。もっとも，最高裁は，事情変更の原則の適用に対して謙抑的であるといえる。最上級審において同原則の適用が認められた裁判例は，大審院時代のものが１件存在するにすぎない（大判昭和19・12・6民集23巻613頁）。参考判例①は，ゴルフ場ののり面が長雨によって崩壊した事案に関するものであったが，自然の地形を変形してゴルフ場を造成するゴルフ場経営会社としては，特段の事情がない限り，のり面に崩壊が生じることについて，予見不可能であったとも，帰責事由がなかったともいえないと判示している。ここで注目されるのは，ゴルフ場の経営に際して防災措置を講じる必要が生じることは予見し得ないことではないという形で，一般的・類

型的な判断がされている点である。

　このような最高裁の態度を踏まえると，本問においても，部品メーカーである B 社としては，部品の原材料コストが高騰したことだけを理由として，事情変更の原則の適用を主張することは難しいかもしれない。仮に同原則の適用が認められるとすると，B 社としては，契約の解除または改訂によって部品の引渡義務を免れることができる可能性があり，さらには，増額された代金の支払を A 社に求めることができる可能性もある。

　なお，ここで問題となっている，事情変更の原則の要件としての予見可能性および帰責事由の有無の判断と，2 で検討した，債務不履行による損害賠償に関する債務者の免責事由の判断は，どのような関係に立つのだろうか。この点については，論者によって理解が分かれると思われる。債務不履行による損害賠償の要件をめぐる議論の変遷を意識しつつ，2 と 3 の判断の間に相違があるのか，あるとすればそれはどのような理由によるのか，検討してみてほしい。

関連問題

　⑴　2022 年 4 月以降も，希少金属 α の価格は高騰を続け，同年末には，部品の原材料コストは契約締結時と比べて約 10 倍となった。この場合，A 社は B 社に対して部品の引渡しを請求することができるか。B 社としては，どのような反論をすることができるか。

　⑵　2022 年 4 月以降も，A 社は，契約で合意された価格で部品を納品するように主張し続けており，現在に至るまで A 社の製造ラインは停止したままである。この場合，A 社は，製造ラインの停止によって生じた損害のすべてを賠償するよう B 社に請求することができるか。B 社としては，どのような反論をすることができるか。

参考文献

＊小粥太郎・百選Ⅱ 82 頁／北山修悟・争点 225 頁

（吉政知広）

3 契約交渉の一方的破棄

A会社は，工作機械メーカーであるB会社と工作機械の製作および設置に関する契約交渉を行い，2月1日に「ⓐBは4月30日までにA専用の工作機械を製作してAの工場に設置して引き渡す，ⓑ同機械の設置を可能にするため，Aは事前に工場を改造する，ⓒ代金（設置費用の実費100万円を含む）は1100万円とし，支払日は機械引渡しの2週間後とする」との内容で基本的な合意に達した。

ところで，この契約を正式に締結するには，A・Bとも，交渉担当者レベルでなく，役員会の決裁を要することになっていたが，納期まであまり時間がなかったので，Bとしてはただちに製作作業にとりかかる必要があり，Aの交渉担当者と打ち合わせをした後，Bは金融業者から部品の調達費用として300万円を借り，購入した部品のすべてを使って，3月10日までに組立作業の4割を仕上げた（以下，この仕上り部分を「本件機械」という）。

しかし，3月初旬のAの役員会では，工場の拡充は景気の動向を見極めてからすることとなり，Bとの契約はとりやめ，工場も改造しないことにし，3月10日にAからその連絡を受けたBはただちに準備作業を中止した。この場合，BはAに対してどのような請求をすることができるか。

なお，Bは金融業者に，利息も含めて305万円を弁済しており，また本件機械は汎用性がないため，他に転売することはできず，スクラップにするにも費用がかかるものとする。

●】参考判例【●

① 最判昭和 59・9・18 判時 1137 号 51 頁
② 最判平成 18・9・4 判時 1949 号 30 頁
③ 最判昭和 52・2・22 民集 31 巻 1 号 79 頁
④ 最判昭和 46・12・16 民集 25 巻 9 号 1472 頁

●】解説【●

1 契約交渉の一方的破棄に対して課される責任：責任の要件

　契約を締結するかどうかは当事者の自由であり，交渉を破棄しても，本来，法的責任は生じない。しかし判例では，ⓐ一方の当事者が相手方に契約締結の可能性ないし蓋然性について誤信を惹起した場合（参考判例①，最判平成 19・2・27 判時 1964 号 45 頁），あるいは，ⓑ相手方に「契約締結は確実である」との信頼を惹起した後，正当な理由なく，交渉を破棄した場合（最判昭和 58・4・19 判時 1082 号 47 頁，参考判例②），法的責任が生ずるとされる。

　ところで，ⓐ類型とⓑ類型では，責任が認められる帰責の根拠が異なっている。ⓐ類型では，（交渉破棄そのものではなく）誤信を惹起したことに帰責の根拠が求められ（そのため，「誤信惹起型」と呼ばれる），他方，ⓑ類型では交渉破棄そのものに帰責の根拠が求められる（そのため，「信頼裏切り型」と呼ばれる）。本問では，請負契約の基本的な内容についてほぼ合意に達し，また履行の準備にとりかかることになっており，「契約締結は確実である」とＢが信じても無理はない。とすると，「信頼裏切り型」と構成できることは確かであるが，もしＡの役員会が当初から設備投資に消極的であったのに，Ａの担当者がＢにそのことを伝えていなかったなら，確実でもない締約を「確実である」とＢに誤信させたことになり，「誤信惹起型」とも構成しうる。

　次に両類型の関係であるが，「誤信惹起型」では，Ｂは惹起された信頼が誤信であることを主張・立証しなければならない一方，締約を拒む正当な理由があっても，Ａが免責されることはなく，他方，「信頼裏切り型」では，Ｂは信頼の惹起さえ主張・立証すればよく，しかし，締約を拒む正当な理由が認められるなら，Ａは免責される（前掲・最判平成 19・2・27 はこの区別を明確

にした）。そのため，正当な理由がないなら，いずれの類型と構成しても大差なく，また経営上の方針転換は一般に正当な理由に当たらないとされる（東京高判昭和 52・10・6 高民集 30 巻 4 号 335 頁。参考判例②もこれを前提とする）。

　なお，誤信ないし信頼を実際に惹起したのは A の交渉担当者であるから，この行為を A に帰責する法的構成も問題となり，これは交渉破棄に対して課される法的責任の性質と連動する。すなわち，不法行為責任と解した場合，民法 715 条 1 項を介して A に帰責され，他方，契約責任ないし契約責任類似の責任と解した場合，履行補助者の法理によることになる。責任の性質について，従前，判例は当事者の主張をそのまま認める傾向にあったが，最判平成 23・4・22（民集 65 巻 3 号 1405 頁）は，契約締結前の説明義務違反事例（その後，契約が締結された例）につき，これを不法行為責任と明示した。

　以上は当事者の行為態様に着目した分析だが，交渉担当者に契約を締結する権限は与えられていないが，準備行為にかかわる費用負担の取決め（これも 1 つの「契約」である）を結ぶ権限が与えられていることもある。交渉途上で結ばれるこのような取決め（その内容は費用負担に限られない）は「中間的合意」と呼ばれ，法的拘束力が認められた例もある（最決平成 16・8・30 民集 58 巻 6 号 1763 頁）。もっとも，本問のように単に契約条項を確認したにすぎない場合，当事者に法的拘束力のある「中間的合意」を締結する意思があったかどうかは疑わしく，そのような意思が認定できないときは，交渉破棄の問題として解決するほかない。

2　契約交渉の一方的破棄に対して課される責任：責任の効果

　判例によれば，交渉破棄者に課される責任は，契約の履行責任でなく，損害賠償責任である。履行責任が認められないのは，契約が締結されていないからであるが，同様の理由から，損害賠償にあっても，原則として，履行利益の賠償は認められず（ただし，破棄された者の要保護性が高く，かつ，信頼利益の算定は困難だが，履行利益の算定は容易である場合には，例外的に履行利益の賠償が認められよう〔東京高判平成 30・10・31 金判 1557 号 26 頁参照〕），誤信ないし信頼に基づいてした出費等の賠償，すなわち，信頼利益の賠償にとどまっている。すると，本問の場合，1100 万円の賠償は認められないことになる（もっとも，本問の場合，設置費用の実費は損益相殺されるから，履行利益

は最大でも1000万円であろう）。

　次に信頼利益の賠償にあっては，信頼利益の算定が問題となり，本問では，Bが「契約締結は確実である」と信じなければ，組立作業にとりかかることはなく，すると，金融業者から融資を受け，利息を払うこともなかったであろうから，305万円が信頼利益に当たることは確かである。また本件機械は他に転売することができず，スクラップにするにも費用がかかるというのであるから，損益相殺もされないであろう。

　しかし，組立てのために費やされた労力も，誤信ないし信頼に基づいて生じた損害である。本件機械の価値が400万円であるなら，部品費用の300万円を差し引いた100万円は「労力＋利潤」の額と考えられ，「利潤」は履行利益に当たるので賠償の対象とならないが，実際に費やした労力（たとえば組立作業をした従業員に支払った賃金）は信頼利益であり，さらにスクラップにするのが合理的であるなら，その費用も信頼利益に当たるであろう。

　なお，信頼利益の賠償にあっても，民法416条が妥当する。同条は「債務の不履行」との文言からもわかるように，一般には履行利益の賠償を想定しているが（改正民法415条2項も参照），賠償範囲を合理的なものに限定するとの観点から，不法行為においてさえ，判例では民法416条が類推適用されており，ここでも同条が妥当すると解すべきであろう。さらに賠償額の決定に当たっては，過失相殺等も斟酌されるが，Aから連絡を受けたBはただちに作業を中止しており，この点で過失相殺がされることはないであろう。

3　責任が認められた場合の事後処理：所有権の帰趨

　AがBに信頼利益を賠償したとき，本件機械の所有権は誰に帰属するのか。請負契約が締結されていない以上，Bに帰属するはずだが，スクラップにするための費用をAに負担させるくらいなら，機械の所有権はAに帰属するとしたほうが社会経済的に効率的なようにみえる。

　しかし，賠償者代位（422条）にも似たこの解決方法は妥当ではないであろう。なぜなら，これではAがBに前述の「利潤」を払うことなく，機械の所有権を得てしまうからである。けれど，そうであるなら逆に，AがBに400万円を支払うなら，機械の所有権をAに帰属させても不合理ではない。また4割分に当たる「利潤」しか確保されない点で，契約締結後に注文

者が任意解除した（641条）場合の保護ほど強いものではなく，その意味でもバランスがとれているようにみえる［→本巻20解説］。A・B間の事後的な交渉により自ずから解決できる問題であろうが，AがBに400万円を支払う場合，Bは本件機械の引渡しを拒み得ないとの立場も一考に値しよう。

●・・◯ 関連問題 ◯・・・・●

(1) 本問で，2月1日の時点で，AとBは役員会の決裁を経て，請負契約を締結したが，その後，AがBとの契約をやめたくなったとする。ⓐAが3月10日にBへ契約をやめると連絡した場合，あるいはⓑやめるとはいわないが，機械を完全に完成させたBが設置工事をするため，4月30日以降，Aに何度も工場の改造を求めたが，Aが改造しないため，Bが機械を設置できないまま5月15日を過ぎた場合，BはAに対して，またAはBに対して，それぞれどのような請求をすることができるか。

(2) 本問で，Bは工作機械の製作をさらにCに請け負わせ，Bは設置工事のみ行う予定であったので，AはBとの交渉時にCにも同席を求め，2月1日にBと基本的な合意に達した際，Cが組立作業を開始することについても打合せをし，これに基づきCは金融業者から融資を受け，機械を4割仕上げたが，3月10日，AはBおよびCに交渉の打切りを伝えてきたとする。この場合，CはAに対してどのような請求をすることができるか。

(注) (1)と(2)は，独立した問いである。

●】 参考文献 【●

＊潮見Ⅰ126頁／中田112頁／中田裕康＝加藤幸雄・民事法Ⅲ1頁／山本豊・法教337号（2008）102頁／池田清治・民商法雑誌137巻3号（2007）85頁／池田清治・百選Ⅱ8頁／池田清治・商法百選88頁

（池田清治）

4 契約締結の際の説明義務違反

　Ａは所有する工場跡地甲を売却すべく宅建業者Ｂ社に仲介を委託していたところ，自宅の建築用地を探していたＣが，Ｄ銀行に「融資するので購入したら」と勧められ，Ｂを介してＡから甲地を購入する契約をした。その購入代金を融資したＤは，Ｃに甲地の有効活用を進言してＥ建築会社を紹介した。甲地上に自宅部分と賃貸部分からなる乙建物を建設して賃貸部分の賃料収入でＤからの融資を返済するプランがＥから提案された後，そのプランを前提にした返済計画案をＤからも同時に説明されたＣは，納得のうえ，乙建物の建築費用をＤからさらに借り受け，Ｅと乙建物の建築請負契約を締結した。

　ところがその後，甲地の土壌が化学物質で汚染されていると判明し，その除去に追加費用がかかった（土壌検査により土壌汚染を認識していたＡはＢにあらかじめその旨伝えたが，甲地売却時，Ｃには誰からも何の説明もなかった）。また，当該プランでは，乙建物の建築確認を得た後，甲地の一部＝丙部分を売却してＣの自己資金の一部を捻出する予定であったが，この方法では丙部分の購入者がその上に建物を建築する際，いわゆる「敷地の二重使用」により容積率の上限を超え，建築確認が下りない可能性があり，結局，そのような丙部分の売却は乙建物建築後，実現しなかった（Ｅはこの建築基準法上の問題を認識していた）。

　ＣはＡ・Ｂ・ＤおよびＥに対してどのような損害賠償を請求することができるか。

●】 参考判例 【●

① 最判平成 23・4・22 民集 65 巻 3 号 1405 頁

② 最判平成 18・6・12 判時 1941 号 94 頁

③　最判平成 15・12・9 民集 57 巻 11 号 1887 頁

④　最判平成 16・11・18 民集 58 巻 8 号 2225 頁

●】解説【●

　本問の争点は，ⓐ甲地の土壌汚染について，悪意の売主 A および不動産仲介業者 B に説明義務があるか，ⓑ建築基準法上の問題について，悪意の建築会社 E に説明義務があるか，ⓒ甲地の売買と乙建物の建築に関して融資した D もⓐおよびⓑと同じ説明義務を負うか，ⓓ仮に説明義務がある場合にどのような損害賠償が認められるかである。

1　説明義務とは

　契約当事者は，自己責任の原則から，契約締結をするか否か判断するに必要な情報を自ら収集することが原則として求められる。しかし，とりわけ消費者契約に顕著なとおり，必要な情報へのアクセスが著しく不平等で両当事者に情報格差が存する場合は，自己決定の前提としての実質的対等性を確保する必要から，相手方に情報を提供する義務が信義則上課せられることが例外的にある（なお，これとは別に，契約上の給付義務ないしそれに付随する義務としての説明義務もある〔最判平成 17・9・16 判時 1912 号 8 頁〕）。説明義務（「情報提供義務」ともいう）は，情報がまったく提供されていない場面だけでなく，正しい情報を提供すべきであるという意味で，不実の情報が提供された場面でも観念される。裁判例では，保険会社の説明義務を肯定して損害賠償責任を認めた変額保険（最判平成 8・10・28 金法 1469 号 49 頁）等の金融取引や，フランチャイズ取引，不動産取引等で多く問題となっている。平成29 年民法改正では当初，説明義務の明文化が検討されたが，コンセンサスを得られず見送られた。

2　法的性質論および要件・効果論

⑴　性質論

　説明義務は契約締結上の過失の 1 つと位置づけられてきた経緯もあり，これを契約上の義務と構成する見解もあるが，不法行為法上の注意義務と構成する見解もある。また，かつては，主として時効以外に法的性質を議論する実益に乏しいとして，契約締結過程における信義則上の注意義務というにと

どめ，それ以上深入りしない立場も少なくなかった。しかし，近時，参考判例①は，時効との関係でその法的性質を明らかにすること（すなわち，この義務違反の責任が2017年改正前民法167条1項〔現行民法166条1項〕が適用される債務不履行責任か，それとも民法723条が適用される不法行為責任かの選択）を迫られ，「契約を締結するか否かに関する判断に影響を及ぼすべき情報」の説明義務違反を理由とする損害賠償について，その義務違反により成立した契約を根拠とするのは一種の背理であるとして，債務不履行責任ではなく，不法行為責任を構成すると判示するに至っている。

　このような時効が問題とならない限り，抽象的な法的性質より，むしろ今日，実際に重要なのは，その具体的な要件・効果である。

(2)　**要件論**

　説明義務の対象事実は，「契約不適合」（562条1項）に還元することができるような契約（給付）の内容に関わる場合もあるが，契約（給付）の内容を構成するに至らない事情も，適切に説明していれば通常人をしてそのような契約の締結はしなかったであろうと認められる事実であればその対象となる。ただし，そうした事実も，当事者の実質的平等性の確保という説明義務の趣旨から，自身で容易に収集できる場合や，未確定の事柄で相手方に説明を期待し得ない場合等には対象とならない。本問において，AとEの説明義務もこうした観点からその存否が判断されよう（上述ⓐとⓑ）。

　ところで，説明義務は問題となっている契約の直接の当事者以外にも信義則上課されうる。不動産売買では不動産仲介業者がその典型例で，不動産仲介業者は，仲介契約上の義務として自らの依頼者に対して，また，業務上の一般的な注意義務として客付仲介業者の依頼者に対しても説明義務を負うことがありうる（最判昭和36・5・26民集15巻5号1440頁）。したがって，本問でもBは，Cに対して，直接の仲介契約の存否にかかわらず，Aと同じように説明義務を信義則上負うか検討の必要がある。その際，Bから，土壌汚染の事実は宅建業法35条1項所定の重要説明事項に含まれないとの反論も予想されるが，それらは宅建業者の最小限の説明義務を規定したにすぎず，当該契約の成否を左右する重大な事実であれば，それらに限らず説明義務の対象になることは前述のとおりである（上述ⓐ）。

さらに，契約当事者以外の第三者が説明義務を信義則上負うかも問題となる。本問でいえば，売買契約および請負契約のそれぞれに密接に関係した融資銀行Ｄの説明義務の有無である。そもそも顧客が銀行から融資を受けて不動産を購入しても，融資契約と売買契約が別個独立の契約である以上，融資銀行は「特段の事情」がない限り，不動産について説明義務を負うことは原則としてない（最判平成15・11・7判時1854号58頁）。この点，参考判例②も，融資契約と別個独立の契約である請負契約の成立に影響を与える事実について，やはり融資銀行は説明義務を負わないのが原則であるとしつつ，しかし，建物建築と融資の一体となったプランの作成に建築会社とともに深く関与したうえで当該プランを前提に返済計画案を顧客に提示した融資銀行は，本問と同じ方法による顧客の自己資金の捻出につき確実に実現できるとの見通しを積極的に述べていた等の「特段の事情」があれば，その建築基準法上の問題について，担当者個人に認識がなくとも，調査のうえ顧客に説明する義務を信義則上負うとの例外を示している。そうすると，本問において，Ｄが甲地の土壌汚染についてＡおよびＢと同じように説明義務を負うか，また，提案されたプランの建築基準法上の問題についてもＥと同じように説明義務を負うかは，結局，この「特段の事情」の有無いかんとなる（上述ⓒ）。

(3) 効果論

Ａ・Ｂ・ＤおよびＥに説明義務があると認められた場合，判例の定式に従うと，Ｃは説明義務違反と相当因果関係にある損害の賠償をそれぞれに請求することができる。具体的にいえば，土壌汚染についての説明義務違反に関してはその除去費用の賠償を，また，建築基準法上の問題についての説明義務違反に関しては，たとえば自己資金不足による融資返済の不履行の結果生じた遅延損害金等の賠償を請求することができる。

近時，注目されたのは，説明義務違反により，こうした財産的損害にとどまらず，適切な説明を受けて自己決定する機会を失ったことそれ自体を理由に慰謝料を請求することができるかという問題である。参考判例③は，保険会社の説明不足により火災保険加入時に地震保険に同時加入し損なったケースで，生命・身体等の人格的利益に関する意思決定の場合と異なり，単なる

財産的利益に関する意思決定の場合は，「特段の事情」がない限り，説明義務違反を理由とした慰謝料請求は認められないと判示した。自己決定権を保護法益とした慰謝料請求は，医療過誤の領域において判例上認められているにもかかわらず（最判平成12・2・29民集54巻2号582頁），財産的取引の領域においてそれが原則として否定されるのは，財産的利益に関する意思決定が侵害されても，財産的損害の賠償に還元されないような固有の慰謝料を生ぜしめる独立の法益侵害が通常は考えられないからである。ただし，参考判例③が留保したように，「特段の事情」があれば，財産的利益に関する意思決定の侵害にも慰謝料請求が認められる可能性はある。例えば，参考判例④は，意図的な情報の秘匿を「信義誠実の原則に著しく違反するもの」と非難したうえで慰謝料請求を実際に認めた。これによれば，「特段の事情」の1つとして，財産的損害の有無にかかわらず被害者に精神的損害を発生させるような違法性の高い勧誘行為＝説明義務違反の場合が挙げられる。

なお，説明義務は本来なら自らすべき情報収集を相手方に転嫁するものなので，相手方が提供した情報を軽率に信じる等して，自身での情報収集を漫然と怠った場合に過失相殺（722条2項）されることがある。裁判例では，自己責任がより強く求められる金融投資商品の取引で適用例が多い。他方，不動産取引では，隣接地の将来の建物建築計画を認識し得ない売主または不動産仲介業者の日照に関する単なる主観的な予測を安易に信じたとして過失相殺される例もあるが，その他に積極的な適用例が顕著に多いわけではない。

以上より，本問においてCの請求できる損害賠償の内容を判断するには，財産的損害のほか，慰謝料請求の可否，さらには過失相殺の有無について検討することになろう（上述ⓓ）。

•••• **関連問題** ••••••••••••••••••••••••

本問を踏まえ，次のことを検討せよ。

(1) 仮にAが甲地の土壌検査をせず，AおよびBがともに土壌汚染について善意である場合，また，Eが建築基準法上の問題について善意である場合，それぞれの説明義務は否定されるか。

(2) Ｃは，錯誤または契約不適合を根拠に，Ａとの甲地の売買契約，Ｅとの乙建物の建築請負契約およびＤとの融資契約の取消しまたは解除を求めることができるか。

●】参考文献【●

＊角田美穂子・百選Ⅱ10頁〔参考判例①判批〕／竹濱修・平成15年度重判117頁〔参考判例③判批〕／久保宏之・平成16年度重判70頁〔参考判例④判批〕

（三枝健治）

5　安全配慮義務違反

　　Ａは呉服店を営むＢ会社に就職して１か月の新入社員であった。
ある時，ＡはＢ会社より翌日のデパートでの内覧会のために数多く
の高価な着物を収納している甲倉庫の１人での宿直を命じられた。Ａ
が倉庫内の宿直室で宿直していたところ，夜の12時近くに甲倉庫の
扉を叩く音がした。扉に近づいて「どなたですか？」と尋ねると，
「俺や。Ｃや。倉庫に忘れ物をしてしもうたんで，ちょっと開けてく
れへんか」と従業員のＣの名前を名乗るので，Ａは扉を開けた。

　　すると，数人の男たちが甲倉庫内に乱入し，Ａはナイフで刺され
て，甲倉庫内の着物時価総額5000万円相当が盗まれてしまった。Ａ
は運ばれた救急病院での警察官の尋問に上記の事情を話したが，警察
の調べでは，従業員全員にアリバイがあり，盗賊がＣの名を語って
乱入したらしい。Ａは傷が深く，病院に運ばれた翌日に死亡した。警
察の捜査にもかかわらず，上記事件から３年半経っても本件の犯人
は捕まっていない。なお，Ｂが宿直した甲倉庫には，訪問者を確認で
きるようなインターホン施設や防具チェーン，防犯ブザーなどは設置
されていなかった。Ａには年老いた母Ｄ以外には親族はいない。こ
の場合，ＤがＢ会社に損害賠償請求するとしたらどのような法的構
成が考えられるかについて，相手方から予想される反論も踏まえつ
つ，検討しなさい。

●】参考判例【●

① 　最判昭和50・2・25民集29巻2号143頁

② 　最判昭和55・12・18民集34巻7号888頁

③ 　最判昭和56・2・16民集35巻1号56頁

④ 　最判昭和59・4・10民集38巻6号557頁

1　責任追及の法的構成

　生命侵害の被害が発生した場合，判例は，戦前の大審院判決（大判大正15・2・16民集5巻150頁）以来，死亡者にいったん発生した損害賠償請求権を相続人が相続するという構成をとっている。そこで，本問では，死亡したAに発生した損害賠償請求権を唯一の相続人である母親Dが相続することになる（889条1項1号）。

　Aが，Aを殺した犯人に対して，民法709条の不法行為を理由とした損害賠償請求権を有するのは明らかである。また直接にAの殺害に手を下していなくても，本問で，甲倉庫に侵入した犯人の間に，宿直者がいたら殺してもよいなどと謀議がなされていたら，そのような謀議に加わった者にも共同不法行為の責任（719条1項前段）が発生する可能性もある［共同不法行為については→本巻54］。しかし，現在，犯人らはみつかっていないのだから，この損害賠償請求権はいずれにせよ絵に描いた餅で実効性がない。

　また，犯人が本件犯行の時点で，B会社の従業員であれば，Bに使用者責任に基づく損害賠償請求をすることも考えられる［使用者責任については→本巻52］。しかし，犯人はB会社の少なくとも現在の従業員ではないため，使用者責任の追及は無理である。

　そこで，考えられるのが，B会社は従業員Aに対して雇用契約関係上の信義則に基づき，その生命・身体・健康等の安全に配慮すべき義務を負っており，この安全配慮義務違反によって生じた損害に対しては債務不履行責任に基づき損害賠償責任を負うという安全配慮義務構成である。安全配慮義務は，日本で1960年代半ばから労災・職業病事故をめぐる損害賠償請求訴訟において裁判例で争われてきた義務概念である。最高裁が初めて安全配慮義務を認めた事案は，陸上自衛隊員の勤務中の死亡事故に対してであるが（参考判例①），その中で最高裁は，「国は，公務員に対し，国が公務遂行のために設置すべき場所，施設もしくは器具等の設置管理又は公務員が国もしくは上司の指示のもとに遂行する公務の管理にあたって，公務員の生命及び健康等を危険から保護するよう配慮すべき義務（以下「安全配慮義務」という。）

を負っているものと解すべき」であるとした。最高裁は国が安全配慮義務を負う根拠を、「けだし、右のような安全配慮義務は、ある法律関係に基づいて特別な社会的接触の関係に入った当事者間において、当該法律関係の付随義務として当事者の一方又は双方が相手方に対して信義則上負う義務として一般的に認められるべきもの」だからと説明した。以後、安全配慮義務概念は、労災・職業病を中心に、学校事故その他で活用されている。

　本問のＤもＡがＢに対して有する安全配慮義務違反を理由とした債務不履行責任に基づく損害賠償請求権を相続したとして、Ｂに損害賠償請求しうる。この場合、本問で問題となる安全配慮義務の内容と義務違反の事実は、債権者側、すなわちＡを相続したＤの側で証明し、債務不履行に責めに帰すべき事由がないことの証明責任は債務者であるＢが負う（参考判例③）。Ｂは従業員でもない犯人がしたことに責任は負わないなどとして争うことが考えられる。

　しかし本問と似たような事案で、最高裁は、従業員を宿直させるならば、その安全を確保するために、ドアを開けなくても誰が来たかを確認できるインターホンやドアチェーン、防犯ブザーなどの設置や安全教育を施す安全配慮義務があり、これらを怠ったことに対する安全配慮義務違反の債務不履行責任を使用者に認めた（参考判例④）。本問でも、Ｂには同様の内容の安全配慮義務の違反があったとして、ＤはＡに生じた債務不履行に基づく損害賠償請求権を相続したとして、Ｂに損害賠償請求することができよう。この場合、Ｂが本件犯人の出現やＡに対する殺人は予見できなかったと主張しても、そのことをもって帰責事由がないとはいえないだろう。なぜなら、具体的な犯人や具体的な被害の発生を予見できなくても、上記のような防犯体制を整備していなければ本問のような事件が起こりうること自体は一般的に予見可能だからである。

　なお最高裁は、安全配慮義務の根拠を「ある法律関係に基づいて特別な社会的接触の関係に入った当事者間」に生じる義務としていて、その成立範囲を明示的に限定していない。そこで刑事施設など、契約関係がなくても一方が他方の安全に配慮すべき特別な接触関係のある場合にも安全配慮義務違反の債務不履行責任が生じるとする下級審裁判例や学説もあった。しかし、最

高裁は，未決勾留者が勾留施設で被った身体侵害の被害については，未決勾留による拘禁関係は，法令等の規定に従って規律されるものであって，信義則上の安全配慮義務を負うべき特別な社会的接触関係とはいえないとして，安全配慮義務の成立を否定している（最判平成28・4・21民集70巻4号1029頁）。

2　安全配慮義務違反の損害賠償の法的効果

ところで，本問で，DはAに生じた生命侵害を理由とする逸失利益の賠償請求権やAの慰謝料請求権（710条）を相続したとして，これらの損害の賠償をBに請求できるわけだが，D自身の固有の慰謝料は請求できるだろうか。この問題に対して，判例は，安全配慮義務違反の債務不履行責任は使用者が雇用契約関係のある労働者に対して負う責任であって，遺族は使用者と雇用契約関係にないから，安全配慮義務の債務不履行責任を理由に遺族が固有の慰謝料を使用者に請求することはできないとし，また，一定の範囲の遺族に固有の慰謝料を認める民法711条は不法行為責任に適用される規定であって，債務不履行責任は類推適用できないとして（参考判例②），同条の類推適用を肯定する学説の一部の見解を否定した。

他方で，債務不履行に基づく損害賠償請求の場合，一般的に，弁護士費用を損害として認めない裁判例もある中で，最高裁は，安全配慮義務違反を理由とした債務不履行責任に基づく損害賠償請求において弁護士費用の賠償もできるかという問題については，それが相当因果関係の範囲内であれば認められるとしている（最判平成24・2・24判時2144号89頁）。

3　民法改正との関係

安全配慮義務は判例・学説上認められてきた概念であって，民法には明文の規定はない。2017年改正民法でも，安全配慮義務概念は民法に加えられなかった。安全配慮義務は，2007年に成立した労働契約法5条でも「使用者は，労働契約に伴い，労働者がその生命，身体等の安全を確保しつつ労働することができるよう，必要な配慮をするものとする」と規定されているため，民法のなかに安全配慮義務を明文で入れる場合には，労働法との調整も必要となるため，民法の条文には置かれないままになったといえよう。

ところで，安全配慮義務違反による債務不履行構成には，同一の事故につ

いて不法行為責任を追及しうる場合でも、後者に基づく損害賠償請求権が損害および加害者を知った時から3年の短期消滅時効にかかる（2017年改正前民724条前段）のに対して、前者は、権利を行使することができる時（同法166条1項）から10年（同法167条1項）という、いわゆる「時効メリット」があることが指摘されてきた。本問でも、Aを刺殺した犯人が実はBの従業員であることが事件直後に発覚した場合には、上述のように、Bの民法715条の使用者責任を理由とした損害賠償請求も考えられるが、本問では、すでに事件から3年以上が過ぎているので短期消滅時効が完成していることになる。この場合に、安全配慮義務違反の債務不履行責任であれば、なおBに損害賠償請求できるわけである。

改正民法では、債権の一般的消滅時効期間が二重期間化され、従来の権利を行使することができる時から10年の時効（166条1項2号）に加えて、権利を行使することができることを知った時から5年の短期消滅時効が導入された（同項1号）。従来は、安全配慮義務違反の債務不履行を理由とした損害賠償請求権を行使することができることを知っていても10年の時効期間だったのが、半分の5年となってしまうのだから、時効メリットは大幅に喪失されたことになる。

他方で、改正民法は、人の生命または身体の侵害による損害賠償請求権の消滅時効についての長期時効は20年とし（167条）、人の生命または身体を害する不法行為による損害賠償請求権の短期消滅時効については、3年から5年に伸長した（724条の2）。以上の結果、生命、健康侵害の場合の損害賠償請求権の消滅時効は、被害者またはその損害賠償請求権を相続した相続人が損害および加害者を知っていて、権利行使をすることができることを知っていれば、債務不履行でも不法行為でも5年の消滅時効期間が適用され、また、これらを知らないときは、いずれにせよ権利行使可能な時ないし不法行為の時から20年の長期時効が適用されることになった点に注意を要する。なお、2017年改正民法の施行（2020年4月1日）以前に債権が生じた場合におけるその債権の消滅時効期間については、なお従前の例による（附則10条4項）。

窃盗罪で罪に問われ懲役2年の刑となったAが刑務所に収容されてから1年後に行った労務作業で，使用していた機械が故障したことによる誤作動で，Aは指を切断する負傷を負った。Aが出所してから3年後にAは国を相手どり安全配慮義務違反の債務不履行責任ないし国家賠償法上の責任に基づく損害賠償請求をした場合，この請求は認められるか。

●】参考文献【●

＊吉政知広・百選Ⅱ6頁／浦川道太郎・法学セミナー363号（1985）135頁／北居功・平成28年度重判74頁／潮見Ⅰ169頁

（松本克美）

6 特定物売買と手付

　2024年6月1日，AはBとの間で，B所有の土地（以下，「本件土地」という）を買う旨の契約（以下，「本件契約」という）を締結した。本件契約当時，本件土地上にはB所有の木造建物が建っており，Bが自らの費用でこの建物を収去して更地にしたうえで，同年8月末日までにAに引き渡すこととされた。売買代金は，本件土地の引渡しと引換えに支払うこととされた。

　また，本件契約の締結に際して，AはBに手付金200万円を交付した。この手付に関して，売買契約書には次のような条項（以下，「本件手付条項」という）があった。

　「売主が本契約を履行しなかったときは，買主に既収手付金を返還すると同時に，手付金と同額を違約金として支払うものとする。」

　この契約書は，市販の契約書を基にBが作成したものであり，本件契約の締結の際，Aは，手付金額については確認したが，本件手付条項の内容には気にとめていなかった。以下の(1)および(2)について，それぞれ独立した問いとして答えよ。

　(1)　本件契約締結の翌日，Aは，売買代金を調達するため定期預金を期限前解約した。ところが，2024年8月31日，Bは，本件契約を解除したい意向をAに伝えた。Aはこれに異議を唱え，手付の倍額（400万円）を持ってきても受け取らないと述べた。Bは400万円を用意し，これをAに告げるとともに，本件手付条項に基づき本件契約の解除を通知した。AはBに対して，売買代金の支払と引換えに本件土地の引渡しを求めることができるか。

　(2)　本件契約締結の翌日，Bは，木造建物の収去を業者に依頼し，2024年6月9日に収去作業が始まった。ところが，同月14日，Aは，転勤が決まったことを理由に，本件手付条項に基づき手付の放棄

と本件契約の解除をＢに通知した。ＢはＡに対して，同年８月31日に本件土地の引渡しと引換えに売買代金の支払を求めることができるか。

●】参考判例【●

① 最判昭和24・10・4民集3巻10号437頁
② 最判昭和40・11・24民集19巻8号2019頁
③ 最判平成6・3・22民集48巻3号859頁

●】解説【●

1 手付の性質

売買契約において，契約締結の際に買主が売主に対して，手付として一定額の金員を交付することがある。このような手付の授受は，不動産売買においてしばしば行われる。

手付には一般に，証約手付，解約手付，違約手付という3つの性質のものがある。

証約手付とは，契約成立の証拠としての性質を有するものである。すべての手付は，証約手付の性質を有している。解約手付とは，契約当事者の一方が契約の履行に着手するまでは，買主はその手付を放棄し，売主は手付の倍額を現実に提供して，一方的に契約を解除することを認めるものである（557条1項）。民法が規定しているのは，この種の手付である。このことから，判例・通説は，当事者間に別段の合意がない限り，手付は解約手付としての効力を有すると解している（最判昭和29・1・21民集8巻1号64頁）。違約手付については，さらに2種類のものがある。損害賠償額の予定と，違約罰である。前者は，買主に債務不履行があった場合には損害賠償金として手付が売主により没収され，売主に債務不履行があった場合には損害賠償金として手付の倍額を買主に支払うというものである。他方，後者は，当事者の一方に債務不履行があった場合に機能を発揮する点では前者と同じであるが，民法の規定に従い算定された債務不履行に基づく損害賠償を別に支払う

必要がある点に，大きな違いがある。違約手付が合意された場合，損害賠償額が予定されたものと推定される（420条3項）。

　これらの手付は，損害賠償額の予定と違約罰を除けば，択一的な関係に立つのではなく，1つの手付に複数の性質が併存することがありうる。前述のとおり，すべての手付には証約手付の性質があるため，1つの手付が，証約手付と解約手付の双方の性質，証約手付と違約手付の双方の性質を有するのは，ごく普通のことである。

　さて，本件手付条項は，文言上は違約手付（損害賠償額の予定）のようにみえる。このような手付条項が，解約手付の性質を併有すると解することはできるのかが問題となる。前述のとおり，手付は原則として解約手付としての効力を有すると解されるが，民法557条1項は任意規定であるため，当事者が別段の合意をすればそれが優先する。言い換えれば，手付条項から解約手付の性質を排除するためには，その旨の意思表示が必要となる（大判昭和7・7・19民集11巻1552頁）。このような意思表示が認められない場合には，たとえ違約手付の合意があったとしても，これを規定した条項をもって違約手付と解約手付の性質を併有すると解釈することは妨げられない（参考判例①）。すなわち，履行の着手前においては解約手付として機能し，その後に債務不履行があった場合には違約手付として機能するという解釈である。このように，両者が機能する場面は異なっているのであるから，両者が併存するとしても矛盾は生じない。

　そして，解約手付の性質を排除する旨の合意があったか否かについて，当事者間の認識に齟齬がある場合には，諸事情から合理的にみて当事者の意思はどうであったかという観点から判断することになる。本問では，Bが市販の契約書を基に本件手付条項を作成したこと，Aが本件手付条項について気にとめていなかったことが手がかりとなろう。

2　手付解除の方法

　本件手付条項が解約手付として機能しうるとすれば，次に問題となるのは，小問(1)ではBの解除，小問(2)ではAの解除が民法557条1項の要件を満たしているか否かである。本問では，A・B間における売買契約の成立，解約手付の合意，手付の授受が明らかである。解除の意思表示もされてい

る。さらに，手付解除をするには，売主は手付の倍額を現実に提供し，買主は手付を放棄する旨を表示する必要がある。しかし，小問(1)では，Bは口頭の提供をしただけである。Bがこのような対応をしたのは，Aが手付の倍額の受領をあらかじめ拒んだからであるが，このような事情は，手付解除の方法に影響を及ぼすであろうか。

判例・通説は，買主が手付の倍額の受領をあらかじめ拒んでいるときでも，手付解除の効力が発生するためには，手付の倍額が口頭で提供されたことだけでは足りず，これが現実に提供されることを要すると解している（参考判例③）。なぜなら，口頭の提供で足りるとすると，買主が手付解除をする場合には売主は確実に手付相当額を取得できるのに，売主が手付解除をする場合には買主は手付の倍額の取得を確保できず，均衡を失するからである。また，口頭の提供で足りるとすると，どの時点で解除の効果が生じたのかが不明確な事態が生じうるというデメリットもあるからである。

なお，小問(2)に関連して，買主が手付解除をする際，手付放棄の意思表示を不要とする見解もあるが，買主による手付解除には，手付の返還請求権の不発生や債務不履行責任の不発生（557条2項参照）など法定解除との違いがあるため，これと区別するため手付を放棄する旨の表示は必要であろう。もっとも，この表示は黙示的なものでもよく，買主による解除の意思表示のなかに手付を放棄する旨の表示が含まれていると解されることが多いと思われる。いずれにせよ，小問(2)では，Aは手付放棄の表示をしており，この点は問題とならない。

3　履行の着手

手付解除をなしうるのは，相手方が履行に着手する前に限られる（557条1項ただし書）。なぜなら，相手方は，履行に着手するまでに手付解除の意思表示がなければ，契約が履行されるとの期待を抱き，履行の着手によって多額の出費をすると考えられ，もしその後に手付解除を認めるならば，相手方は手付相当額ではてん補されない不測の損害を被ることになってしまうからである。このような観点から，手付解除の時的限界を画する「履行の着手」は，「債務の内容たる給付の実行に着手すること，すなわち，客観的に外部から認識し得るような形で履行行為の一部をなし又は履行の提供をするため

に欠くことのできない前提行為をした場合」と解されている（参考判例②）。その判断は，当該行為の態様，債務の内容，履行期が定められた趣旨・目的等諸般の事情を総合勘案して行う（最判平成 5・3・16 民集 47 巻 4 号 3005 頁）。

　本問では，解除の意思表示がされた当時，小問(1)では，A が定期預金を期限前解約しており，小問(2)では，木造建物の収去作業が開始されているため，これが「履行の着手」に当たるか否かが問題となる。小問(1)における定期預金の期限前解約は，売買代金を調達する行為であって準備行為にすぎないともみえるが，履行の提供をするために欠くことのできない前提行為と捉えるかどうかによって結論が変わってくる。他方，小問(2)における木造建物の収去作業は，引渡期限前になされてはいるものの，本件土地の引渡義務を履行するための準備行為とみることも，本件契約上の B の付随義務の履行とみることもできよう。この評価が結論を分ける。

関連問題

　(1)　本問(2)において，本件土地の引渡期限前に，B は手付の倍額を現実に提供して契約を解除することができるか。

　(2)　本問(2)において，本件契約の締結後に A が本件土地の面積を実測したうえで，その結果を基に坪 100 万円として代金総額を確定することになっていた場合において，A が測量を開始した後に，B は手付の倍額を現実に提供して契約を解除することができるか。

●】参考文献【●

＊後藤巻則＝田村幸一・民事法Ⅲ 93 頁／奥冨晃・百選Ⅱ 98 頁

（松井和彦）

7

種類債務の履行の提供と受領遅滞

2022 年 6 月 10 日，X 会社は Y 会社との間で，X が製造する IC チップを 7 月から向こう 6 か月にわたって 1000 枚ずつ，毎月 25 日に X が Y の倉庫に搬入し，Y が代金総額 600 万円を 6 か月後の 12 月 25 日にまとめて支払う旨の契約を締結した。その後に製品価格が急落していたところ，7 月 25 日に X が製造した IC チップを Y の倉庫まで運搬したが，Y は，製品価格の急落で販路が思うように開拓できないので，7 月分を 8 月分と一緒に 8 月 25 日に引き取ることを申し入れた。やむなく，X は当該製品を自社の倉庫に戻して，8 月 25 日になって再度，X は，取引先の A 会社に納入する同種製品も一緒にまとめて Y の倉庫まで製品を運んだが，X が提供するチップの品質が契約に適合しているにもかかわらず，Y は品質が不良であると不当な主張をして，製品の引取りを拒絶した。X の担当者は，Y が受取りを拒絶した 2 か月分の製品とその日に A 会社に納入する同種製品 3000 枚をトラックで，それぞれの会社の納入分を仕分けせずに，A 会社に納品するために運んでいたところ，対向車線を走っていたトレーラーが突如側壁に接触し，半回転して横転したため，それを避けようとしたが間に合わず，トレーラーと接触・横転するとともに，直後トレーラーから発生した火災によって運搬中の製品のすべてが焼失した。X は Y の不誠実な対応に失望していたため，Y との今後の取引をとりやめたい。あるいは，Y との取引を継続しつつも焼失した 2 か月分の製品代金 200 万円を請求したい。X は Y にどのような根拠に基づく主張が可能であろうか。

●】参考判例【●

① 最判昭和 30・10・18 民集 9 巻 11 号 1642 頁

② 最判昭和 40・12・3 民集 19 巻 9 号 2090 頁

③ 最判昭和 46・12・16 民集 25 巻 9 号 1472 頁

●】解説【●

1 受領遅滞と契約解除

(1) 受領遅滞の意義

　以下では，まず，X が Y との売買契約をとりやめることができるのかどうかを検討しよう。

　債務者は，債務の履行に向けて自身の側でなすべきすべての準備を終えて，その旨を債権者に知らせることで，債務者の側で履行のためになすべきことを終える。これが履行の提供と呼ばれる（493条参照）。債務者は，原則として，債権者のもとで給付準備を提示しなければならないが（現実の提供），債権者の協力を要する場合や債権者があらかじめ受領を拒絶している場合には，債務者のもとで履行準備を整えて，その旨を債権者に通知すれば足りる（口頭の提供）。債務者が履行の提供をすれば，それ以後，債務者が債務を履行しないことによって生じる責任を免れる（492条）。その反面，債務者が債務の本旨に従って履行を提供するにもかかわらず，債権者が履行の提供に応じない場合，これは専ら債権者側の事情によって履行が完成しないことになる。これが受領遅滞と呼ばれる（413条）。

　債権者も受領する義務を負うと考えれば，債権者が受領に応じないのは，債権者による受領義務の不履行を意味する（債務不履行責任説）。しかし，債権者は受領する権利を有するが，同時に受領する義務を負うとするのは背理であるため，債権者が受領しないのは受領義務の違反を意味しない。したがって，受領遅滞とは，債権者が理由のいかんを問わず受領しない事実がある場合に，履行が完成しないことによって生じる不利益を債務者から債権者に転嫁する法定の責任を意味するとされる（法定責任説，参考判例②）。

(2) 引取義務と契約解除

　もっとも，債務者にとって目的物の保管が過大な負担となるため，あるいは，債務者が債権者に対する不信感を抱くため，契約関係を解消することを望む事態も想定できよう。たとえ受領が権利であって義務でなくとも，目的

物の物理的な占有の移転に応じる行為を「引取り」と呼んで「受領」から区別したうえで，目的物の引取りが重大な問題となりうる売買や請負で，信義則上の引取義務を買主や注文者に認めるべきとする見解が有力である。この見解によれば，引取りは義務であるから，引取りに応じなければ，買主や注文者は受領遅滞に陥ることはもちろん（413条），それに加えて同時に，信義則上の引取義務の不履行に基づく責任も負担しなければならない。この場合，売主や請負人は買主や注文者に対して，債務不履行に基づく損害賠償はもちろん（参考判例③），契約を解除することもできよう（541条以下）。

　本問においても，Yは不当に目的物の引取りに応じていないため，Xは，Yの引取義務の不履行に基づいて，契約全部を解除することができる（542条）。Xは併せて，Yに対して引取義務の不履行に基づいて発生した損害（売買代金額と目的物の時価との差額：参考判例③参照）の賠償を求めることもできる（415条1項）。

2　種類債務の特定と危険負担

(1)　種類債務の特定の意義

　次に，XがYとの売買契約を継続しつつ滅失した2か月分の商品代金の支払を求められるのか，検討しよう。

　本問におけるXのICチップの引渡債務のように，一定種類に属する一定数量の引渡しを内容とする債務を種類債務という（401条1項参照）。XはYとの売買契約に基づいて，定められた品質のICチップを定められた数量だけ，期日にYに引き渡す債務を負う。その間に生じる価格変動や商品損傷といったリスクは，すべて売主が負担しなければならない。しかし，売主がいつまでも買主への引渡義務に拘束され，その利益確保の目算が立たないとすれば，売主にとって酷な状況ともなりうる。そこで，売主が市場から製品を仕入れ，あるいは市場から仕入れた材料で製品を生産する場合に，当該製品を買主の引渡しに振り向けて，それ以後はもはや買主のための製品の仕入れに配慮しなくてよい段階が，種類債務の特定と呼ばれる。

　種類債務の特定の方法には，当事者が契約によって目的物を特定する場合，当事者が契約で債務者に特定できる権利を付与する場合（401条2項後段）のほか，債務者が「給付をするのに必要な行為を完了」することによっ

ても認められている（同項前段）。問題となるのは，種類債務の特定をもたらす「給付に必要な行為の完了」が何を意味するのかである。

(2) 種類債務の特定と履行の提供の相違

　債務者がその側で履行のためにできるすべての行為を行えば履行の提供をしたこととなるため，履行の提供と種類債務の特定の関係が問題となるが，取立債務において口頭の提供があるというだけでは種類債務の特定が認められない（参考判例①）。種類債務を履行するための具体的な目的物を同じ種類に属する他の目的物から分離し，引渡準備を債権者に通知してはじめて種類債務の特定が生じるとされる。このように通説は，履行すべき場所を基準にして給付に必要な行為の完了を定める。すなわち，持参債務では現実の提供時，取立債務では目的物を分離してその旨を通知した時点，本来そこまで運ぶ必要がないにもかかわらず好意で債権者の住所・営業所に送付する場合には運送人への引渡時点で，それぞれ種類債務が特定するという（履行地説）。

　しかし，判例によれば，債務者が債権者の住所まで現金を持参すれば，履行すべき金額を財布から取り出さなくとも現実の提供があるとされる（大判大正11・11・4民集1巻629頁）。このように，持参債務であっても，現実の提供に必ずしも目的物の分離は必要とされないのであるから，現実の提供があっても，なお種類債務の特定が生じない事態も生じうるはずであろう。

(3) 種類債務の特定と危険の移転

　種類債務が特定すると，それ以後，その目的物だけが引渡債務の対象となるため，その時点から，原則として特定物債務のためのルールが適用される。したがって，特定された目的物について契約に従った善良な管理者の注意義務が発生し（400条），その特定された目的物の所有権が買主に移転する（最判昭和35・6・24民集14巻8号1528頁）。

　もっとも，種類債務の特定によって危険が買主に移転するのかどうかが問題となる。たとえば，取立債務では，売主が目的物を分離・通知して種類債務が特定しても，いまだ引き渡されていなければ，危険は買主に移転しない（567条1項後段）。売主は，当該目的物が滅失した場合に，もはや再度目的物を調達する必要がなくなるにすぎない。これに対して，従来，目的物の支配の移転と同時に危険が移転するのであれば［→本巻⑫］，種類債務は引渡

しによってはじめて特定するとの見解も主張されてきた（引渡説）。しかも，引渡後に目的物が偶然事によって損傷・滅失しても，買主はそれに基づいて何らの権利も主張できないこととされたが（567条1項前段），引渡前に目的物が損傷したなら買主はそれに基づく追完を請求できるのはもちろん（562条1項），滅失の場合にはなお履行も請求できると解する余地もある。したがって，引渡説によれば，目的物が引渡前に滅失しても，売主は再度目的物を調達しなければならない。

(4) 受領遅滞と危険の移転

引渡しによって種類債務が特定するとすれば，売主が引渡しを提供したにもかかわらず，買主がその受領を拒絶した場合にはどうなるのであろうか。この場合になお売主が危険を負担するというのは不合理であるから，引渡説は，目的物の引渡しだけでなく，受領遅滞によっても種類債務の特定が生じるとする。たとえば，履行期限内に売主が引渡しを申し出たところ，買主がその受領を拒絶し，その夜に製品が不可抗力で焼失したとすれば，やはり受領遅滞によって種類債務は特定し，危険は買主に移転するというのである。

しかし，本問においては，Xが運送していたYのための製品は，Aに引き渡すべき製品から仕分けされずに一緒にされていて分離がないため，現実の提供は行われて受領遅滞が生じていてもなお種類債務の特定は生じていない。履行地説によっても，目的物の分離がなく，種類債務は特定されていない以上，もし買主が受領に応じていたなら売主が引き渡すことができたはずの目的物について，買主の受領遅滞によって危険が買主に移転する効果を考えなければならない。しかし，民法567条2項は，目的物が「特定」されていることを要件として（同条1項括弧書）受領遅滞による危険の移転を認めることから，目的物が分離・特定されていない本問には適用できない。したがって，本問では，より一般的に受領遅滞による危険の移転を定める同法413条の2第2項，536条2項によって，受領遅滞にある買主が危険を負担すべきと考えるべきであろうか。

結局，本問において，Xは7月・8月分の製品について，8月25日にYが受領を拒絶して受領遅滞に陥った後で，Xの責めなく当該製品が滅失したため，受領遅滞に基づく危険の移転を根拠に，Yに対して当該2か月分

の製品代金 200 万円を請求することができる。

関連問題

　2022 年 6 月 10 日，X 会社は Y 会社との間で，X が製造する IC チップを 7 月から向こう 6 か月にわたって 1000 枚ずつ，毎月 25 日に Y が X の倉庫に引取りにくることで納品し，Y が代金総額 600 万円を 6 か月後の 12 月 25 日にまとめて支払う旨の契約を締結した。早速，7 月 25 日の引渡しに備えて，X は製造した IC チップを当該倉庫に搬入し，他の会社に納入する同種の IC チップと一緒に保管していたが，その後に製品価格が急落し，7 月 25 日になっても Y が引取りにこないため，翌日，X は Y に連絡をとった。Y は，製品価格の急落で販路が思うように開拓できないため，7 月分を 8 月分と一緒に 8 月 25 日に引き取る旨を回答した。しかし，8 月 25 日になっても Y は引取りに現れず，X が翌日に Y に連絡をしたところ，Y はそもそも契約に行き違いがあり契約は錯誤に基づいて取り消したと不当な主張をして，製品の引取りを全面的に拒絶した。その直後，8 月 27 日深夜に，X の倉庫がそこに保管されていた製品ともども不審火によって焼失した。X は Y の不誠実な対応に失望していたため，Y との今後の取引をとりやめ，あわせて焼失した 2 か月分の製品代金 200 万円を請求したい。X は Y にどのような主張が可能であろうか。

●】参考文献【●

＊潮見佳男・百選Ⅱ4 頁／平野裕之・百選Ⅱ112 頁／中田・債権総論 47 頁／磯村保『事例でおさえる民法──改正債権法』（有斐閣・2021）143 頁／森田宏樹監修『ケースで考える債権法改正』（有斐閣・2022）283 頁〔丸山絵美子〕

（北居　功）

8

履行補助者の行為と債務不履行を理由とする損害賠償

　A市は，かつて同市で生活をし，60年前に亡くなった画家Pから，絵画２枚（以下，「甲」・「乙」という）の寄贈を受けていた。Pは中央画壇ではまったく無名の画家であったが，最近の絵画ブームで，ごく一部の愛好家により徐々に注目を集めるようになっている。A市は，倉庫の片隅に収納していて，傷みの激しい甲と乙を修復して，市の文化センターで陳列することにした。

　A市は，名工として名高いBに甲と乙の修復作業を依頼し，Bはこれに応諾した。その後，Bは，甲と乙を受け取ったものの，他の絵画の修復作業を優先させ，そのあおりで甲と乙の修復後の引渡期日に間に合わせることが困難になることが予想されたため，甲と乙の修理を，他の工房で修復活動をしている自分の弟子であるCに依頼することとした。Cもまた，絵画の修復を手がけていて，通常の修復作業を行うだけの技能は有しているものの，その作業の精密さの点で，Bには劣るものであった。

　Cは期日どおりに甲と乙の修復を終えた。このうち，甲は，Bが直接にA市担当者のもとに届け，担当者は甲を受け取った。その後，甲を一般市民に公開したところ，これをみた美術専門家から，修復はされているけれども，Bが修復したものとは到底思えないとの指摘があり，実際に修復をしたのがCであるとの事実が判明した。また，乙については，その大きさからしてBの所有する自動車には乗せられなかったため，Bが業界屈指の美術品運送業者であるD運送会社に依頼して，A市担当者のもとに届けようとしたが，運送の途中で，Dの従業員Eの運転する車両がEの運転ミス（アクセル・ペダルとブレーキ・ペダルの踏み間違え）によりA市市役所の正面玄関にぶつかり，乙にもはや修補不可能な大きな損傷が生じた（さらに，A市市役

所の建物玄関にも損傷が生じた）。

　A市は，Bに対して，甲と乙につき，契約違反を理由に損害賠償を請求したい。予想されるBの反論を踏まえて，A市の請求の当否を検討しなさい。

●】**参考判例**【●

① 　最判昭和58・5・27民集37巻4号477頁

●】**解説**【●

1　債務不履行を理由とする損害賠償と債務者の免責

(1)　民法415条1項の基礎にある帰責・免責の考え方

　債務の履行がされなかった場合，債権者は，債務者に対して，これによって生じた損害の賠償を請求することができる。ただし，その債務の不履行が「契約その他の債務の発生原因及び取引上の社会通念に照らして」債務者の責めに帰することができない事由によるものであったときは，この限りでない（415条1項）。

　契約から生じる債務の不履行を理由とする損害賠償を例にとれば，民法415条1項は，次のような考え方に立脚している。

　まず，債務不履行により債権者に生じた損害を債務者に帰責することの根拠は，「契約の拘束力」（「契約（合意）は遵守されるべきである」というように表現されることもある），すなわち，債務者が債権者に対し債務の内容が実現されることを契約により引き受けた点に求められるべきである。契約を締結し，これによる債務を負担した債務者は，契約に拘束されるのであって，契約により引き受けた利益が債権者に実現されなかった場合に，契約を守らなかったからこそ，損害賠償責任を負うのである。

　このように，契約のもとで債務を負担した債務者は，その契約に拘束されるけれども，契約のもとでその発生を考慮することを想定することができなかったし，想定すべきでなかった事態が生じたときには，いかに「債務者は

契約に拘束される」とはいっても，そのような事態に対処したり，そのような事態を克服して債務を履行することまで，債務者に求められるべきではない。ここから，「債務不履行が契約のもとでその発生を想定することができなかったし，想定すべきでなかった事態によるものであるときには，債務者の免責が認められるべきである」との準則が導かれる。民法415条1項が「契約その他の債務の発生原因及び取引上の社会通念に照らして」債務者の責めに帰することができない事由による債務不履行について，債務者の損害賠償責任を否定した（債務不履行を理由とする損害賠償責任からの免責を認めた）のは，このことを述べたものである。

　以上をまとめると，民法415条1項に，「債務者の責めに帰することができない事由」を修飾する字句として「契約その他の債務の発生原因及び取引上の社会通念に照らして」という文言が入っていることで，契約上の債務について，その債務の不履行を理由とする損害賠償が契約の拘束力によって正当化されることを示すとともに，免責が認められるか否かが契約の内容に即して捉えられるものであることが明らかにされている。

(2)　**損害賠償責任の判断プロセス**

　このようにみたとき，契約上の債務について，債務不履行を理由とする損害賠償責任の成否（損害賠償請求の当否）を考えるうえでは，まず，ⓐ当事者が契約によって，債務者に対しどのような内容の債務を負担させたのかを確定することが不可欠となる。これは契約の解釈に属する問題である（表示行為の意味の確定→補充的契約解釈→慣習・任意法規・信義則の適用と続く作業）。本問では，甲・乙が「中央画壇ではまったく無名の画家であったが，最近の絵画ブームで，ごく一部の愛好家により徐々に注目を集めるようになっている」画家Ｐの作であること，Ａ市が甲・乙の修復を「名工として名高い」Ｂに依頼したこと，Ａ市が甲・乙を修復後に一般向けに展示することを企図していたことが，Ａ・Ｂ間での修復契約（請負契約と捉えられるべきものである）のもとでＢにより引き受けられた債務の内容を確定するうえでどのような意味をもっているのかを探求することが重要となる（契約に即した債務の内容の確定）。次に，ⓑこうして確定された債務を債務者が履行したと評価できるかどうかが判断されることになる（債務不履行——「債務の本旨に

従った履行」がされているか否か——の事実の確定）。

　そのうえで，債務の不履行があったと評価されるときには，ⓒその債務不履行を理由とする損害賠償の責任を免れるに値する事由が債務者に存在していたかが判断される（損害賠償責任からの免責事由）。上記のように，債務者が免責されるかどうかは，「契約及び取引上の社会通念に照らして」判断される。この「契約及び取引上の社会通念に照らして債務者の責めに帰することができない事由」についての主張・立証責任は，債務者の負担となる。

2　第三者（履行補助者）の行為が介在する場合

(1)　判断プロセスに違いはあるか

　債務者が債務の履行のために第三者を使用した場合（このような第三者を「履行補助者」という）に，債務の不履行にこの者の行為が介在したときも，債務不履行を理由とする損害賠償責任の成否（債務不履行を理由とする損害賠償請求の当否）を判断するに当たり，1で示した枠組みが妥当する。履行補助者の行為によって債務不履行がもたらされたからといって，債務不履行を履行とする損害賠償の枠組みに基本的・本質的な違いはない。

　ここでも，契約上の債務の不履行を例にとれば，ⓐ契約に即した債務内容の確定，ⓑ債務不履行の事実の確定，ⓒ「契約及び取引上の社会通念に照らして」の債務者の免責事由の有無についての判断というプロセスをたどって，債務者の損害賠償責任の成否が判断される。

　もっとも，債務の不履行に第三者（履行補助者）の行為が介在する場合には，以下の点が，特に検討を要することとなる（なお，履行補助者であるためには債務者の被用者であることを要せず，独立事業者であるからという理由で履行補助者から排除されるものではない。このことは，教科書レベルでは異論をみないため，以下では所与として解説を行う。また，後記(2)の論点に関係するゆえ，以下では，「履行補助者」の行為に限定せず，「第三者」の行為という視点から解説を行う）。

(2)　「第三者の行為」が債務の内容および不履行の事実の評価に際してもつ意味

　まず，債務の内容が何か（上記ⓐ），そして，債務の不履行があったかどうか（上記ⓑ）についてである（以下では，ⓐとⓑをまとめてふれる）。ここでは，次の2つのことを視野に入れておく必要がある。

第1は，問題となった第三者の行為がそもそも債務者によって引き受けられた債務の内容を構成しているかどうかである。問題となる第三者の行為がおよそ「債務」の内容を成していない場合は，そもそも，この行為は，「債務」の「不履行」という評価それ自体から外れる。本問では，運送会社Dの運送行為が，B引き受けた債務の内容になっていたのかどうかという問題である（これも，個々の契約の解釈を経て判断される）。

　第2は，その第三者の行為が「債務の内容」を成しているとしても，さらに，当該契約のもとで特定の結果の実現がされることを債務者が引き受けていたのか（結果実現保証），それとも，特定の結果の実現までは保証されておらず，債務者は当該契約のもとで求められる注意を尽くして行為をすることを引き受けていたのかということを探求することが重要となる（前者は結果債務，後者は手段債務といわれることがある）。

　前者であれば，引き受けられた結果が実現していないということによって債務不履行ありとされるため，債務不履行を確定する際には，契約によって引き受けられた結果が何であって，それが実現されているか否かのみが決定的となる。他方，債務の履行過程で債務者や第三者がどのような行為をしたか（あるいはしなかったか）ということは，債務不履行の存否を判断するうえで意味をもたない。

　これに対して，後者であれば，債務の内容とその不履行を判断するうえで，債務の履行につき行われるべき行為とその程度（内容）を契約に即して判断する必要がある。そこでは，㋐契約で引き受けられた債務内容に照らすと，履行過程の具体的状況下でどのような行為がされることを債務者が引き受けていたのか，㋑この具体的な義務づけを実行するために，債務者はいかなる任務を第三者に割り当てたのか（いかなる任務のために第三者を配置したのか），㋒当該第三者の行為は割り当てられた任務の遂行との関連において行われたものか，㋓当該第三者は具体的な義務づけを遵守して行動したのか，といった順序での行為評価が必要である。なお，このとき，たとえ債権者が第三者の使用について承諾を与えていたとしても，債務者が損害賠償責任を負う場面が第三者の選任・指揮・監督に限定されるというわけではない（2017年改正前民法下での学説の一部には，債権者が補助者の使用について同意を

与えていたときには，債務者の責任は選任・監督上の過失に限定されるとするものもあったが，こうした考え方を民法415条1項は採用するものではない）。

(3) 「第三者の行為」が債務者の免責事由の評価に際してもつ意味

次に，債務不履行があった場合の免責事由の判断についてである。ここでは，第三者の行為に対する評価につき，他の債務不履行を理由とする損害賠償と何か質的に違ったことが妥当するものではない。次の点にのみ，注意をしておけばよい。

まず，当該契約において，ある結果の実現についての保証がされている場合（結果債務）において，第三者が履行に介在し，かつ，保証された結果が発生しなかったときは，問題の第三者の行為が，「契約及び取引上の社会通念に照らして債務者の責めに帰することができない事由」に該当するかどうかという観点から，個別具体の契約に照らして評価される。本問についていえば，Bが引き受けたのが甲・乙の修復であったところ，この修復内容が「名工として名高い修復職人」の技能をもってすることができるレベルでの甲・乙の修復という請負契約の内容に適合していない（もとより，この判断自体，契約解釈から導かれなければならない）とされたときは，Bが，「自らが委託をしたCが修復作業をする人の標準的な技術水準を用いて修復をした」ということを理由に，当該契約に照らして免責されるのかという問題である。また，乙については，「運送業者Dは業界屈指の美術品運送業者であり，その選択を誤っていなかった」，また，「事故はDの運転手Eの運転ミスによるものである」ということを理由に免責されるのかということが吟味されなければならない。

これに対して，結果実現保証を含まない債務（手段債務）の場合には，すでに，債務の内容が何か（上記ⓐ）を判断する際に，当該第三者の行為が債務の履行過程に組み込まれ，債務者の負担する行為の具体的内容となっているかどうかが問われ，続いて，債務不履行があったかどうか（上記ⓑ）を判断する際に当該第三者の行為が不履行の対象として評価されることから，このⓐとⓑの判断を経た後に，「契約及び取引上の社会通念に照らして債務者の責めに帰することができない事由」に該当するかどうかを，特にⓑのレベルと別個に判断する必要がない（せいぜい，ⓑの事実に対する評価障害事実と

しての意味を有するにすぎない。ⓑの問いが肯定されれば，もはやⓒを持ち出す意味はない）。

　2017年改正前民法下の学説・判例では，債務不履行と第三者（履行補助者）の問題は，次のような枠組みで語られてきた。すなわち，⑦債務者が債務不履行を理由とする損害賠償の責任を負うには，債務者に帰責事由がなければならない。⑦ここでの帰責事由とは，「債務者自身の故意・過失および信義則上これと同視すべき事由」である。⑦「債務者の故意・過失と信義則上同視されるのは，履行補助者の故意・過失」であるというものであった。2017年改正前民法下の教科書・解説書は，この枠組みをもとに書かれているものが少なくない。ここでは，契約上の債務の不履行につき，帰責の根拠を語る際にも，免責の根拠を語る際にも，それらが契約に照らして判断されるということが，法律構成にあらわれていなかった。他方で，本問に即していえば，「債務不履行があっても，債務者と履行補助者に過失がなければ免責される」ということが語られてきた。民法のもとでは，繰り返し述べたように，契約に即して，ⓐ債務内容を確定し，ⓑ債務不履行の事実を確定し，ⓒ「契約及び取引上の社会通念に照らして」の債務者の免責事由を判断するというプロセスを基礎に据えて，ここでの問題を処理すべきである。

3　異なる観点からの義務設定

　本問では，以上に述べたほか，別の観点から，個別具体の契約に即してみたときに，債務者であるBに対して次のような義務が課されているかどうかについても，検討するに値する。これらは，いずれも，本件における修復をする債務を結果債務と捉えたときでも妥当するものである。

　第1は，そもそも，A・B間の契約において，B自身が——たとえ自己と同レベルの技能を有する修復職人がいたとしても——甲・乙の修復をすることが合意されていた場合には，Bは，他人を使用しない義務（自己執行義務）を負っていたのではないかということである。そうであれば，BがCを使用したこと自体が債務不履行となるということになる（それでは，自分の工房で内弟子を使って作業をしたら，どうなるであろうか）。

　第2は，甲・乙を修復する作業を行うためにBが手伝ってくれる人々を組織し，修復作業に臨んだときに，その組織編成・人的システム構築が不十

分であったために，納期に遅れたり，完成した結果に不備があったりしたときに，Ａは，（履行遅滞・契約不適合とは別に）Ｂの組織編成・人的システム構築面での義務違反（これも契約解釈を経てその存否・内容が導かれる）を理由として損害賠償責任を追及することができるのではないかということである。

関連問題

本問をもとに，仮に，ＡのＢに対する損害賠償請求が認められるとしたならば，その場合における損害賠償の内容について，どのように考えればよいのかを検討しなさい。検討を加えるに当たっては，いわゆる相当因果関係説からはどのような論旨展開になるか，また，いわゆる保護範囲説からはどのような論旨展開になるのかを視野に入れつつ，あわせて，契約の内容を確定するという作業が損害賠償の内容を判断するうえでどのような意味をもつのかを考慮しながら，本問の事実に結びつけて整理しなさい。

●】参考文献【●

＊潮見Ⅰ393頁

（潮見佳男）

9 債務不履行における損害賠償の範囲

　2024年5月9日，絵画のコレクターであるXは，Yとの間で，若手の画家Aの絵画甲を代金300万円で購入する契約を締結した。この契約においては，同年10月9日に代金全額の支払と引換えに甲の引渡しが行われるものとされた。また，この代金額は，契約締結時の甲の時価に合わせて設定されたものであった。

　2024年8月中旬，某有名アーティストによる称賛の言をきっかけに，Aは，テレビや雑誌などで頻繁に取り上げられるようになった。そのため，Yは，価値が上昇するかもしれないから甲を手放したくないと考えるようになり，同年9月25日，Xに対して，代金の倍の額が支払われない限り甲の引渡しには応じられない旨を一方的に通告した。これを受けて，Xは，Yと交渉しようとしたが，Yは，これに一切応じようとせず，同日以降，Xとの連絡を絶った。

　甲の時価は，Aの評価が上がるに連れ2024年9月上旬頃から上昇を始め，同月下旬には450万円程度に，同年11月上旬頃には900万円程度にまで上がった。ところが，同年12月中旬に，Aのハラスメントを暴露する記事が公表されたため，Aの作品に対する評価も下落し始めた。その結果，2025年1月末頃には，甲の時価は，500万円程度にまで下がった。現在の甲の時価も，これと同程度であるが，さらに下落することも考えられる状況にある。

　このような事実関係のもと，Xは，Yに対して，Yの債務不履行を理由に，どれだけの額の損害賠償の支払を求めることができるか。なお，現在は，2025年2月1日であるものとする。

●】 参考判例 【●

①　大判大正15・5・22民集5巻386頁

② 大判大正 7・8・27 民録 24 輯 1658 頁
③ 最判昭和 37・11・16 民集 16 巻 11 号 2280 頁
④ 最判昭和 47・4・20 民集 26 巻 3 号 520 頁

●】解説【●

1 履行に代わる損害賠償の請求

　債権者は，債務者が債務の本旨に従った履行をしない場合，債務者に対して損害賠償を請求することができる（415 条 1 項）。そして，債権者は，債務の履行が不能であるとき，債務者による明確な履行拒絶があるとき（なお，この履行拒絶が履行期前のものであるか履行期後のものであるかは，問題とならない），契約が解除されたとき，契約の解除権が発生したときには，債務の履行に代わる損害賠償を請求することができる（同条 2 項）。ここで，債務の履行に代わる損害賠償とは，債務者が債務の本旨に従った履行をしていれば債権者が得られたであろう利益をてん補するための損害賠償を意味する。なお，債権者は，債務の履行不能および契約の解除の場合を除き（412 条の 2 第 1 項・545 条を参照），本来の債務の履行を請求することもできる。したがって，債務者による明確な履行拒絶および契約の解除権の発生の場合，債権者には，本来の債務についての履行請求権と債務の履行に代わる損害賠償請求権とが併存していることになる。

　以上の整理によると，本問において，X は，Y による明確な履行拒絶があることを理由に，Y に対して，甲の引渡しを求めることはもちろん，甲の引渡しに代わる損害賠償を請求することもできる。X が Y に対して債務の履行に代わる損害賠償を請求する場合，本問では，契約の目的物である甲の価値に上下動が存在するため，X が請求することができる損害賠償の額，つまり，Y が甲を引き渡していれば X が得られたであろう利益の額をどのように算定すればよいかが問題となる。

2 判例の考え方 ＝ 損害賠償の範囲の問題としての位置づけ

⑴ 前提としての差額説と相当因果関係説

　判例は，債務不履行の領域における損害について，債務不履行がなければ債権者が有していたであろう仮定的利益状態と債務不履行により債権者が現

在有している現実の利益状態との差額として把握する立場（利益状態差額説）を前提とする。この理解によれば，債務不履行によって債権者に生じた損害は金銭の形で表現されることになるため，賠償されるべき損害の範囲（どの損害を賠償すべきかという問い）と賠償されるべき損害の額（いくらで賠償すべきかという問い）とを同一の問題として捉えることが可能になる。また，契約の目的物の価格に上下動があった場合には，ある時点における契約の目的物の価格に相当する損害と別の時点における契約の目的物の価格に相当する損害とは，それぞれ別の損害として構成されることになる。

　ところで，民法416条は，債務不履行から通常生ずべき損害が常に賠償の対象になること（同条1項），特別の事情によって生じた損害であっても，当事者がその事情を予見すべきであったときには，賠償の対象になること（同条2項）を規定し，債務不履行による損害賠償の範囲の問題を扱っている。そして，判例は，損害賠償の範囲については因果関係によって決せられるとの理解を基礎に据えたうえで，この条文を相当因果関係の内容を定めた規定として理解する（相当因果関係説）。

　したがって，これらの前提によれば，契約の目的物の価格に上下動があった場合に損害賠償の額をどのように決定するかという問いは，債務の不履行による損害賠償の範囲にかかわる民法416条の適用問題の1つ，理論的には，相当因果関係の範囲の問題として現れることになる。

(2)　判例法理の整理

　参考判例に掲げた判決は，(1)の立場を前提に，契約の目的物の価格に上下動があった場合における損害賠償額算定の問題を，以下のような形で，民法416条が規定する債務不履行による損害賠償の範囲の問題として把握する。

　まず，ⓐ債務の履行に代わる損害賠償の額は，原則として，履行不能時の目的物の価格によって評価される。つまり，履行不能時の目的物の価格が通常損害となる。また，契約が解除された場合には，契約解除時の目的物の価格が通常損害として把握される（最判昭和28・10・15民集7巻12号1446頁等。ただし，履行期の目的物の価格を問題にする判例も存在する。最判昭和36・4・28民集15巻4号1105頁）。これらの解決は，2017年改正前民法のもとでは，債務の履行不能または契約の解除により本来の債務についての履行請求

権が損害賠償請求権に代わるため，その時点での目的物の価格が通常損害になるという理解によって基礎づけられてきた。もっとも，2017年改正後民法のもとでは，本来の債務についての履行請求権と債務の履行に代わる損害賠償請求権とが併存する場面も存在するため（415条2項2号・3号。1の記述を参照），この説明は，その説得力を失う。したがって，2017年改正後民法において，上記の判例の意味は，以下のように捉え直されるべきことになる。債務の履行に代わる損害賠償の額は，原則として，民法415条2項各号所定の要件を充足した時点の目的物の価格によって評価される。つまり，債務の履行に代わる損害賠償請求権が発生した時点の目的物の価格が通常損害として把握される。

次に，ⓑ契約の目的物の価格が上昇している場合，この価格の上昇は特別事情であり，上昇した目的物の価格は特別損害として構成される。したがって，特別事情についての予見可能性があったときには，この上昇した目的物の価格で損害賠償の額が評価される。その際，参考判例②によれば，不履行の時点までの債務者の予見可能性の有無が問われることになる。そして，ここでの予見可能性は，予見すべきであったかどうかという形で規範的に評価される。このとき，㋐目的物の価格が上昇を続けている場合には，この上昇した目的物の価格＝特別損害の賠償が認められるために債権者が転売などによってその利益を確実に収めたと予想されることは必要でない。債権者は，現時点で，上昇した価値の目的物を保有していたと考えられるからである。これに対して，㋑目的物の価格の上下動があった場合において，債権者が中間最高価格で損害賠償を請求するためには，その時点において，転売などによりその利益を確実に収めたと予想されることが必要である。

最後に，ⓒ契約の目的物の価格が上昇している場合において，その価格が完全に上昇する前に，債権者が目的物を他に処分したと考えられる場合には，転売利益の逸失が損害と評価される。同様に，債権者が債務者からの履行がないために，第三者から代替物を購入していた場合には，その代替物の入手価格が損害と評価され（大判大正7・11・14民録24輯2169頁），第三者に対して損害賠償を支払っていた場合には，その額が損害と評価される（大判明治38・11・28民録11輯1607頁）。これらの場合，債権者は，目的物を利

用することによって得られたであろう利益の賠償を求めることはできない（大判昭和2・7・7民集6巻464頁）。

判例によれば，本問においてXが請求することができる損害賠償の額も，(1)の理論的前提に基づき，上記ⓐからⓒまでの準則に従って確定されることになる。

3　判例とは異なる考え方＝損害賠償額算定の基準時としての位置づけ

(1)　問題の把握の仕方

判例の考え方に対しては多くの批判が存在し，これとは異なる考え方も示されている。そこで，以下では，判例との違いを明確にしつつ，本問の解決に必要となる範囲で，代表的な見解の思考プロセスを整理する。

まず，ⓐ賠償されるべき損害については，利益状態の差額としての金額ではなく，事実のレベルで把握する（ただし，事実としての損害の把握の仕方にはさまざまな立場がある）。次に，ⓑ債権者に生じた個々の損害が賠償されるべきものであるかどうかを確定する。最後に，ⓒ金銭賠償の原則のもとでは，ⓑで賠償されるべきものとして確定された損害を金銭的に評価する。この考え方によれば，ⓑの賠償されるべき損害の範囲（どの損害を賠償すべきかという問い）とⓒの賠償されるべき損害の額（いくらで賠償すべきかという問い）とは，性質を異にする別々の問題として位置づけられることになる。そのうえで，ⓑの問題は，債務不履行による損害賠償の範囲を扱う民法416条により規律され，ⓒの問題は，損害賠償の範囲とはかかわりをもたないため，同条からは切り離した形で処理される。

以上の思考プロセスに従えば，契約の目的物の価格に上下動が存在する場合に損害賠償の額をどのように決定するかという問いは，ⓑの問題ではなく，ⓒの問題として位置づけられる。判例とは異なり，ある時点における目的物の価格に相当する額の損害と別の時点における目的物の価格に相当する額の損害とが，別々に観念されることはない。この場合にも，損害は1つしか存在しない。ここでは，民法416条1項の適用により，契約の目的物を獲得することができなかったことにかかわる損害が通常損害として賠償の対象に含まれることを当然の前提としたうえで，この損害について，いつの時点を基準として金銭的に評価するかという点，つまり，損害賠償額算定の基準

時が問題とされることになる。

　他方で，関連問題(2)のように，債権者が目的物を他に転売することを予定していた場合などについては，損害の捉え方にもよるが，まず，ⓑの問題として，民法416条の適用により，転売利益を得られなかったことにかかわる損害が通常損害と特別損害のいずれに該当するのか，後者の場合には予見可能性があったかどうかを評価して，当該損害が賠償の対象に含まれるかどうかを審査し，次に，これが肯定されるときには，ⓒの問題として，当該損害について転売価格に即した金銭的評価がされることになる。

(2)　損害賠償額算定の基準時の設定

　契約の目的物の価格に上下動が存在する場合に，契約の目的物を獲得することができなかったことにかかわる損害について，その賠償額算定の基準時をどのように設定するかという点に関しては，さまざまな理解が提示されている。

　たとえば，ⓐ損害賠償額算定の基準時を事案類型ごとに１つの時点（たとえば，本問にかかわる特定物の売買契約に即して2017年改正後民法の枠組みでいうと，民法415条２項の要件が充足され債務の履行に代わる損害賠償請求権が発生した時点や，債務の履行に代わる損害賠償の性質に照らし，履行期に目的物が引き渡されていれば債権者が得たであろう利益をてん補するという観点から，口頭弁論終結の時点など）に固定する考え方，ⓑ損害賠償額の算定については，実体法の問題として位置づけるのではなく，裁判官の自由裁量に委ねられるべきであるとの考え方，ⓒ取引の性質，目的物の種類，当事者の属性などによって定まる事案類型ごとに選択可能な複数の時点を基準時として観念し（たとえば，本問にかかわる特定物の売買契約の場面に即して2017年改正後民法の枠組みでいうと，民法415条２項の要件が充足され債務の履行に代わる損害賠償請求権が発生した時点，契約の履行期の時点，口頭弁論終結の時点など），その中から債権者による選択を認めるべきであるとの考え方などが，それである。

4　2017年改正後民法のもとでの枠組みの確認

　2017年改正後民法416条は，2017年改正前民法416条１項をそのまま維持し，２項について，「特別の事情によって生じた損害であっても，当事者がその事情を予見し，又は予見することができたときは，債権者は，その賠

償を請求することができる」という表現を，「特別の事情によって生じた損
害であっても，当事者がその事情を予見すべきであったときは，債権者は，
その賠償を請求することができる」という表現に修正している。2017年改
正前民法416条2項の予見可能性については，一般的に，これを事実的に評
価するのではなく規範的に評価すべきものと理解されていたため，2017年
改正後民法416条2項は，このことを明文化したものにすぎない。

　したがって，民法416条の文言の変更によっても，2の判例および3の学
説，さらに，債務不履行による損害賠償の範囲をめぐるさまざまな議論は，
その要件など他の部分の改正に伴う若干の修正を施すことを前提に（たとえ
ば，判例の理解の仕方について，2の記述を参照），2017年改正後民法のもとで
もほぼそのまま存続することになると考えられる。

・・・ **関連問題** ・・・

　本問の事実に加えて，さらに以下の事実があった場合，Xは，Yに
対して，Yの債務不履行を理由に，どれだけの額の損害賠償の支払
を求めることができるか。

　(1)　2024年12月1日，Yは，Bとの間で，絵画甲を代金900
万円で売却する契約を締結した。そして，その翌日，Yは，Bに対
して，甲を引き渡した。

　(2)　2024年9月9日，Xは，同じく絵画のコレクターであるC
にYから絵画甲を購入した旨を伝えると，Cから，価格はいくらで
もよいので甲を譲ってくれないかと懇願された。そこで，同年9月
15日，Xは，Cとの間で，甲を代金1000万円で売却する契約を締
結した。この契約においては，XがYから甲の引渡しを受けた日の
翌日に，代金全額の支払と引換えに甲の引渡しが行われるものとさ
れた。同年11月5日，Xは，Cに対して，Yから甲の引渡しを拒絶
されている旨を伝えたところ，Cから契約を解除したいとの申入れ
を受けた。そこで，その翌日，Xは，Cとの合意により，甲の売買
契約を解除した。なお，Xは，Yとの間で契約を締結する際に，Yに
対して，自分は絵画のコレクターであるが，コレクター仲間の間で

絵画を取引することが頻繁にあるため，甲についても転売する可能
性がある旨を伝えていたものとする。

●】参考文献【●

＊難波譲治・百選Ⅱ16頁／坂口甲・百選Ⅱ18頁／久保宏之・百選Ⅱ20頁

（白石友行）

10

解除の要件

> 不動産販売業を営むＸは，Ｙとの間で，Ｙが所有する甲土地および同土地上に建築中の乙建物を代金１億円で買う旨の契約を締結した（本件契約）。本件契約には，ＹがＸに乙建物の検査済証（建基７条５項参照）を交付する旨の特約があった。この特約は，第三者への転売を予定していたＸの要望により，検査済証は買主が金融機関から融資を受けるための必要書類とされていることが多く，また，売買の際の重要事項説明書に検査済証の取得に関する事項を記載しなければならないことを考慮して，挿入されたものである。
>
> その後，甲土地および乙建物の引渡と代金の支払は完了したが，Ｙは，Ｘの再三の請求にもかかわらず，検査済証を交付しない。そこで，ＸはＹに対し，本件契約を解除する旨の意思表示をし，既払代金１億円の返還を求めた。
>
> 検査済証が交付されない理由が，以下の(1)または(2)の事情にある場合，ＸのＹに対する請求は認められるか。
>
> (1) 乙建物について完了検査が行われたが，乙建物の庇が道路斜線制限（建築基準法上の高さ制限の１つ）に違反していることが判明したため，県から検査済証が交付されなかった場合
>
> (2) Ｙは乙建物について完了検査を申請したが，県内で甚大な台風被害が発生したことに伴い，県内の完了検査業務が一時的に停止されていたため，完了検査がいまだ行われず，県から検査済証が交付されていない場合

●】 **参考判例** 【●

① 最判昭和 36・11・21 民集 15 巻 10 号 2507 頁
② 最判平成 8・11・12 民集 50 巻 10 号 2673 頁

●】解説【●

1　はじめに

　契約の解除がされると，各当事者は，相手方を原状に復させる義務を負う（545条1項本文）。Xの請求は，この原状回復義務を根拠とするものだと考えられ，それが認められるか否かは，Xによる本件契約の解除が認められるか否かにかかっている。

2　契約の解除が認められるための要件

(1)　解除の構造

　有効に成立した契約には拘束力があるから，当事者の一方がこれを自由に解消することはできない。もっとも，債務者が債務を履行しない場合に，常に債権者を契約に拘束し続けておくことは妥当でない。そこで，民法は，一定の要件のもとで，債権者に解除権を認めている（541条～543条）。この場合の解除権は，法律の規定によるもの，すなわち法定解除権である。これに対し，当事者があらかじめどのような場合に契約の解除ができるのかを定めている場合もあり，この場合の解除権を約定解除権という。

　債権者は意思表示により解除権を行使することで，契約の解除をすることができる（540条1項）。このように，契約の解除は，債権者の一方的な意思表示によって契約の解消という効果をもたらすものであるから，単独行為である。これに対し，契約の当事者が契約の「解除」を合意することによって，契約を解消することもある。これは，「合意解除」と呼ばれることもあるが，単独行為ではなく，契約である。

(2)　債務不履行を理由とする解除の要件

　では，債務不履行を理由とする解除権は，どのような要件のもとで生じるのだろうか。民法は，「催告による解除」（541条）と「催告によらない解除」（542条）とに分けて規定している。

　第1に，ⓐ債務者がその債務を履行しない場合において，ⓑ債権者がその履行の催告をし，ⓒ催告から相当の期間内に債務者が履行しないときには，債権者に解除権が認められる（541条本文）。以上の要件のうち，ⓑ履行の催告に関しては，条文によれば「相当の期間を定めて」履行の催告をしなけれ

ばならないとされているが，判例は，催告の際に定められた期間が不相当で
あっても相当の期間が経過すれば解除が可能であるし（最判昭和44・4・15
判時560号49頁参照），催告の際に期間を定めていなくても相当の期間が経
過すれば解除できるとする（最判昭和29・12・21民集8巻12号2211頁）。ま
た，ⓒ「相当の期間」とは，債務者が債務を履行するのに必要な期間とされ
るが，債務者が一から履行の準備をすることを前提とする必要はなく，履行
の準備はすでになされていることを前提としてよい。なお，ⓓ債務者に同時
履行の抗弁権（533条）が認められる場合には，債務者がその債務を履行し
ないことが正当化されるから，債権者は，先履行の合意や，反対債務の履行
ないし弁済の提供（493条）をしたことを主張立証しなければ，契約の解除
をすることができない。

　第2に，債務の全部の履行が不能であるときや（542条1項1号。履行が不
能であるか否かは契約および取引上の社会通念に照らして判断される〔412条の2
第1項〕），債務者がその債務の全部の履行を拒絶する意思を明確に表示した
とき（同項2号）など，「債務者がその債務の履行をせず，債権者が前条の
催告をしても契約をした目的を達するのに足りる履行がされる見込みがない
ことが明らかであるとき」（同項5号）には，債権者は，催告をすることな
くただちに契約の解除をすることができる（同項柱書）。解除の要件として
催告が必要とされるのは債務者に履行・追完の機会を与えるためだと考えら
れるが，上記のような場合には，催告をしても無意味だからである。なお，
「契約をした目的」が何であるかは，契約の解釈によって定まる。

　(3)　**本問について**

　本問において，Xは，検査済証不交付というYの債務不履行を理由に，
本件契約を解除したものと考えられる（なお，小問(1)については，乙建物の庇
が道路斜線制限に違反していることが品質に関する契約不適合に当たるとして，
本件契約を解除することも考えられるが〔564条参照〕，ここでは立ち入らない）。
そして，Yは，Xの再三の請求にもかかわらず，検査済証を交付しないと
いうのであるから，催告解除に関する上記ⓐⓑⓒの要件（541条本文）は満
たしている。

　では，無催告解除の要件（542条1項）についてはどうか。Yは，売買の

目的物である甲土地および乙建物をXに引き渡しているから、売主として契約類型上負担する債務は履行しているといえる。そうすると、仮に催告をしても検査済証が交付される見込みがないことが明らかであったとしても、それだけで無催告解除の要件を満たすとはいえない。もっとも、本件契約は転売目的で締結されたものであるところ、検査済証がないことが乙建物の転売に重大な支障を生じさせるのであれば、検査済証の交付は、本件契約をした目的を達成するために必要なものだと考えることもできそうである。このように考えるのであれば、たとえば小問(1)において、乙建物の庇の道路斜線制限違反が容易に是正できるものでない場合には、催告をしても、Yが検査済証を入手してXに交付する、つまり契約をした目的を達するのに足りる履行がされる見込みがないことが明らかであるといえ、無催告解除が認められる可能性は否定されないだろう（542条1項5号）。

3　催告による解除が認められない場合

(1)　債務不履行が軽微であるとき

催告解除に関する上記ⓐⓑⓒの要件（541条本文）を満たしていても、「債務の不履行が……軽微であるとき」は、債権者は、契約の解除をすることができない（同条ただし書）。契約の解除は、履行を得られない債権者を契約から解放するための制度ではあるが、契約の拘束力の否定という重要な効果をもたらすものであり、債務者の利益にも配慮する必要があることから、不履行が軽微である場合には制限されるのである。

民法541条ただし書は、不履行の部分が数量的にわずかである場合（大判昭和14・12・13判決全集7輯4号10頁〔土地の賃料の一部不履行の事案について、「履行遅滞ニ在ル債務者カ債権者ヨリノ催告ニ対シ誠意ヲ以テ履行ニ努力シ其ノ誠意ノ認メラルル場合ニ於テハ僅少部分ニ付不履行ノ事実アレハトテ必スシモ解除権ヲ付与スルヲ要セサルモノト解スルヲ妥当トスヘシ」としたもの〕）や、付随的義務の不履行にすぎない場合（参考判例①）に解除を否定する従来の判例法理を踏まえて設けられた規定であり、催告解除の消極的要件としての不履行の軽微性には、不履行の態様が軽微な場合と、違反された義務が軽微なものである場合が含まれる。

不履行の軽微性の判断基準時は、「〔催告後相当の〕期間が経過した時」で

あり，その判断は，「その契約及び取引上の社会通念に照らして」される。したがって，客観的にみれば数量的に僅かな部分の不履行であっても，それが当該契約において重要な部分に関するものである場合には，軽微性が否定されることもありうる（一問一答債権関係236頁注1）。

(2) 不履行の軽微性と契約目的達成可能性との関係

このように，催告解除が制限されるかの基準は，不履行の軽微性に求められている。他方で，無催告解除が認められるかの基準となるのは，契約目的を達成するに足りる履行がされる見込みの有無である（542条1項5号）。そこで，不履行の軽微性と契約目的達成可能性の関係が問題となる。

参考判例①は，土地の売買契約において，売主が，買主の公租公課負担義務（所有権移転登記がされるまでの間に売主が納付した公租公課について買主がその金額を売主に償還すべき義務）の不履行を理由に売買契約を解除することができるかが争われた事案について，「法律が債務の不履行による契約の解除を認める趣意は，契約の要素をなす債務の履行がないために，該契約をなした目的を達することができない場合を救済するためであり，当事者が契約をなした主たる目的の達成に必須的でない附随的義務の履行を怠つたに過ぎないような場合には，特段の事情の存しない限り，相手方は当該契約を解除することができないものと解するのが相当である」と判示し，契約の解除を認めなかった原審の判断を是認した（なお，「契約の要素をなす債務」なのか「付随的義務」にすぎないのかは，契約ごとに諸事情を総合考慮して判断されるから，買主の公租公課負担義務の不履行を理由とする契約の解除が常に認められないわけではない〔最判昭和47・11・28集民107号265頁参照〕）。また，土地の売買において，買主Yが，代金完済までは土地上に工作物を築造しない旨の特別の約款（約定）に違反したところ，売主Xが契約の解除をしたという事案において，同約款が，「外見上は売買契約の付随的な約款とされている」から「売買契約締結の目的には必要不可欠なものではない」が，「売主……にとつては代金の完全な支払の確保のために重要な意義をもつものであり，買主……もこの趣旨のもとにこの点につき合意したものである」ことに照らし，同「約款の不履行は契約締結の目的の達成に重大な影響を与えるものであるから，このような約款の債務は売買契約の要素たる債務にはい」るとし

て，契約の解除を認めた判例もある（最判昭和43・2・23民集22巻2号281頁）。

　これらの判例を前提とすれば，契約目的達成可能性は，不履行の軽微性の判断において考慮されるべき重要な要素だというべきである（一問一答債権関係236頁注2）。もっとも，両者は必ずしも一致するわけではない。というのも，催告解除の消極的要件として，契約目的達成可能性ではなく不履行の軽微性が採用された経緯に鑑みれば，催告解除の要件は若干緩和されており，少なくとも論理的には，契約目的の達成が不可能とはいえない（無催告解除は認められない）が，不履行が軽微であるとはいえない（催告解除は認められる）場合も想定されるからである。また，両者では判断基準時が異なるところ，不履行の軽微性の判断に当たっては，不履行の態様や違反された義務の重要性だけでなく，催告後の経緯も考慮要素となりうる。

⑶　本問について

　本問では，本件契約が転売目的で締結されたものであることからすれば，検査済証が交付されないことは，契約をした目的の達成に重大な影響を与えるものだといえよう。そうであるとすれば，催告後相当期間が経過した後も検査済証が交付されないことが軽微な不履行だとはいえないだろう。

　もっとも，たとえば，小問⑵において，県内の完了検査業務が再開し，Ｙが検査済証を入手する目処がついているような場合には，不履行が軽微であると判断される可能性があるだろう。

4　不履行が債権者の帰責事由によるものであるとき

⑴　契約の解除の否定

　契約の解除に関する以上の要件を満たしても，「債務の不履行が債権者の責めに帰すべき事由によるものであるとき」には，債権者は，契約の解除をすることができない（543条）。このような場合にまで契約の解除を認めると，債権者は自ら債務の履行を妨げたうえで契約の拘束から逃れることが可能となり，不当だからである（一問一答債権関係235頁注2）。不履行が債権者の帰責事由によるものだといえるかは，債権者を契約から解放することを正当化することができないような事由があるかという観点から判断されることになる。たとえば，本問において，仮に，Ｘが乙建物の完了検査を妨害

したために Y が検査済証を入手することができなかったような場合には，Y の検査済証不交付は X の帰責事由によるものであるといえ，X は契約の解除をすることができない。

なお，債権者の受領遅滞中に，当事者双方の責めに帰することができない事由によって履行が不能となった場合には，その履行不能は債権者の責めに帰すべき事由によるものとみなされる（413条の2第2項）。

(2) 債務者の帰責事由の不要

債務者の帰責事由は，契約の解除の要件とされていない。債権者が債務不履行による損害賠償を請求した場合に，債務者は，「その債務の不履行が契約……及び取引上の社会通念に照らして債務者の責めに帰することができない事由によるものである」ことを主張・立証して，これを免れることができる（415条1項ただし書）のとは異なり，債権者が契約の解除をした場合には，債務者は，債務の不履行が債権者の責めに帰すべき事由によるものであることを主張・立証しない限りは，これを否定することができない。つまり，契約の解除は，債務の不履行が当事者双方の責めに帰することができない事由によるものであるときにも，認められる。

本問についてみると，小問(2)では，Y が X に検査済証を交付することができないのは，台風被害による県内の検査業務の一時的停止という Y の責めに帰することができない事由によるものだといえる。しかしながら，X に帰責事由がない以上，このような場合であっても，X による契約の解除が否定されるわけではない。

なお，当事者双方の責めに帰することができない事由によって債務の履行が不能となった場合には，債権者は，契約の解除をすることもできるし（542条1項1号），たんに反対給付の履行を拒絶することもできる（536条1項）。

発展問題

X は，不動産業者である Y から，リゾートマンション（以下，「本件マンション」という）の1区分を代金3000万円で買い受けるとともに，本件マンションに隣接して設置される予定のスポーツクラブ

（以下，「本件クラブ」という）の会員となる旨の契約を締結した。本件マンションの分譲に際して配布されたパンフレットには，本件マンションの区分所有者が本件クラブの会員となること，本件クラブにはテニスコートや屋外プールが設置されており，1年後には屋内温水プールが完成すること等が記載されていた。

　XはYに対して売買代金3000万円を支払って本件マンションの1区分の引渡しを受け，本件クラブの入会金等合計300万円も支払った。

　その後1年が経過したが，本件クラブに屋内温水プールは設置されないままであった。そこで，XはYに対して，再三にわたり，屋内温水プールの建設を求めたが，いまだ着工もされない状況にある。

　XはYに対して，既払金合計3300万円の返還を請求することができるだろうか。

●】参考文献【●

＊渡辺達徳・百選Ⅱ86頁／中田196頁以下／伊藤栄寿「売買契約の解除」法教466号（2019）73頁

（荻野奈緒）

11

解除と原状回復・損害賠償

　Ａは，建設用機械の賃貸業を営み，そのための建設用機械を多数所有している。Ａは，2021年4月2日に，そのうちのフォークリフト1台（以下，「甲」という）の保管を，月額保管料2万円でＢに依頼し，同日，甲をＢに引き渡した。その際，ＡはＢに対して，保管をしてもらっている間は甲を賃貸に出すことは考えていないけれども，甲を誰かに貸すようなことは決してしないようにと述べ，Ｂはこれを了承していた。この保管委託には，期限が付されていない。

　2021年6月15日に，Ｂは，甲を自己の所有物であるとして，建物解体業者Ｃに代金1000万円で売却し，同日，甲をＣに引き渡した。それ以降，Ｃは，建物解体現場で甲を使用してきた。Ｃは，Ａが甲の所有者であることを知らなかった。

　2022年9月上旬，ＡがＢに対して甲の保管委託の終了を申し出て，甲の引渡しを求めたところ，Ｂ・Ｃ間での甲の売買の事実が判明した。Ａからの照会を受けたＣは，この事実を知って驚き，同年9月15日に，Ｂに対し，甲の売買契約を解除するとの意思を表示した。そして，Ｃは，同日，甲をＡに引き渡した。

　現在は，2022年9月30日である。甲には，Ｃが，盗難防止のためのドライブレコーダー（以下，「乙」という）を付けていて，乙は，現在も甲に付けられたままである。乙の現在価額は20万円である（購入価格も同じであった）。また，甲には，2021年4月2日には存在していなかった傷がついていて，この修理には少なくとも40万円を要することが，複数業者からの見積もりにより示されている。なお，Ａが甲と同型のフォークリフトを賃貸するときには，顧客に対して月額30万円の賃貸料を請求している。これは，近隣の同種業者が甲と同型のフォークリフトを賃貸するときの平均的な賃貸料である月額

25万円よりは高額である。

　以上の事実を前提として，以下の各請求の当否を検討しなさい。なお，遅延利息は度外視して考えなさい。

　(1)　Aは，Cに対して，2021年6月15日から2022年9月15日までの甲の賃貸料相当額である450万円を支払うよう求めている。

　(2)　Cは，Bに対して，売買代金1000万円の返還と支払後の年3パーセントによる利息の支払を請求した。これに対して，Bは，2021年6月15日から2022年9月15日までの甲の使用料相当額である375万円の支払をCに対して請求できると主張して，代金返還請求権をこの請求権と対当額にて相殺し，残額を返還するとの意思表示をしている。

　(3)　Aは，BおよびCに対して，甲の傷の修理費用40万円の支払を求めている。

●】参考判例【●

①　大判昭和11・5・11民集15巻808頁
②　最判昭和51・2・13民集30巻1号1頁

●】解説【●

1　本問全体の構造

　本問では，A・B間では返還時期の定めがない特定物（甲）の寄託契約が締結され（657条。諾成契約である），また，B・C間では特定物（甲）の売買契約が締結され（555条），それぞれの当事者間で契約に基づき目的物の引渡しがされている。

　寄託者は，いつでも寄託物の返還を受寄者に対してすることができるところ（662条1項），本問では，AはBに対して甲の返還請求をしている。また，B・C間の売買契約は他人物売買（他人の権利の売買）であるが，Cは，この売買契約を解除している。これは，売買の目的物である甲の所有者であ

るＡからの所有権に基づく甲の返還請求（民法学の世界では，伝統的に，「追奪」ともいわれる）を受けて，Ａの債務不履行（目的物の財産権の移転不能）を理由に売買契約を解除したもの（542条1項1号）と捉えることができる。

2　所有者からの賃料・使用利益相当額の支払請求

小問(1)では，ＡがＣに対して，Ｃが甲を使用していた期間の甲の賃貸料相当額の支払を求めている。これは，他人の所有物の無権限使用を理由とする不当利得（侵害利得）の返還請求をしたものと考えられる。もっとも，ここでＡがＣに対して不当利得を理由にその支払を請求することができるのは，目的物である甲の客観的利用価値，すなわち，平均的賃料相当額である。小問(1)では，近隣の同種業者が甲と同型のフォークリフトを賃貸するときの平均的な賃貸料を基準に算定される375万円が請求額となりうるにすぎない。また，本問では，Ａが任意の顧客と契約を結んで甲を賃貸に出す機会が奪われたのではないから，Ａは，この場合に支払を受けたであろう賃料相当額450万円をＣに返還請求することはできない。

しかも，本問では，甲の客観的利用価値すなわち，平均的賃料相当額である375万円すら，Ａは，Ｃに対してその支払を請求することができない。というのは，Ｃは，契約締結時も，また，契約締結後もＡから所有権に基づく甲の返還請求を受けるまで，甲がＡの所有であることを知らず，Ｂが甲の所有者であると信じて甲の引渡しを受けて使用していた。それゆえ，Ｃは善意の占有者であるところ，善意の占有者は，その物の使用利益を自らが取得することができる（民法189条の類推適用。大判大正14・1・20民集4巻1頁）。Ｃは，Ａからの不当利得返還請求に対して，自らが善意占有者であることを主張・立証することで，その返還を拒否することができる。

3　他人物売主からの使用利益相当額の支払請求

小問(2)では，売主の債務不履行を理由として買主が売買契約を解除した後の原状回復が問題となっている。買主ＣがＢに対して支払った売買代金の返還請求は，民法545条1項本文に基づく原状回復請求として捉えられるものであるが，これに対してＢが主張する相殺の抗弁でよりどころとされている反対債権は，Ｂ・Ｃ間の売買契約に基づいてＣが甲の引渡しを受領して以降，Ｃが甲を使用したことによる利益相当額の支払を目的としたものであ

る。

　ここで，契約解除の効果が契約締結時にさかのぼって契約を失効させると考えるか（いわゆる直接効果説），それとも，解除の効果は遡及せず，解除の意思表示後に契約を巻き戻す方向での清算がされると考えるかに関係なく，受領後の使用利益相当額は民法545条1項本文による原状回復関係に組み込まれる。民法は契約解除の場合の使用利益の返還を明示する規定を設けていないものの，果実の返還を定めた同条3項を類推適用することによって，この結論を導くことができる（この条項がなかった2017年民法改正前のものとして，参考判例①。なお，ここでの使用利益の返還は民法189条・190条の適用または類推適用の対象ではない——これらの規定は裸の所有者＝占有者関係に妥当するものであって，契約関係の清算の場面には妥当しない——とするのが，今日の圧倒的多数の見解である）。

　しかし，問題は，他人物の売買の場合に，売買契約が解除されたときに，この考え方を用いることにより，売主が買主に対して使用利益相当額の支払を求めることができるのかという点にある。というのは，売主による目的物の引渡しから解除までの間であっても，目的物の使用価値は，所有権原のない売主に帰属するのではなく，その物の所有者に帰属するものであるから，売主は，この間の使用利益相当額を買主に対して請求することができないのではないかとも考えられるからである。使用利益相当額は目的物の使用価値の帰属主体である所有者に与えることにより調整がされるべきであると考えること，いわゆる侵害利得の問題として処理するのが一貫するとの見方である。このように解するときは，小問(2)での使用利益相当額の返還は小問(1)と同質の問題であり，AとCとの間で，しかも，民法189条・190条の類推適用により処理されるべきであるということになる。そして，そのその使用価値の帰属者でない他人物売主Bは，使用利益相当額の支払をCに対して求めることができず，相殺の抗弁も認められないため，Bは，Cに対して，受け取った売買代金1000万円を返還しなければならないということになる。さらに，民法545条2項により，Bは，代金1000万円を受領した時以降の利息もCに支払わなければならないということになる。

　他方で，他人物売買の場合も，他の解除の場合と同様，目的物の使用利益

の調整は，契約当事者間でも契約の清算の枠組みで，すなわち，契約に基づいて行われた給付・反対給付の清算の中で処理することができると考えることもできる。契約目的物の使用利益の返還を契約関係の清算，すなわち，給付利得の問題として捉えることで，他人物の売主であっても，目的物を給付した契約当事者として，相手方に対して返還請求をすることができるとする見方である（なお，売主に対して返還された使用利益相当額を所有者が売主に対して請求することができるか否かは，この両者間で処理されるべき問題であって，買主が関知するところではない）。この場合は，小問(2)では，小問(1)でＡがＣに対して侵害利得の返還を求めることができるか否かとは別の問題として，つまり，Ａの請求の成否に関係なく，ＢはＣに対して甲を引き渡した後の使用利益相当額の返還を請求することができることになる（ＣがＢに対して代金1000万円を受領した時以降の利息の支払を請求することができるのと対峙することになる）。しかも，この場面に民法189条・190条は類推適用されないから，甲の所有者についてのＣの知不知に関係なく，ＢはＣに対して，使用利益相当額の返還を請求することができることになる。参考判例②は他人物売主の使用利益返還請求権を認めているが，この結論を正当化するには，上記の理論構成をとるのが適切である。このように解するときは，使用利益返還請求権を反対債権とするＢからの対当額での相殺の主張が認められる（なお，学説の中には，使用利益相当額と代金利息相当額は，売買当事者間での償還が問題になる場面では，目的物と代金の双方ともにすでに履行されていたときは，相殺の意思表示を待つことなく，当然に清算されるとする見解もある。売買契約が履行される場面での果実の帰属と代金の利息の支払の関係を定めた民法575条の類推適用に依拠した構成である）。

4　契約目的物に生じた損害（物損）の賠償請求

　小問(3)では，寄託契約の目的物であり，かつ，Ａの所有物である甲に対して加えられた損傷とそれによる損害（修補費用相当額の損害）が問題になっている。甲の所有者であるＡは，損傷を加えた者を特定したうえで，この者に対し，所有権侵害の不法行為を理由として，民法709条に基づき損害賠償を請求することができるし，Ｂ・Ｃのいずれが損害を加えたのかが不明のときは，Ｂ・Ｃのほかに加害者はいないことを主張・立証のうえで，Ｂと

Ｃに対して，同項後段〔加害者不明の共同不法行為〕に依拠して，連帯しての賠償責任を追及することができる（このとき，自らの行為と損傷との間に因果関係が存在しないことは，Ｂ・Ｃが主張・立証責任を負う）。もちろん，ＡがＣのみを相手にして，所有権侵害の不法行為を理由に，同条に基づき損害賠償を請求することができることは，いうまでもない。

　他方，Ａは，Ｂに対して，寄託契約に基づき，受寄者であるＢの保護義務違反，すなわち，寄託物である甲の所有権を侵害しないように注意して保管すべき義務の違反を理由に，損害賠償を請求することができる。ただし，この場合は，寄託契約に基づく具体的な保管の局面で，甲の所有権を侵害しないようにどのような注意を尽くした保管が契約上で義務づけられていたのかということと（保護義務の具体的内容），その義務に対する違反がＢにあったということを，Ａが主張・立証しなければならない。Ｂが約束に違反して甲をＣに売却したことのみを主張・立証しただけでは，保護義務とその違反の事実を主張・立証したことにはならない。他方，Ａの主張する内容を少し厚くして，受寄者は寄託物を自らが保管しなければならないのが原則であるところ（自己保管原則。658条２項），自己保管原則は自己の領域に寄託物を留めることで寄託物の所有権の完全性を保護すべき義務を伴うものであり，他者への占有の移転はこの義務への違反になるというところまで踏み込めば，仮に損傷を生じさせたのがＣであったとしても，Ｂには，保護義務の違反が認められ，Ｂは，Ａに対して，保護義務違反を理由として損害賠償をする義務を負う（甲に損傷を加えたのはＢではなくＣであることを主張しても，免責されない）ということになる。なお，この文脈で，ＣはＢの履行補助者かということを問題とすることは，本問においては無意味かつ無用である。

関連問題

(1) 本問において，Cが売買契約を解除したものの，甲をいまだ返還せず，その使用を続けていたとしたら，Aは，Cに対していかなる請求をすることができるか。また，Bは，Cに対していかなる請求をすることができるか。いずれについても，想定されるCからの反論を踏まえて，その当否を検討しなさい。

(2) 本問において，Cがこの間の使用利益相当額として375万円をBに支払った場合，この375万円をめぐるA・B間の法律関係はどのようになるか。

(3) 本問において，Cがこの間の使用利益相当額として375万円をAに支払った場合，Bは，その後に，Cに対して使用利益相当額として375万円を請求することができるか。

●】参考文献【●

＊潮見佳男『新契約各論I』（信山社・2021）109頁／中田・契約法227頁

（潮見佳男）

12

売買の危険負担

　Ｂは，2010年6月1日から期間30年でＡが所有する土地を賃借し，その地上に木造建物を所有して住んでいた。その後，Ｂが2022年2月に急逝したため，Ｂの一人息子であるＸがＢを単独で相続したが，Ｘは自身の仕事の関係からこの建物に住めないため，当該建物を処分することを思い立ち，借地権の処分についてＡの承諾を得た。そこで，ＸはＢの友人のＺに対して，同年6月15日，この建物および借地権の3000万円での購入について7月末までに返事をするように手紙で申し込んだが，すぐにでも返事をくれると期待したものの，7月に入ってもＺから返事がなかった。その間に，Ｘがこの建物を処分したがっているとの噂を聞きつけたＹが，すぐにでもこの建物を購入したいと申し込んできたため，ＸはＹに当該建物をＡの承諾を得て借地権とともに，7月15日に代金3500万円で売却し，登記の移転と代金支払を同年8月15日としつつ，それに先立つ7月20日に当該建物の引渡しを終えた。ところが，ＸはＺから，7月25日に，6月から7月にかけての海外出張で返事が遅れたとのお詫びとともに，当該建物と借地権を購入するとの返事を手紙で受け取った。移転登記と引渡しは8月15日に行われるべきことが申し込まれていたところ，それについてＺの承諾の手紙でも異存は述べられていなかったが，ＺはすぐにＸの役に立ちたいとして，7月28日には代金全額をＸの口座に振り込んできたため，Ｘは，やむなくＺに建物の所有権についての移転登記に応じたところ，当該建物は，8月10日の深夜，隣家に発生した火災の延焼によって焼失するに至った。そこで，Ｘは，建物が焼失した以上，もはや移転登記に応じることもないとして，Ｙに対して売買代金の支払を求めたが，Ｙは建物に居住することを目的に当該売買契約を締結しており，建物がもはや焼失して居

住できないため，Xに対して代金全額の支払を拒絶したい。XのYに対する代金支払請求は認められるであろうか。

●】参考判例 【●

① 最判昭和24・5・31民集3巻6号226頁

●】解説 【●

1　売買における危険負担

　XはYとの間で，2022年7月15日に，当該建物と敷地の借地権について売買契約を締結していたが，8月10日に当該建物が火災で焼失して，もはや売買の目的を達成することができなくなっている。この点から，検討してみよう。

　たとえば，贈与契約が締結されて，履行期日前に贈与の目的物である特定物が債務者の責めに帰することができない事由で滅失した場合，受贈者は贈与者に対してもはや目的物の引渡しを請求できない（412条の2第1項）。目的物が損傷した場合には，その損傷が修補できるときであれば，贈与者は，原則として契約締結時の状態で目的物を引き渡さなければならない（551条1項）。売買では，目的物が売主の責めに帰することができない事由により損傷した場合でも，買主はなお目的物の修補等の追完を請求できる（562条1項）。それでも，特定物売買で契約締結後履行期前に目的物が売主・買主の両当事者の責めに帰することができない事由により損傷して追完が不能な場合や，目的物が同様に両当事者の責めに帰することができない事由によって滅失した場合には，もはや買主は目的物の契約に適合した状態での引渡しあるいは引渡しそのものを請求できない（412条の2第1項）。

　では，買主の代金支払債務の運命はどうなるのであろうか。双務契約では，一般に，一方の債務が存続する限りで，他方の反対債務も存続するとされる（いわゆる存続上の牽連関係と呼ばれる）。したがって，双務契約における一方の当事者の債務が契約締結後履行期前に，両当事者の責めに帰するこ

とができない事由に基づいて履行不能となると，一方の当事者が反対債権の履行を請求しても，相手方当事者は履行を拒絶することができる（536条1項）。さらに，相手方当事者は，一方当事者の債務が履行不能となっているため，契約全部を解除することによって（542条1項1号），自ら負担している反対債務を消滅させることができる。

したがって，売買契約で，売主の目的物が両当事者の責めに帰することができない事由によって滅失して，売主の財産権移転債務および引渡債務が履行不能となれば，買主が売主に引渡しを請求できないのはもちろん（412条の2第1項），売主が代金の支払を請求しても，買主は代金支払を拒絶することができ（536条1項），売買契約自体を解除することもできる（542条1項1号）。すなわち，目的物の滅失等の危険は，履行不能となる債務の債務者である売主が負担することになる（危険負担におけるいわゆる債務者主義）。

2 債権者主義の不都合

ところが，不動産売買など特定物に関する物権の設定または移転を内容とする双務契約，とりわけ売買契約では，目的物が債務者の責めに帰することができない事由によって滅失・損傷することで，債務者の債務が履行不能となっても，売買における代金債務といった反対債務はなお存続すると定められていた（2017年改正前民534条1項）。いわゆる，危険負担における債権者主義（買主負担主義）と呼ばれる立法主義である。そこでは，目的物が二重に売買される場合には，それぞれの売買契約において契約締結以後は買主が危険を負担することとなるため，目的物が売主の責めに帰することができない事由によって滅失すると，それぞれの買主が代金を支払わなければならず，売主が代金を二重に取得できることとなって，明らかに不都合である。また，他人物売買においても，売買契約自体は有効で（561条・旧560条参照），契約締結時以降は買主が危険を負担することになる。そこで，目的物が売主の責めに帰することができない事由によって滅失しても，やはり買主は代金を支払わなければならない。しかし，そもそも他人物売買であるから，買主は所有権を取得できなかったかもしれないにもかかわらず，代金を支払わなければならないこととなる。

このように，二重譲渡事例や他人物売買事例では，債権者主義の単純な適

用では明らかに不都合が生じる。むしろ、目的物に生じるリスクを最もよく回避できるのはその目的物を支配する者であるから、目的物を支配する者がその物に生じうるリスクも負担するというのが合理的であろう。したがって、従来の学説は、目的物の支配が移転するまで売主が危険を負担するという当事者の合理的な意思解釈によって、2017年改正前民法534条1項の適用を排除してきた。そのため、改正民法は、同条を削除して、上述のとおり、売主が危険を負担することとした（536条1項・542条1項1号）。

3 目的物支配の内容

しかし、従来の学説も、いつまでも売主が目的物の滅失リスクを負担するわけではなく、目的物の支配が買主に移転すれば、危険も買主に移転すると解してきた（支配移転説）。目的物の滅失・損傷のリスクを最良に回避できるのは、目的物を現実的に支配する者である。したがって、支配移転説は、目的物の現実的な支配が移転するのは目的物の引渡し、不動産の場合には引渡しまたはそれに代わる登記のいずれかが買主に移転することと解してきた。しかし、改正民法は、不動産の売買であっても、もっぱら引渡しによって危険が売主から買主に移転すると定めて、目的物の現実的支配を引渡しに限定している（567条1項後段）。

なお、参考判例①は、売買目的物が空襲で焼失した場合に、2017年改正前民法534条1項に基づいて売主の買主に対する代金支払請求権を認めた。しかし、この事案では、すでに買主に目的物の占有が移転した後に目的物が空襲で焼失しており、目的物の支配が買主に移転していることは争われないため、買主の代金支払義務を認める結論自体に異論はない。

4 他人物売買と危険負担

上述したとおり、債権者主義に対する批判として提起されてきたのは、他人物が売買された後で目的物が両当事者の責めに帰することができない事由によって滅失した場合に、売主がそもそも所有権を移転できないにもかかわらず危険を負担する買主から代金を受け取ることができるのは、いわば濡れ手に粟となる点である。しかし、支配移転説や改正民法によっても、すでに買主に引渡しが済んでいれば、やはり危険は買主に移転するはずであるから（567条1項後段）、その後に目的物が不可抗力で滅失した場合でも、なお他

人物の売主が代金を獲得できるという不当な結果が生じる余地がある。

そこで，他人物売買において目的物が不可抗力で滅失した場合には，たとえ引渡しによって買主に危険が移転していても（567条1項後段），売主の所有権の取得・移転義務（561条）の不履行に基づく解除（542条1項1号）によって解決を図ることが考えられる。つまり，目的物の滅失によって売主が所有権を取得・移転することはできなくなるため，買主は売買契約を解除することにより，代金支払義務を免れるのである。

5　二重売買と危険負担

本問では，Xは当該建物をAの承諾を得て借地権とともに売却する旨をZに申し込んでおり，その承諾期間内である7月25日にZから承諾の手紙を受け取っているため，XはZに当該建物を代金3000万円で売却したこととなった（523条参照）。他方で，すでに7月15日に，Xは当該建物と敷地借地権をYに売却しているため，本問では，Xが当該建物をYに7月15日に，Zに7月25日に二重に売却し，Yにすでに引き渡していたところ，目的物が偶然事により滅失したこととなる。

二重売買事例では，支配移転説は，引渡しまたは登記による買主への危険の移転を認めていたため，債権者主義と同じように売主が二重に代金を取得できるとするおそれがある。そこで，XはZにも目的物を二重に売買していることから，Zが登記を備えれば，たとえ引渡しを受けていてもYの所有権取得は認められない以上（177条），Yの引渡しによる目的物支配はいまだ最終的に確立していない。つまり，二重売買事例において，登記を有するZだけが危険を負担するとして，登記の所在によって一律に危険負担問題を解決する理解が一般的であった。

これに対して，改正民法における引渡しによる危険移転規定のもとでは，引渡しによって危険が移転するのであるから，移転登記を備えたZではなく，引渡しを受けたYのみが危険を負担することになる（567条1項後段）。したがって，ZはXに対して，すでに支払っていた売買代金の返還を請求できるが，XはYに売買代金の支払を請求できそうである。しかし，XはYと売買契約を締結した後，当該目的物をZにも売却して登記を移転しているため，XはYに対して所有権を移転する義務（555条）を履行しておら

ず，建物が滅失することで，Yに対する所有権の移転義務は確定的に履行不能となっている。したがって，Yは，引渡しによっていったん危険を負担することにはなるが，その後に生じた目的物の滅失により所有権移転義務が確定的に履行不能となるため，Xとの売買契約を解除することによって（542条1項1号），代金の支払義務を免れると解すべきではなかろうか。

発展問題

　XはAから土地を賃借して，その地上に建物を所有している。Xは，この建物をAの承諾を得て借地権とともにYに代金3000万円で売却し，Yから当該建物を2年間の約束で賃借して，引き続き居住していた。ところが，Xは当該建物をAの承諾を得て借地権とともにZにも代金3500万円で売却して，現実に引き渡したが，登記はいまだ移転していない。その後，当該建物は，隣家に発生した火災の延焼によって焼失するに至った。XがYに対して，支払期日に代金3000万円の支払を請求する場合に，Yは将来，建物に居住することを目的に当該売買契約を締結していたため，Xに対して代金全額の支払を拒絶したい。XのYに対する代金支払請求は認められるであろうか，検討しなさい。

●】参考文献【●

＊小野秀誠＝甲斐哲彦・民事法Ⅲ 61頁／北居功「二重売買と危険負担」法学セミナー704号（2013）76頁／森田宏樹監修『ケースで考える債権法改正——改正債権法』（有斐閣・2022）241頁〔吉永一行〕

（北居　功）

13 他人物売買

　Ｘは，４月15日に，Ｙとの間で，当時Ａの所有であった土地（以下，「本件土地」という）を，代金2000万円で買い受ける旨の契約を締結し，即日内金として500万円を支払った。当時，ＹはＡから本件土地を賃借中であったが，Ａが納税の関係から本件土地を含む周辺一帯の所有地を分割し，賃借人らに譲渡し始めたので，Ｙも賃借人として当然本件土地の譲渡を受けることができると信じていた。Ｘも，本件土地がＡの所有であることを知っていた。

　Ｙは，３日後の４月18日に，Ａの代理人と称するＢとの間で，Ａから本件土地を代金1500万円，同年５月末日までに所有権移転登記手続を完了するという約定で買い受ける旨の契約を締結した。本件土地を買い受けるに当たり，Ｙは，１年ほど前に，ＹがＡから本件土地以外の土地を買い受けた際にＢがＡを代理していたことから，今回も，ＢがＡを代理して契約を締結したものと思っていた。ところが，その後，ＡはＢの代理権を否定し，Ｙの所有権移転登記手続請求に応じなかった。ＹはＡから本件土地の所有権移転登記手続を受けるべく，４年ほど努力を重ねたが，Ａの言い値がＸ・Ｙ間の売買契約の代金である2000万円を超えており，その目的を達することができなかった。そこで，Ｙは，契約締結から４年が経過した12月22日にＸに対し，本件土地の所有権移転登記手続を受けることができない旨を伝えた。Ｘは，その通知を受けた２日後にＡとの間で，Ｘが直接Ａから本件土地を買い受ける旨の約定をし，翌年５月18日までに代金3000万円を完済して，同日本件土地の所有権移転登記手続をした。

　Ｘは，Ｙに対し前記売買契約を解除して，すでに支払った500万円の返還を請求するとともに，本件土地をＡから購入した際の代金

とYとの売買契約の代金との差額1000万円を損害として賠償請求することができるか。

●】参考判例【●

① 最判昭和41・9・8民集20巻7号1325頁
② 最判昭和50・12・25金法784号34頁
③ 最判昭和25・10・26民集4巻10号497頁

●】解説【●

1　売主の権利取得移転義務

　X・Y間の売買は，A所有の土地の売買であるが，民法561条により，売主であるYは，土地の所有権を取得して，買主であるXに移転する義務を負う。

　民法では，売主が権利を取得して買主に移転する義務を負うことを前提に，一般原則に従って，買主は，売主に対し，損害の賠償を請求し，契約の解除をすることができるものとされている。改正の審議において，2017年改正前民法（以下，「改正前民法」という）561条等が規定していた買主についての主観的要件に関しては，「売主がいかなる内容の権利移転義務を負っているかを契約解釈により確定した上で，その義務を履行したか否かを問題にすれば足り，買主が悪意であることのみを理由に一律に救済を否定すべき実質的理由はない」とされ，また，改正前民法562条が規定していた善意の売主の解除権についても，「権利移転義務を履行しない売主に契約離脱の選択肢を与える合理性が乏しいと指摘されている」，あるいは，「善意であることのみで売主に契約から離脱する権利を認めることは」，「売主に他人の権利を取得して買主に移転する義務を負わせたことと矛盾する」などとして削除された。

　改正前民法では，同法561条が規定する売主の担保責任と同法560条が規定する売主の権利取得移転義務の債務不履行との競合が認められていた（参

考判例①②）が，同法561条が削除されたため，債務不履行だけが問題になる。債務不履行の前提となる同法560条が規定していた売主の権利取得移転義務については，原始的不能を理由に契約が無効になる場合も含めて，他人物売買を有効にして売主に権利取得移転義務を負わせるものと理解される余地があった（参考判例③参照）。しかし，契約成立時に不能であっても契約は無効とならないとされたことから（412条の2第2項参照），民法561条の規定する売主の権利取得移転義務は特別な規定ではなくなった。

　この売主の権利取得移転義務の内容は，契約の解釈によって定まることになるが，いずれにしても，債務不履行の一般原則に従って，契約の解除の根拠は民法542条，損害賠償の根拠は民法415条になる。

2　契約解除と既払代金の返還請求

　民法542条によって解除し，既払代金の返還請求が認められるためには，ⓐX・Yが本件土地について売買契約を締結したこと，ⓑYが本件土地を取得して移転することができないこと（542条1項1号「債務の全部の履行が不能であるとき」），ⓒXがYに対して売買契約解除の意思表示をしたこと（540条），ⓓXがYに代金の一部を支払ったことが必要である。

　特に問題になると思われるのは，履行不能の要件ⓑである。履行不能は，契約その他の債務の発生原因および取引上の社会通念に従って判断され（412条の2第1項，参考判例②参照），物理的に不可能な場合に限らないとされている。本問の場合は，Xが直接Aから本件土地を購入しており，解除の時点で履行不能となっていることは疑いない。しかし，債務の不履行がXの責めに帰すべき事由によるものであるときは，Xは解除ができない（543条）。この規定は，民法536条2項が，債権者の責めに帰すべき事由によって債務を履行することができなくなったときに，債権者は反対給付を拒むことができないとし，したがって契約の解除ができないことと平仄を合わせたものである。債権者の帰責事由は，契約の趣旨に照らして判断されるが，契約の解除や危険負担と，債務不履行による損害賠償とでは，その制度趣旨が異なることから，その帰責事由に関する判断も異なる結果になりうるとされている。

　なお，本問の場合，Yが所有権移転登記手続を受けることができない旨

を通知した時点で，契約締結から4年ほど経過しており，すでに履行不能と評価できるようにも思われる。また，Yの通知が確定的履行拒絶（542条1項2号）に該当する可能性もある（一問一答債権関係238頁参照）。

改正前民法では，履行不能について帰責事由がないことは，Yの免責事由であった（旧543条ただし書）。しかし，改正に際して，債務不履行による解除の制度は，債権者に対して当該契約の拘束力からの解放を認めるための制度であること等を理由として，債務者の帰責事由の要件は削除された。

解除が認められれば，Yは，既払金500万円に，受領時からの利息を付して返還しなければならない（545条2項）。

3 債務不履行による損害賠償請求

契約を解除した場合であっても，損害賠償の請求をすることが認められる（545条4項）。

民法415条による損害賠償請求の要件は，ⓐX・Y間の売買契約の締結，ⓑ債務（権利取得移転義務）の履行が不能であること，ⓒ損害の発生とその数額，ⓓ履行不能と損害との因果関係である。

履行不能について帰責事由がないことは，Yの免責事由である。立証責任は債務者にあり，「契約その他の債務の発生原因及び取引上の社会通念に照らして」判断される（415条1項ただし書）。

判例（参考判例①）は「原審認定判示の事実関係によれば，前示履行不能は故意または過失によって生じたものと認める余地が十分にあっても，未だもって取引の通念上不可抗力によるものとは解し難い」として，履行不能がYの責に帰すべき事由によるものと認められないとした原判決を破棄し差し戻しており，不可抗力による場合以外は，債務者は免責されないかのような判示がされている。不可抗力とは，戦争や自然災害のような，外部に由来する，当事者にその危険を負わせることのできない，避けられない現象であると一般に理解されており，故意・過失がない場合であっても不可抗力とならない場合があると考えられる。したがって，不可抗力による場合以外は，債務者は免責されないのだとすれば，債務不履行における債務者の帰責事由についての従来の理解に比べて免責の範囲が狭すぎるように思われる。

ただし，具体的にどのような場合に帰責事由がないとされるのかは問題で

ある。この点に関し，先の判例は，改正の審議において，「権利の瑕疵に関する売主の責任を論ずるに当たり，売主が売買の目的たる権利の移転をどこまで引き受けていたかについての契約解釈が重要な意味を有するとの認識は，裁判実務においても受容されていると思われる」例として挙げられており，何が債務者に帰責されるのかは，契約の解釈によることになる。売買契約のような結果債務においては権利を移転できない以上，不可抗力による場合を除いて売主の帰責事由が認められるとする見解も主張されている。

本問においては，Yが，Bを相手として契約を締結したもののAがBの代理権を否定したこと，Aから本件土地の所有権移転登記手続を受けるべく4年ほど努力したこと，Aの言い値がX・Y間の売買契約の代金を超えているためにAから購入できなかったこと等を，どのように評価するかが問題になるであろう。

債務不履行による損害賠償請求が認められた場合，民法415条2項によれば，履行不能，確定的履行拒絶，契約解除または債務不履行による契約の解除権発生の場合には，債務の履行に代わる損害賠償（てん補賠償）を請求することができる。本問では，XがAから購入した代金3000万円の相当性は問題になるものの，本件土地が3000万円の価値があるとすれば，約定代金2000万円との差額である1000万円を取得する可能性があることになる。

改正前民法には，買主が悪意の場合には損害賠償請求を認めない規定（旧561条後段）が存在しており，改正前民法415条による損害賠償請求との関係が問題になった。判例（参考判例①②）によれば，買主が悪意の場合には，改正前民法561条による損害賠償請求は認められないが，改正前民法415条による損害賠償請求は認められるとされていた。改正前民法561条が削除された以上，買主が悪意であっても，民法415条による損害賠償請求は認められる。

しかし，改正前民法561条後段につき，悪意の買主は，売主の不履行を予期するものだから，損害賠償請求に関しては保護に値しないという価値判断によるものであり，改正前民法415条による損害賠償請求も認められないとする見解が主張されていた。民法において買主の主観的要件を設けないこととされたのは，買主が悪意であることのみを理由に一律に救済を否定すべき

とする実質的理由がないためであることからすれば，売主の権利取得移転義務の内容あるいは債務者の帰責事由を定める契約の解釈によっては，損害賠償請求が否定される余地がある。

関連問題

　本問において，Ｙが A から本件土地を取得できない理由が，Ｘ・Ｙ間の売買契約の代金である 2000 万円を超えている点にあるのではなく，以下のような点にある場合には，それぞれ X の請求は認められるか。

　⑴　すでにＸ・Ｙ間の売買契約成立時において，A が本件土地は絶対に売らないという意思であった場合

　⑵　Ｘが直接 A から購入したためであった場合

●】 参考文献 【●

＊髙秀成・百選Ⅱ 100 頁／一問一答債権関係 272 頁／森田宏樹『債権法改正を深める──民法の基礎理論の深化のために』（有斐閣・2013）1 頁／中田・契約法 295 頁

（田中教雄）

14 数量不足を原因とする責任

　寿司職人Ａは，寿司店を建設するのに適当な土地を探していた。不動産業者Ｂは，Ｐ市内にある自己所有の土地（以下，「本件土地」という）を販売すべく，自己の営業所に広告を貼り付けていた。この広告には，本件土地の所在地や現況（更地）とともに，「公簿50坪（165.5平方メートル），価格5250万円，1坪単価105万円」との記載があった。ある日，Ａがこの広告をみてＢの営業所を訪れた。本件土地は閑静な住宅街にあり，Ａが計画している店を出すのに好立地であったが，Ａは土地の購入価格の上限を5000万円と考えており，本件土地は予算を少し超えていた。そこで，Ａは，本件土地上に店舗用建物を建設して寿司店を営業したい旨を告げたうえで，坪単価を100万円にならないかＢと折衝し，Ｂからそれでよい旨の回答を得た。また，Ａは，本件土地の実測図面をＢに要求したところ，Ｂは公図の写しをＡに交付した。この公図には，面積が50坪である旨が記載されていた。Ａはこれをみて，本件土地の実測面積が50坪であると理解した。

　こうして，Ａは，Ｂとの間で，本件土地を5000万円でＢから購入する旨の契約（以下，「本件契約」という）を締結した。契約書には，本件土地について，所在地や現況のほか，「公簿面積50坪（165.5平方メートル）」と記載されていたが，実測面積は記載されていなかった。

　本件土地の引渡後，本件土地の面積が実際には47坪（約145.6平方メートル）しかないことが判明した。Ａは，Ｂに対して代金減額を主張し，さらに，地上建物の床面積が小さくなることで当初予定よりも客席を少なくせざるを得なくなると述べて，これによる損害賠償を求め，もしＢがこれに応じないならば本件土地はいらないので契約を解除すると主張した。このようなＡの主張は認められるか。

●】参考判例【●

① 最判昭和 43・8・20 民集 22 巻 8 号 1692 頁

② 最判平成 13・11・22 集民 203 号 743 頁

③ 最判昭和 57・1・21 民集 36 巻 1 号 71 頁

●】解説【●

1 数量不足の法的性質

売主は，種類，品質または数量に関して契約内容に適合した目的物を買主に引き渡す義務を負う。このため，引き渡された目的物が契約内容に適合していなかった場合，買主は，売主に対し，履行の追完を請求することができる（562 条 1 項）。さらに，買主は，後述するように，一定の要件の下で，代金減額請求（563 条 1 項），損害賠償請求（565 条・415 条 1 項），契約解除（565 条・541 条・542 条）をすることができる。裏を返せば，契約内容に適合した目的物を買主に引き渡さなかった売主は，これらの責任を負う。このような売主の責任の法的性質をめぐり，2017 年改正前民法のもとでは古くから学説上争いがあったが，民法改正によって，この争いに終止符が打たれることとなった。前述のとおり，売主は，契約内容に適合する目的物を引き渡す義務を負っているのであるから，この義務に違反することは債務不履行であり，したがって，売主が負う上記の責任は，債務不履行責任の一種と位置づけられる。このことは，買主の損害賠償請求権について債権総則規定である民法 415 条が準用され，契約解除権について契約総則規定である民法 541 条および 542 条が準用されていることにも表れている。

2 数量不足が契約不適合となる場合

売主が引き渡した目的物が契約内容に適合していないことを，契約不適合という。契約書に目的物の数量に関する記載がある場合において，その数量を満たしていないことは契約不適合に当たりうるが，常にそうとは限らない。単に目的物の数量が契約の中で表示されているだけでは足りず，目的物がその数量を有することが契約内容となること，言い換えれば，当該契約に基づき売主が一定の数量を有する目的物を引き渡す義務を負うことを要す

る。たとえば，当事者において目的物の実際に有する数量を確保するため，その一定の面積，容積，重量，員数または尺度があることを売主が契約において表示し，かつ，この数量を基礎として代金額が定められた場合，このことは，目的物がその数量を有することが契約内容になったことを示す重要な事情となると解される（参考判例①）。土地の売買では，目的物を特定表示するのに登記簿記載の字地番地目および坪数を契約書に記載するのが通例であるが，登記簿記載の坪数は必ずしも実測の坪数と一致するものではない。このため，登記簿記載の坪数が売買契約書に記載されているだけでは，目的物たる土地の登記簿記載の坪数を有することを売主が表示したとただちにいうことはできない（大判昭和14・8・12民集18巻817頁）。たとえば，目的物たる土地を特定するだけの意味合いで，登記簿に記載されていた坪数が契約書に書き込まれたと解する余地もあるからである。

　他方で，契約書に公簿面積のみが記載されている場合でも，当事者において公簿面積の記載が実測面積と同じであることを前提にこの面積を基礎に代金額を決定したと解される事情が存するときは，数量不足の契約不適合が肯定されることがある（参考判例②）。

　本問では，契約書には公簿面積と価格の総額が記載されているだけで，坪単価は記載されていない。しかし，本件土地は広大な山林等ではなく住宅街にある小規模な土地であって，Ｂが営業所に貼り付けていた広告には坪単価が記載されており，Ａはこの値下げ交渉を行い，Ｂはこれに応じて坪単価を下げている。これに相応して価格の総額が変更されており，坪単価に坪数を乗じて価格の総額が決められたことがわかる。また，Ａは，本件土地の実測面積が公図に記載された坪数と同じであると認識しており，Ｂも同じ認識を有していたことがうかがわれる。このように，ＡおよびＢは，本件土地が公簿面積を有すると認識し，単価にこの坪数を乗じて代金総額を決定したのであることから，本件土地が公簿面積を有することが契約内容となったと解することができよう。

3　買主の権利

　本件土地が数量に関する契約不適合と評価される場合において，前述した買主の権利が認められるためには，さらにどのような要件が必要であろうか。

第1に，追完請求権については，追完が可能であること，契約不適合が買主の責めに帰すべき事由によるものでないことである（562条2項）。これに対し，契約不適合が売主の責めに帰すべき事由によるものであることは必要ない。本問のように目的物が土地の場合，隣地が他人の所有地であるなどの理由から不足分の土地を引き渡すことができず，追完が不可能と評価されることが多いであろう。

　第2に，代金減額請求については，追完が可能な場合は，買主は，相当期間を定めて追完を催告し，この期間内に追完がない場合にはじめて代金減額を請求することができる（563条1項）。追完が不可能な場合は，催告は無意味であるから，無催告で代金減額を請求することができる（同条2項）。

　第3に，契約解除についても，買主は，追完が可能な場合は催告を経由して解除することができ（541条），追完が不可能な場合は，民法542条1項各号の要件を満たせば無催告で解除をすることができる（542条1項）。本問が後者の場合に当たるとすれば，残存する部分だけでは契約目的を達することができないことが解除の要件となる（同項3号）。本問では，本件土地の面積が不足していてもその程度が小さく寿司店として使用する建物の建設ができること，Aは本件土地の面積よりもむしろ立地と購入価格に関心をもっていたことがうかがえることから，この要件を満たすとは考えにくい。

　第4に，損害賠償請求については，債務不履行に基づく損害賠償に関する通則に従う（564条参照）。したがって，契約不適合が，契約および取引上の社会通念に照らして債務者たる売主の責めに帰することができない事由によるものである場合は，買主は損害賠償を請求することができない（415条1項ただし書）。本問では，本件土地の公図に50坪という記載があり，Bはこれを実測面積と同じであると認識したとみられる。しかし，Bは不動産業者であり，一般論として公簿面積が実測面積と異なることがありうることを知っていたはずであるともいえる。

　さらに，本件土地の面積が契約内容に適合していないことによって，Bがどのような損害を被ったのかも問題となる。不足分である3坪の価値相当額（300万円）については損害に含まれるとしても（代金減額請求をする場合を除く），当初予定よりも客席を少なくせざるを得なくなったことによる損害に

ついては，なお検討すべき問題がある。なぜなら，寿司店の収益は，客席の数だけでなく，提供される料理の質や価格によって大きく左右されるのであって，地上建物の寿司店の客席を当初予定よりも少なくせざるを得なくなったからといって，予定どおりの客席数であった場合と比べて寿司店の収入が減少したと直ちに言うことができないからである。

　もっとも，寿司店の事業それ自体の価値を観念することは可能であり，その事業価値は店舗の規模，すなわち客席の数によって変わる可能性がある。この観点から損害を観念するならば，上記の問題を克服できるかもしれない。

4　損害賠償の範囲

　本問において，数量に関する契約不適合を理由にＡがＢに対して損害賠償を請求することができるとした場合，賠償の範囲はどのように確定されるのであろうか。前述のとおり，数量に関する契約不適合は債務不履行と位置づけられるので，賠償の範囲は，民法416条に従い確定される。すなわち，数量不足によって買主が被った損害のうち，数量不足によって通常生ずべき損害，および予見可能性のある特別事情から通常生ずべき損害が，賠償されるべきことになる。その結果，履行利益も，それだけで一律に賠償が否定されるのではなく，賠償の範囲に含まれることがありうる。

　本問では，不足分である３坪の価値相当額が賠償の範囲に含まれることは明らかであるとしても（416条1項），本件土地の面積が３坪不足していたことによる減収（このような損害を観念することができるとした場合）ないし寿司店の事業価値の減少については，特別事情によって生じた損害（同条2項）と解されるため，Ｂにおいてこのことにつき予見可能性があったと評価するか否かによって結論は分かれる。その際，Ａが本件土地上に建物を建設して寿司店を営業する予定であることをＢが知っていたこと，Ａは本件土地が50坪の面積を有することを特に重要な事柄であると認識していたか疑わしくＢもＡの意図をそのように理解していなかったように見受けられるといった事情が考慮されることになろう（参考判例③）。

　和歌山県内でスーパーマーケットを営むＡは，マグロの刺身を特売品として販売することを予定し，3月3日朝刊の折り込み広告に「近海産マグロの刺身を限定200パック」と記載して宣伝した。同日早朝，Ａは魚市場に赴き，水産業者Ｂに折り込み広告のことを伝え，200パック分の刺身がとれる大きさのマグロがほしいが適当なものがあるかと尋ねた。Ｂは，100キロ前後でないと200パックの刺身はできないと答え，これに見合うマグロ（以下，「本件マグロ」という）をＡに示した。本件マグロに張られた紙には「100キロ，和歌山産，キロ3000円」と書かれていた。こうして，Ａは，Ｂとの間で，本件マグロ1本を購入する旨の契約を結んだ。代金額は，30万円と合意された。

　Ａが本件マグロをスーパーマーケットに持ち帰り確認したところ，その重量は90キロしかなく，これを刺身にしたところ180パック分しかできなかった。

　契約から2日後の3月5日の時点において，Ａは，Ｂに対して，どのような法的主張をすることができるか。なお，Ａはまだ代金を支払っていない。

●】参考文献【●

＊森田宏樹・百選Ⅱ106頁／田中洋「数量に関する契約不適合と損害賠償の内容」秋山靖浩ほか編著『債権法改正と判例の行方』（日本評論社・2021）271頁／中田・契約法306頁

（松井和彦）

15 売買目的物の種類・品質に関する契約不適合責任

　小規模なワイナリーながら質の高いワインを生産することで知られるXは，ワインの貯蔵庫を見学に来たYから，「澱（ワインの中の沈殿物）の風味が好きなので，澱が十分に沈殿している特級のヴィンテージワインを20本，この貯蔵庫にある中から選んで売ってほしい」と頼まれ，1本当たり1万円で売却することで合意し，3か月後にワインを引き渡すこととなった。しかし，その1週間後，Xのワイナリーの裏手にあった山が突然噴火し，ワインの貯蔵庫自体は無事であったものの，そこまでの道路が通行不可能となってしまっており，貯蔵庫からワインを取り出すためには100万円の費用を要することとなった。もっとも，噴火の直前に，依頼されていた20本についてだけではあったが，Xは貯蔵庫からワインを運び出すことができていたので，約束の期日にそれをYに引き渡して代金を受け取った。

　翌日Yは，受け取ったワインのすべてに澱がないことに気が付き，そのことをすぐにXに伝えたものの，噴火により甚大な被害を受けたXに同情する気持ちもあり，その時点では具体的な対応を求めなかった。Xとしては，貯蔵庫から辛うじて運び出せたワインを，澱の有無について確認することなくYに引き渡してしまっていたものの，澱の有無によって価格差はなくむしろ一般的には澱のないほうが好まれることもあり，Yからの知らせを受けた後も何もせずにいた。それから1年半が経過し，Yがそのワインのうちの1本を飲んだ際に，いつものXの特級のワインとは異なる味であったため問い合わせたところ，購入したワインのうちの10本は，ラベルの貼り間違えによってその中身がより質の低い2級のワインであったことが判明した。なお，Xの各ワインの市場価格は，契約締結時点では特級は1万2000円，2級は9000円であったが，その後のワイナリーの壊滅的

被害による希少化のためにXのワインは高騰しており，XがYにワインを引き渡した時点で，特級は4万円，2級は1万円となっていた。以上の事案において，Yは，Xに対してどのような請求ができるか。これに対して，Xは，どのような反論をすることができるか。

●】参考判例【●

① 最判平成4・10・20民集46巻7号1129頁
② 最判平成22・6・1民集64巻4号953頁

●】解説【●

1 売買目的物に関する契約不適合責任とその救済手段

売主の担保責任をめぐる問題に関しては，2017年改正により，契約の内容に適合した権利の移転・目的物の引渡しをなすべき義務を承認することを前提として（契約責任説の採用），その義務の不履行に関する買主の救済手段に関する統一的な規定を定めるという方向で，担保責任に対する改正前民法の規定につき抜本的な変更が行われている。これにより，2017年改正前民法（以下，「改正前民法」という）では物の瑕疵と権利の瑕疵とを区分して個別的に規定され，また一般の債務不履行責任とは異質のもの（法定責任）として理解されることもあった売主の担保責任の制度は，物・権利に関する契約不適合を理由とする債務不履行責任についての規律として，一元的に整理・統合されることとなった。そこでは，目的物の種類・品質・数量に関する契約不適合を理由とする買主の救済手段として，追完請求権（562条），代金減額請求権（563条），損害賠償請求権および解除権（564条）についての規定が置かれ，そのうえで，以上の諸規定が権利の契約不適合の場合（権利の一部が他人に属する場合を含む）についてもそのまま準用されている（565条）。

2 目的物の契約不適合の意義

目的物の契約不適合に関する責任が認められるのは，「引き渡された目的物が種類，品質又は数量に関して契約の内容に適合しないものであるとき」

であり，目的物が特定物か不特定物かは問われないものの，目的物が引き渡されていること（不完全履行であること）を要する。

改正前民法570条における「瑕疵」の意味に関しては，ⓐその目的物が取引通念上通常備えるべき性質を欠いていることと解する立場（客観説）と，ⓑ当事者が契約において予定した性質を備えていないことと解する立場（主観説）が対立しており，主観説に立つのが判例（参考判例②）および通説であった。この点，改正民法下での目的物の品質に関する契約適合性の要件も，目的物について当事者がいかなる品質を予定していたのか，またその欠陥等をどこまで契約に織り込んでいたのかを踏まえて行われる契約解釈を通じて判断されるため，その判断の実質は主観説の立場と親和的なものとなっている（品質以外に関する契約不適合についても，同様の解釈基準を通じて判断される）。また，目的物の瑕疵に関する改正前民法570条では，「隠れた」瑕疵という要件（買主側の善意無過失を意味するものと解されている）が課されていたが，その要件の趣旨については以上の契約適合性の判断によって評価し尽くされると考えられたため，2017年改正により「隠れた」という要件は外されている。

3　目的物の契約不適合に関する買主の救済手段

(1)　追完請求権

2017年改正により，契約不適合一般についての統一的な救済手段として，買主の追完請求権に関する規定が新たに設けられ，目的物の修補・代替物の引渡し・不足分の引渡しによる履行の追完を求める権利が買主に認められている（562条）。追完請求権に関しては，債務不履行一般における救済手段として規定を置くことも検討されたものの，最終的には，そのような一般規定を置くことは断念されたため，同条の規定は，追完請求権に関する不文の一般的規律に対する売買の特則としての意義を有している。

追完請求権の行使方法につき，民法562条1項は，修補か代替物の引渡しか等の追完方法の選択に関してはまず買主側が選択して主張することができるとしたうえで，買主に不相当な負担を生ぜしめない限りにおいて，売主はそれとは異なる方法での追完をすることができる旨規定している。また，追完請求権の排除事由については，契約不適合が買主の責めに帰すべき事由に

よる場合が定められている（同条2項）ほか，債務不履行の一般規定に従って，追完が不能（412条の2第1項）の場合——「債務の履行が契約その他の債務の発生原因及び取引上の社会通念に照らして不能であるとき」——にも，追完請求権は排除される。なお，不能に関する以上の表現は，物理的不能だけでなくいわゆる社会通念上の不能を広く含んでおり，事実上の不能（履行に関する債務者の負担とそれによる債権者の利益との間に重大な不均衡が存在する場合）についてもこれに含まれることになる。

(2)　代金減額請求権

　買主の代金減額請求権については，改正前民法では数量不足の場合等に限ってしか認められていなかったところ，2017年改正に際して，代金減額請求権によって対価的均衡を維持する必要性は，以上の場合に限らずより一般的に認められるものと考えられた結果，代金減額請求権は契約不適合の場合一般における救済手段として認められている（563条）。

　代金減額請求権の要件に関しては，代金減額請求権が一部解除としての性質を有することを前提として，解除と同様の枠組みが採用されている。すなわち，ⓐ代金減額請求をするためには，催告解除の場合（541条本文）と同様，追完の催告をしたうえで相当期間の経過を待たなければならない（563条1項），ⓑ無催告で代金減額請求をすることができる場合につき，無催告解除の場合（542条）に準じた要件が定められている（563条2項），ⓒ代金減額請求と帰責事由の関係についても，解除の場合と同様，売主の帰責事由は代金減額請求の要件とはならない一方，契約不適合が買主の帰責事由による場合には代金減額請求は認められないこととなる（同条3項），といった規律が妥当する。このように，売主に帰責事由がないことによって損害賠償請求権が認められない場合や，履行請求権の排除事由があることによって追完請求権が排除される場合においても，代金減額請求権については行使可能であるという点に，その存在意義が認められる。

　代金減額の算定方法や算定基準時については，明文の規定は設けられておらず，解釈に委ねられている。この点につき，まず，代金減額の算定方法については，目的物が契約に適合していた場合の価額と実際の目的物の価額との差額が代金額から減額されるとする見解（絶対的評価方法）と，以上の両

価額の比較に基づく減価割合に応じて代金額が割合的に減額されるとする見解（相対的評価方法）とがあるが，代金額は目的物の客観的な価額から独立して主観的に形成されたものであってその主観的な等価関係が尊重されるべきことに鑑みて，学説上は後者の相対的評価方法が一般的に支持されている。

　また，代金減額の算定基準時については，契約時・履行期・引渡時のいずれが基準時となるのか見解が分かれており，この点に関しては，買主の代金減額請求は引き渡された物を当該契約の目的物として承認して受領する旨の買主の意思の表明にほかならないことを根拠として，引渡時を算定基準時とする見解が比較的多い（本問の事案において，2級のワイン10本について代金減額請求が認められた場合，10万円×1万円／4万円＝2万5000円が代金額となる）。これに対し，契約締結後の目的物の価値変動を織り込んだ救済は（履行利益に関する）損害賠償によって実現されるべきであって，代金減額は当初の契約の基礎となった契約締結時の価格に基づいて算定されるべきであるとして，契約時を基準時とする見解（上記の場合において，10万円×9000／1万2000円＝7万5000円が代金額となる）も有力である。実際に引き渡された（契約に適合しない）物の保持を前提として，それが契約の目的物であったならば定められたであろう契約内容への改訂（割合的縮減）が代金減額請求によって実現されることとの関係では，この後者の見解は，理論的により整合性の高い取扱いをもたらすものと評価されよう。

(3) 解除・損害賠償

　物・権利に関する契約不適合に対する救済としての解除・損害賠償に関しては，その要件・効果につき債務不履行の一般規定に従うものとされており（564条），この場面に関する特則的な規定は置かれていない。したがって，解除の要件に関しては，改正前民法では契約目的達成不能の場合に限って解除が認められる場合があったところ（同法566条・570条），2017年改正により，契約目的の達成が不能であるかを問わず，解除の一般規定（541条以下）に従った取扱いがなされることとなっている。また，損害賠償に関しても，売主に帰責事由があることが必要であり，賠償の範囲については履行利益にも及びうることになる。

4 目的物の種類・品質に関する契約不適合を理由とする買主の権利についての期間制限

改正前民法では，目的物に隠れた瑕疵があった場合につき，事実を知った時から1年内に買主は権利行使をしなければならない旨定められていたところ（同法570条・566条3項），2017年改正後においても，物の種類・品質における不適合を理由とする買主の権利については，消滅時効の一般原則とは別に，買主が不適合の事実を知った時から1年間の期間制限が維持されている（566条）。すなわち，目的物の種類・品質に関する契約不適合を知った買主は，不適合を知った時から1年以内に不適合の事実を売主に対して通知する義務を負い，この義務を怠った場合には買主は契約不適合を理由とする権利を行使できないこととされている。なお，従来の判例は，権利の保存のために1年の期間内に行うべきことにつき，「売主の担保責任を問う意思を……明確に告げること」で足りるとしつつ，その具体的内容として，「売主に対し，具体的に瑕疵の内容とそれに基づく損害賠償請求をする旨を表明し，請求する損害額の算定の根拠を示す」ことなどが必要となるとしていたのに対し（参考判例①），2017年改正により，不適合があることの通知のみで買主の権利が保存されることになり，判例の立場よりも買主の権利保存にとってより緩和された取扱いとなっている点に留意を要する。

また，買主の通知義務を基礎とした以上の期間制限については，引渡しの時に売主が不適合を知りまたは重大な過失によって知らなかったときは，そのような売主に関しては短期期間制限によって保護すべき必要性は認められないため，民法566条ただし書によりこの期間制限を適用しないものとされている。なお，以上の短期期間制限に関する規律は，消滅時効の一般原則の適用を排除するものではなく，期間内の通知によって保存された買主の権利は，引渡時から10年または不適合を知った時から5年という二重の時効期間のもとで，消滅時効にかかることとなる（166条1項）。

・∴∴・ 発展問題 ・∴∴・∴∴・∴∴・∴∴・∴∴・∴∴・∴∴・

(1) Xは，不動産販売業者のYからマンションの1室を購入し居住していたところ，Xの火の不始末により，Xの居室内で火災が発生

98

した。Xの居室にはその専有部分に防火扉が設置されていたが，防火扉の電源のスイッチが切れている状態でYからXに対し特段の説明もないまま引き渡されていたため，本件火災の際には防火扉は作動しなかった。Xは，防火扉が正常に作動していたならば延焼が及んでいなかったはずのX居室内のA区画において，火傷による重傷を負った。なお，焼損したA区画の壁や天井等を補修するには，500万円の費用がかかる見込みである。Xは，Yに対してどのような請求ができるか。これに対して，Yは，どのような反論をすることができるか（参考：最判平成17・9・16判時1912号8頁）。

(2) Xは，4階建ての賃貸アパートを建築するための土地の取得について，不動産業を手がけるYに相談したところ，Yの所有・管理している甲土地を3000万円で購入することとなり，その旨合意の上，代金の支払と甲土地の引渡しが行われた。その後，甲土地は都市計画事業により将来的に都市計画道路が整備される予定の区域内にあり，そこにはXの予定する規模のアパート建築についての許可が下りないことが判明した。Yは，甲土地が建築制限を受けていることについては知らなかったのに対し，Xは，自らの調査によりそのことを把握していたものの，近年の許可基準の緩和によって4階建ての建物ならば建築許可を得られるようになったと誤解していた。以上の事案において，XはYに対してどのような請求ができるか。これに対して，Yは，どのような反論をすることができるか。

●】 参考文献 【●

＊中田・契約法299頁／潮見佳男『新契約各論Ⅰ』（信山社・2021）112頁／後藤巻則『契約法講義〔第4版〕』（弘文堂・2017）286頁／ポイント397頁〔石川博康〕

（石川博康）

16 転貸借

　Ａは，所有する甲土地上に地下１階・地上５階建ての乙ビルを建設し，親族が経営するＢ会社（以下，「Ｂ」という）との間で，乙ビル１棟を賃料月額700万円（毎月末日に翌月分前払），2020年10月31日から10年間賃貸する旨の賃貸借契約を締結した。その際，権利金および敷金は特に収受されなかった。また，乙ビルの利用方法についてはすべてＢの経営判断に委ねることにした。上記契約に基づいて，乙ビルはＢに引き渡され，Ｂは本社ビルとして乙ビル全体を利用していた。

　ところが，2021年夏頃，営業停止処分を受けたことから，Ｂの業績は急速に悪化した。そこで，Ｂは，不採算部門を縮小し，2022年４月１日に，乙ビルの地下１階部分について，居酒屋を営むＣ会社（以下，「Ｃ」という）との間で，賃料月額100万円（毎月末日に翌月分前払），期間を５年とする賃貸借契約を締結し，ＣはＢに敷金300万円を差し入れた。Ｃは，同年５月１日に入居し，その後，約定どおりに賃料を支払っていた。しかし，Ｂの業績はその後も悪化し，2023年７月分からＡへの賃料を滞納した。

　このため，Ａは，2023年11月１日付けで，２週間以内にＢが未払賃料を支払わない場合には，甲ビルの賃貸借契約を解除する旨の内容証明郵便を送付し，同年11月２日，Ｂに上記郵便が到達した。同年12月15日頃，Ｂは事実上倒産し，未払賃料は結局支払われなかった。Ｃは同年12月分までの賃料はすでにＢに支払済みであり，Ｂの倒産後，Ｂの本社・事務所が閉鎖され，代表取締役の所在も不明であることから，2024年１月分以降の賃料については供託し，そのまま営業を継続していた。

　Ａは，2024年２月に，Ｃに対し，甲ビルの地下１階部分の明渡しを求めて訴訟を提起した。Ａの請求は認められるか。

●】 解説 【●

1　AのCに対する明渡請求権の根拠と争点

Aは乙ビルの所有者であるから，所有権に基づく返還請求権を根拠に，Cに対して乙ビルの地下1階部分の明渡しを求めることが考えられる。Cからは，適法転借人であることを理由に，地下1階部分を占有する権原があるとする反論がなされることになる。そこで，Aとしては，A・B間の賃貸借契約が賃料不払を原因として契約が解除されており，もはやCは転借権を根拠に占有権原があると主張することはできないと再反論する必要があることになろう。

また，A・C間には直接の契約関係はないが，民法613条1項に基づいて，原賃貸人が転借人に対して賃貸目的物の返還請求権を直接行使することも考えられる。賃貸借契約に基づく賃貸目的物の返還請求権を根拠に明渡請求訴訟を提起する場合には，Aは，Bの賃料不払を原因として原賃貸借契約が解除されており，CがAに対して賃貸目的物の返還義務を負っていることを主張することが必要となる。

したがって，上記いずれの請求に基づいて訴訟を提起する場合であっても，賃借人の債務不履行解除を原因として原賃貸借契約が終了した場合に，転貸借契約の効力に影響がないのかどうかが問題となる。

2　原賃貸借契約の債務不履行解除の可否

Cは，営業を目的として乙ビルの地下1階部分のみを利用しているにすぎない。しかし，障壁などによって他の区画と区分され，独占排他的支配の可能な構造・規模となっていれば独立した利用があり，借地借家法の適用がある（最判昭和42・6・2民集21巻6号1433頁）。また，借地借家法は居住用建物だけでなく営業用建物にも適用になる。BもCも乙ビルないしその一部の引渡しを受けていることから，Bの賃借権もCの転借権も，対抗力のあ

る賃借権である（借地借家31条）。

　そこで，学説の中には，原賃貸借契約の解除を適法転借人に対して主張するためには，転借人に対して，原賃借人の未払賃料債務の弁済を催告し，その後，相当の期間を経由したことが必要であるとする見解がある。これは，原賃借人の未払賃料について転借人に第三者弁済の機会を与え，原賃貸借契約の覆滅を回避させようとするものである。しかし，判例（最判昭和37・3・29民集16巻3号662頁）は，賃料の延滞を理由として賃貸借を解除するためには，賃貸人は賃借人に対して催告すれば足り，転借人に賃料支払の機会を与える必要はないと解している。原賃貸借契約の当事者ではない転借人に対する催告を原賃貸借契約の解除権発生の要件として加重することが理論的には難しいこと，また，原賃貸人が転貸借を承諾したことによって，賃貸借契約上，原賃貸人は原賃借人との関係で，転借人に賃貸目的物を使用収益させる義務を負っているわけではないからである。転貸借の承諾は，原賃借人の使用収益権原の範囲内で，原賃借人以外の第三者が賃借人と独立して賃貸借目的物を使用収益することを容認しているにすぎないものと解される。

3　原賃貸借契約の終了と転貸借契約の帰趨

　原賃貸借契約と転貸借契約は，契約の当事者を異にする別個の契約である。したがって，理論的には，原賃貸借契約が解除されたからといって，転貸借契約の効力が当然に失われるわけではないことになる。契約の効力は，契約の当事者間でしか生じないのが原則であるからである（契約の相対効の原則）。

　しかし，参考判例①は，「賃借人がその債務の不履行により賃貸人から賃貸借契約を解除されたときは，賃貸借契約の終了と同時に転貸借契約も，その履行不能により当然終了するものと解するのを相当とする」と判示した原判決を支持して，土地賃貸人の転借人に対する土地明渡請求を認容している。2017年民法改正によって，上記判例理論は，承諾転貸の場合に，賃貸人が賃借人の債務不履行を原因として解除権を有しているときには，原賃貸借契約の解除をもって転借人に対抗できるとする規定によって明文化されることになった（613条3項ただし書）。この結果，転借人は，債務不履行解除を原因とする原賃貸借契約の終了によって，転借権に基づいて占有権原があ

るとはいえないことになるが，なぜこの場合に転貸借契約も当然終了するのかについては，改正後も解釈問題として残されることになった。

　この点，参考判例②は，原賃借人＝転貸人の賃料不払を原因として原賃貸借契約が解除された場合に，転貸人が転借人に対して転借料の請求ができるかどうかが問題となった事案において，原賃貸借が賃借人の債務不履行を理由とする解除により終了した場合，承諾転貸借は，原則として，賃貸人が転借人に対して目的物の返還を請求した時に終了すると判示した。

　これらの判例の考え方からすると，原賃貸借契約が終了した場合の転貸借契約の効力をめぐっては，以下の2つの説明の仕方があるように思われる。

　1つは，原賃貸人による転貸借の「承諾」を，賃借人本人が使用収益するだけでなく，賃借人が第三者に使用収益させることも可能とする権原と捉え，転借権は原賃借人の賃借権（賃貸目的物を使用収益する権限）に基づいていると説明する方法が考えられる。この見解では，原賃貸借契約と転貸借契約は別個の契約ではあるが，賃貸物件を無断で転貸した場合には，賃借人に賃貸権限がないから，転借人は転借権を所有者に対抗できないとする理解が前提となり，承諾転貸であっても原賃貸借契約が終了すれば転借権を原賃貸人に対抗できないと解することになる。つまり，上記の見解では，民法612条の「承諾」に，賃貸人による原賃貸借契約の解除権を排除するという効果と，原賃借人＝転貸人の転貸権限を基礎づけるという効果を認めていることになる。

　もう1つは，賃貸人が賃貸借契約の終了を原因として賃借人＝転貸人に対して賃貸物件の返還を請求すれば，賃借人＝転貸人はこれに応じなければならない結果，転貸人の「賃貸物件を使用収益させる債務」の履行不能を原因として転貸借は終了するとする説明の仕方が考えられる。転貸人が賃貸物件を使用収益させる債務の履行ができない以上，その対価である賃料債権も発生しないことになり，転貸借契約上の転借人に使用収益させる債務は不能を原因として消滅すると解することになる。

　第1の見解では，転貸借契約が原賃貸借契約に従属していることになり，原賃貸借契約と転貸借契約の終了時期は同時になる。これに対して，第2の見解では，両契約が別個の契約であることを前提としながら，転貸借契約

上，転貸人による使用収益させる債務の法律上の不能を原因として転貸借契約自体が終了すると解する構成がとられていることになり，参考判例②では，原賃貸人から返還請求された時点で転貸借契約は終了することになるから，原賃貸借契約の終了時点より後れることもありうることになる。もっとも，転貸借契約につき転借人の解除の意思表示が必要かどうか，また，転貸借契約において使用収益させる債務の履行不能時をいつの時点と解するのかをめぐっては，第2の見解に立つ学説内部でも意見の対立がある。参考判例②と同様，賃貸人が転借人に対して目的物の返還を求めた時点と解する見解，転貸人が事実上転借人に使用収益させることができなくなった時期と解する見解，転借人が履行不能を原因として転貸人に解除の意思表示をした時点であると解する見解などがある。

　原賃貸借契約の合意解除をもって適法転借人に対抗できないとする判例（最判昭和38・2・21民集17巻1号219頁，最判昭和38・4・12民集17巻3号460頁など）が民法613条3項本文として明文化されたことや，無断転貸ではあっても，信頼関係が破壊されていないことを理由として民法612条に基づいて原賃貸借契約を解除できない場合には，原賃貸借契約の合意解除をもって転借人に対抗できないとする判例（最判昭和62・3・24判時1258号61頁）があること，さらには，サブリースの事案ではあるが，原賃貸借契約の期間満了のケースにおいて，原賃貸借契約が終了しても，転貸借契約が当然に終了するわけでないとする判例（最判平成14・3・28民集56巻3号662頁）からすると，第2の見解に基づくほうが整合的であるものと解される。

　なお，建物賃貸借契約終了に伴って転貸借関係が終了する場合には，転借人を保護するために，賃貸人は転借人に対して通知をしなければ対抗できない（借地借家34条1項）。通知したときには，建物転貸借はその通知がされた日から6か月の経過をもって終了する（同条2項）。

　AがBから自転車を月額1000円で1年間（4月1日から翌年3月31日）賃借し，通勤用に利用していた。ところが，7月始めに，その自転車がCの所有物であることが判明した。Cと交渉したが，Cから強く返還を求められたことから，AはCに8月1日に自転車を返した。Aは4月分から6月分までの賃料合計3000円をBに支払っていたものとする。

　(1)　Cは，AおよびBに対して4月分から7月分の賃料相当額4000円の返還を求められるか。

　(2)　BがAに対して7月分の賃料1000円の支払を請求してきた。AはBに賃料を支払わなければならないか。

●】参考文献【●

＊吉田克己＝高田昌宏＝小久保孝雄・民事法Ⅲ 143頁／山下郁夫・最判解民平成9年度（上）220頁／千葉恵美子・百選Ⅱ 130頁／中田431頁

（千葉恵美子）

17 賃貸目的物の所有権の譲渡

　Bは，A所有の土地（以下，「本件土地」という）を，2001年5月，建物所有目的で期間を30年として普通借地で賃借し，翌年5月に木造3階建ての家屋（以下，「本件建物」という）を建築し，息子Dとともに本件建物に入居した。2005年4月，Bの転勤によりBとDは他県に引越しをし，その間BはEに本件建物を定期借家により賃貸したが，2015年4月に賃貸期間が満了し，再びBとDは本件建物に居住し，現在に至っている。2021年5月，AはCとの間で本件土地の売買契約を締結し，翌月にCへの移転登記が完了した。下記の設問に答えなさい。なお，各設問はそれぞれ独立している。

　(1)　Bは，本件建物に入居後間もないころ入院をし，あるいは長く生きられないかもしれないと思い，この際本件建物の名義をD名義にしてしまおうと考え，2002年6月，Dに無断で本件建物のD名義の保存登記を行った。その後Bは回復し，今日も存命であるが，本件建物はD名義のままである。

　2021年11月，CがBに対し建物収去土地明渡しを求めたが，認められるか。

　(2)　Bは本件建物に登記をしないまま今日に至っている。他方で，Cは本件土地を自己使用ではなく賃料収入を目的として購入し，売買契約とともにAとの間で賃貸人の地位を移転する合意をしている。なお，このAからCへの賃貸人の地位の移転についてBから承諾を得ていない。

　2021年7月，CはBに対し同月分の賃料の支払を求めたが，認められるか。また，Bが2021年4月分の賃料を長期の海外旅行により未払であったことから，Cはこの際に合わせて同月分の賃料の支払も求めたが，認められるか。

●】参考判例 【●

① 最判昭和 41・4・27 民集 20 巻 4 号 870 頁
② 最判昭和 46・4・23 民集 25 巻 3 号 388 頁
③ 最判昭和 49・3・19 民集 28 巻 2 号 325 頁

●】解説 【●

1　不動産賃借権の対抗力

　小問(1)において，Ａから本件土地の所有権を譲り受けたＣは，その所有権に基づいて，物権的請求権の１つである返還請求権としての建物収去土地明渡請求を行っている。それでは，本件土地の賃借人であるＢは，いかなる場合にこのＣの請求を拒否して，本件土地の利用を継続することができるか。

　賃借権は債権であって，債務者以外の第三者には対抗することができないのが原則であるため，賃借人は新所有者に対し賃借権を対抗することができず，所有権に基づく返還請求を拒否することはできないはずである（売買は賃貸借を破る）。民法は，例外として，不動産の賃貸借については，賃貸借の登記をすることにより，第三者に対抗することができることを認めている（605 条）。しかし，実際にはこの登記はほとんど行われなかった。登記の申請は当事者が共同で行わなければならないが（不登 60 条），登記がなされることで賃借権が強くなって不利になる賃貸人はこれに自主的には協力しないであろう。にもかかわらず，物権である所有権の移転を受ける買主が登記請求権を有するのとは異なり（560 条），賃借権は債権であるため，賃借人は賃貸人に対しこの登記に協力するよう求めることはできないと考えられてきたからである。

　そこで，賃借人が土地の所有者の協力がなくても賃借権に対抗力を得ることができるように，借地については，借地人が土地の上に登記した建物を有する場合にはこれを第三者に対抗することができるようになっている（借地借家 10 条 1 項）。この建物登記からは，賃貸借の登記とは異なり，賃貸借の内容は明らかとはならない。それでも，借地権に対抗力を認めているのは，

建物の名義人が土地所有者とは別人であることがわかれば，その名義人が建物を所有することができる借地権を有することを推知することができるからである。そして，不動産の譲受人が所有権移転登記をする前に，賃借人がこうした対抗要件を備えていれば，賃借権は対抗力を有し，賃貸人たる地位も移転し，目的物の譲受人との間で賃貸借契約が成立することになる。

2　他人名義の建物登記による借地権の対抗力

それでは，借地人が他人特に家族名義の建物の登記をした場合も借地借家法10条1項の「登記されている建物を所有する」に当たり，借地権には対抗力が認められるか。借地権の対抗力を認めることによる借地権保護の要請がある一方で，借地権の対象である土地取引に入った第三者の取引の安全を図る要請もあり，どのような場合にまでこの登記に当たるとするかは，両要請の調整の問題である。

参考判例①は次の理由から他人名義の建物登記に借地権の対抗力を認めない。建物登記により借地権に対抗力を認めるのは，土地取引に入る者がこの登記名義により名義人が借地権を有することを推知することができるからであり，借地権者が自己の名義で建物登記をすることではじめて借地権は対抗力を有する。他人名義の建物登記では取引上の第三者は到底建物所有者（借地権者）を推知できず，このような場合にまで対抗力を認めれば第三者の利益を害することになる。また，他人名義の登記は現在の実質上の権利状態と符合しない無効の登記であり，対抗力を生じないのである。このような建物登記が実態と異なっている場合については，一方で，登記簿により借地権の存在を認識できてはじめて，借地権を対抗されても仕方がないと考える公示主義の立場があり，判例はこの立場に沿うものといいうる。不動産賃貸借の登記が要求されていたのは公示により第三者の取引の安全を守るためであり，この公示の原則からすれば，この登記がなければ第三者は借地権が存在しないものとしてよい。建物登記は不動産賃貸借の登記の代用であるから，他人名義の建物の登記を見ても建物の実際の所有者が借地権を有することを推測することはできないため，この借地権がないものと扱ってよいと考えるのである。

本判決の立場はその後も維持され，判例として確立しているが，学説の多

くはこれに反対し，建物の登記名義が同居の家族名義の場合などにおいても借地権に対抗力を認めるとの考え方が有力である。こうした見解を支えるのが，土地の取引に入ろうとする者は登記簿を調べるだけでなく，現地も調査すべきとする現地主義の考え方である。土地取引に入ろうとする者が現地を調査すれば，土地所有者以外の者の登記された建物の存在を認識し，たとえその建物登記が他人名義であったとしても，借地権（それが誰のかは不明であれ）の存在を推知することはできる。そのため，借地権を対抗されても取引の安全を害することにはならないと考えるのである。

　小問(1)において，Ｂは同居の親族とはいえ他人Ｄ名義の建物登記を行っているため，判例によれば，Ｂの借地権に対抗力は認められないことになる。ただし，事情によってはＣの建物収去土地明渡請求が権利濫用として認められないこともありうる。例えば，Ｃが本件土地をＢの借地権付きとして安く購入しておきながら，建物登記がＤ名義であることを奇貨とし，Ｂを追い出して不当な利益を得ようとする場合がこれに当たる（建物登記自体がされていなかった場合について，最判昭和43・9・3民集22巻9号1817頁）。なお，もしＢがＤに本件建物を贈与してＤ名義での登記をしていたのならば，おそらくＣの建物収去土地明渡請求は認められないであろう。Ｄ名義の登記は建物所有者本人の登記であるうえ，ＢからＤに本件建物とともに賃借権が譲渡されたことになるが，たとえ無断譲渡であったとしても，同居の家族間では背信的行為と認めるに足らない特段の事情がある場合に当たる可能性が高く，解除は認められないからである（612条2項）。

3　不動産賃貸人の地位の移転

　小問(2)において，Ｃは本件土地の所有権とともに賃貸人の地位も譲り受け，賃貸人としての地位に基づいてＢに対し賃料の支払を求めている。これに対し，Ｂは契約相手方である賃貸人の地位の移転について承諾をしていないため，Ｃが賃貸人であることを否定し，賃料の支払を拒絶することが考えられる。それでは，ＣはＢの承諾を得ずに賃貸人になることができるか，また，賃料を請求するために備えなければならない要件とは何か。

　契約上の地位の移転には原則として譲渡当事者の合意に加えて相手方の承諾が必要である（539条の2）。契約上の地位の移転により相手方から見ると

債務者が交代することになり（免責的債務引受），債務が確実に履行されるかどうかわからなくなってしまうため，相手方の承諾が必要になるのである。

ところで，上記のように不動産賃貸借において賃借権に対抗力がある場合，不動産が譲渡されると，その所有権に伴って賃貸人たる地位も法律上当然に譲受人に移転し，譲受人と賃借人との間に賃貸借契約が成立する（605条の2第1項）。この場合に，譲渡当事者間において賃貸人の地位の移転を合意することは必要でない。賃借権に対抗力があるため，譲受人は賃貸借関係の承継を拒絶することができないからである。これに対し，不動産賃借権に対抗力がない場合には賃貸人の地位の当然承継は生じないため，譲渡当事者間において賃貸人の地位の移転の合意をすることが必要となる。ただ，その際に相手方の承諾は不要である（605条の3）。なお，賃借権に対抗力がある場合にもこの承諾は不要である。不動産賃貸人の主たる債務である目的物を使用収益させる債務は，賃貸人が誰であるかによって履行の仕方が大きく異なるようなものではなく，とりわけ目的物が土地である場合にはそういえる。加えて，賃借人にとっても不動産の新しい所有者に賃貸人の債務を承継させるほうが有利だからである（参考判例②）。したがって，小問(2)において，Bの承諾がなくても，A・C間の賃貸人の地位の移転の合意により賃貸人の地位が移転し，CとBとの間に賃貸借契約が成立する。

4　新しい不動産賃貸人の権利行使の要件

不動産の譲受人が賃貸人として承継する賃貸借契約の内容は従前のそれと同じものである。そして，新賃貸人がこの賃貸借契約に基づく賃料の請求や解除権の行使などの権利を賃借人に対して行使するためには，賃借権に対抗力があるため賃貸人の地位が法律上当然に移転した場合であれ，賃借権に対抗力がないため合意により賃貸人の地位が移転した場合であれ，不動産の所有権移転登記が必要である（605条の2第3項・605条の3）。従前の判例（参考判例③）・通説を2017年の民法（債権関係）改正が明文化したのである。

登記が権利行使の要件となったのは，登記がされることで賃借人にとって賃料債務等の履行の相手方である賃貸人が譲受人であることが明らかになり，二重払の危険を免れることができるという登記の基準としての明確さにある。そして，譲受人が承継するのは賃貸人の地位であり，賃借人の地位と

はもちろん両立しない関係にあるのではないため，ここには民法 177 条の対抗関係は存在しない。それゆえ，ここでの登記は対抗要件としての登記ではなく，権利保護要件としての登記であると解されている。なお，譲受人が移転登記が未了であっても，賃借人の側から賃貸人の地位の承継を承認し，賃料を支払う場合には，譲受人は賃貸人になり，この支払は弁済として有効である（最判昭和 46・12・3 判時 655 号 28 頁）。

　こうして，新しい賃貸人は所有権移転登記をすることで賃料債権を行使することができるようになるが，目的不動産の所有権を取得し賃貸人の地位を承継するまでにすでに発生していた賃料債権を行使することはできない。この賃料債権は元の賃貸人のもとで発生して同人に帰属し，賃貸借契約関係からは独立しており，これが移転しても当然には新しい賃貸人に承継されないのである。ただし，別途これを譲渡する旨の契約をすれば，新しい賃貸人に移転する。したがって，小問(2)において，新しい賃貸人 C は，本件土地の所有権移転登記を完了した後の賃料債権については行使することができる。これに対し，賃貸人の地位の移転の以前にすでに発生していた賃料債権を行使するためには，C はこれを譲渡する旨の合意を別途 A との間ですることが必要である。

　他方で，賃貸人の義務について，新しい賃貸人は必要費および有益費の償還債務を承継し（605 条の 2 第 4 項），これらについては，賃貸人が交代した後に賃借人が支出したものだけでなく，それ以前に支出したものについても，新しい賃貸人が償還する義務を負う。必要費および有益費が不動産の譲渡前に支出されていても，これによって利益を得るのは新しい賃貸人だからである。なお，敷金返還債務については，賃貸借契約継続中に不動産が譲渡された場合には，賃借人が旧賃貸人に対して負っていた債務に敷金が充当されたうえで，その残額について新しい賃貸人がこれを承継する（同項）。敷金契約は賃貸借契約とは別個の契約であるが，賃貸人の債権を担保するものとして賃貸人の交代による賃貸借契約の移転に伴い新賃貸人に移転すべきだからである。

　(1)　本問において，Ｂは，本件土地の賃貸借契約締結の際にＡに敷金として 500 万円を交付し，また，本件建物について，2002 年6 月に，Ｂ名義の保存登記をした。その後，2021 年 4 月に，Ｂは本件土地の賃貸借契約を合意解除したが，明渡しをする前に，同年 5月，本件土地はＣに譲渡された。同年 7 月，Ｂは本件土地をＣに明け渡した。Ａに対する損害賠償債務が 20 万円，Ｃに対する損害賠償債務が 30 万円であるとして，同年 8 月，Ｂはこれらを敷金から差し引いた残額 450 万円の返還をＣに対し求めたが，認められるか。

　(2)　本問において，Ｂは，本件土地の賃貸借契約締結の際にＡに敷金として 500 万円を交付し，また，本件建物について，2002 年6 月に，Ｂ名義の保存登記をした。その後，2021 年 5 月，本件土地の売買契約の際にＣは，賃貸人の地位をＡに留保すること，および，本件土地をＡに賃貸することを合意した。その後，Ａが約定した賃料をたびたび支払わなかったため，2031 年 1 月に，ＣはＡとの賃貸借契約を解除した。これ以降，Ｂは誰に賃料を支払えばよいか。

　また，2031 年 5 月に，本件土地の賃貸借契約が期間満了により終了した場合に，Ｂは誰に対して敷金の返還を求めればよいか。

●】参考文献【●

＊秋山靖浩『不動産法入門』（日本評論社・2011）217 頁／鎌田薫ほか編『新基本法コンメンタール債権(2)』（日本評論社・2020）200 頁〔岡本裕樹〕／丸山絵美子・百選Ⅱ 84 頁／岡本裕樹・百選Ⅱ 120 頁／中原太郎ほか『民法(4)（START UP）』（有斐閣・2017）30 頁〔中原太郎〕／田髙寛貴ほか『民法判例(3)（START UP）』（有斐閣・2017）103 頁〔白石大〕

（都筑満雄）

18 サブリースと賃料増減額請求権

　Ｚ市在住のＡは複数の不動産を所有する資産家であり，1989年当時，Ｚ市の郊外に所有する甲土地を有効利用したいと考えて，日頃から付き合いのあったＺ地方銀行の担当者に相談をした。Ｚ銀行は，商業施設の経営という新規事業を立ち上げたばかりで，アパレルショップのほか生活雑貨の販売店がテナントとして入居するショッピングモールの建築用地を探していたＢ社をＡに紹介した。

　1989年の秋から，Ｂ社は，建築を予定しているショッピングモールの計画を示すなどしてＡと交渉を開始した。当初，Ｂ社は，甲土地を賃借してショッピングモールを建築する計画を提案したが，Ａが甲土地に賃借権を発生させることに抵抗を示したため，Ａが金融機関から資金を借り入れて建物を建築し，Ｂ社に賃貸することになった。Ｂ社は，Ａが金融機関から8億円を借り入れて建物を建築し，Ｂ社は期間を20年としてその建物を賃借して，借入金の返済額，固定資産税，火災保険料を差し引いてもＡが利益を得ることができる額の賃料をＡに支払うという計画を提示した。

　Ａは，1991年の春にＢ社と予約契約を締結したうえで，8億円を借り入れて建物の建築を行い，建物が竣工した1992年4月に当該建物をＢ社に賃貸する契約を締結した。その契約において，賃貸借期間を20年とすること，Ｂ社は建物を小売業・飲食業のテナントに転貸することが合意され，賃料については，当初月額750万円（年額9000万円）としたうえで3年が経過するごとに5パーセントの増額をするものとし，著しい公租公課の増減・物価の変動等が生じた場合はＡとＢ社が協議をすることが定められた。

　商業施設がオープンしてから，撤退するテナントやテナントからの賃料減額請求が相次いだため，Ｂ社は，当初の計画で想定していた転

貸賃料を得ることができずにいた。Ｂ社は，賃料を減額してほしい旨を繰り返しＡに申し入れたが，Ａは，借入金の返済ができなくなるなどといって賃料額の全面的な改訂に応じることはなく，1995 年 1 月分から同年 12 月分の賃料について 10 パーセントの減額に同意しただけであった。2000 年ごろから，Ｂ社からＡに支払われる賃料が，Ｂ社がテナントから手にする転貸賃料収入を上回る，いわゆる「逆ざや」が生じるようになった。その後，「逆ざや」が解消された年もあったため，Ａとの関係悪化を恐れたＢ社は約定に従った賃料を支払い続けていたが，2004 年に年額約 4000 万円の「逆ざや」が生じたことを受けて，Ｂ社は内容証明郵便によって 2005 年 4 月分から賃料を月額 550 万円に減額する旨をＡに通知した。

　甲土地周辺の基準地価の平均価格は，ＡとＢ社の間で賃貸借が締結された 1992 年と比べると，2005 年の時点において商業地で約 60 パーセント，住宅地で約 50 パーセント下落している。また，鑑定によると，2005 年 4 月時点において想定される本件建物の適正な新規賃料は月額約 530 万円である。

　2006 年 4 月に，Ｂ社が，2005 年 4 月以降，本件建物の賃料が月額 550 万円であることの確認を求める訴えを提起した場合，認められるか。Ｂ社が，2005 年 4 月以降も当初の約定どおりに賃料を支払い続けていた場合，超過額に年 1 割の利息を付して返還をするようＡに請求することができるか（借地借家 32 条 3 項参照）。

●】参考判例【●

① 最判平成 15・10・21 民集 57 巻 9 号 1213 頁
② 最判平成 20・2・29 判時 2003 号 51 頁

●】解説【●

1　サブリース契約と紛争の発生

　本問における A と B 社の間の契約のように，土地所有者（オーナー）と不動産会社（ディベロッパー）の間で，土地所有者の建築した建物で不動産会社が転貸事業を営むために締結される建物の賃貸借契約を，一般的にサブリース契約という。1980 年代後半，いわゆるバブル経済の時期に，初期投資を抑えて不動産事業を行おうとする不動産会社と，土地を売却したり，借地権を設定したりすることなく土地を活用したいオーナー側の利害が一致する形で，このような契約が普及した。

　サブリース契約においては，土地所有者（賃貸人）が一定の収支予測の下で金融機関から資金の融資を受けるなどして建物を建築する。賃貸借の期間や賃料額は，土地所有者が借入金の返済をして，さらに利益を確保することができるように定められる。バブル経済の時期に締結されたサブリース契約では，賃料額を一定の期間ごとに自動的に増額する特約（賃料自動増額特約）が定められるのが一般的であった。しかし，その後，景気が長い後退局面に入り，不動産会社が想定していた転貸賃料収入を手にすることができなくなったことを受けて，不動産会社（賃借人）が借地借家法 32 条 1 項に基づいて賃料の減額を請求するという紛争が多発することになった。日本を代表する不動産会社が当事者となった訴訟も複数提起され，サブリース契約をめぐる紛争は社会的な注目も集めた。

2　サブリース契約と賃料減額請求の当否

　1990 年代の半ば以降，サブリース契約をめぐる紛争に関する裁判例が現れるようになり，サブリース契約に借地借家法 32 条 1 項を適用することの適否という問題が広く意識されるに至った。当初，学説では，賃借人である不動産会社が建物を自ら使用することは想定されておらず，サブリース契約の実質は，土地所有者が不動産を提供し，不動産会社が不動産事業のノウハウを提供するという共同事業であるとして，借地借家法の適用を否定する見解も主張されていた。

　そのような状況の中，最高裁は，参考判例①において，サブリース契約

も，不動産所有者が建物の使用・収益をさせ，不動産会社がその対価として賃料を払うという内容の契約であり，建物の賃貸借契約であることは明らかであるとして，サブリース契約にも借地借家法が適用され，同法32条の規定も適用されると判示した。さらに，参考判例①は，同条1項の規定は強行法規であり，賃料自動増額特約によってもその適用を排除することができないとして，そのような特約が定められていたとしても，同項による賃料増減額請求権の行使が妨げられるものではないと述べ，サブリース契約における賃借人による賃料減額請求を肯定する判断を示した。

　もっとも，最高裁も，サブリース契約における賃料減額請求の当否と相当賃料額を通常の賃貸借と同様に判断するべきだと考えているわけではない。参考判例①は，サブリース契約の賃借人による減額請求の当否（借地借家法32条1項の定める要件の充足の有無）および相当賃料額を判断するに当たっては，当事者が賃料額決定の要素とした事情その他諸般の事情を総合的に考慮すべきであり，賃料額が決定されるに至った経緯や，賃料自動増額特約が付されるに至った事情が考慮されるべきであると述べ，より具体的には，サブリース契約において約定された賃料額と当時の近傍同種の賃料相場との関係，賃借人の転貸事業における収支予測にかかわる事情，賃貸人の敷金・銀行借入金の返済の予定にかかわる事情などが十分に考慮されるべきだと判示している。

　参考判例①と前後する形で，学説では，借地借家法32条の趣旨および強行法規性について分析が進められた。議論の到達点と位置づけられる見解によると，長期にわたる建物の賃貸借においては，当事者が将来の賃料相場が変動するリスクを引き受けているとはいえない場合が多く，経済事情の変動などに応じた形で賃料額の改訂を行うことが当事者の合理的な意思に適うと考えられる。同条は，こうした当事者の意思に沿った形で契約を補充する機能を果たす（「契約補完機能」と呼ばれる）。その一方で，賃料額の改訂を当事者の自由に委ねるならば，賃貸人に一方的に有利な特約が結ばれる危険性が高い。そこで，同条1項は，両当事者に賃料増減額請求権を認めたうえで，賃料を増額しない旨の特約のみを有効とする（同項ただし書）ことで賃借人の保護を図っているのである（「契約修正機能」と呼ばれる）。以上のような理

解を踏まえると，賃借人を保護する必要性がなく（つまり「契約修正機能」を果たす必要がない），両当事者が賃料相場の変動リスクを契約において引き受けていると評価される（「契約補完機能」を果たす必要がない）場合には，同条を適用する根拠が存在しないと考えられる。サブリース契約はまさにそのような場合であり，参考判例①も，賃料額決定の要素とされた事情を理由として賃借人による減額請求が否定される可能性を認めた判決だと評価されることになる。

3　Ｂ社による賃料減額請求の当否と相当賃料額

本問におけるＢ社は，内容証明郵便によって2005年4月分から賃料を月額550万円に減額する旨をＡに通知している。これは借地借家法32条1項の定める賃料減額請求権の行使だと評価できる。同項の定める賃料減額請求権は形成権だと考えられている。ここでは，同項の要件が充足されているのか，充足されているとすると2005年4月以降の賃料額はいくらになるのかという点が問題となる。

ＡとＢ社が契約を締結するに至った経緯からして，Ｂ社は，賃料相場の変動リスクを引き受けていると評価する可能性もあり，上述の学説に依拠するならば，借地借家法32条が適用される前提を欠いているという結論に至る可能性もある。しかし，参考判例①が出された後の下級審裁判例は，サブリース契約における賃借人からの賃料減額請求を当然には否定していない。ただし，賃料減額請求の可能性を肯定するとしても，最高裁が判示しているように，当事者が賃料額決定の要素とした事情その他諸般の事情を総合的に考慮したうえで，同条1項の要件が充足されているかをまずもって判断しなければならない。本問では，賃料額の決定にかかわる賃貸人側の事情として，契約締結後の不動産価格の下落によって固定資産税も減額されているはずであるという事情のほか，賃借人側の事情としては，転貸賃料収入が収支予測に反する形で大きく減少している事情などをも考慮したうえで，賃料が「不相当となった」か否かが判断されることになるだろう。

賃借人による減額請求が認められるとしても，相当賃料額は，通常の賃貸借における継続賃料と同様に定められるわけではない。上述のように，参考判例①は，相当賃料額も諸般の事情を総合的に考慮して判断しなければなら

ないと判示しているところである。その後の下級審裁判例では，賃貸人の借入金の返済の予定にかかわる事情を重視して，利益を確保できるだけの賃料額を保証するかのような言動を賃借人である不動産会社がしていたにもかかわらず，借入金返済額などを下回る額まで賃料を減額するのは適切でないと判断するものが少なくない。本問においても，Ａの借入金返済額，Ａの支払っている固定資産税の額などを踏まえたうえで，どれだけの減額幅が認められるべきかを判断することが考えられる。

4　サブリース契約をめぐる近年の紛争

　サブリース契約をめぐる紛争は，いわゆるバブル経済の後始末という側面を有していただけでなく，理論的にも，契約の拘束力とその限界，契約の性質決定，借地借家法の規定の強行性とその根拠といった，契約法の根幹的な問題にかかわるものであったため，実務と学界の注目を集めた。ただ，その後の日本の経済状況のもとでは，賃料自動増額特約などの定められた，かつてみられたような内容のサブリース契約が締結されることはなくなっている。近年は，不動産会社が賃料を保証するなどといって遊休地の所有者を勧誘して賃貸住宅を建築させ，建築された建物を賃借する契約を締結した後に，賃料の見直しなどについて定めた条項に基づいて賃料の大幅な減額を求めるというトラブルが多発している（賃貸住宅の管理業務等の適正化に関する法律（令和2年法律第60号）によって導入された「特定転貸事業者」に対する規制も参照〔同法28条以下〕）。

　借地借家法32条1項が強行法規であるという判例の立場を踏まえると，通常の賃貸借を締結したのでは，賃料減額の可能性を完全に排除することは難しい。賃料保証を確実にするためには，平成11年に導入された定期建物賃貸借を締結し，賃料を減額しない旨の特約を定めることが考えられる（借地借家38条9項参照）。

関連問題

　(1)　B社は，本件ショッピングモール事業から撤退することを決定し，2011年の夏にＡとの賃貸借を更新しない旨の通知をした。それを受けて，Ａは，ショッピングモールのテナントに対して，Ｂ

社との賃貸借が期間の満了によって終了する旨の通知をした。しかし，AとB社の間の賃貸借の終了後も，テナントのうちCが立退きを拒否している。Aは，Cに対して，建物から立ち退き，明け渡すよう求めることができるか（最判平成14・3・28民集56巻3号662頁参照）。

　(2)　(1)とは異なり，Aが本件賃貸借の更新をしない旨の通知をしたのに対して，B社が更新を望んでいるという場合，Aによる更新拒絶，および，建物の返還請求は認められるか。

●】参考文献【●

＊内田貴・百選Ⅱ136頁／松岡久和・争点240頁

（吉政知広）

19 賃貸借契約の終了
——信頼関係破壊の法理

　2006 年 5 月，A は，期間を定めないで，甲家屋を B に住居として賃貸したが，甲家屋の賃料は，数回改定ののち 2018 年 12 月以降は月額金 12 万円の約定であった。

　ところが，B は，2021 年 1 月分から同年 8 月分までの賃料合計96 万円（月額 12 万円の割）を支払わないので，A は，同年 9 月 21 日付，翌 22 日到達の書面をもって，上記賃料を同月 25 日限り支払うべく，もし支払わないときは同日をもって賃貸借契約を解除する旨の催告ならびに停止条件付契約解除の意思表示をした。しかし，B は，上記期間を徒過し弁済しなかった。そこで，2022 年 3 月，A は，B に対し，契約関係は終了したとして，建物明渡しと未払賃料および損害金支払を求めて訴えを提起した。

　これに対して，ⓐ B は，A が 2020 年 10 月頃，同月分からの賃料を月額金 15 万円に値上げすることを求めたが，B がこれを承諾せず，従前どおり 12 万円を A 方に持参提供したところ，A は，その受領を拒絶したので，同月分以降 2021 年 4 月分まで月額金 12 万円の賃料をそのつど乙法務局に供託したから B の賃料債務は消滅した，ⓑ B は，2008 年から 2016 年 8 月までの間に，甲家屋につき，A のなすべき修繕を自らなし，その修繕費として合計金 62 万円を支出したから，これの A に対する償還請求権をもって A 主張の損害金請求権と対当額において相殺できる，ⓒ催告期間経過後に残額 48 万円は供託したので契約を解除することはできないと主張している。

　以上のような事実関係のもとで，A は，甲建物明渡しを B に請求することができるか。

●】**参考判例**【●

① 最判昭和 39・7・28 民集 18 巻 6 号 1220 頁

② 最判昭和 27・4・25 民集 6 巻 4 号 451 頁

③ 最判昭和 28・9・25 民集 7 巻 9 号 979 頁

●】**解説**【●

1 債務不履行を理由とする賃貸借契約解除の根拠

　Aはまず，賃料不払による債務不履行を理由とする契約解除を主張している。すなわち，「Bは，2021 年 1 月分から同年 8 月分までの賃料合計金 96万円（月額 12 万円の割）を支払わないので，Aは，同年 9 月 21 日付，翌 22日到達の書面をもって，右賃料を同月 25 日限り支払うべく，もし支払わないときは同日をもって賃貸借契約を解除する旨の催告ならびに停止条件付契約解除の意思表示をした」というのである。各期の賃料について，Bは履行遅滞に陥っており，民法 541 条によれば，相当の期間をもって催告すれば契約を解除することができるのであるから，一応，契約解除は有効であるといえそうである（ただし，その効果は，将来に向けてのみ生じる。620 条前段）。2021 年 9 月 22 日到達の書面をもって，25 日限りで支払をすることを催告しており，この 3 日間が「相当」の期間であるか，問題があるものの，相当か否かは，すでに準備を完了していることを前提として，履行を準備して給付を完了するのに必要な猶予期間であると考えられているから，特に金銭債務の場合，催告を受けて金策をするのに必要な期間が想定されるわけではない。仮に，3 日間が相当でないとしても，客観的に相当な期間が経過すればこの要件は充足される。また，解除の意思表示も，催告期間満了後になされる必要はない。本問のように停止条件付解除の意思表示でもよい。

　しかし，そもそも，賃貸借契約のような継続的な契約関係で，民法 541 条を適用してよいかという疑問がある。実際，雇用契約にはやむを得ない事由があれば契約解除をすることができるという規定がある（628 条）。継続的契約関係という共通性を重視し，この規定を類推適用し，やむを得ない事由があれば催告なしに契約解除できるという考え方もある。だが，判例は，民法

541 条を適用している。

2 債務不履行を理由とする契約解除権の制限

形式的には，民法 541 条の要件を満たしていても，それだけで，賃貸借契約という信頼関係を基礎とする継続的契約関係を終了させてしまうのは，ためらいを感じる。むしろ，生活の本拠である住居の賃貸借契約であるから，かかる信頼関係を裏切って継続的な契約関係継続を困難にさせる不信行為がなければ，契約を解除することができないと考えるべきではないか。こうして参考判例①は，「賃貸借の基調である相互の信頼関係を破壊するに至る程度の不誠意があると断定することはできない」として，かかる法理（信頼関係破壊法理）を債務不履行解除事例に適用することを明確にした（もともとは，賃借人の無断譲渡転貸による契約解除を制限する理論として発展した〔後述 4 参照〕）。ただ，これにより同条による解除要件が一般的に制限されたかというとそうと言い切れない面もある。すなわち，よほど悪質であり，信頼関係が破壊されていれば，催告なくして解除できる（参考判例②。ただし，用法遵守義務違反の事例）という面で，同条による要件は緩和されることにもなるし，同様に信頼関係が破壊されていると認定されれば賃貸借契約上の債務不履行であると必ずしもいえない場合も，契約を解除できることになる（不履行なき解除。最判昭和 47・11・16 民集 26 巻 9 号 1603 頁参照）。このように，信頼関係破壊が独立した賃貸借契約解除の成立要件となりうることに注意すべきである（原告となる賃貸人の請求原因となる）。こうした積極的機能がないわけではないが，本問のように賃借人の賃料不払があり，賃貸人が催告して解除をする場合は，賃借人からの反論（抗弁）として信頼関係が破壊されていないことが解除権行使を阻止する働きをする（賃借人に主張・立証責任がある）。

3 信頼関係が破壊されたか否かの判断基準

信頼関係を破壊されているか否かを判断する基準は，債務不履行の態様を主観面および客観面から検討し悪質であるかどうか，ということになろう。すなわち，債務不履行が解除を許さざるを得ないほど重大であるかが問題となる。具体的には，ⓐ賃料不払の期間（当然短ければ否定される），ⓑまたその不払の期間が賃貸借契約成立から現在までの全期間に占める割合（長い間，何の揉め事がなく，今回初めての不払だとすると否定される方向に傾く），ⓒ

不払の賃料合計額（不払期間が短くても，金額が大きければ肯定される方向に傾く），ⓓ賃借人が不払に至った事情および不払後の対処（賃貸人が過大な賃料増額請求をし，賃借人が適正賃料を支払っても受領を拒絶されていた，あるいはさらに，それを受けて賃借人が適正賃料を不払期間のかなりの部分にわたって供託しているというような事情があれば否定の方向に傾く），ⓔ賃貸人の行為態様（賃料増額請求をしておきながら，これを賃借人が拒むと従来賃料の不払を根拠に解除の意思表示をするような恣意的な行為態様があれば否定の方向に傾く），ⓕ賃借人側の反対債権の存在（あれば否定の方向に傾く）等の要素が考えられよう。こうしたことから，改正民法のもとでは，催告解除を制限する期間経過時の不履行の軽微性（541 条ただし書）の判断基準の１つとして捉えられることが考えられる（中田・契約法 427 頁）。また，無催告解除も履行拒絶（542 条 1 項 2 号），履行見込の不存在（同項 5 号）の判断基準として考慮されることになろう（中田・契約法 428 頁。ただし，用法遵守義務違反・善管注意義務違反が念頭に置かれる）。

　本問においても，2006 年の賃貸借契約成立から B の賃料不払まで 15 年間何のトラブルもなく経過しており，賃料不払も A による賃料増額請求を契機とするもので，従来賃料は供託している。供託されていなかったのは 4 か月分 48 万円で，さして多額というほどでもないうえ，それも催告期間後供託されており，不払が今後も続くことはなさそうである。他方，A による解除の理由は，従前の賃料の不払を理由とするもので，その恣意的な行動に対して B の当惑も想像にかたくなかろう。ましてや，B には，本来 A のなすべき修繕による費用償還請求権があったようである。こうしてみると，A・B 間では，なお，信頼関係は破壊されていないと考えられ，A は甲建物明渡しを請求することができないと考えるべきであろう。

4　補論：賃借権の無断譲渡・賃借物の無断転貸を理由とする解除と背信性法理

　前述のように，賃貸借契約における債務不履行解除を制限する理論である「信頼関係破壊法理」は，賃貸借契約における無断譲渡転貸を理由とする契約解除権（612 条 2 項）を制限する理論として形成されてきた「背信性法理」がその起源となっている（参考判例③をリーディングケースとする）。

　多少敷衍すると，賃借権の譲渡および賃借物の転貸については，民法 612

条1項によって，原賃貸人の承諾が必要とされており，かかる承諾がなけれ
ば，原賃貸人に対抗することができず，適法な譲渡・転貸とはいえない。そ
して，原賃貸人は，賃借人との契約を解除することができるとされている
が，やはり，無断譲渡・転貸があったとしても，賃貸人に経済的な不利益が
ないのであれば，信頼関係を基礎とする賃貸借契約関係を機械的に終了させ
るのは，合理性に乏しい（ただし，借地に関しては借地借家法19条および20
条に，承諾に代わる許可の裁判を受けることができることが規定されている）。そ
こで，判例は，「賃借人が賃貸人の承諾なく第三者をして賃借物の使用収益
を為さしめた場合においても，賃借人の当該行為が賃貸人に対する背信的行
為と認めるに足らない特段の事情がある場合においては，同条の解除権は発
生しない」と判示した（参考判例③）。

　「背信的行為と認めるに足らない特段の事情」と述べられているところか
ら，「背信性法理」などと呼ばれることが多いが，実質的には，すでに述べ
た債務不履行における契約解除権を制限する「信頼関係破壊法理」と同じで
あるので，その名をもって説明されることも間々ある。

　注意すべきは，無断譲渡転貸により賃貸人に契約解除権が生ずるのが原則
であり，当該判例法理でこうした原則が変更されたわけではないということ
である。したがって，解除権が発生しないのが例外であるから，「特段の事
情」は，賃借人，譲受人，転借人側に主張・立証責任がある（最判昭和41・
1・27民集20巻1号136頁）。

　なお，背信性がないとされる特段の事情としては，譲渡転貸部分の範囲が
物理的または，価値的に限局されていることや，時間的に制限されていて，
一時的なものであること，反復性がないことなどが考慮される。借地上建物
が譲渡担保に供されたが，設定者がそのまま占有を続けている場合も原則と
して否定される（最判昭和40・12・17民集19巻9号2159頁。ただし，最判平
成9・7・17民集51巻6号2882頁）。さらに，譲渡転貸の相手方が近親者であ
ることも否定的要素とされるし，そうでなくても，賃借権が譲渡されたが，
個人経営者が法人成りしただけで実質的に変更されていない場合も否定的に
判断される。もっとも，小規模・閉鎖的な有限会社で経営者が交代したよう
な場合は，そもそも賃借権譲渡に当たらないとされた判例がある（最判平成

8・10・14 民集 50 巻 9 号 2431 頁)。

(1) A は，B が 2018 年頃 A に無断で従来露天であった甲家屋の北側板塀と家屋との間の空地部分に屋根をつけ，同部分に旋盤その他鉄工機械類を設置して，その後これを鉄工場として使用しており，これは，賃借家屋の用法違反であるから B の債務不履行に当たるとし，原状に復する旨を催告したうえ，停止条件付きで契約解除の意思表示をし，甲家屋明渡しを求めた。これに対して，B は，A のいう工場というのは，簡易粗製の仮設的工作物を甲家屋の裏側にそれと接して付置したものにとどまり，その機械施設等は容易に撤去移動できるものにすぎず，甲家屋そのものは賃貸借以来引続き住居として使っているから，この程度では解除はできないという。A は建物明渡しを請求することができるか。

(2) B は，A より A 所有の甲土地を賃借し，甲土地上に乙建物を築造したうえ，乙建物の保存登記を経由した。B は，C より 1000 万円の融資を受けるため，乙建物に C のために，譲渡担保権を設定し，乙建物の所有名義人を C とする所有権移転登記を経由した。その後，C は，乙建物を D に賃貸し，D は，乙建物を現実に使用収益し，C に賃料を支払っている。これを知った A は，B との間の甲土地賃貸借契約を解除し，D に対し，乙建物退去・甲土地明渡しを求めようとしている。かかる A の主張は認められるか。また，B・C 間の融資契約の弁済期が過ぎているかどうかによって結論は変わってくるか。

●】参考文献【●

＊渡辺達徳・百選Ⅱ 122 頁／菅野耕毅・百選Ⅰ〔初版〕（1974）10 頁／鎌田薫「賃貸借の終了」山田卓生ほか『分析と展開民法Ⅱ〔第 4 版〕』（弘文堂・2003）223 頁

（久保宏之）

20

請負における所有権の帰趨

(1) A・B間で，A所有地への建物の建築をBが請け負う契約が締結された。Bは，自己の提供した材料で全工程の4分の1まで終えたが，そこで倒産した。Aは，Bとの契約を解除し，工事の続きをCに請け負わせた。Cは，自ら提供した材料で建物を完成させ，Aからの報酬の支払と引換えにこれをAに引き渡した。また，A名義での保存登記がされた。Bの倒産時点で，出来形部分（建築途中のできあがった部分のこと）は独立の不動産といえる状態ではなく，その価値は700万円だったのに対して，完成した建物の価値は3000万円である①。AからBへの報酬は支払われていない。以上の事実関係のもと，Bの破産管財人B'は，建物の所有権はBにあると主張して，登記の抹消および使用料相当額の支払をAに求めた。認められるか。

(2) (1)と異なり，BはAに黙って工事を一括してDに下請けに出した。Dは自己の提供した材料で全工程の4分の1まで終えたが，Bが倒産したため工事を中止した。その後の下線部①の事実関係は，(1)と同じである。しかし，(1)と異なり，A・B間には，建築途中で契約が解除された場合には出来形部分はAの所有物とするとの特約のほか②，報酬は工事の進捗に応じて分割して支払うとの特約があり，Aは進捗状況に応じた額の報酬をBに支払っていた③。B・D間にはそういった特約はなく，BからDへの報酬も支払われていない。以上の事実関係のもと，Dは，主位的に，完成建物の所有権に基づき，登記の抹消，建物の明渡し，使用料相当額の支払をAに求めたほか，認められなかった場合に備え，二次的に，民法248条に基づき出来形部分の価値相当額700万円を支払うよう求めた。認められるか。

(3) (2)において，下線部②の特約がなかった場合はどうか。さらに，下線部③の特約および支払もなかった場合はどうか。

① 最判昭和 54・1・25 民集 33 巻 1 号 26 頁
② 最判平成 5・10・19 民集 47 巻 8 号 5061 頁

●】解説【●

1 はじめに

本問は，建築請負契約において完成建物や出来形部分の所有権が誰に帰属するのかという問題を基礎として，出来形部分に第三者が手を加えて完成させた場合の処理，および，下請負人が登場する場合の処理について問うものである。

2 未完成建物を第三者が完成させた場合の所有権の帰属

(1) 検討の対象と順序

小問(1)で完成建物の所有権がBにあるというためには，第1に，そもそもBの作った出来形部分の所有権がBにあったといえるのか（→(2)），第2に，それが認められるとして，建物を完成させたのがCであってもその所有者がBだといえるのか（→(3)），という2つの段階を経る必要がある。

(2) 出来形部分の所有権の帰属

(a) 前提——不動産になる前の扱いと解除の効果

本問では，出来形部分はまだ独立の不動産ではない（建築中の建物が不動産になる要件については，大判昭和 10・10・1 民集 14 巻 1671 頁）。そのような状態で所有権の独立の客体となりうるだろうか。不動産になるまでは土地の一部にすぎないと考える場合，そこにBの所有権は認められない。しかし，前掲大判昭和 10・10・1 は，不動産になる前でも独立の動産として物権の客体となることを認めている。また参考判例①も，それを前提としている（土地に定着しているのに動産と呼ぶのは奇異ではあるが，不動産でない以上動産といわざるを得ない）。建築途中であっても，いずれそれが建物になることを考えると，独立した物として扱うことには理由がある。

次に，本問ではAが契約を解除している。そのため，出来形部分についてBに原状回復義務（545条1項）が生じるようにも思われる。しかし，建

築工事は可分であり，かつ，出来形部分はその給付によって注文者が利益を受けるものであるため，民法634条2号により，そこに解除の効果は及ばない（本条創設前の最判昭和56・2・17判時996号61頁も参照）。

以上を踏まえたうえで，出来形部分の所有者はBだといえるだろうか。

(b) 建物所有権に関する請負人帰属説

建物未完成の段階で所有権の帰属が問題になるのは，変則的な事態である。通常の経緯を辿った場合に置き直し，完成建物はいつから注文者の所有物となるのかを考えよう。ありうる構成は2つである。1つは，建物所有権はまず請負人に帰属し，その後のどこかの段階で注文者に移転するとするもの，もう1つは，初めから注文者に帰属するとするものである。

このどちらをとるかの基準として，判例は，古くから，材料の全部または主要な部分を提供した者に建物所有権も帰属するとしている（材料主義）。注文者が材料を提供した場合は，特約がない限り，建物は原始的に注文者の所有物となり（大判昭和7・5・9民集11巻824頁），請負人が材料を提供した場合は，特約がない限り，建物所有権はまず請負人に帰属し，引渡しによって注文者に移転する（大判明治37・6・22民録10輯861頁，大判大正3・12・26民録20輯1208頁など）。建築請負契約では通常は請負人が材料を提供するため，この立場は請負人帰属説と呼ばれる。参考判例①は，この考え方が出来形部分についても妥当することを前提としている。

このように材料の所有者がそのまま目的物の所有者になるのは，直感的には飲み込みやすい。材料と労力の評価によって所有権の帰属を決めることは，物権法の付合（243条）や加工（246条）の制度趣旨にも合致する。また，この立場の実際的な意義として，十分な担保手段をもたない請負人にとって建物所有権が報酬債権の確保に資するという点も強調される。

(c) 注文者帰属説

これに対して，当事者意思や契約の趣旨を根拠として，材料の提供者が誰かにかかわらず，建物所有権は原始的に注文者に帰属するとの見解がきわめて有力に主張されている（注文者帰属説）。注文者の土地に請負人が自ら使用するために建物を建てることはあり得ず，初めから注文者のための建築なのだから，請負人が所有権を取得することもないというのがその主張の骨子で

ある。この考え方は，物権変動の意思主義（176条）——対価の支払や目的物の引渡しがなくても，所有権は当事者の意思のみで移転する——にも合致する。また，たとえ請負人が建物所有権を得ても土地利用権がないため収去義務を負うことになるし，報酬請求権の確保には他の担保手段があるはずだと請負人帰属説を批判する。

注文者帰属説に従えば，本問における出来形部分の所有権はAにあることになり，Bが建物所有者となることもない。

(d) 特約の認定

もっとも，いずれの立場でも，原則と異なる特約を結ぶことは妨げられない。請負人帰属説に立つ判例も，当事者間に，建物完成と同時に注文者に所有権を帰属させる旨の合意があるときは，引渡前でも，建物所有権は原始的に注文者に帰属するとする（大判大正5・12・13民録22輯2417頁など）。

このこと自体は契約自由の原則の当然の帰結であるが，裁判所は，たとえ明示の合意がなくても，合意の存在を比較的緩やかに認める傾向にある（そこには，注文者帰属説の影響もあるだろう）。とりわけ，建物完成前に注文者が報酬の全額または大部分を支払っていた場合には，特段の事情がない限り，建物完成時点で所有権を注文者に帰属させる黙示の合意を推認することが，判断基準として確立しているといってよい（大判昭和18・7・20民集22巻660頁，最判昭和44・9・12判時572号25頁，最判昭和46・3・5判時628号48頁など）。報酬の支払は原則として目的物の引渡しと同時でよいのだから（633条），支払が引渡前であれば所有権の移転も建物完成時とすることが両当事者の衡平に適うほか，この場合には請負人の報酬請求権の確保の必要性もない。したがって，ここで合意の存在を緩やかに認めることには理由がある。

もっとも，小問(1)の事案では，明示の合意がないのはもちろん，Aからの報酬の支払もされていないため，黙示の合意に基づく所有権移転を認めることは無理だろう。

(3) 第三者の手による完成

建物所有権について請負人帰属説に立つ場合には，出来形部分の所有権も請負人Bに帰属することになる。では，その後に第三者の手が加わって建物が完成した場合，その所有者は誰になるだろうか。B・C間に契約関係は

ないため，物権法，特に添付のルール（242条以下）に従って判断することになる。もっとも，それをどのように用いるかは丁寧に考える必要がある。

1つの考え方として，建築物の土台に当たる出来形部分を「主たる動産」と見て，そこにC所有の材料が付合したことから，出来形部分の所有者Bが全体の所有権を取得し（243条），不動産になった後もそこに付合した材料の所有権をBが取得する（242条）という構成もありうる。参考判例①の請負人は，このような主張を展開した。

しかし，付合のルールでは，Cの労務を評価することができない。本問でCは，まだ独立の不動産ではない状態から独立の不動産へと仕上げている。このような場合に材料の価値だけで判断して工作の価値を無視するのは適切でない。そのような観点から参考判例①は，「材料に対して施される工作が特段の価値を有し，仕上げられた建物の価格が原材料のそれよりも相当程度増加するような場合には，むしろ民法の加工の規定に基づいて所有権の帰属を決定するのが相当である」と述べた。これに従えば，本問でも，加工の規定（246条）に従って建物所有者を決めるべきである。

⑷ 当てはめ

以上を小問(1)に当てはめると，請負人帰属説に立つ場合，出来形部分の所有者はBとなる。しかし，出来形部分の価格は700万円であり，Cの材料・工作の価格は2300万円（3000万円−700万円）なので，仕上げられた建物の価格が，原材料である出来形部分の価格を相当程度増加させていると評価できる。そのため，建物所有権はCに帰属し，引渡しによってAに移転することになる。管財人B'の主張はいずれも認められない。

3　下請負人による建築と注文者・元請負人間の特約の存在

⑴ 検討の視点

小問(2)の事実関係は小問(1)と類似しているが，下請負人Dが登場し，民法248条に基づく償金請求をしている点，および，建物の帰属や報酬の先払についてA・B間に特約がある点に違いがある。ここでも，争点が出来形部分や完成建物の所有権の所在であることは，小問(1)の場合と変わらない。しかし，契約当事者間の争いであった小問(1)とは異なり，小問(2)では，Dが，建物または出来形部分の所有権を根拠として，自身の契約相手方Bを飛び

越え，建物所有権の最終帰属者であるAから債権回収することの是非も問題となる（この点については特に(3)で検討する）。

出来形部分や完成建物の所有権の所在を考える前提となる請負人帰属説と注文者帰属説の考え方は，下請負人がいる場合にも妥当すると考えられている。したがって，注文者帰属説に立てば，建物所有権はAに帰属する（→2(2)(c)）。他方，請負人帰属説に立てば，特約がない限り出来形部分の所有権はDに帰属するが（→2(2)(b)），Cが建物を完成させAに引き渡したことで建物所有権はAに帰属することになる（→2(3)）。そうだとすれば，いずれにしてもDに建物所有権は帰属せず，主位的主張である所有権に基づく各請求は否定される。もっとも，請負人帰属説に立つ場合，さらに二次的主張の当否も検討する必要がある。

(2) 償金請求と特約の存在

(a) 償金請求

請負人帰属説に立つ場合，所有権の帰属について特約がなければ，Dは出来形部分の所有権をCの加工によって失ったことになる。そのため，本来は，民法248条に基づいて，現在の建物所有者Aに対して償金請求ができるはずである。

(b) 注文者・元請負人間の特約の効力

しかし，小問(2)では，注文者Aと元請負人Bの間に出来形部分の所有権の帰属について特約が結ばれている。もしこの特約が，下請負人Dをも拘束するのであれば，Dは出来形部分の所有権を取得せず，償金請求もできなくなる。原則として契約は第三者を拘束しないので，A・B間の特約はDに影響しないようにも思える。現に，参考判例②の原審は，そのように考え，下請負人から注文者への償金請求を認めた。

しかし，下請負は，元請負人の債務の履行を目的とする契約である。そうであれば，元請負の契約内容から離れた別個独立の契約とはいえないのではないだろうか。参考判例②は，そのような観点から，「下請負人は，注文者との関係では，元請負人のいわば履行補助者的立場に立つものにすぎず，注文者のためにする建物建築工事に関して，元請負人と異なる権利関係を主張し得る立場にはない」と判示した。これによれば，小問(2)のA・B間の特約

はDをも拘束するため，出来形部分の所有権はDには帰属せず，Aに対する償金請求も否定されることになる。

(3) 明示の特約・報酬の支払いがない場合

(a) 明示の特約がない場合

では，小問(3)のように，解除時に出来形部分を注文者に帰属させる明示の特約がなかった場合はどうなるだろうか。この点についての明確な判例法理はないが，報酬の支払が黙示の合意による移転を認定する基準となっていることからすれば（→2(2)(d)），明示の特約がなくても，AからBへの報酬の支払さえあれば，解除後の出来形部分の所有権は注文者Aに帰属する（したがってDは償金請求できない）とするのが整合的であると思われる。

(b) 報酬の支払もない場合

ではさらに，AからBへの報酬の支払もない場合はどうだろうか。あまり論じられる問題ではないが，考えてみたい。実際の建築請負契約では工事の進捗に応じた分割払の特約がされていることが多いため仮想の問題にすぎないかもしれないが，この場合には，Dからの償金請求を拒む根拠はないようにも思われる。

しかし，(1)でふれたように，Dが契約相手方Bを飛び越えてAに請求することに問題はないだろうか。仮にAがDに償金を支払ったとしても，AのBに対する報酬債務が消滅するわけではない。Aの解除によっても民法634条2号により出来形部分についての報酬債務は消えず，また，民法248条の償金はあくまでDの失われた所有権の補償であって報酬債務に影響するものではないためである。そうすると，Aは，出来形部分についてBとDに二重払を強いられてしまう。請負人が目的物所有権をもつことによる担保としての機能を強調すればそのような帰結も正当化しうるかもしれないが（ただし，そのためには，AからDへの償金の支払を，BがDに負う報酬債務の第三者弁済へと置き換えられるかという問題がある——それができなければ，AはBに対する求償もできなくなる），すでにBに報酬を支払っている(a)の場合との整合性は問題となるだろう。

もっとも，Dの償金請求を封じる法律構成は難しい。①元請契約の解釈として，事後的にでもAがB（B'）に報酬を支払えばDは所有権を遡及的

に失うと考えるか，または，②元請負と下請負の階層構造（→3⑵⒝）を重視し，B・D間の下請契約に要した建築費用はB・D間で清算されるべきであると解して，（請負人帰属説に立ったとしても）Dは所有権をもたないと考えるべきではないかと思うが，問題提起にとどまる。元請負・下請負の構造の解明が待たれる。

> **関連問題**
>
> 下請負人が自身の報酬債権を確保するための手段として，約定担保および特約（約款）によるもの以外にどのようなものが考えられるか，また，それらが実際に機能するか，検討しなさい。

●】**参考文献**【●

＊大橋弘・最判解民平成5年度（下）895頁／大村敦志『もうひとつの基本民法Ⅱ』（有斐閣・2007）113頁／武川幸嗣「請負契約における所有権の帰属」民事法Ⅲ164頁／高橋智也・百選Ⅰ146頁／曽野裕夫・百選Ⅱ140頁

（村田大樹）

21

請負における契約不適合責任

　各地でスポーツクラブを経営するＡ会社は，新たに甲市に進出することを決定して，同市内に土地を確保したうえで，Ｂ建設会社との間で，新施設の設計・施工につき，請負代金額，工期等を定め，ある建設工事請負契約約款を採用して請負契約を締結した。

　この施設の設計においては，ＡはＢに対し，最上階の４階に開放的なガラス張りの天井を備えたスイミングプールを設けること，また，その下の３階にもう１つの目玉となる70人規模のダンススタジオを設けること，阪神淡路大震災規模の地震にも耐える建物となることを求めた。Ｂは，施設の設計を行い工事を開始し，４か月後，工期どおりに工事が完成したとして，Ａに検査・受領と請負代金の支払を求めた。請負代金は，約定により着工時から３回に分けて支払われ，約４億円が残っていた。

　ところがこの段階になって，この建物は，建築基準法には適合しているものの，柱の少ない３階の上の階にプールを設置したため，水の入ったプールの重量を考慮すると，震度７の地震には耐えるがそれを超える地震に対しては強度に問題があること，震度７を超える耐震性を備えるためには，３階以下に新たな支柱を設置する大規模補強工事が必要であり，スタジオの面積も予定より大幅に縮小することが判明した。

　Ａは，Ｂの設計上の強度計算の甘さか，施工の杜撰さにより建物の耐震性が不十分となったと考えて，請負残代金の支払を拒んでいる。Ａは，Ｂに対しどのような反論をすることが考えられるか。また，それに対し，Ｂはどのような再反論をすることができるか。

●】参考判例【●

① 最判平成 15・10・10 判時 1840 号 18 頁
② 最判平成 9・2・14 民集 51 巻 2 号 337 頁
③ 東京高判昭和 36・12・20 判時 295 号 28 頁

●】解説【●

　Bからの報酬請求に対し，Aが，請負工事が不完全であるとして報酬（請負代金）の支払を拒むためには，まず，このような状態の建物はそもそも未完成であると主張する（完成を否認する）ことが考えられる。他方，その建物は契約の内容に適合しないと主張して，契約不適合責任（562条以下・559条）の追及を行い，修補，損害賠償と報酬支払との同時履行・相殺，報酬減額の抗弁さらには契約解除を主張する可能性がある(2〜5)。これに対し，後述のように，Bからの再反論(6)とAからの再々反論(7)がなされる余地がある。

1　仕事の未完成と契約不適合

　仕事の未完成も契約不適合の状態もともに本旨不履行（415条1項）の状態にほかならないが，不履行責任の一般的な規定とともに，契約不適合に基づく責任について特に規定が置かれており（562条以下の準用〔559条〕。「担保責任」として括られている），前者に対しこの契約不適合責任規定はどのような関係に立つか，その適用（準用）範囲をどのように画するかは，民法下において大きな問題となる。この点については，本格的な議論に向けて，2017年改正前民法（以下，「改正前民法」という）下の議論も参考に，いくつかの考え方を挙げることができる。

(1)　予定工程終了（一応の完成）

　改正前民法における請負の瑕疵担保責任規定（同法634条以下）の適用範囲については，それを予定工程の終了（一応の完成）によって画するのが，裁判例（たとえば，参考判例③）・多数説の立場であった。この考え方（予定工程終了説）は，予定工程終了を意味する「完成」概念に，ⓐ請負人の報酬請求の前提としての仕事完成と，ⓑ瑕疵担保責任規定の適用範囲（債務不履行の一般規範との関係における）の画定基準としての仕事完成（瑕疵評価の対

象が出現したことを明らかにする趣旨）という性質の異なる2つの位置づけを与えていたことに注目しなければならない（なお，予定工程終了は，さらに請負のさまざまな局面における「完成」の判断において用いられてきた）。

　裁判例・多数説の上のような考え方は，予定工程の終了（請負人の主張立証責任）にまで履行が進めば，それを一応の完成と評価して請負人の報酬請求を容認しつつ（もはや未完成ではないとして），以後は，履行の不完全さが残っていればそれを瑕疵（注文者の主張立証責任）として瑕疵担保責任規範に委ねてバランスをとるというものであったが，これには，特に建設請負における政策的要請が背後にあった（工程が終わってもただちに報酬を得られないと，前の工事の報酬を次の工事の施工に投入して事業を営んでいる建設請負人〔多くは零細な事業者〕は深刻な影響を受ける）。実際上も，完成概念が上の両者の規範の振り分けの基準として働いてきたのは，請負人からの報酬請求に対し，注文者が報酬債権と瑕疵担保請求権の同時履行ないし相殺を主張する場面であった。

　また，代替性の低い工事目的物の場合には瑕疵があれば，早期に修補のうえ予定した使用目的のために受領したいという注文者の要請もあった。

　そのうえで，予定工程終了によって契約不適合の評価の対象がはじめて出現するという点を重視するならば（その意味において完成は契約不適合責任追及の請求原因事実とされてきた），この時点から契約不適合責任規定を準用することに合理性が認められるであろう。

(2)　引渡し，受領

　これに対し，完成以外の基準，たとえば，注文者の行為や意思を取り込んだ基準の設定が主張されることがある。すなわち，請負の場合には，注文者による一定の「引渡し」「受領」が，それが含む完成（完全履行）の「承認」の重要な効果として，責任規範を切り替えるという見解もみられた。

　ただ，引取前の検査において契約不適合を見つけた場合にも，担保責任を追及するためには，注文者は報酬満額を支払っていったん引き取らなければならないという問題がある（これは，注文者が消費者の場合には，その保護にとって深刻な障害となる）。

⑶　完成の前後を通じた適用

　さらに，民法については，完成の前後を通じて契約不適合責任規定の適用を認める見解も主張されつつあり，注目される（ただ，契約不適合の判定時の問題を避けることはできない）。

　以上の⑴〜⑶のような多様な切り口の可能性を検討したうえで，本問の状況における適用規範を判断する必要がある。本問は，従来の裁判例・多数説の立場では，契約不適合責任規定の適用場面ということになろう。

2　同時履行の抗弁

⑴　契約不適合と報酬の支払拒絶

　上記のように解すると，次に，本問のスポーツ施設がそもそも契約に適合しないものであるか否かの評価が必要となる。改正前民法下で，瑕疵は，契約の内容・目的との齟齬，公法的な規制からの逸脱，社会通念などの要素によって評価されてきた。ここには仕事の目的物が，一般に有していると期待される性質を欠くことのみならず，当事者間の合意によって契約上特に備えるべきものと合意された性質を有しないことも含まれる（たとえば，参考判例①）。

　このような評価により，Ａが，本問の建物を契約不適合と判断した場合にも，単に目的物が契約不適合であると主張するだけでは，請負報酬請求に対する抗弁とはなり得ない（未完成〔完成の否認〕の場合と異なる。前掲・東京高判昭和36・12・30）。つまり，Ａは，Ｂの契約不適合責任（562条以下・559条）を追及し，修補義務の履行請求，あるいは修補に代わる損害賠償と報酬支払の同時履行の抗弁さらには，相殺の抗弁を出す可能性がある。

　すなわち，2017年改正前民法下では，瑕疵担保請求権としての瑕疵の修補請求権（2017年改正前634条1項）と報酬請求権とは一般に同時履行の関係にあると解されてきたが（この理解には強い反論もあったが），現行民法下では修補義務を先履行と解すべきであろう。また，改正前民法下では，修補が可能である場合にも，修補を請求しないでただちに，修補に代わる損害賠償を求めることができたが（最判昭和54・3・20判時927号184頁。実際上もそれが一般的であった），現行民法下においてもこのような関係が成り立つかは，修補に代わる損害賠償の根拠を415条1項に求めるか同条2項に求めるかによって左右される。

(2) 修補に代わる損害賠償と報酬支払との同時履行の抗弁

Ａが，修補に代わる損害賠償債権（564条・415条・559条）を選択すると，それと報酬債権は同時履行の関係に立つ（533条〔改正により追加された括弧書を参照〕）。ただ，本問のように，仕事引渡しの時点でどれほどの報酬代金が存するかは契約内容によってまちまちでありうるし（建設請負の場合には，報酬が工事の進捗状況に応じて分割して支払われるのが通常である），損害賠償の額もまた契約不適合の性質・程度によって左右され（特に損害賠償は履行利益に及ぶと解されるので，本問のようなＡの収益の低下も考慮されるべきことになる），両債権の額の大小やその差はさまざまである。そこで，修補に代わる損害賠償と報酬支払との同時履行関係は両債権の全額において成立するのか，それとも対当額の部分に限られる（差額分について遅滞責任が生じる可能性がある）のかが問題となる。

この点については争いがあったが，改正前民法634条2項に関する判例は，原則として同時履行の関係を全額において認めた（参考判例②）。注文者が修補を選択した場合にも報酬債務全額について同時履行の関係が認められると解した場合にそれとのバランスをとる趣旨である（修補と損害賠償のいずれを選択するかは，請負人の技量や誠意に対する信頼の有無によって左右される）。学説もほぼ同調している。もっとも，例外的に，瑕疵の程度や各契約当事者の交渉態度等によっては，上記の同時履行の主張が信義則に反すると評価される場合もあった（参考判例②）。

3 修補に代わる損害賠償と報酬支払の相殺の抗弁

さらに，修補に代わる損害賠償債務と報酬債務は相殺が認められるから（最判昭和53・9・21判時907号54頁），Ａは，この相殺の抗弁を主張することもできる。そもそも改正前民法634条2項が両者について同時履行としていた立法趣旨は，その後の相殺により実質的な報酬減額を実現しようとするところにあった（もっとも，損害賠償債権のほうが大きいことがありうることも当然である）。

ただ，Ａが相殺の意思表示をすると，相殺後の差額分の債務についていつから遅滞責任が生ずるかについても，相殺の遡及効（506条2項）との関連で問題となる。改正前民法下の判例は，請負人の報酬債権に対し注文者が

これと同時履行の関係にある修補に代わる損害賠償債権を自働債権とする相殺の意思表示をしたときは，注文者は，相殺後の報酬残債務について，相殺の意思表示をした日の翌日から履行遅滞に基づく責任を負うものとした。全額について同時履行の関係にあったことに基づく効果を遡及的に否定するべきではないという考慮が働いている。

なお，このような相殺の機能は，民法において報酬減額請求権が規定されたため，相対的に重要性を失うこととなった（もっとも，減額分の算定方法により相違が生じることはありうる）。

4　報酬減額請求

現行民法では，A は，報酬減額を請求する可能性もある（563条1項・559条）。これは重要な新設規定である。すなわち，A がスポーツ施設の契約不適合とする箇所の修補について，相当の期間を定めて修補の催告をし，その期間内に修補がなされなかったときは，A は，その不適合の程度に応じて報酬の減額を請求することができる。他方，これにかかわらず，本問の建物の修補が不能であるとき，B が修補を拒絶する意思を明確に表示したとき，修補の完了に一定の時期的条件があるにもかかわらず修補がその時期までになされないとき，その他催告をしても修補がなされる見込みがないことが明らかであるときには，A は，上記の催告をすることなく，ただちに報酬の減額を請求することができる（563条2項・559条）。

契約不適合に対する請負人の損害賠償責任が免責される場合（極めて稀ではあるが）であっても，救済として減額請求が認められることになる。

やや問題となるのは，報酬減額分の算定をどのように行うかという点であるが，完成するべき仕事に対する未履行分の割合を報酬額に乗じた額を減じるべき額とする方法があり得よう。算定方法によっては，上記の2債務の相殺による処理との差異が表れることがありうる。

5　解除の主張

仕事の目的物に契約不適合なところがある場合も請負人の本旨不履行に当たるから，契約不適合に基づいて，双務契約の解除に関する一般的な規律に基づく解除が認められる（564条・541条・542条・559条）。これによって，注文者は報酬支払を免れまたは縮減させることもできる。

この場合の解除の範囲は，契約不適合解除も民法634条2号の完成前の解除に含まれるかによって大きな相違が生じうる。すなわち，契約不適合解除が同号の完成前の解除に含まれるとすれば（その前提として，同号の「完成」の前にも契約不適合責任規定の適用を肯定する必要がある。たとえば，同号の「完成」は契約に適合した完成をいうものと読む），契約不適合解除の場合にもBの割合的報酬の請求を肯定する可能性が生じ，また，Aに引取りの義務も生じ，それは民法改正によって解除制限（2017年改正前635条ただし書）を排除した趣旨を大きく削ぐことになるという問題が生じよう（軽微ではない契約不適合箇所をもつ目的物であっても注文者の利益となる場合は少なくない）。これに対し，含まれないとすれば，（たとえば，工事放棄などにより）不履行解除がなされても完成に到達していない仕事の目的物について民法634条の要件を満たす部分を保存しつつ割合的報酬を肯定しながら，他方で，完成に準ずる履行水準に達した後に行われた契約不適合解除では目的物について原状回復（たとえば，建物除却）を求めることはいかにもバランスを欠くという別の問題が生じよう。この点は今後の議論に委ねられているが，原則的には前者の考え方によるべきであろう。

6　Bの再反論

Bからの報酬請求に関する，以上のようなAの反論に対し，Bは再反論として，まず，契約不適合の評価を妨げる事実を主張立証することが考えられる。たとえば，本問の建物の耐震性は震度7であり，通常の安全性を備えているとみることもできる。しかし，本問では特に阪神淡路大震災クラスの地震に耐える性能を有していることが契約上合意されていたのであれば，これに反する以上，通常の安全性を主張しても契約不適合の評価を免れることは困難であろう。

次に，状況によっては，Bは，修補請求権の限界（412条の2）を主張する余地もある。

また，同時履行の抗弁，相殺の抗弁に対して，Bは，Aの要望内容に着目して，本問の建物の契約不適合はAの与えた指図によって生じたものである（Bの提供した材料や役務の不適切さによってではない）として契約不適合責任は生じないと再反論する余地がある（636条本文）。Aの要望の内容によっ

てはこれに当たる場合もあろう。

さらに、修補請求・減額請求に対しては、本問に現われていない状況が加われば、Bは、契約不適合がAの責めに帰すべき事由によるものであるとする反論の余地もあろう（562条2項・563条3項・559条）。

なお、Aの解除の主張に対しては、Bは、現在の建物について可分性と注文者Aの利益を主張立証して割合的報酬を請求することも考えられる（634条2号。ただし、上に述べたような解釈論の問題がある）。

7　Aの再々反論

これに対し、Aは、Bがその材料または指図が不適切であることを知りながら告げなかったとして、Bは契約不適合責任を免れないという再々反論をすることができる（636条ただし書）。Bが、Aの希望どおりに設計すると耐震性に関する特約を実現できないことに気がついていたという場合には、この再々反論が認められる可能性がある。また、Bは建築の専門家であるから、契約不適合に気がつかないことが過失（または重過失）と評価されることがあり、それによって適切な勧告を行わなかったという場合にも、同様の扱いをするべきであろう。

関連問題

スポーツクラブの開業後、数年が経過し、A会社はスポーツクラブをC会社に営業譲渡し、建物もCに譲渡した。この機会に、Cは工務店Dに施設の一部改修工事を請け負わせたところ、その予備調査によって、建物の鉄筋の量が部分的に不足しており、大規模な地震あるいは将来の建材の劣化により建物の一部に安全性の不安が生じるおそれがあること、これはB建設会社による設計段階で生じた問題であることが判明した。

Cは、Bに対して責任を追及し、建物の改修と休業期間の利益の損失を考慮して十分な損害賠償を得たいと考えている。どのような主張をどのような根拠に基づいて行うことが考えられるか。これに対し、Bは、いかなる反論が可能か。

●】参考文献【●

＊森田宏樹・平成９年度重判 79 頁〔参考判例②解説〕／森田修・東京大学法科
　大学院ローレビュー３巻（2008）247 頁

（笠井　修）

22 委任の任意解除

　Ａは，自己の所有する建物（甲）について賃貸借契約（以下，「本件賃貸借契約」という）をＢとの間で締結した。本件賃貸借契約においては，賃貸期間は２年間（ただし，当事者の合意により更新することができる），賃料は月額50万円とし，毎月10日までに当月分をＢがＡに支払うべきこと，敷金は500万円とし，本件賃貸借契約締結時に全額をＢがＡに支払い，本件賃貸借契約終了後の甲の明渡完了時に未払賃料等があればこれを控除して残額がＢに返還されるべきこと等が定められていた。また，Ａは，甲の賃貸借に関する事務を委託する契約（以下，「本件委任契約」という）をＣとの間で締結した。

　本件委任契約においては，委任期間は５年間（ただし，当事者の合意により更新することができる），委任事項として，賃借人からの賃料の徴収とＡへの引渡し，甲の修繕等が定められるとともに，賃借人から支払われた敷金について，Ｃが保管し，Ｃは，保管する敷金に対し月１パーセントの金員をＡに支払う義務を負うものの，本件賃貸借契約と本件委任契約が存続する限り，保管した敷金を自己の事業資金として自由に利用できる旨が定められていたが，報酬については約定されていなかった。本件賃貸借契約も本件委任契約も，いずれも本年までは，契約条件等の変更なしに問題なく数度の更新を経ていたものの，本年に入ってから，Ａからの指示に基づいてＣがＢに賃料を月額100万円に増額するよう求めたところ，Ｂが難色を示し，Ａに対して月額70万円にしてもらえないかと直接申し入れた頃から，Ａ・Ｃ間の関係が，ぎくしゃくし始めた。Ｃは，賃料増額について交渉中であることから，後日賃料額が決定し次第清算しようと考え，Ｂから支払を受けた１か月分の賃料（50万円）をＡに引き渡さなかった。

　委任者Ａは，受任者Ｃに対して，本件委任契約を解除する旨の意

思表示を行い，自己への 50 万円（1 か月分の賃料）の支払に加えて，500 万円（敷金）の支払を請求することができるか。これに対して，受任者 C は，どのような反論をすることができるか。

●】参考判例【●

①　最判昭和 56・1・19 民集 35 巻 1 号 1 頁

●】解説【●

1　委任契約の債務不履行解除

　委任契約（ここでは，法律行為をすることを委託する狭義の委任契約〔643 条〕だけでなく，法律行為ではない事務を委託する準委任契約〔656 条〕も含めた広義の委任契約を単に「委任契約」という。また，狭義の委任契約に関する規定が準委任契約に準用されること〔656 条〕について，逐一指摘しない）にも，契約一般に適用される債務不履行解除に関する規律が妥当しうる（ただし，委任契約の解除は，将来効〔652 条・620 条〕である）。すなわち，当事者の一方がその債務を履行しない場合において，相手方が相当の期間を定めてその履行の催告をし，その期間内に履行がないときは，相手方は，契約の解除をすることができる（ただし，その期間を経過した時における債務の不履行がその契約および取引上の社会通念に照らして軽微であるときは，この限りでない。541 条）。

　本問では，受任者 C が，1 か月分の賃料（50 万円）を委任者 A に引き渡していないことから，委任者 A による，受任者 C の受取物引渡義務（646 条 1 項）違反を理由とする本件委任契約の解除（債務不履行解除）が問題となる。なお，本件委任契約の解除が認められなくても，委任者 A は，受任者 C に対して，受取物引渡義務の履行として，50 万円（1 か月分の賃料）の支払を求めることはできるものの，500 万円（敷金）については，本件賃貸借契約と本件委任契約の存続中は受任者 C による保管と利用が認められていることから，委任者 A が受任者 C に対して，その支払を求めるためには，本件賃貸借契約ないし本件委任契約が終了する必要がある。具体的には，他

にこれらの終了を基礎づける事由のあることはうかがわれないことから，委任者Ａによる本件委任契約の解除が認められる必要がある。

委任者Ａによる本件委任契約の債務不履行解除が認められるかどうかを判断するためには，たしかに，受任者Ｃは，委任事務を処理するに当たって受け取った金銭（50万円）を委任者Ａに引き渡していないものの，「賃料増額について交渉中であることから，後日賃料額が決定し次第清算しようと考え」たという事情があったのであるから，これが債務不履行（善管注意義務違反）に当たるということができるのか否か，債務不履行に当たるとしても軽微であるとはいえないかどうか，また，そもそも委任者Ａによる催告はあったのか否かが問題となる。

2　委任契約の任意解除

委任契約は，受任者が委任者の利益のために事務を処理することを内容とする契約であり，一般的には当事者間の信頼関係を基礎とするものである。したがって，委任者が事務処理の続行を望まない場合や，受任者が事務処理の続行を望まない場合にまで，当事者を委任契約に拘束することは適切ではないと考えられる。そこで，委任契約は，各当事者が，原則として，いつでも，解除事由（たとえば，相手方の債務不履行といった事由）なしに解除（任意解除）できることとされている（651条1項）。

そうすると，委任者Ａは，債務不履行解除が認められない場合であっても，本件委任契約を任意解除することが，認められることとなりそうである。もっとも，民法651条1項は，任意規定であり，任意解除権を放棄する旨の特約は，原則として，有効であると解されている（ただし，たとえば，やむを得ない事由がある場合であっても任意解除できない旨の特約等は，無効〔90条〕となりうる〔やむを得ない事由があれば，任意解除権を放棄した者による任意解除も認められうることとなる〕）。

本件委任契約においては，受任者Ｃは，賃借人から支払われた敷金を保管し，本件賃貸借契約および本件委任契約が存続する限り，保管した敷金を自己の事業資金として自由に利用できることとされていたことから，本件委任契約は，受任者の利益をも目的とする委任契約であるということができる（本件委任契約は，事務処理の対価〔報酬〕とは性質の異なる利益〔受任者Ｃが保

管する敷金に対し月1パーセントの金員を委任者Aに支払ってでも確保したいと考えた利益〕を受任者に与えるものであったと理解することができる。なお，Aに帰属すべき敷金をCが利用する代わりに，月1パーセントの利息をCがAに支払う関係を，利息付きの金銭消費貸借契約〔587条・589条〕であると捉える可能性については，ここでは立ち入らない）。

改正前民法下の判例は，当初，委任者は受任者の利益をも目的とする委任契約を任意解除することはできないとしていたものの（大判大正9・4・24民録26輯562頁），その後，受任者の利益をも目的とする委任契約であっても，受任者が著しく不誠実な行動に出た等やむを得ない事由があれば，委任者は任意解除することができるとし（最判昭和40・12・17集民81号561頁，最判昭和43・9・20判時536号51頁），さらに，やむを得ない事由がない場合であっても，委任者が委任契約の解除権自体を放棄したものとは解されない事情があるときは任意解除することができる（受任者が被る損害は委任者による損害賠償によっててん補されれば足りる）とするに至った（参考判例①）。受任者の利益をも目的とする委任契約における委任者による任意解除を，大きく制限する立場から，任意解除を原則として認める民法651条1項（民法改正による文言の変更なし）の文言に実質的にはおおむね沿う立場へと変遷したわけである。そして，このようにして確立した判例法理を前提とすると（さらに，民法改正によって，委任契約の任意解除を制限する旨の規定が置かれなかったことをも踏まえると），改正後の民法においても，委任者は，受任者の利益をも目的とする委任契約であっても，原則として，いつでも，任意解除することができるものと解される（同項は，文言どおりに理解される）べきこととなる。もっとも，先に述べたとおり，同項は，任意規定であり，任意解除権を放棄した者による任意解除は，原則として，認められないこととなる。そして，委任契約が受任者の利益をも目的とする場合には，明示の特約がなくても，委任者はやむを得ない事由なしにする任意解除権を放棄したものと解される可能性があると考えられる（改正後の民法において，受任者の利益をも目的とする委任契約であることは，委任者の受任者に対するやむを得ない事由なしにする任意解除に伴う損害賠償責任が発生する場合として定められているのみであるが〔同条2項2号〕，委任者の意思ないし両当事者の約定の解釈を通して，

委任者による任意解除を制限する要素ともなりうる）。

　本件委任契約は，受任者Ｃの利益をも目的とするものであるが，やむを得ない事由がある場合（たとえば，受任者Ｃに極めて不誠実な行動があった場合や，本件賃貸借契約が終了し，委任者Ａにとって本件委任契約の継続が意義を有しないものとなった場合など）には，委任者Ａによる本件委任契約の任意解除が認められることとなる。やむを得ない事由がない場合であっても，委任者Ａが解除権を放棄したと解されない事情があれば，委任者Ａによる任意解除が認められることとなる。

3　任意解除に伴う損害賠償責任

　委任契約は，各当事者が，原則として，いつでも，任意解除をすることができる（651条1項）ものの，ⓐ相手方に不利な時期に委任契約を解除したとき（同条2項1号〔改正前民法651条2項の規律を維持するもの〕），または，ⓑ委任者が受任者の利益（専ら報酬を得ることによるものを除く）をも目的とする委任契約を解除したときには（同項2号〔受任者の利益をも目的とする委任契約における委任者による任意解除を広く認め，受任者が被る損害は委任者による損害賠償でてん補されれば足りるとする参考判例①の見解を，民法改正によって明文化したもの。また，受任者の利益をも目的とする委任契約における「受任者の利益」から，受任者が専ら報酬を得ることによる利益を除外するのは，最判昭和43・9・3集民92号169頁，最判昭和58・9・20判時1100号55頁の見解を，同改正によって明文化したもの〕），任意解除をすることについて「やむを得ない事由」がない限り，相手方の損害を賠償しなければならない（同項）。ここで賠償されるべき損害は，ⓐについては，任意解除が相手方に不利な時期であったことに基づく損害であり，ⓑについては，委任契約が任意解除されなければ受任者が得たであろう利益（ただし，受任者が得たであろう報酬が含まれるかどうかについては，議論がある）から，受任者が債務を免れたことによって得た利益を控除したものである。

　本問において，委任者Ａによる本件委任契約の任意解除が認められるとしても，先にみたとおり，本件委任契約は，受任者の利益をも目的とする委任契約であるということができることから，やむを得ない事由がない限り，委任者Ａは，受任者Ｃに生じた損害（本件委任契約が任意解除されなければ

受任者Ｃが得たであろう利益から，受任者Ｃが債務を免れたことによって得た利益を控除したもの）を賠償しなければならないこととなる。そうすると，本件委任契約の任意解除を前提として，委任者Ａから50万円（1か月分の賃料）の支払に加えて，500万円（敷金）の支払を求められた受任者Ｃは，これらの支払を求める委任者Ａの債権（および，遅延損害金債権）を受働債権とし，委任者Ａに対する損害賠償債権を自働債権として，相殺をすることによって，対当額についての消滅（505条1項本文）を主張することができることとなる。

関連問題

本問の9行目までは共通する事案であるものとする。

本件委任契約においては，委任事項として，賃借人からの賃料等の徴収とＡへの引渡し，甲の修繕等が定められるとともに，委任報酬を月額8万円とし，毎月末までに当月分をＡがＣに支払うべきことが定められていた。本年に入ってから，Ａからの指示に基づいてＣがＢに賃料を月額100万円に増額するよう求めたところ，Ｂが難色を示し，Ａに対して月額70万円にしてもらえないかと直接申し入れた頃から，ＡＣ間の関係が，ぎくしゃくし始めた。

委任者Ａは，受任者Ｃに対して，本件委任契約を解除する旨の意思表示を行い，次月分からの報酬を支払わないこととすることができるか。これに対して，受任者Ｃは，どのような反論をすることができるか。

●】 参考文献 【●

＊淺生重機・最判解民昭和56年度1頁／中田・契約法540頁／潮見佳男『基本講義債権各論Ⅰ〔第4版〕』（新世社・2022）280頁

（岩藤美智子）

金銭消費貸借

> 2024年4月1日，Xは，貸金業者Yとの間で，継続的に金銭を借り入れ，リボルビング方式によりその弁済を繰り返すための基本契約甲を締結し，金銭を借り受けた。Xは，基本契約甲に基づき借入れ・弁済を繰り返し，2027年4月1日，約定利率による元利金を完済したが，その最終弁済時に過払金が生じていた。また，基本契約甲については，終了の手続はとられなかった。その後，しばらくX・Y間に取引はなかったが，2030年4月1日，X・Y間で，基本契約甲とは利息・遅延損害金の利率の異なる基本契約乙が締結され，Xは，基本契約乙に基づき，金銭の借入れ・リボルビング方式による弁済を繰り返し，2036年中に完済した。甲・乙2つの基本契約を通じて顧客番号は同一であった。
>
> 2037年9月1日，Xは，Yに対し，基本契約甲による過払金が基本契約乙による債務に充当されることを前提として計算した額の過払金を不当利得として返還請求した。Xは，Yに対し，このような充当計算を前提とする金銭を請求できるか。また，Yは，どういう反論が可能か。

●】 参考判例 【●

① 最判平成19・2・13民集61巻1号182頁
② 最判平成20・1・18民集62巻1号28頁
③ 最判平成24・9・11民集66巻9号3227頁

●】 解説 【●

1　制限超過利息をめぐる従来の議論と利息法制に関する 2006 年改正

利息制限法は，金銭消費貸借について，制限利率を超える利息の契約を，そ

の超過部分について無効とする一方で，制限利率を超過する金銭を利息として任意に支払った場合，借主はその返還を請求できない旨の規定（2006 年改正前利息制限法 1 条 2 項・4 条 2 項）を置いていた。この関係で，当初は制限超過利息の元本充当が問題となり（最判昭和 37・6・13 民集 16 巻 7 号 1340 頁〔充当否定〕，最判昭和 39・11・18 民集 18 巻 9 号 1868 頁〔充当肯定〕），次いで，元本充当後になお計算上払いすぎとなる過払金の返還が問題となった（最判昭和 43・11・13 民集 22 巻 12 号 2526 頁，最判昭和 44・11・25 民集 23 巻 11 号 2137 頁〔いずれも返還請求肯定〕）。過払金の返還請求を認める最高裁判決により，上記利息制限法規定が事実上，空文化されたのに対し，1983 年，貸金業規制法の立法によりいわゆる「みなし弁済」（2006 年改正前 43 条）が導入され，一定の要件を満たす制限超過利息の支払が有効な利息の支払とみなされた。その後は，みなし弁済の適否に争点が移ったが，2004 年頃から，最高裁が「みなし弁済」の適用要件を極めて厳格に解する判決を繰返し下したこと等により，利息法制全体の改正の機運が高まり，2006 年末に，利息制限法（民事規制），出資法（刑事規制），貸金業法（行政規制。名称も変更）の改正がなされた。

利息法制に関する 2006 年改正は，ⓐ貸金業の適性化，ⓑ過剰貸付の抑制，ⓒ金利体系の適性化，ⓓヤミ金融対策の強化，ⓔ多重債務者問題に対する政府を挙げた取組みを主眼とし，改正法は順次施行され，2010 年までにすべて施行された。特に金利の関係では，「みなし弁済」制度を廃止し，また出資法の上限金利を 20 パーセントに引き下げ，利息制限法の上限金利（15〜20 パーセント）と出資法の上限金利（20 パーセント）の間の金利での貸付けについて行政処分の対象とすることとし，いわゆるグレーゾーン金利が解消された。

2 過払金充当問題の背景

金銭消費貸借において過払金が生じた場合，借主は，それを不当利得として返還請求しうる（703 条・704 条）。ただ，この請求権は 5 年または 10 年で時効にかかり（166 条 1 項 1 号・2 号。最判昭和 55・1・24 民集 34 巻 1 号 61 頁も参照），時効完成後は，貸主の時効援用により請求できなくなる。また，過払金返還請求に伴い付される利息が法定利率（改正前民法では年 5 分。旧

404条）により算定される（参考判例①。法定利率は民法改正により年3分となり〔404条1項・2項〕，その後，変動制となる〔404条3項～5項〕ものの，以下に示す当事者の利益状況は変わらない）のに対し，後に別に借入れをしている場合には，通常その約定利率のほうが高率である。以上の関係から，過払金を後の別の借入れから生ずる債務に充当できるとすると，当該過払金の返還を時効完成前に請求したのと同じ結果になり，また，通常，法定利率と比べ高率の約定利率による利息を生じさせる元本を消滅させるので，結果として，借主の債務が減少し，または借主が返還請求できる過払金が増加する。このような関係があるので，過払金返還請求訴訟で，借主は過払金の他債務への充当を主張し，貸主はその充当の否定を主張するのである。

　なお，継続的な金銭消費貸借取引がなされた場合，過払金返還請求権の消滅時効の起算点について，従来，学説および下級審裁判例において過払金発生時説と取引終了時説の対立があったが，最高裁は，継続的な金銭消費貸借取引に関する基本契約があり，その契約に，過払金をその後に発生する新たな借入金債務に充当する旨の合意が含まれている場合には，その契約から発生した過払金返還請求権の消滅時効は，特段の事情がない限り，その継続的取引が終了した時点から進行するとした（最判平成21・1・22民集63巻1号247頁）。民法では，この時点は民法166条1項2号の10年の消滅時効の起算点となり，さらに，これとは別に同項1号によっても5年の消滅時効が起算されることになる。

　また，貸金業者に関するものではないが，以下のような判決がある。すなわち，同一の当事者間に数個の金銭消費貸借契約に基づく各元本債権が存在する場合において，借主が弁済を充当すべき債務を指定することなく全債務を完済するのに足りない額の弁済をしたときは，当該弁済は，特段の事情のない限り，各元本債務の承認となり，各元本債権の時効は更新される（最判令和2・12・15民集74巻9号2259頁。ただし，改正前の事例であり，承認による「中断」を扱っている）。

3　過払金充当の法理論

　当初，充当に関する争点は，制限超過利息を，当該利息を生じさせた元本へ充当できるかであった。これに対し，「みなし弁済」が否定されるに連れ

て大きな争点となったのは，制限超過利息を支払うことによって生じた過払金を，当該当事者間の別の元利金へ充当できるかである。同じ「充当」を扱っていても，問題状況はまったく異なる。

　過払金を別の債務へ充当することを認めるか否かについては，ⓐ充当に関する明示の特約が存在しているか，ⓑ単に複数の個別の消費貸借契約があるにすぎないか，あるいは基本契約が締結されているか，ⓒ過払金が生じた時点で充当すべき他の債務があるか，あるいは過払金が生じた後に生じた債務への充当が問題となっているのか，ⓓ基本契約中に㋐リボルビング方式の特約，㋑全債務にかかわる期限の利益喪失約款など，個々の貸借契約を一体とするような条項が存在するか，ⓔ複数の基本契約中に㋐同一の会員番号での処理，㋑利率等契約条件の同一性など，個々の基本契約を一体の基本契約とするような事情・条項が存在するか，およびこれらの前提として，ⓕ充当に関する合意・指定があるか（490条・488条・489条），とりわけ充当に関する当事者の合意・指定（擬制を含む）をどのように認定するか，ⓖ充当に関する当事者の通常の意思は何かが問題となる。

　まず判例は，基本契約が存在する場合，過払金が生じた時点で，充当されるべき別の債務が存在していれば，当事者の意思を合理的に推認できるので，当事間に充当に関する特約が存在するなど特段の事情のない限り，過払金は当該別の債務に充当されるとする（最判平成15・7・18民集57巻7号895頁）。他方，判例は，基本契約が存在しても，過払金発生時に過払金を充当すべき別の債務が生じていない場合は，過払金は当然に充当されるものではないが，当事者間に充当に関する合意が存在すれば，その合意に従った充当がなされるとし，リボルビング方式の場合には，そのような合意があると認められるとする（最判平成19・6・7民集61巻4号1537頁）。

　これに対し，基本契約なく個別の貸付・弁済が繰り返され，かつ，過払金が生じた時点で，充当されるべき別の債務が存在していない場合，判例は，基本契約があるのと同様の貸付が繰り返され，先の貸付の際に後の貸付が想定されていたとか，充当に関する特約があるなど特段の事情のない限り，過払金は当該別の債務に充当されないとしている（参考判例①）。このような場合は，通常，そのような充当指定をするとは考えられず，また，過払金の返還請求

や相殺の可能性があるので，当然にそのような指定を推認できないからであると説明する。ただし判例は，基本契約がなくとも過払金を生じさせた貸付と充当すべき貸付が1個の連続した貸付取引であると評価できる場合は，充当に関する当事者間の合意を認定できるので，過払金は後の別の債務に充当されるとしている（最判平成19・7・19民集61巻5号2157頁）。これは，参考判例①の例外基準である「特段の事情」に該当すると評価できる。

　さらに判例は，複数の基本契約にわたる取引で，第1の基本契約に基づき過払金が生じた時点で当事者間に他の債務がない場合，充当に関する合意が存在するなど特段の事情のない限り，当該過払金は第2の基本契約に基づく債務に充当されないが，第1の基本契約に基づく債務が完済されてもなおこれが終了せず，第1の基本契約に基づく取引と第2の基本契約に基づく取引とが事実上1個の連続した取引であると評価できる場合は，充当に関する合意が認定でき，第1の基本契約から生じた過払金は第2の基本契約から生じた債務に充当されるとしている（参考判例②。ただし，破棄差戻判決）。

　参考判例②は，「特段の事情」の内容として，ⓐ第1の基本契約に基づく貸付および弁済が反復継続して行われた期間の長さやこれに基づく最終の弁済から第2の基本契約に基づく最初の貸付までの期間，ⓑ第1の基本契約についての契約書の返還の有無，ⓒ借入れ等に際し使用されるカードが発行されている場合にはその失効手続の有無，ⓓ第1の基本契約に基づく最終の弁済から第2の基本契約が締結されるまでの間における貸主と借主との接触の状況，ⓔ第2の基本契約が締結されるに至る経緯，ⓕ第1と第2の各基本契約における利率等の契約条件の異同等の事情の6要素を挙げる。これを受け，取引の中断期間の長短を考慮することなく，基本契約の自動継続条項により充当合意の存在を認定した原判決を破棄した最高裁判決（最判平成23・7・14判時2135号46頁），また上記6要素による判断は無担保のリボルビング方式の基本契約と不動産に担保権を設定した確定金額に係る金銭消費貸借契約が締結された場合であっても異なることはないが，両契約は弁済のあり方を含む契約形態や契約条件において大きく異なっているので，事実上1個の連続した貸付取引であることを前提に取引していると認められる特段の事情のない限り，充当合意が存在すると解することは相当でないとした最高裁

判決がある（参考判例③）。

　また，過払金については充当合意があっても借主は過払金発生の時から民法704条の法定利息を請求しうる（最判平成21・9・4集民231号477頁）。法定利息と過払金の充当先後について，別段の合意があると評価できるような特段の事情のない限り，まず法定利息を充当し，次に過払金を充当すべきとされている（最判平成25・4・11判時2195号16頁）。

　加えて，元利均等分割返済方式による場合の過払金は，超過額を将来発生する債務に充当する旨の当事者間の合意があるなど特段の事情のない限り，その支払の時点での残債務に充当され，超過額が将来発生する債務に充当されることはない（最判平成26・7・24判時2241号63頁，最判平成26・7・29判時2241号65頁）。いわゆる「ボトルキープ論」（過払金を累積すると支払期日に支払うべき金額を支払っていたことになるという主張。過払金をボトルのようにキープしておき，将来の支払に充てることになることから，このように呼ばれる）は，判例によって否定された。

　なお，判例は，基本契約に基づき借入れと弁済が繰り返され過払金が生じている場合の利息制限法1条の「元本」は過払金を充当した後の額をいうとする（最判平成25・7・18判時2201号48頁）。

　以上の判例法理に対し，参考判例①につき，判例としての一貫性に疑問をもつ見解も主張されるが，上記にみたとおり，各判決は一定のファクターを通じ有機的に関連づけて統一的に理解できる。ただし，このような判例の考え方に対しては，利息制限法の立法理由を考慮したうえでの結論の妥当性という観点から，根強い反対論がある。

・・・■**関連問題**■・・・・・・・・・・・・・・・・・・・・・・・・・・・

　本問と以下の点で異なる場合に，Xの請求は，どの範囲で認められるか。なお，甲乙の契約締結日，元利金完済日，過払金返還請求日は，本問と同様とする。

　基本契約甲はリボルビング方式による契約であり，基本契約乙がリボルビング方式による契約で根抵当による不動産担保が付されていたときに，XがYに対し，基本契約甲から生ずる過払金が基本契

約乙による債務に充当されることを前提として計算した額の過払金の返還請求をした場合。

●】参考文献【●

＊高橋譲・最判解民平成20年度28頁／森田浩美・最判解民平成24年度（下）620頁／小野秀誠・百選Ⅱ114頁／一問一答57頁・190頁

（尾島茂樹）

24 寄託契約

　Ａ水産およびＢ水産は，かつて水産業を営んでいたがすでに廃業している　Ｃ水産にとろろ昆布の保管を依頼した。しかし，Ｃは，現在，倉庫が手狭であり，冷蔵設備が十分ではないことを理由にＡおよびＢの依頼をいったんは拒絶した。そこで，ＡおよびＢは，「他の倉庫業者が見つかるまでの短期間でいい」と強いて懇請した結果，Ｃはやむなく保管を引き受けた。その結果，Ａは北海道産のとろろ昆布を400キロ，Ｂは同種・同品質のとろろ昆布600キロをＣに寄託し，これら計1トンのとろろ昆布はＣの倉庫で区別することなく保管され，Ｃはそれぞれから寄託を受けたものと同数量のとろろ昆布を返還することが，Ａ・Ｂ・Ｃの間で合意された（以下，「本件寄託」という）。保管料は，Ｂにつき6万円と定められたが，Ａについては，かつて取引でお世話になったことのお礼から，無報酬と定められた。なお，Ｂが寄託したとろろ昆布600キロはＤ商事から預かったものであり，Ｃへの寄託につき，ＢはＤから特に承諾を得ておらず，Ｃへの寄託を必要とする事情は特になかった。2か月経過した時点で，Ｃが倉庫を確認したところ，1トンのとろろ昆布の品質に特段の変化はみられなかった。

　保管が始まってからはや3か月が経過したが，いまだＡ・Ｂから引取りの連絡がなかった。そこで，Ｃは倉庫を確認しに行ったところ，保管していたとろろ昆布1トンのうち，冷蔵設備の不十分さに起因して400キロが腐敗してしまっていた。

　(1)　以上の事案において，ＡおよびＢは，Ｃに対して腐敗を免れたとろろ昆布につき，それぞれ何キロにつき返還を請求することができるか。また，Ａは腐敗したとろろ昆布の価値相当額について損害賠償請求ができるか。これに対して，Ｃは，どのような反論をすることができるか。

（2）ＣはＡに強く迫られたことから，残存するとろろ昆布600キロのうち400キロをＡに返還してしまった。この場合，ＢはＡに対しいかなる請求をすることができるか。また，ＤはＢおよびＣに対し，いかなる請求をすることができ，Ｃはいかなる反論をなしうるか。

●】参考判例【●

① 福岡高判昭和29・8・2下民集5巻8号1226頁
② 最判昭和32・9・10集民27号687頁
③ 東京地判平成13・1・25金判1129号55頁
④ 札幌地判平成24・6・7判タ1382号200頁

●】解説【●

1　混合寄託契約に基づく寄託物の返還請求権

　小問(1)において，ＡおよびＢは，それぞれＣに対して本件混合寄託契約に基づく寄託物の返還請求権を行使することができる。

　ＡおよびＢの請求は混合寄託という特殊な寄託に基づくものであるが，まず，一般的な寄託の成立について概観しておく。寄託とは，当事者の一方が相手方のために保管をすることを約束して，ある物を受け取ることによって成立し，効力を生ずる諾成契約である（657条）。寄託者は，受寄者が寄託物を受け取るまでは，契約の解除をすることができ，受寄者は，その契約の解除によって損害を受けたときは，寄託者に対し，その賠償を請求することができる（657条の2第1項）。この損害に，受寄者の得べかりし報酬も含まれるか，寄託の報酬の性質に関連して議論がありうる（以上につき，発展問題(1)を参照）。

　本件寄託のように，複数の者が寄託した物の種類・品質が同一である場合，これらを混合して保管し，同じ数量の物を返還する契約を，混合寄託（混蔵寄託）という。混合して寄託するためには，各寄託者の承諾が必要である（665条の2第1項）。各寄託者が自己所有物を混合寄託した場合，消費

寄託とは異なり，寄託物の処分権は受寄者に移転しないが，複数の寄託者からの寄託物が混和することにより，各寄託者はそれぞれの寄託物についての個別の所有権を失い，混合保管した寄託物全体についての共有持分権を取得することになる。共有持分権の取得そのものは，混和に関する規定（244条・245条）から導くことができるが，各寄託者は，共有持分とは別に，寄託契約上の債権を有し，その寄託した物と同じ数量の物の返還を請求することができる（665条の2第3項）。

本件寄託の目的物であるとろろ昆布は腐敗により一部滅失している。混合寄託において，寄託物の一部滅失のリスクは，各寄託者が按分して負担するものとされており，AおよびBは，Cに対し，それぞれ寄託物の割合に応じた数量のとろろ昆布の返還を請求することができるにとどまる（665条の2第3項）。AおよびBは寄託物について，4：6の割合で返還請求権を有していた。そのため，AおよびBは滅失したとろろ昆布400キロ（全体の4割）のリスクを4：6で按分して負担する。たとえば，BがCに対して600キロの返還請求を主張することに対し，Cは全体のうち4割が滅失したと反論し，結果としてBの請求は360キロの範囲で認められることになる。そして，Aの返還請求は240キロの範囲で認められる。

2　寄託契約における保管義務

寄託物の一部滅失により，返還請求権が割合的に減縮するとしても，寄託者が受寄者に対して損害賠償請求ができるか否かは別問題である（665条の2第3項後段）。AおよびBはCに対し本件混合寄託契約上の保管義務違反を理由とした損害賠償請求（415条1項本文）をすることが考えられる。なお，寄託物の返還義務が履行されなかった場合には，その不履行の事実をもって，受寄者には保管義務違反があったことの推定が働くので，受寄者の側で保管義務を果たしたことを免責事由（同項ただし書）として主張・立証することとなる。

条文上，無償寄託の受寄者は，「自己の財産に対するのと同一の注意」（以下，「自己固有の注意」）をもって，寄託物を保管する義務を負う旨が規定されている（659条）。有償寄託の受寄者は，一般規定である民法400条に即して，「契約その他の債権の発生原因及び取引上の社会通念に照らして定まる

善良な管理者の注意」をもって，寄託物を保管する義務を負う。同法400条は特定物の保存に関する規定であるが，混合寄託の受寄者は種類物売主のような調達義務を負うわけではないので，総寄託物の保管について，同条が適用されると考えてよいであろう。なお，有償寄託の受寄者は「善管注意義務を負う」と表現されることがあるが，「善管注意」は，受寄者が負う保管義務の具体的内容を確定するための基準となるものであり，保管義務と切り離された注意義務が存在するわけではない点に留意が必要である。

　一般的理解によれば，「自己固有の注意」では，個々の債務者の個人的能力に応じた具体的注意が標準となり，「善管注意」では，債務者の職業，その属する社会的・経済的な地位などに一般に要求される注意が標準となり，抽象的・客観的に判断される（A説）。民法の起草者は，それぞれの注意の程度に軽重があると考えてはいなかったが（A–1説），現在では，同法659条は無償の受寄者の責任を軽減する趣旨の規定であるとして，当該受寄者の注意能力が高く，「善管注意」を超えるときは同程度にまで引き下げられるとする見解が通説と目されている（A–2説）。これに対し，「善管注意」は合理的な平均人ならば「他人の財産」に対して尽くすであろう注意を意味し，「自己固有の注意」は合理的な平均人ならば「自己の財産」に対して尽くすであろう注意を意味すると解する見解も有力である（B説）。同見解は，法が予定する合理的な平均人は「他人の財産」に対してこそ注意深くあるべきなので，それぞれの注意には明確な軽重が設けられるとする。これら対立に関し，民法400条を踏まえて，検討すべき点がある。以下，「善管注意」，「自己固有の注意」の順に言及していく。

　受寄者の「善管注意」が抽象的・客観的に判断されるとしても，それは契約から切り離されて定まるものではない。「善管注意」は，当事者の合意した契約内容を第一義として，契約目的や取引経緯などの一切の事情や取引上の社会通念に照らして定められる（400条）。ここで，契約と「善管注意」との関係が問題となる。ⓐまず，受寄者がいかなる類型の平均人として善管注意を払うべきか（＝要求される知識・能力の程度の標準）は，契約内容に照らして定められるであろう。ⓑ受寄者は善良な管理者として，一定範囲の裁量のもと，契約目的（＝寄託においては通常，受寄者の支配下での原状の維持）に

応じて合理的なさまざまな手段をとることが義務づけられる。ⓒ他方で，寄託者は具体的な保管方法を指定・合意することができ，ⓓ受寄者は，このような保管方法に従ったことを理由に免責されることもある。すなわち，契約内容に照らし善管注意の標準が定まり（ⓐ），具体的な義務違反の有無もまた，それぞれの局面ごとに，契約目的（ⓑ）や個別の合意や指示（ⓒⓓ）に照らして判断される。これら区別は，受任者の事務処理義務（644条）の議論にみられるものであり，ⓐは「善管注意」，ⓑは「委任の本旨」，ⓒⓓは委任者の指図の局面に対応する。契約内容が個々の局面にいかに作用するかを把握するに当たって，同様の区別は寄託についても有益であろう。

　受寄者の「善管注意」（400条）と同様，受寄者の「自己固有の注意」もまた契約内容との関連のもと捉えられるべきであろう。元来，民法の起草者は，同法659条について，寄託者は受寄者の注意深さの程度を知って託すため，注意の標準を具体的注意とすることが寄託者の意思に適合すると説明していた（上記A-1説）。これに加えて，同条は，無償の受寄者の責任を軽減する当事者の通常の意思を推定していると理解することも可能であろう（上記A-2説参照）。ただし，A-1・A-2説をとるうえでも，「自己固有の注意」について判断基準を一定程度，客観化する必要性を考慮しつつ，B説の発想を加味する余地があろう。

　なお，契約内容によって，個々の受寄者の能力・知識をどの程度の広狭で類型化し，裁量の範囲を定め（ⓐⓑ），保管方法を限定するか（ⓒⓓ）に応じて，「善管注意」と「自己固有の注意」の区別は相対的なものとなりうる。

　本件寄託において，Bについては報酬が定められているが，Aについては無報酬である。Bの寄託物と混合して寄託する合意からすると，A・Bいずれに対する保管義務についても「善管注意」（400条）を標準に具体化されることが考えられる（民法659条に対する別段の合意というよりむしろ，A・B・C三者の合意内容とみうる）。他方で，仮にCの保管のあり方がCに契約上要求された知識・能力に即した「善管注意」に反するとしても，Cが適切な保管設備が確保できないことを，A・Bは承知で依頼した経緯からすると，保管場所が不適当であること等に起因する損害についての免責が考えられてよい。この点に関し，錦鯉等の過密保管による斃死事故発生等の危険性を告知

され，寄託者はそれを容認して保管を依頼した場合，当該（有償）寄託契約において，保管場所が不適当であることによって寄託物に損害が生じたとしても責任を負わない旨が約されており，受寄者が保管に当たり払うべき注意は自己固有の注意で足りる，とした裁判例がある（参考判例③）。本件寄託についても，類似の合意を見出す余地があるが，「自己固有の注意」と「善管注意」の区別や注意の標準に関する合意の問題（上記ⓐ）というよりむしろ，端的に契約で認められた保管方法に基づく免責（上記ⓓ）の問題と捉えることができよう。

なお，合意された具体的な保管方法（上記ⓒ）に反した場合には，それ自体が債務不履行の原因となりうる（上記ⓐⓑは手段債務としての特質と符合するものであるが，ⓒによって定まる保管義務は結果債務に近いものとなる）。裁判例には，ワインの寄託契約において，合意された定温・定湿義務違反があったとして，寄託物そのものの損傷はなくても，支払済みの保管料相当額の損害賠償が認められたものがある（参考判例④，発展問題(2)を参照）。

3 寄託物の共有持分権と混合寄託に基づく返還請求権

一部滅失の結果，ＡはＣに対し，とろろ昆布240キロの返還請求権を有していたところ，小問(2)の事実のもと，ＣはＡに，240キロを超えて400キロを返還してしまった。混合寄託において，受寄者は，自ら同一数量の物を分離して取り出すことができ，この場合，他の寄託者の同意は必要ない。しかし，受寄者は，他の寄託者に不利益を及ぼさないように注意して返還する義務を負っている（「善管注意」・「自己固有の注意」，いずれにおいても認められうるであろう）。（400キロ－240キロ＝）160キロ分の返還を受けることができなくなったＢは，かかる義務違反を理由にＣに対して債務不履行責任（415条）を追及できる。このほか，ＢはＡに対して不当利得返還請求（703条）ができると考える余地はあるが，現物返還請求をすることはできないと考えられる。寄託者が自己物を混合寄託した場合には，他の寄託者の寄託物との混和により共有持分権を取得するが（244条・245条），本問のＢのように，他人物を寄託した場合には，Ｃに対する債権としての割合的な返還請求権を有するにとどまる。他方，Ｄは，ＢがＣに寄託した分のとろろ昆布の本来の所有者であり，混和により共有持分権を取得している。そのため，Ａが受け

取った400キロのうち160キロの共有持分を主張することができよう。

　それでは，Cに対する請求はどうか。C・D間に契約関係はない。D・B間にはもともととろろ昆布の寄託契約があり，それがCにさらに寄託されてしまった。受寄者は，「寄託者の承諾を得たとき，又はやむを得ない事由があるときでなければ，寄託物を第三者に保管させることができない」（658条2項）。適法に再寄託がなされた場合であれば，再受寄者は，寄託者に対し，直接，報酬を請求することができ，寄託者は再受寄者に対し，寄託物の返還請求権をもつ（同条3項）。しかし，本問において，BはDの承諾を得ておらず，やむを得ない事由も存しない。この場合，DはCに対して，B・D間の寄託契約に基づく寄託物の返還請求権を直接行使することもできない。

　次に，とろろ昆布の物権に基づく請求はどうか。Aが返還を受けたことに伴い，Cのもとにある残り200キロのとろろ昆布は，混合保管から特定保管に転じるとともに，Dの単独所有に転じたものとみることができよう。DはCに対して，所有権に基づきとろろ昆布200キロの返還を請求することが考えられる。しかし，Cとしては，寄託者であるBの指図がない限り，DではなくBに寄託物を返還しなければならならない（660条2項本文）。CがBに返還したことによって，Dに損害が生じたとしてもCは賠償責任を負わない（同条3項）。

　仮に，本件寄託契約からみて第三者であるDが，Cに対して，訴えの提起等をした場合，寄託者であるBがすでにその事実を知っているのでない限り（660条1項ただし書），Cは遅滞なくBにその事実を通知しなければならない（同項本文）。Cが通知をした場合または通知が不要な場合において，寄託物をDに引き渡すべきことを命じる確定判決や裁判上の和解等があり，Dに寄託物を引き渡したときは，Bに返還しなくてもよい（同条2項）。なお，Dが訴えを提起した場合，CはBの間接占有者として，B・D間に存する（本件寄託とは別の）寄託契約を占有権原とした抗弁を主張できるかという問題がある（寄託者が有するその他の抗弁を含め，発展問題(3)参照）。Dはこのような抗弁に備えて，たとえばBによる無断再寄託を理由に，B・D間の寄託契約を解除しておくことが考えられる。

　XはYに骨董品αを，保管料月10万円，期間3年間で寄託する契約を締結した（以下，「本件寄託」という）。本件寄託において，Xはαの取扱いにとりわけ注意を促し，一定の温度と湿度を常に維持した状態で保管することが合意された。以下の(1)から(3)の事実は独立したものである。

　(1)　Yは150万円をかけてαを保管・展示する設備を整えたが，Yが何度催告してもXはαを引き渡そうとしない。Yは本件寄託を解除して，Xに対して設備費用と得べかりし保管料について損害賠償請求したいと考えている。Yの請求は認められるか。

　(2)　XはαをYに引き渡し，保管が開始されたものの，1年が経過した時点で，Yは保管に際して，合意された一定の温度と湿度を維持していなかったことが判明した。なお，αには状態変化はみられない。Xは本件寄託を解除し，Yに対して保管料相当額の損害賠償請求をしたいと考えている。Xの請求は認められるか。

　(3)　αの所有者はZであり，XはZよりαの補修を依頼されて所持していた。XはZからまだ補修費を回収していない。ZはYにαの返還請求訴訟を提起したが，Yはいかなる抗弁を主張できるか。また，この訴訟でYは裁判上の和解に応じて，Zにαを引き渡した場合，XはYに対していかなる請求をすることができるか。

●】参考文献【●

＊中田523頁・539頁／潮見Ⅰ194頁／大塚智見「委任者の指図と受任者の権限(1)」法協134巻10号（2017）1頁／Before/After 92頁〔渡辺達徳〕・440頁〔北居功〕／民法（債権法）改正検討委員会編『詳解債権法改正の基本方針Ⅴ』（商事法務・2010）163頁／小林俊明・ジュリ1268号（2004）220頁〔参考判例③の判批〕／河内宏・リマークス25号（2002）54頁〔参考判例③の判批〕

（高　秀成）

25 預金契約

Aは以前にB（伊藤商店）と取引をした経験があり，Bから購入した商品の代金をY銀行にあるBの預金口座への振込みによって支払っていた。Aは新たにC（伊東商事）との間で取引を開始し，Cから購入した商品の代金400万円をY銀行にあるCの預金口座への振込みにより支払うことになった。Aは自身の預金口座があるX銀行の窓口において，Y銀行にあるCの口座への400万円の振込依頼をしようとしたが，名称が類似していたことからBをCと誤認して振込依頼書の振込先欄に誤ってBの名称である「伊藤商店」とBの口座番号を記載して振込みを依頼し，X銀行のAの口座からY銀行のBの口座に400万円が振り込まれた。振込前のBの口座残高は200万円であったが，誤振込みにより400万円が入金記帳されたことからBの口座残高は600万円となった。なお，Y銀行の約款には「預金口座には現金の預入れのほか，振込金も受け入れます」旨の条項が定められていた。Bに対して800万円の貸金債権を有するDがBの600万円の預金を差し押えたので，Aは600万円のうち400万円が自分の誤振込金に当たることを理由に第三者異議の訴えを提起した。Aの第三者異議は認められるか。

●】参考判例【●

① 最判平成8・4・26民集50巻5号1267頁
② 最決平成15・3・12刑集57巻3号322頁
③ 最判平成20・10・10民集62巻9号2361頁

1　預金契約

　銀行と預金者との間で締結される普通預金契約の法的性質について，判例・通説は，委任契約と消費寄託契約によって構成された複合的契約関係と捉えている（最判平成21・1・22民集63巻1号228頁，最決平成28・12・19民集70巻8号2121頁）。預金口座を開設するために銀行と預金者との間で締結される「基本的預金契約」は，口座を介して預入れ，払戻し，振込みなどさまざまな役務を銀行が預金者に提供することを内容とする継続的役務提供契約であり，その法的性質は委任契約（643条以下）と解されている。預金者が委任者，銀行が受任者となり，預金者が銀行に対して預金の預入れ，払戻し，振込みの指図をし，あるいは，第三者からの振込指図を銀行が受領すると，銀行は当該指図に基づき，預入れ，払戻し，振込み，振込金入金記帳などの委任事務を執行する。預金者から現金の提供とともに預入指図がなされると，預入金相当額の消費寄託契約（666条）である「個別的預金契約」が預金者と銀行との間で成立し，預金者は銀行に対して預入金相当額の預金債権を取得するが，すでに口座内に預金残高がある場合には，預入金相当額が口座残高に組み込まれて新たに1つの預金債権となる。

2　振込取引

　振込取引は，振込依頼人が銀行を介して受取人の預金口座に一定金額を入金させる取引であり，振込依頼人，仕向銀行，被仕向銀行，受取人の四当事者によって構成される（同一の銀行が仕向銀行と被仕向銀行を兼ねる同行振込みの場合には三当事者関係となる）。まず，振込依頼人が仕向銀行に対して受取人の預金口座に一定金額を振り込むように依頼し，振込金額を現金で提供するか，あるいは，仕向銀行に開設されている振込依頼人の口座から振込金相当額が引き落とされる（振込委託関係）。続いて，振込依頼人からの振込指図を受けた仕向銀行は，受取人の預金口座が開設されている被仕向銀行に対して受取人の口座に振込金相当額を入金記帳するように依頼し（為替取引関係），それを受けた被仕向銀行が受取人の口座に振込金相当額を入金記帳する（振込受領関係）。

3 振込委託関係

振込依頼人と仕向銀行との間に事前に基本的預金契約が締結され口座が開設されている場合には，振込依頼人の振込委託（振込指図）により委任事務の執行として振込依頼人の口座から振込金相当額が引き落とされる。また，振込依頼人が仕向銀行に対して現金を提示して振込みを依頼する場合には振込依頼人と仕向銀行との間で個別に振込委託契約が締結されるが，この振込委託契約の法的性質も委任契約である。

4 振込受領関係

受取人が振込金相当額を受領するためには，被仕向銀行に口座を開設していること，つまり，受取人と被仕向銀行との間に基本的預金契約が締結されていることが必要である。仕向銀行を介して振込依頼人からの振込指図を受けた被仕向銀行は基本的預金契約における委任事務の執行として受取人の口座に振込金相当額の入金記帳を行う。これにより，被仕向銀行と受取人との間に振込金相当額の消費寄託契約（個別的預金契約）が成立し，受取人は被仕向銀行に対して振込金相当額の預金債権を取得する。原因関係（売買契約，労働契約等）において振込依頼人が受取人に対して負っている債務（代金債務，賃料債務等）の弁済のために振込みが利用された場合には，受取人の口座への振込金相当額の入金記帳によって原因関係上の債務の弁済がなされたことになる（477条）。そして，受取人の口座に預金残高がある場合には，口座残高に振込金相当額が組み込まれて1つの預金債権が成立する。

5 銀行実務における照会と組戻し

誤振込事案において振込依頼人より先に受取人が誤振込みに気づいた場合，受取人が誤振込みの疑いを被仕向銀行に告知すると，被仕向銀行は誤振込みか否かを仕向銀行を介して振込依頼人に照会する。また，誤振込みに気付いた振込依頼人が振込指図を撤回したうえで仕向銀行に対して振込金の返還を求めると，受取人の口座に振込金相当額が入金記帳される前であれば受取人の承諾を得ることなく，また，受取人の口座に入金記帳された後であれば受取人の承諾を得たうえで振込みの組戻手続が行われ，振込金相当額が振込依頼人に返還される。誤振込事案の多くは，このような照会や組戻しという銀行実務上の手続により解決が図られているが，振込依頼人が組戻しを依

頼しなかった場合，あるいは，振込金相当額が受取人の口座に入金記帳された後で振込依頼人が組戻しを求めたが受取人がそれに応じなかった場合には，組戻しによる解決を図ることはできない。

6　振込委託契約（振込指図）における錯誤取消し

誤振込事案において，振込依頼人は振込先について錯誤に陥っているので振込依頼人と仕向銀行との間で締結された振込委託契約（現金振込みの場合）あるいは振込依頼人からの振込指図（口座からの引落しによる振込みの場合）について民法 95 条の錯誤取消しが認められれば，振込依頼人は仕向銀行に対して振込金相当額の返還を請求できる。しかしながら，振込依頼人の錯誤については重過失（同条 3 項）が認定される可能性が高く，現に参考判例①では振込依頼人の重過失を理由に錯誤無効（2017 年改正前民 95 条ただし書）が認められなかった。そこで次に問題となるのが，錯誤取消しが認められず振込委託契約あるいは振込指図が有効とされた場合において振込金相当額の預金債権が受取人に帰属するかという点である。

7　原因関係不要説

振込みは，売買契約上の代金債務，賃貸借契約上の賃料債務，労働契約上の賃金債務などを履行する手段として利用されることから，通常，振込依頼人と受取人との間に振込取引の原因となる法律関係（原因関係）が存在する。しかしながら，本問のような誤振込事案では，振込依頼人と受取人との間に原因関係が存在しない。そこで，振込みにより受取人が振込金相当額の預金債権を取得する前提として原因関係の存在が必要か否かが問われることになる。銀行の約款には，本問のように，「預金口座には現金の預入れのほか，振込金も受け入れます」という趣旨の条項が定められていることから，当該約款条項の合理的意思解釈として，原因関係がない場合でも受取人に振込金相当額の預金債権が帰属すると解する見解（原因関係不要説）と，原因関係がなければ受取人は預金債権を取得できないと解する見解（原因関係必要説）が対立する。

参考判例①は原因関係不要説を採用して，振込依頼人と受取人との間に原因関係が存在しない誤振込みの場合でも振込金相当額の預金債権が受取人に帰属するとした。その理由として，ⓐ銀行の約款条項の文言をみる限り，振

込金の受入れについて原因関係の有無が問われていない，ⓑ振込みは銀行間および銀行店舗間の送金手続を通して安全，安価，迅速に資金を移動する手段であることから，多数かつ多額の資金移動を円滑に処理するために，仲介する銀行に原因関係の有無や内容について調査義務を課すべきではない，という点が挙げられている。そして，振込依頼人は受取人に対して振込金相当額の不当利得返還請求権（703条以下）を取得するにとどまることから，受取人の債権者による預金の差押えに対して振込依頼人からの第三者異議の訴え（民執38条）は認められないとされた。

8 原因関係不要説の問題点

参考判例①が採用した原因関係不要説に対しては，原因関係が存在しないにもかかわらず振込金相当額の預金債権が受取人に帰属する結果，振込先の誤認という過失があるにすぎない振込依頼人の犠牲において受取人の責任財産の増加という棚ぼた的な利益を受取人の債権者に与える点が批判されている。本問においてBの口座残高は当初200万円であったが，Aの誤振込みにより400万円が入金記帳され口座残高は600万円となっており，Bの債権者Dからみると，責任財産が200万円から600万円に増加したことになる。AはBに対して400万円の不当利得返還請求権を取得するにすぎないので，Aの第三者異議が認められなければ，Bの預金600万円は，400万円の不当利得返還請求権を有するAと800万円の貸金債権を有するDに配当され，債権者平等の原則によりAが200万円，Dが400万円の配当を受ける。Dは誤振込みがなければBの預金から200万円しか回収できなかったはずであるのに，誤振込みにより400万円を回収することができることから，回収額の倍増という棚ぼた的利益を得る。その一方で，Aは400万円を誤振込みしたのに200万円を回収できるにすぎない。

9 原因関係必要説の問題点

判例が採用する原因関係不要説には上記のような問題点があるが，原因関係不要説と対立する原因関係必要説にも致命的な欠点がある。原因関係必要説を採用すると，原因関係が存在しない誤振込事案において受取人は振込金相当額の預金債権を取得することができないので，受取人の債権者に棚ぼた的利益を与えるおそれはないが，そもそも振込金相当額の預金債権が発生し

ないので，被仕向銀行が誤って受取人に振込金相当額の預金を払い戻した場合でも，民法478条が適用できない。同条は受領権限のない者に対する善意無過失の弁済により債権の消滅を認める規定であり，債権の存在を当然の前提にしているからである。また，仮に受取人への預金払戻しについて同条の適用を認めるとしても，同条は弁済者の善意無過失を要件としており，被仕向銀行は原因関係の存否について適切な調査を怠ると有過失と認定される可能性があるので，実質的に被仕向銀行は原因関係についての調査を義務づけられることになるが，被仕向銀行に過重な義務を課すことになるとともに，調査に時間がかかり，調査にかかる費用が振込手数料の増額という形で預金者全体に転嫁されるおそれがあることから，参考判例①が重視した「安価で迅速な資金移動」が実現できず，振込制度の根幹が著しく損なわれる。

10　誤振込金相当額の払戻しと詐欺罪の成否

誤振込事案において誤振込金相当額が自分の口座に入金記帳されていることに気付いた受取人が，その事実を被仕向銀行に告げることなく振込金相当額の払戻しを受けた場合に詐欺罪（刑246条）が成立するのか。参考判例①により振込金相当額の預金債権は原因関係の有無を問わず受取人に帰属することから，受取人は自分の預金の払戻しを受けたにすぎず，詐欺罪は成立しないようにも思われるが，参考判例②は，参考判例①に従い，誤振込事案において振込金相当額の預金債権が受取人に帰属するとしたうえで，銀行による照会や組戻手続は安全な振込みを確保するために有益であり，かつ，銀行が振込依頼人と受取人との間の紛争に巻き込まれないためにも必要なものであることから，銀行との間で継続的な預金取引を行っている受取人は自己の口座に誤振込みがあることを知った場合には，銀行に組戻手続や振込依頼人への照会をする機会を確保するために，誤振込みがあった旨を銀行に告知すべき信義則上の義務があるとし，誤振込みがあることを知った受取人がその事実を隠して銀行に対して預金の払戻しを請求することは欺罔行為に当たり，錯誤に陥った銀行窓口係員から受取人が預金の払戻しを受けた場合には，詐欺罪が成立するとした。参考判例①と参考判例②を総合すると，誤振込みにおいて振込金相当額の預金債権は受取人に帰属するが，誤振込みであることに気づいた受取人がその事実を被仕向銀行に告げずに誤振込金相当額

の払戻しを受けた場合に受取人の行為は詐欺罪に該当することになる。

11　無権限振込み

　無権限者が預金者の預金通帳と届出印を盗み出し，銀行の窓口において預金者本人になりすまして預金口座から受取人の口座への振込みを依頼し，実際に振込みがなされた場合，受取人は振込金相当額の預金債権を取得するのか。無権限振込事案は，振込被害者と受取人との間に原因関係が存在しないという点で誤振込事案と類似している。無権限振込事案に関する参考判例③は，参考判例①を踏襲し，原因関係が存在しなくても振込金相当額の預金債権は受取人に帰属するとしたうえで，ⓐ受取人が振込金相当額の払戻しを請求する行為は，それが振込金相当額を不正に取得するための行為であって詐欺罪等の犯行の一環をなす場合であるなど，これを認めることが著しく正義に反するような特段の事情があるときは，権利の濫用に当たるが，ⓑ受取人が振込依頼人に対して不当利得返還義務を負担しているというだけでは，権利の濫用に当たるということはできない，とした。

　参考判例③によると，無権限振込事案においても振込金相当額の預金債権は受取人に帰属するので，原則として受取人の払戻請求は認められるが，例外的に詐欺罪に該当するような事情が存在する場合には，権利濫用により払戻請求は認められないことになる。

　参考判例③の趣旨は誤振込事案にも及ぶものと解されるので，受取人が誤振込みの事実に気づかなかった場合には受取人は振込金相当額の払戻しを請求することができるが，受取人が誤振込みの事実に気づいていながらその事実を被仕向銀行に告知せずに払戻しを請求した場合には，受取人の行為は詐欺罪に該当することから，受取人の払戻請求は権利濫用により許されないことになる。

・・・・・ **発展問題** ・・・・・・・・・・・・・・・・・・・・・・・・・・・
　AはX銀行に普通預金口座を有している。BはAの自宅に忍び込み，Aの預金通帳とAの届出印を盗み出したうえで，X銀行の窓口においてAになりすまし，Aの口座から100万円をY銀行にあるBの知人Cの口座に振り込むように依頼し，実際にAの口座からCの

口座に 100 万円が振り込まれた。C は Y 銀行に対して 100 万円の払戻しを請求できるか。

●】参考文献【●

＊千葉恵美子「預貯金口座に対する振込みと弁済（応用編）」法学セミナー806 号（2022）81 頁／田髙寛貴「金銭所有権と価値の追及」法教 417 号（2015）22 頁／岩原紳作・百選 II 146 頁／松澤伸・刑法判例百選 II〔第 8 版〕（2020）106 頁／松岡久和・平成 20 年度重判 75 頁

（川地宏行）

表見受領権者に対する弁済

　小さな町工場を営む個人事業者Ａは，2024年2月22日に，Ｂ生命保険会社との間で利率変動型積立終身保険契約を締結していた。この保険契約には，約款中に次のような条項があった。

【第30条】　（保険契約者に対する貸付け）
1　保険契約者は，主契約の解約払戻金の９割（保険料払込済みの契約については８割とします。〔中略〕）の範囲内で貸付けを受けることができます。ただし，貸付金額が会社の定める限度を下回ることはできません。
……
8　保険金を支払う場合で，支払うべき金額が貸付金の元利金に不足しており，かつ，年金の支払事由が生じているときには，会社は，不足分を年金の現価から差し引き，年金額を改めます。この場合，改めた年金額が会社の定める金額に満たないときは，会社は，年金の支払いを行わず，差引後の金額を一時に年金の受取人に支払います。

　2025年6月4日，Ｂの事務所に，Ａの妻Ｃが訪ねてきた。Ｃは，保険証券と印鑑，ならびにＡからの委任状を示し，Ａの代理人として200万円ほど貸付けをお願いしたいといった。Ｂの担当者は，保険契約者貸付けの基準を満たしていることから，200万円をＣの指定する普通預金口座に振り込んだ。

　その後，200万円は，ＣがＡに内緒で金融業者から遊興・娯楽のために借りた金額を返済するのに用いたことが判明した。

　あなたは，市民法律相談の担当者である。相談の場を訪れたＡは，あなたに，「ＢがＣに貸し付けた200万円は，私が返済しなければならないのでしょうか」と質問した。あなたなら，どのような回答をするか。

●】参考判例【●

① 最判昭和 48・3・27 民集 27 巻 2 号 376 頁
② 最判平成 9・4・24 民集 51 巻 4 号 1991 頁
③ 最判平成 16・10・26 判時 1881 号 64 頁

●】解説【●

1 表見受領権者に対する弁済

真実の債権者ではないが，表見受領権者に対する弁済も，弁済者が善意無過失であるときには有効とされる（478 条）。債権の弁済は日常頻繁に行われるところ，そのつど，いちいち受領権限の有無を確認しなければならないとなると取引の停滞が生ずる。このことを憂慮して，民法 478 条は，迅速かつ簡便な取引を保障し，これによって善意弁済者の保護を図るため，権利者であるとの外観を正当に信頼してされた弁済を有効として扱った。このように，同条は，外観を信頼して弁済をした者の信頼を保護する制度，すなわち表見法理・権利外観法理の 1 つの発現場面として位置づけることができる。

2 表見受領権者の意義：詐称代理人の場合

民法 478 条は，弁済をしようとする債務者の外観に対する信頼保護を定めた規定である。それゆえ，表見受領権者に当たるかどうかは，弁済をしようとする債務者からみた外観を標準として，受領者が真実の債権者または受領権者らしくみえるかどうかに従って判断すべきである。

このとき，表見受領権者といえるためには，債権者本人として債権を行使する者でなければならないか。それとも，債権者の代理人と称して債権を行使する者（詐称代理人）でもかまわないか。民法 478 条の目的とするところから判断すると，同条は表見受領権者に対して受領権限があるようにみえる外観を信頼して弁済をした善意者の保護を企図したものである。そうであれば，「表見受領権者」概念の射程は，債権者本人に限る必要はないのであって，詐称代理人もこれに含めてよい（最判昭和 37・8・21 民集 16 巻 9 号 1809 頁ほか）。

3 　民法478条の射程の拡張：同法478条の類推適用

　民法478条は，表見受領権者に対してされた「弁済」を対象として，債権者または受領権者らしい外観を信頼した善意無過失の弁済者を保護するものである。ところが，判例・通説は，法的にみて弁済といえない場合にも，同条の法理を妥当させることにより，相手方を債権者・受領権者と誤信して一定の行動をとった債務者の保護を図っている。

(1) 定期預金の期限前払戻し

　定期預金（一定期間を定めて預け入れ，その期間が満了するまでは原則として払戻しの請求ができない預金）が中途解約されることにより行われる期限前払戻しは，その法的形式として，預金契約の解約という法律行為と，払戻行為（受寄物返還義務の履行）とから成り立っている。このうち，解約という法律行為は，弁済ではない。したがって，債権者でない者が解約を申し入れたときには，この者との間でされた解約の有効性については，民法478条ではなく，表見代理の規定に従って判断しなければならないようにみえる。けれども，実質をみれば，ⓐ定期預金の解約は定期預金契約において予定されている事態であって，ⓑ預金者も必要があれば引き出せると考えており，中途解約と満期解約との違いは受け取る利息の違いとして意識されている。ⓒしかも，そこでの外形的行為は，中途解約のために現れた者（表見受領権者）に対する定期預金の「払戻し」という現象形態をとっている。このような実質面を重視すれば，定期預金の中途解約については，解約のみを捉えてこれを法律行為として独立に論じるのは適当でなく，むしろ，「解約申出という方法による返還（払戻）請求」とみるほうが実態に沿う。判例も，定期預金の期限前解約について，同条の適用を認めている（最判昭和41・10・4民集20巻8号1565頁，最判昭和54・9・25判時946号50頁）。

(2) 定期預金担保貸付

　定期預金の預金者が定期預金を担保として金融機関から金銭を借用することを，定期預金担保貸付という。この場合，定期預金の満期までに貸付金が返済されないときは，満期が到来した定期預金との相殺により処理される。このとき，金融機関が真の預金者でない者を預金者と誤信して，この者に対して定期預金担保貸付をした場合において，貸付金の返還がされないとき

に，金融機関は，真の預金者からの預金の払戻請求に対して，定期預金の貸付金債権を自働債権とし，預金者の預金債権を受働債権とする相殺をもって対抗することができるか（同様のことは，預金者の代理人として定期預金担保貸付をした場合についても，問題となる）。ここでは，定期預金担保貸付と相殺（または質権の実行）による貸付金の回収は，金銭消費貸借および相殺（または債権質権の設定と実行）という法律行為から成り立っている。しかも，消費貸借契約締結（および質権設定）にも弁済の要素は認められないし，相殺も計算上の事後処理の問題である。外形的に現れた現象としても，そこには預金の「払戻し」という現象は見出しがたい。それにもかかわらず，判例・通説は，ここでも民法478条の類推適用による処理を認める。その理由は，主に次の点にある。

　ⓐ　定期預金担保貸付と相殺（もしくは質権の実行）を全体として一体的に捉えたならば，「実質的に」定期預金の期限前解約による払戻しと同視できる。

　ⓑ　定期預金担保貸付はすでに約款（預金規定）により金融機関に義務づけられた行為であり，「約款上の義務の履行」として行われる（べき）ものである。また，預金者の側も，このような定期預金担保貸付がされることは，約款を通じて認識できる。

　ⓒ　預金をめぐる定型的かつ迅速な取引処理の要請に照らせば，表見代理の法理ではなく，民法478条の基礎にある法理を妥当させるのが適切である。

　こうして，第三者への定期預金担保貸付について，定期預金の期限前解約に準じて民法478条の「類推適用」を認め，「第三者に対する貸金債権と担保に供された定期預金債権との相殺をもって真実の預金者に対抗することができる」とする（参考判例①〔無記名式定期預金〕，最判昭和59・2・23民集38巻3号445頁〔記名式定期預金〕，最判昭和63・10・13判時1295号57頁〔総合口座〕，最判平成6・6・7金法1422号32頁〔定期預金債権に質権が設定された事例。しかも，詐称代理人事例である〕。なお，判例で当初主張されていたのは，ⓐ・ⓒの理由づけである。ⓑは，後述する保険契約者貸付の事例を踏まえて，後日に学説が補ったものである）。ちなみに，「類推適用」とされたのは，「弁済」

ではなくて「相殺」による債権の消滅が問題となっているからである。また，善意無過失の判定基準時は，判例によれば，貸付時である。

4　相殺前における民法478条の類推適用：生命保険契約上の契約者貸付

(1)　はじめに：相殺の要素の非本質性

ある債権を担保として貸付がされた場合において，まだ相殺がされていない段階でも民法478条が類推適用されるか。前述したように，最高裁は，定期預金担保貸付について，その後の相殺と一体的に捉え，「相殺の効力」に関して同条を類推適用しながら，他方で，金融機関の善意無過失の判定時期を貸付時に求めている。これは，主として，担保貸付行為の際にすべてが終了しているという考えに基づき，金融機関による預金債権上への担保の仕組みを保護しようとしたものである。そうであれば，この点を強調するとき，「相殺という弁済類似の法律行為があったから類推が可能である」という大義名分が必要なのか，もはや「相殺がされたこと」を同条類推適用の要件とする必要がないのではないかとの疑問が生じてくる。

(2)　保険契約以外の者に対する保険契約者貸付：「貸す義務」を根拠とする民法478条類推適用

この点が具体的に議論になったのは，生命保険契約における契約者貸付の制度をめぐってである。

判例は，相殺がされていないにもかかわらず，生命保険契約約款による契約者貸付の場面での民法478条類推適用の可能性を肯定する（参考判例②）。そこでは，判例は，同条の類推適用を正当化するため，貸付金が返済されない場合の将来における差引計算（相殺）を見越すと，契約者貸付が経済的実質において保険金または解約返戻金の前払と同視することができる点を，根拠としている。これは，定期預金担保貸付に関する判例が同条を類推適用するに当たって考慮したのと同種の理由に依拠したものである。これと併せて，判例は，保険者が「貸す義務を『履行』した」点をも重視している。つまり，貸付金債務が借入行為をした者に帰属することを前提としたうえで，同条の類推適用により，「貸す義務の履行」（弁済）としてされたこの者への「貸付の効力」を債権者に対しても主張できる（その結果として，貸付金債務不存在確認の訴えに対抗できる）との結論を導いている。これに対して，民法

478 条の類推適用に疑問を呈する立場の学説にも根強いものがある。

発展問題

　Ａは，Ｂ銀行に総合口座を開設している。この総合口座には，普通預金５万円と期間３年の定期預金 500 万円が入金されていた。また，この口座について預金の引出しに使用できるカードが発行されていた。Ｃは，Ａのもとからこのカードを盗み出し，Ｂ銀行Ｐ支店のATMから，70 万円を引き出した（なお，引出上限額内であったとする）。その後，Ａは，カードが盗まれたことに気づいた。

　(1)　定期預金が満期になっていたので，Ａは，Ｂに対して，500 万円と利息の払戻しを求めた。これに対して，Ｂはいかなる反論をすることができるか。

　(2)　Ａは，Ｃを見つけ出し，Ｃに対して 70 万円に遅延利息を付して返還を求めた。これに対して，Ｃはいかなる反論をすることができるか。

●】参考文献【●

＊河上正二「民法 478 条（債権の準占有者に対する弁済）」広中俊雄 = 星野英一編『民法典の百年Ⅲ』（有斐閣・1998）165 頁／中舎寛樹・百選Ⅱ〔第 7 版〕（2015）74 頁／野田和裕・百選Ⅱ 78 頁／潮見Ⅱ 202 頁

（潮見佳男）

27 求償と代位

　2024 年 4 月 1 日，Y は X との間で 1 年後に返済することおよび利息を年 10 パーセントとすることを約定して，X から 3000 万円の交付を受けた。また，その契約による Y の債務を担保するために，A および B（いずれも法人）が X との間で書面により連帯保証契約を締結したほか，C がその所有する土地甲に 1 番抵当権を設定した（同日，登記）。それらの保証と物上保証は Y の委託を受けたものであり，A と Y の間では求償金の遅延損害金（以下では単に「損害金」という）を年 10 パーセントと約定している。さらに，A・B・C の 3 者間合意によって，A が弁済した場合はその全額につき B に対する保証債権や甲の 1 番抵当権を行使できること，および B や C が弁済しても代位権を A に対して行使しないことを合意している。

　2026 年 4 月 1 日までに Y は X に支払をしなかったので，同日，A は利息と損害金を含めた 3600 万円を X に支払った。それに先立って，D が甲に 2 番抵当権を取得しており（2025 年 2 月 1 日登記），その被担保債権は C に対する 2000 万円の貸金債権である。

　⑴　2030 年 4 月 2 日，それまでに求償金を回収できていなかった A が Y および B に対して求償金の支払を求めて訴えた。この場合に A は両者に対してどのような請求ができるか。請求原因を複数挙げ，それぞれの要件を充足するかどうかを説明せよ。また，その請求に対して Y や B はどのように反論できるか。

　⑵　A の申立てによって甲の競売手続が開始し，執行裁判所は 2028 年 4 月 2 日を配当期日として指定した（民執 85 条 1 項本文，民執規 59 条 1 項参照）。その配当原資は 4000 万円であった。この場合に執行裁判所が D に配当すべき金額はいくらか。なお，その時点で D から C に対する貸金債権について利息や損害金は発生しておらず，

またAからYに対する求償権の総額は4320万円（AがXに支払った3600万円および2年分の損害金720万円の合計額）であり，原債権の総額は4200万円（元本3000万円，利息300万円，損害金900万円）であるとする。

(3) 2025年3月1日に，EがCから甲を購入し，所有権の移転登記を経ていた。その事情は小問(2)における配当に影響を及ぼすか。

●】参考判例【●

① 最判昭和59・5・29民集38巻7号885頁
② 最判昭和61・2・20民集40巻1号43頁
③ 最判平成23・11・22民集65巻8号3165頁

●】解説【●

1 弁済者代位の要件

弁済された債務は原則として消滅するが，その例外として，弁済者代位は債務の存続を擬制している。これにより，本来は消滅するはずの原債権やその担保権などを弁済者が取得する（501条1項）。これは，弁済者が債務者に対して取得する求償権を確保するためである（参考判例①）。その要件は，債務者のために弁済をしたこと（499条），すなわちⓐ他人の債務を弁済したことおよびⓑそれによって求償権を取得したことであるが，それとは別に，ⓒ代位に関する対抗要件の具備が必要になる（500条）。ただし，弁済をするについて正当な利益を有する者，すなわち保証人や物上保証人，抵当不動産の第三取得者などは対抗要件を具備しなくてよい（法定代位。同条括弧書）。そうすると，事前に求償権を放棄していたといった特段の事情のない限り，保証人が弁済すればⓐとⓑの要件を充足し，これによって主債務者に対する求償権を取得する（459条1項・462条）ほかに，弁済者代位によって原債権やその担保権を取得する（これは代理における利益相反の問題を惹起する。→Ⅰ巻⑯解説参照）。

2　弁済した保証人と主債務者の間における代位の効果

　Yの受託保証人であるAが弁済すると，その両者間では保証委託契約に基づく求償権と弁済者代位によって取得した原債権が併存する。2つの権利は別個の債権であって，いずれを行使するかはAの選択に委ねられている。本問では，求償権の損害金と原債権のそれがいずれも年10パーセントであるが（後者につき民法419条1項ただし書参照），Aの弁済額（原債権の利息と損害金を含めた計3600万円）が求償権の元本になるから，損害金については求償権を行使するのがAにとって有利である（他方で，3や5でみるように弁済者代位にも利点がある）。

　しかし，かりに原債権の損害金利率が求償金のそれより高かったとしても，Aがその全額を請求できるわけではない。これは，弁済者代位による権利の行使が求償権の範囲に制限されるからである（501条2項）。それにつき参考判例②によれば，原債権およびその担保権は求償権を確保することを目的として存在する付従的な性質を有する。そのため，Aは原債権を行使する場合でも求償権の成立やその内容を証明すべきであり，また請求を受けたYは，原債権に関する抗弁だけでなく，求償権に関する抗弁を主張することができる。

　その抗弁になりうるものとして消滅時効を考えると，留意すべきことが2つあって，第1に求償権と原債権は別個の債権であるから時効の起算点を異にする。すなわち，求償権は保証人の弁済によって成立するから，その弁済時が客観的起算点（民法166条1項2号にいう「権利を行使することができる時」）に当たるし（最判昭和60・2・12民集39巻1号89頁），通常はそれが主観的起算点（同項1号にいう「権利を行使することができることを知った時」）にも該当する。他方で，原債権についてはその弁済期が客観的起算点かつ主観的起算点であり，保証人の弁済は原債権の時効完成を猶予させるものではない（457条1項参照）。その完成を猶予させるには主債務者による承認または主債務者に対する裁判上の請求などが必要である。そのため，Aが時効完成の前日に弁済したとすると，それと同時に原債権を行使するのでない限り原債権の時効が完成することになる。第2に，弁済した保証人が主債務者に対して原債権を行使したり，その担保権を実行すれば，原債権と求償権の

双方につき時効の完成猶予および更新の効力が生じる（最判平成7・3・23民集49巻3号984頁，最判平成18・11・14民集60巻9号3402頁）。これは，同一当事者間で原債権と求償権が並立し，かつ原債権が求償権に付従するからであって，時効との関係で原債権の行使は求償権そのものの行使と同視できる。

3　法定代位権者相互間の関係

弁済者代位によってＡはＹに対する原債権とともに，その担保権を取得するが，もしＸに弁済したのがＢやＣであれば法定代位できたところである。そういった法定代位権者相互間においては代位割合による制限（501条3項）が働く。参考判例①によれば，「その究極の趣旨・目的とするところは代位者相互間の利害を公平かつ合理的に調節することにある」。すなわち，弁済者代位は主債務者に対する求償を確保するという本来の目的とは別に，主債務者の無資力リスクに関する公平な分担という副次的な機能を果たす。

ただし，共同保証人ＡおよびＢの間と，保証人Ａおよび物上保証人Ｃの間とでは，リスク分担の構造が若干異なる。それは，Ａ・Ｂ間では弁済者代位によって取得した保証債権と民法465条1項による求償権が並立するのに対し，物的有限責任を負うにとどまる物上保証人Ｃは求償金債務を負担せず，ＡＣ間では弁済者代位だけが問題になるからである。その結果，Ｂに対する保証債権の行使は，ⓐＡがＹに対して有する求償権の範囲に限られるとともに（501条2項），ⓑＡがＢに対して有する求償権の範囲に限られ（同項括弧書），さらにⓒ代位割合による制限が働く（同条3項4号本文参照）。そして，規定をそのまま適用するとＡ・Ｂ間の求償における負担割合は原則として平等であり（427条参照），それは代位割合でも同じであるが，ここでは物上保証人Ｃを含めて代位割合を算定する。そのため，Ａ・Ｂ間における負担割合は各2分の1であるのに対し，代位割合は各3分の1となり，不均衡を生ずる（**4**でみるように特約があれば別である）。それを回避するための解釈論として，民法465条1項による求償範囲の計算において物上保証人の頭数を含める学説と，物上保証人が関わる場合には共同保証人の相互間でも同項による求償を排除する学説がある。

それと異なり，弁済者代位によるＡ・Ｃ間での権利行使に際しては上記ⓑ

の制限が働かない。また，抵当権の行使は原債権の元本および最後の２年分の利息・損害金に限られるから（375条１項本文），弁済者代位でもその制限を考慮しなければならない。その結果，Aが甲の１番抵当権を行使する場合には，ⓐYに対する求償権，ⓑX・Y間の原債権，ⓒ代位割合（501条３項４号本文）の３点が権利行使を制限する。その際，抵当権の被担保債権は原債権のままであって，それが求償権に置き換わるわけではない。それにつき参考判例①は次のようにいう。「弁済による代位の制度は，代位弁済者が債務者に対して取得する求償権を確保するために，法の規定により弁済によって消滅すべきはずの債権者の債務者に対する債権（以下「原債権」という。）及びその担保権を代位弁済者に移転させ，代位弁済者がその求償権の範囲内で原債権及びその担保権を行使することを認める制度であり，したがって，代位弁済者が弁済による代位によって取得した担保権を実行する場合において，その被担保債権として扱うべきものは，原債権であつて，保証人の債務者に対する求償権でない」。

代位割合は民法501条３項が定めるとおりであるが，担保物件に関して特定承継を生じた場合には注意を要する。一般の用語法（145条や379条を参照）とは異なり，代位割合に関しては主債務者の特定承継人と物上保証人の特定承継人を区別する。ここでの第三取得者とは前者だけを指し（501条３項１号括弧書。また同項５号前段参照），後者を物上保証人として扱う（同号後段）。これは特定承継が代位割合に変動をもたらさないようにするためである。

4　代位割合特約

本問のAとBは代位割合を特約しているが，これは同時に，民法465条１項に基づく求償における負担割合を黙示的に特約したという意味をもつ。代位割合と負担割合は異なる概念であるが，合理的に解釈すれば特約は双方に関係するはずである。それは，3でみたA・B間における代位の構造（特にⓑとⓒの制限）を想起すればわかることであって，法定の代位割合を特約で変更しても負担割合が法定のままであれば，AはBに対する保証債権の全額を行使できないことになってしまう。

また，AとCの間でも代位割合を特約しており，Aが甲の１番抵当権を行使する場合には法定の代位割合による制限（前述3ⓒ）が働かない。で

は，甲に利害関係を有する後順位抵当権者や第三取得者（ここで問題になる第三取得者は主に物上保証人の特定承継人である）に対する関係でも，特約による代位割合の主張を求めてよいか。本問ではDが甲の2番抵当権を有しており，法定の代位割合を前提にすると甲の配当原資4000万円からAが1200万円（元本および最後の2年分の損害金の合計額3600万円のうち3分の1相当額）の配当を受けてもなお，Dは被担保債権の全額2000万円につき配当を受けることができたところである。それに対し，特約による代位割合を前提にすると3600万円がAに配当され，Dへの配当はその残額にとどまる（その後の処理については後述）。しかも，不動産登記法は代位割合特約の登記を認めておらず，特約の存在は公示されない。

　それでも，判例は，後順位抵当権者などに対する関係で特約による代位割合の主張を認めており，代位による担保権の取得について，弁済者は後順位抵当権者などとの間で「物権的な対抗問題を生ずる関係」には立たないとする。これは，弁済者代位が「債権者の有していた原債権及びその担保権をそのまま代位弁済者に移転させるのであり，決してそれ以上の権利を移転させるなどして右の原債権及びその担保権の内容に変動をもたらすものではない」からである（参考判例①）。そこでは，法定の代位割合を期待した後順位抵当権者などが特約によって不利益を受けるとしても，その「不利益はみずから処分権限を有しない他人間の法律関係によって事実上反射的にもたらされるものにすぎず，右の特約そのものについて公示の方法がとられていなくても，その効果を甘受せざるをえない」という。

　それを本問の特約に当てはめてみよう。その特約は，Aの弁済額全部について，Bに対する保証債権や甲に対する1番抵当権の行使を認めている。これは，事実上，BやCをAの求償権のための保証人ないし物上保証人とするものである。その特約により，Aは甲に対する1番抵当権に基づいて3600万円の配当を受けることができるが，さらにその配当によって弁済者代位が成立し，C（小問(3)ではE）が原債権およびその担保権を取得する。ただし，その権利を実際に行使できるのはDであり（最判昭和53・7・4民集32巻5号785頁参照），DがCの権利にあたかも物上代位するのと同様に，Bに対する保証債権を行使できる。そして，BとCの間には特約がないから，

法定の代位割合（501条3項4号本文）が適用される。

5　倒産処理手続との関係

　弁済者代位が問題になるのは，主債務者の資力が不十分で，倒産またはそれに近い状態であることが多い。それが事実上の倒産にとどまるのであれば，保証人は，自己の求償権が無担保であっても，原債権の担保権を行使できる。では，主債務者につき破産手続が開始していた場合はどうか。特に問題なのは，保証人の弁済前に破産手続が開始していたときである。

　破産法は双務契約上の債権や3か月間の給与債権を財団債権として扱っており（破148条1項7号・8号・149条1項），これにより財団債権は配当に関して破産債権よりも優先する（破151条）ほか，破産手続によらないで破産財団から随時弁済を受けることができる（破2条7項）。他方で，財団債権を弁済した保証人が主債務者に対して取得する求償権は，原則として破産債権にすぎず（同条5項），保証人は破産財団から配当を受けることしかできない（破193条1項）。そういった中で，保証人が財団債権たる原債権を行使することで，随時弁済を受けることができるかが問題となる。

　弁済者代位は「債権の効力及び担保としてその債権者が有していた一切の権利」の行使を認めるものであるが（501条1項），その権利行使は求償権の「範囲内」に限られる（同条2項）。そのために，求償権が破産債権にすぎないのであれば，代位権の行使もそれと同じ制約に服すという解釈が成り立つ。しかし，参考判例③は破産手続外での権利行使を認める。そこでは，弁済者代位が「原債権を求償権を確保するための一種の担保として機能させることをその趣旨とするものである」ことを重視しており，そのために「求償権の行使が倒産手続による制約を受けるとしても，当該手続における原債権の行使自体が制約されていない以上，原債権の行使が求償権と同様の制約を受けるものではない」と判示する。また，利益分析上，保証人による財団債権の行使を認めても，「他の破産債権者は，もともと原債権者による上記財団債権の行使を甘受せざるを得ない立場にあったのであるから，不当に不利益を被るということはできない」とする（民事再生手続に関する類似事件である最判平成23・11・24民集65巻8号3213頁も参照）。比喩を使っていえば，財団債権である原債権には手続上の優先権があり，その性質を維持したまま

で，原債権が求償権を担保するための譲渡担保の対象になったとみているのである（参考判例③における田原睦夫裁判官の補足意見参照）。

●・・・ 発展問題 ・・・●

　　資金繰りに苦しんでいたY会社は，2024年秋以降，従業員（以下では，Yの従業員を「X」とする）への給与支払が遅れ，動揺が社内に拡がっていった。そこで，Yは取引先のA会社に対し，「来春には営業を中止せざるを得ないが，それまでは営業を続けるために，Xに対する給与債務を併存的に引き受けてくれないか」と依頼した。これを受けたAとしても，Yに代わる取引先を選定するための時間的余裕を欲しており，Yがただちに営業を中止するという事態は避けたかった。そのため，同年12月28日，YとAは2025年1月分から3月分までの給与債務に関して併存的債務引受契約を締結し，AはXの承諾を得た。そのうえで，各月の給与支給日にAは総額1000万円の給与をXに支払った。その間の2025年3月1日にYは破産手続の開始を申し立てており，同月20日には破産手続開始決定を受け，Bが破産管財人に選任された。Aは破産手続外でXの給与債権を行使し，Bに対して1000万円の支払を求めた。この請求は認められるか。

●】 参考文献 【●

*森永淑子・百選Ⅱ74頁／本間靖規・昭和61年度重判119頁／千葉恵美子・平成24年度重判77頁

（福田誠治）

28 一部代位と担保保存義務

　　2024 年 11 月 13 日，建築家の A は，オフィスの新築のための融
資を得るべく B 金融機関に赴き，A・B 間で，A を借主，B を貸主，
貸付額 4000 万円，返済期間 5 年，年利 2 パーセントとする旨の金
銭消費貸借契約（以下，「本件金銭消費貸借契約」という）が書面にて締
結された。本件金銭消費貸借契約については，翌 5 月以降毎月末元利
金均等返済，繰上返済可能とされているほか，各支払期日について一
度でも不履行が生じれば，残額全部につき期限の利益を失う旨の約定
がある。また，本件金銭消費貸借契約から生じる A の債務（以下，
「本件債務」という）につき，A 所有の甲および乙土地（甲乙ともに評
価額 2500 万円）に B のための第 1 順位の抵当権が設定され，同日付
けでその旨の登記がなされた。併せて，同日，A から依頼を受けた友
人 C が，本件債務につき B との間で連帯保証契約を締結した（なお，
この連帯保証契約については，民法 446 条 2 項，465 条の 6 第 1 項，同
条 2 項，および，465 条の 10 第 1 項の要件を充足しているものとする）。
　　A は本件債務の弁済を続け，2026 年 5 月 31 日には，その残額が
2000 万円となった。そこで，A は，乙土地の活用のため B に対して
抵当権の放棄（ここでは「絶対的放棄」を指す。以下，特に断りがない限
り同じ）を依頼したところ B はこれに応じ，同日付けで乙土地に係る
抵当権設定登記の抹消登記手続もなされた。しかし，その後，誰もが
予想し得ない経済不況の影響を受けて A の業績は悪化し，本件債務
のうち同年 6 月分の弁済に不履行が生じた（なお，当該不履行につき，
民法 458 条の 3 第 1 項所定の通知は B から C に対してなされたものとす
る）。
　　(1)　2026 年 7 月 2 日，B は C に対して本件債務の残額 2000 万
円につき連帯保証債務の履行請求を行った。この際，甲土地の評価額

が上記の経済不況の影響で 1000 万円にまで急落していたとすれば，Bの履行請求に対して，Cはいかなる反論をすることができるか。

　(2)　上記(1)において，CがBの履行請求の一部に応じて 500 万円を弁済した場合，CはAに対する求償権を確保すべくいかなる権利をどのように行使できるか。仮に，Cによる上記（一部）弁済の後に，BがAの求めに応じて甲土地についてまで抵当権を放棄し，その抹消登記手続もなされてしまった場合はどうか。

●】参考判例【●

①　最判平成 3・9・3 民集 45 巻 7 号 1121 頁
②　最判平成 7・6・23 民集 49 巻 6 号 1737 頁
③　最判平成 17・1・27 民集 59 巻 1 号 200 頁

●】解説【●

1　担保保存義務の意義と機能

　民法 504 条 1 項前段によると，保証人をはじめとした「弁済をするについて正当な利益を有する者」（以下，「代位権者」という）がいる場合において，債権者が故意または過失によってその代位に係る担保を喪失や減少させた場合，当該代位権者は，この喪失や減少によって償還を受けることができなくなった限度において，責任を免れることになる。この規定によって反射的に債権者が負うことになる"義務"を「担保保存義務」と呼ぶ。具体例を挙げれば，AのBに対する 3000 万円の貸金債権の担保として，AがB所有の土地（評価額 2000 万円）に抵当権の設定を受け，これに加えて，CがAの上記債権につき保証した後に，Aがこの抵当権を放棄した場合，Cは代位できたはずの抵当権に相当する部分の額（償還を受けることができなくなった額），すなわち，2000 万円について保証債務の免責を受けうることになる。代位権者が代位に当たって担保を失ったこと自体（担保の喪失または減少により全額での償還を担保することができなくなったこと自体）を免責の要件とするも

のであり，債務者等から実際に全額の償還を受けることができるか否かを問うものではない（その反面，残担保価額が代位権者の債権額〔求償額〕をなお上回る場合も問題とはならない）。

　担保保存義務の法的性質については諸説あるところ，代位権者の代位への期待を保護するために，債権者の故意または過失による担保の喪失等につき生じた不利益を，代位権者の免責を通じて債権者に負担させるという意味での「間接義務」であるというのが，伝統的な理解といえる。つまり，債権者は，民法504条（1項前段）に基づき代位権者の「免責」というサンクションを課せられるにすぎず，担保を保存する一般的な「義務」を負っているわけではない。それゆえ，債権者の担保保存義務違反は代位権者を実定法上当然に免責させる効果をもつ（参考判例①参照）としても，代位権者は，その義務違反を根拠として，債務不履行または不法行為に基づく損害賠償を債権者に対して求めることはできない。実際の訴訟では，代位権者は，債権者からの債務の履行請求に対する全部または一部の免責を求める抗弁として，同義務違反を主張するというのが一般的であり，その意味では，担保保存義務は受動的な機能にとどまる。もっとも，「実定法上当然に免責」の効果が生じる以上，代位権者は，債権者の担保保存義務違反に基づく自らの債務の全部または一部の免責に係る確認請求をすることはできる。代位権者が自らの所有する不動産に抵当権を設定している物上保証人である場合には，債権者の担保保存義務違反を理由に，その抵当権設定登記の抹消登記手続請求をすることもできる（なお，関連問題(2)を参照）。

2　故意・過失による担保の喪失または減少の評価

　民法504条1項前段がいうところの担保とは，物的や人的を問わず，債権者に供与された「担保（権）」一般を指し，また，担保（権）は代位権者が代位権者としての資格を得る時（保証人であれば保証契約の締結時）までに取得される必要もない（大判昭和8・9・29民集12巻2443頁）。その反面，一般債権者にとっての引当ての対象にすぎない「一般財産（一般担保権）」はここでいう担保には含まれず，債権者が一般財産を構成する財物を差し押えた後にこれを解放しても，ここでいう「担保」の喪失または減少とはならない（大判大正元・10・18民録18輯879頁）。また，免責の範囲を決することにな

る担保価値の評価の基準時は，「喪失」の場合は喪失時（大判昭和6・3・16民集10巻157頁），「減少」の場合は残担保の実行時（大判昭和11・3・13民集15巻339頁）と解されている（潮見Ⅱ184頁）。

　金融取引においては，本問のように，銀行をはじめとする金融機関（債権者）による担保の放棄や差替えといったことが一般的に行われており，これは経営や金融の最適化（効率化）といった視点からすれば必ずしも不当なことではない。しかし，債権者によるこのような行為は，民法504条1項前段にいう故意または過失による担保の喪失または減少に当たる可能性があり，これに，担保物の価値低下の要素まで考慮すると，問題はさらに複雑化する。たとえば，複数の担保を有する債権者が，債務者から債権の一部につき弁済を受け担保の一部を放棄した後，債権者の予想に反し，担保物の価値が低下して債権の残額につき弁済を受けることができなくなったというような場合，同条にいう債権者の故意または過失による担保の減少があったと評価することもできる。その一方で，「一部弁済の額が債務全額に対して占める割合と解放された担保物の価格が担保物全体の価格に対して占める割合とが調和し，かつ債権者の予想が経済界の一般常識に反しない」のであれば，これに当たらない（我妻榮『新訂債権総論（民法講義Ⅳ）』〔岩波書店・1964〕267頁）と解することもできよう。

3　民法504条2項と担保保存義務免除特約との関係

　このように，担保保存義務は債権者にとって金融取引に係る大きなリスクとなる。それゆえ，これを免除する旨の特約，いわゆる「担保保存義務免除特約」（関連問題(1)参照）が広く利用され，判例も古くからその有効性を承認している（大判昭和12・5・15新聞4133号16頁）。もっとも，特約の効力は無条件に認められるというわけではない。参考判例②は，「保証等の契約及び特約が締結された時の事情，その後の債権者と債務者との取引の経緯，債権者が担保を喪失し，又は減少させる行為をした時の状況等を総合して，債権者の右行為が，金融取引上の通念から見て合理性を有し，保証人等が特約の文言にかかわらず正当に有し，又は有し得べき代位の期待を奪うものとはいえないときは，他に特段の事情がない限り」，その効力に係る債権者の主張が，信義則に反することも，権利濫用に当たることもないとしている。つ

まり，この要件が充足されないのであれば，信義則違反や権利濫用に当たる可能性があるというわけであり，特約の効力には一定の制限がかけられていることになる。

　2017年の民法改正（いわゆる「債権法改正」）は，同改正前民法504条に，「取引上の社会通念に照らして合理的な理由があると認められるときは」，1項の規定は適用しない，すなわち，債権者の故意または過失による担保の喪失や減少に基づく代位権者の免責が生じない旨の規定を2項に新設しているところ，同項は上記判例の趣旨を明文化したものとされる。したがって，現行の民法下においては，債権者は，同項による担保保存義務の免除に係る主張が可能である以上，特約の意義を同項との関係でどのように理解するかが問題となる。一方は，特約と民法504条2項は選択的に併存するという考え方（説1）であり，他方は，特約がある場合にはその有効性が同項の要件により制限を受けるという考え方（説2）である。説1によれば，債権者は，両者を選択的に主張することが可能となるのに対して，説2によれば，特約に基づく担保保存義務の免除に係る主張をする場合には特約の存在と併せて同項の要件を充足することをも主張・立証しなければならないことになる（両見解につき，潮見Ⅱ190頁参照）。立案担当者は前者の立場のようであり（一問一答債権関係198-199頁参照），これを主張・立証責任の視点からみると次のようになる。まず，債権者は，特約がある場合にこれを用いるのであれば，代位権者による民法504条1項（前段）に基づく免責の主張に対して，特約の存在を抗弁として主張でき，この抗弁への再抗弁として，代位権者は信義則違反または権利濫用に係る主張をするという従前の判例に従った主張・立証の構造となる。次に，特約がない場合であっても，債権者は，代位権者による同項に基づく免責の主張に対して，同条2項を抗弁として主張することができる。このように理解すると，現行の民法下における特約の存在は，債権者が担保保存義務違反を問われる際に，その防御に係る立証責任の負担を軽減させる効果があるという点に意義を見出すことになろう。確答を得るには（裁）判例の登場を待つほかない。

4　担保目的物の第三取得者による免責の効果の承継

　債権者の担保保存義務違反により，代位権者たる物上保証人に免責が生じ

た場合に，物上保証人（代位権者）から担保目的物を譲り受けた第三取得者
が，その免責の効果を主張できるか否かという問題がある（関連問題(2)参
照）。参考判例①は，共同抵当の目的物となっていた債務者所有の抵当不動
産の１つを譲り受けた"第三取得者"（＝物上保証人）は，「債権者に対し，
同人が抵当権をもって把握した右不動産の交換価値の限度において責任を負
担するものにすぎ」ず，債権者の担保保存義務違反はその責任の全部または
一部を「当然に」消滅させるものであるところ，当該不動産がさらに第三者
（物上保証人からの「第三取得者」）に譲渡された場合においても，「右責任消
滅の効果は影響を受けるものではない」などとして免責の効果の承継を肯定
しており，民法504条1項後段はこの趣旨を明文化したものとなっている。
その反面，参考判例②は，物上保証人のもとにおいて担保保存義務免除特約
によって免責が生じなかった場合には，免責の効果が生じなかった状態の負
担が付いた担保目的物を取得することになるという理屈から，第三取得者も
その効果を主張できないとしており，この理解は上記3で述べた特約と民
法504条2項をめぐる解釈についても当てはまることとなろう。

5　一部代位と権利（担保権）の実行方法

　保証人等をはじめとした代位権者は，その債務の全額を弁済せずとも，債
権者に代位することが認められており，これを，「一部代位」という［代位
自体の問題については，→本巻28を参照］。一部代位については，債務の残額
について弁済を受けていない債権者の権利も保護する必要があることから，
一部代位者と債権者との間で利益の調整を図る必要がある。すなわち，一部
代位について定める民法502条によれば，一部代位者は単独では代位による
権利（担保権）の行使ができない（同条1項）のに対して，債権者は単独で
の権利（担保権）の行使が可能であり（同条2項），そのうえで，権利（担保
権）の行使があった場合の担保目的物の売却代金等につき，債権者が一部代
位者に優先する（同条3項）ということになる。

　一部代位と権利（担保権）の実行方法をめぐる規律については，2017年の
改正前民法下での判例の規範の一部が，同改正後の民法では否定されている
ことに注意が必要となる。2017年改正前民法502条1項は，一部代位につ
き（一部）代位者は「その弁済をした価額に応じて，債権者とともに権利を

行使する」としていたところ，判例は，一部代位者単独での権利（担保権）の行使を容認（大決昭和6・4・7民集10巻535頁）しつつ，その配当については，債権者が一部代位者に優先する（最判昭和60・5・23民集39巻4号940頁）という処理をしていた。しかし，前者（前掲・大決昭和6・4・7）については，債権者の権利行使に係る選択の機会（利益）を奪うことになり，後者（前掲・最判昭和60・5・23）については，2017年の改正前民法の条文の文言と整合しないことになるなどとして強い批判があった。このため，現行の民法では，前者を採用しない（502条1項参照）一方で，後者と整合するような文言の追加（同条3項）を施している。

なお，一部代位の前提となる，「一部」の弁済という点については，代位に係る権利（担保権）が複数の債権を担保している場合に，その評価が問題となる。たとえば，AがBに対して有するαおよびβ債権を担保するためにB所有の甲土地に抵当権が設定され，これに加えて，Cがβ債権のみを保証していた場合に，Cが保証債務の履行としてβ債権に係る弁済をしたとする。このとき，Cの弁済はβ債権を主たる債務とする自らの保証債務の「全部弁済」と評価されるのであって，αおよびβ債権の総額を対象とした「一部弁済」となるわけではない。それゆえ，甲土地の抵当権は債権者Aと代位弁済者Cの準共有となり，甲土地の換価（競売）による売却代金が，その抵当権により担保されるAのα債権とCが代位により取得したβ債権の双方をすべて消滅させるのに足りない場合には，α債権とβ債権の各債権額に応じて売却代金を按分した弁済がAおよびCに対してなされることになる（参考判例③）。ただし，準共有となった抵当権を代位弁済者が単独で実行できるか否かは別問題となる。先の一部代位の場合も，結局は，債権者と一部代位者との間に権利（担保権）の準共有が生じるものと考えるのであれば，前述のとおり，民法502条1項が前掲・大決昭和6・4・7の規範を否定したことを踏まえると，できないと解するのが妥当であろう。

6　一部代位と担保保存義務との関係

代位権者（代位弁済者）はその代位に係る権利を放棄することができ，債権者との間でこれをあらかじめ放棄する旨の約定（特約）を締結することもできる（一般的には権利を“行使しない”旨の「代位権不行使特約」となる）。

注意を要するのは，これと担保保存義務違反ないし担保保存義務免除特約との関係である。たとえば，AのBに対する3000万円の金銭債権を担保するために，B所有の甲土地（評価額2000万円）に抵当権が設定され，CがAの当該債権を保証したとする。このとき，Cが保証債務を弁済する前に，Aが甲土地の抵当権を放棄した（抵当権設定登記の抹消登記手続がなされた）とすれば，これによりCの代位に係る期待が奪われたことを理由として，Cの保証債務の免責（一部免責：2000万円）を導出するのが担保保存義務である。これに対して，CがAの当該債権につき保証債務の履行として3000万円の全額を弁済し，Aの甲土地に係る抵当権を代位により取得した（民法499条および501条1項参照）後に，Aがその抵当権を放棄したというような状況は，担保保存義務が規律する場面ではない。この場合，Cは保証債務の弁済によりAの抵当権を代位によりすでに取得しているわけであるから，Aはもはや甲土地の抵当権者ではなく，抵当権の放棄そのものができない。また，Aはその抵当権を代位により取得したCに対して，抵当権移転登記手続に協力すべき義務があり，A（B）が抵当権設定登記を抹消したとしても，Cはその抹消回復登記手続請求ができることになる。それゆえ，かような場面では，担保保存義務違反やその免除特約の有効性の有無ではなく，代位に係る権利そのものの放棄があったか否かが問われることになるわけである。

　仮に，Cが自らの保証債務の一部を弁済したにとどまる場合には，問題はさらに複雑化する。先のとおり，甲土地の抵当権はAとCとの準共有となるものと解するのであれば，この抵当権の「準共有」の法的性質をどのように考えるべきかが問われるからである。つまり，一部弁済によって，どのような権利がどの程度Cに移転するのかをまず検討する必要があるところ，いずれにしても，A単独でその抵当権を放棄することはできないと解することに変わりはない。結局，一部代位が生じた後に債権者の担保保存義務違反が問われるというような事態は容易に想定できないといってよいだろう。

　なお，弁済後の担保（権）の"放棄"については，求償権ないし代位権の侵害があったとして，代位弁済者が債権者に対し，不法行為に基づく損害賠償請求ができるか否かということも観念的には問題となりうるところ，債権者が単独で担保（権）を放棄できないことや，物的担保の場合には抹消回復

登記手続請求をすることができることを考慮すると，そもそも「損害」自体の算定が困難であるため，これが認められるという事態は，ほとんど生じ得ないと考えられる（あるとすれば，先の例で，Ａの甲土地に係る抵当権設定登記につき抹消登記手続がなされた後，第三者ＤがＢから甲土地に第1順位の抵当権の設定を受けその旨の登記がなされたというように，代位弁済者Ｃが元の〔抵当権者としての〕地位を回復することが困難な状況に陥った場合であろうか）。

● 関連問題 ●

(1) 本問において，Ｂ・Ｃ間の連帯保証契約につき，Ｂがその都合により担保の放棄等をした場合であっても，Ｃは自らの保証債務について免責を主張することはできない旨の特約が付されていた場合，その結論は変わるか。

(2) ＤのＥに対する5000万円の金銭債権を担保するために，Ｅ所有の甲土地（評価額3000万円）およびＦ（物上保証人）所有の乙土地（評価額3000万円）のそれぞれにつき，抵当権が設定されその旨の登記がなされた。Ｅから3000万円の弁済を受けたため，乙土地の抵当権で担保としては十分であると評価するに至ったＤは，Ｅからの要請により甲土地の抵当権を放棄した（抵当権設定登記の抹消登記手続もなされた）。その後，乙土地がＦからＧに譲渡され，所有権移転登記も経由された。Ｅから残額の弁済がないために，Ｄが乙土地の抵当権を実行しようとする場合，Ｇとしてはこれを防ぐためにどのような法的手段をとることができるか（利息，手続費用等は考慮しない）。

●】参考文献【●

＊潮見Ⅱ137-150頁・180-194頁／髙橋眞・百選Ⅱ76頁／中村也寸志・最判解民平成17年度（上）91頁

（大澤慎太郎）

29 相殺の担保的機能

　Ｘは，Ａに対して有する裁判上の和解に基づく200万円の債権に基づいて，2024年8月9日に，ＡのＹに対する200万円の債権（甲債権）の差押えを申し立てて，この差押命令は，その翌日にＹに送達された。Ｘは，同月25日に，Ｙに対して，履行期にある甲債権の支払を求めた。

　これに対して，Ｙは，Ａとの間で，部品をＡに販売してそれを使用してＡが製造した製品を購入するという継続的な取引関係にあり，その取引について一般的な内容を定めた基本契約を締結していたところ，ⓐ2024年7月5日に締結された売買契約に基づいて，その月末に支払われることになっていた50万円の部品の代金債権（乙債権），および，ⓑ翌月5日にＡから購入して同月20日に納品された製品に瑕疵があったことを理由とする50万円の損害賠償請求権（丙債権），ⓒ長年の取引のよしみで同年4月5日にＡの委託を受けてその債権者であるＢ銀行との間で締結した連帯保証契約に基づいて，Ｂからの請求に応じて同年8月23日にした弁済によって取得した50万円の事後求償権（丁債権），ⓓ同年5月1日に貸し付けて同年8月末日に弁済期の到来するＡに対する50万円の貸金債権（戊債権）を有していたので，これらの乙債権から戊債権を自働債権として，甲債権を受働債権として，対当額において相殺すると主張した。

　Ｘからの請求に対して，Ｙは，このような相殺の抗弁に基づいて，支払を拒絶することができるか。

●】 参考判例 【●

①　最判昭和45・6・24民集24巻6号587頁
②　最判平成24・5・28民集66巻7号3123頁

③ 最判令和２・９・８民集74巻６号1643頁

●】解説【●

1 「差押えと相殺」とはどのような問題か

(1) 問題の所在

AのYに対する甲債権をAの債権者Xが差し押えた場合に，Aは，債権の取立てその他の処分を禁止されると同時に，Yは，Aへ弁済することが禁止される（民執145条１項および民法481条参照）。このように差し押えられた債権がその処分を禁止されるにもかかわらず，Xからの取立て（民執155条１項）を受けたYは，相殺をもってXに対抗することができるのだろうか。

この問題を考えるには，相殺が相手方からの請求を排斥するための抗弁としてあらわれるとしても，債務者（A）の一般債権者（X）が差し押えた債権（甲債権）を受働債権として，差押債権者（X）から取立てを受けた第三債務者（Y）が，自己の債務者（A）に対して有する債権（乙債権から戊債権）を自働債権として相殺するときには，差押債権者（X）が有する被差押債権（甲債権）からの債権の回収の期待と第三債務者＝相殺権者（Y）が有する受働債権（甲債権）からの自働債権（乙債権から戊債権）の回収の期待が衝突していることに注意する必要がある。本節のタイトルである「差押えと相殺」とは，このように差押債権者と第三債務者（相殺権者）の競合が生じた場合に，両者の期待をどのように調整するかという問題である。

(2) 「差押えと相殺」に関する2017年改正前の議論

この問題は，従来，2017年改正前民法511条によって解決されてきた。本問では，自働債権（乙債権から戊債権）が2017年改正民法施行日以後に生じていることから，民法511条に基づいて，相殺の可否を判断すればよい（附則26条３項）。そうであっても，民法511条は，2017年改正前民法511条に関する最高裁判例に沿ったものであることから，同条文を理解するのに必要な範囲において，この判例を紹介しておくことにする。

2017年改正前民法511条は，「支払の差止めを受けた第三債務者は，その後に取得した債権による相殺をもって差押債権者に対抗することができな

い」と定める。最高裁（参考判例①）は，相殺について，ⓐ対立する債務を「簡易な方法によって決済」することを可能にし，これによって，ⓑ当事者の「債権関係を円滑かつ公平に処理する」という合理的な制度であり，ⓒ「受働債権につきあたかも担保権を有するにも似た地位が与えられるという機能を営む」（以下，この機能を「相殺の担保的機能」という）ものであることを指摘したうえで，同条は，第三債務者が差押債権者に対して相殺を対抗できることを「当然の前提」として，差押後に取得した債権を自働債権とする相殺のみを「例外的に禁止」して，「その限度において，差押債権者と第三債務者の間の利益の調節を図った」ものであるとして，「第三債務者は，その債権が差押後に取得されたものでないかぎり，自働債権および受働債権の弁済期の前後を問わず，相殺適状に達しさえすれば，差押後においても，これを自働債権として相殺をなしうる」と述べる（このような考え方は，「無制限説」と呼ばれた。これに対して「制限説」と呼ばれる立場があり，この考え方については，後掲の参考文献を参照）。ここにいう「相殺適状」とは「双方の債務が互いに相殺に適する」（506条1項）状態を意味しており，民法505条に定められた相殺要件を満たした状態をいう。相殺適状には，ⓐ債権が2人の間に対立していること，ⓑ双方の債権が同種の目的を有すること，ⓒ双方の債権の弁済期が到来していること（ただし，受働債権は，相殺の意思表示をする者の債務であって，期限の利益を放棄できるために〔136条〕，自働債権の弁済期が到来していればよい）が必要である。

2 本問の考え方

(1) 差押前に生じた自働債権による相殺（511条1項）

民法511条1項は，前述の判例の考え方に沿って改正されたものである。すなわち，同項前段は，「差押え後に取得した債権による相殺」が禁止されることを明らかにして2017年改正前民法511条を引き継ぐ規定であるが，これに対して，同項後段は，「差押え前に取得した債権による相殺をもって対抗することができる」ことを明らかにする。このように条文化されたとはいえ，参考判例①には，差押債権者からの請求を受けた第三債務者が相殺をなしうるには，相殺適状にある必要があるという点に，なお解釈論上の意義があることになろう。すなわち，差押債権者から支払を求められた時に差押

前に取得した自働債権の弁済期が未到来の場合には，相殺適状にないために，参考判例①の立場（無制限説）であっても，第三債務者は，差押債権者に相殺を対抗することはできないと考えられる。

そこで，本問の乙債権から戊債権が「差押前に取得した債権」に当たるかどうかを，まずは検討する必要がある。本問では，A・Y間に存する複数の債権がYの自働債権として挙げられているので，それぞれの債権の発生時を時系列に沿って整理して，差押前に取得されたものかどうかを確認するとよい。次に，参考判例①が前掲のように「相殺適状に達しさえすれば……相殺をなしうる」と述べることを想起する必要がある（ここで注意する必要があるのは，自働債権の弁済期の到来である）。本問ⓐ乙債権は，差押前に取得され，かつ，XからYへの請求時に履行期も到来しているが，ⓓ戊債権は，差押前に取得されているが，XからYへの請求時にはその履行期が到来していないことに注意する必要がある［このような場合に備えて，相殺適状を前倒しに生じさせるために利用されるのが「期限の利益喪失特約」である。→本巻30］。

(2) 差押前の原因に基づいて差押後に生じた債権を自働債権とする相殺（511条2項）

民法511条2項は，同条1項による相殺の範囲を修正して，差押後に取得した自働債権であっても，それが「差押え前の原因に基づいて生じたもの」であれば，相殺することができることを規定する。この点において，2017年改正民法は参考判例①よりも相殺を広く認めるのである。

民法511条2項は，破産法の規定を参考にして起草されたものである。すなわち，同条の「差押えの前に生じた原因に基づいて生じた」債権は，破産法2条5項の破産債権の定義規定を参考にした文言であり，同法が破産手続開始の時において破産債権者が破産者に対して債務を負担するときには，破産手続によらずに相殺を認めていること（破67条1項）から，このような破産法における相殺と，民法において差押債権者に相殺を対抗することができる範囲とを整合させることが，民法511条2項の起草において検討されたのである（なお，511条2項ただし書による相殺の制限は，破産法72条1項1号と平仄が合うことも確認してみるとよい）。ここで問題になるのは，差押時に具

体的に発生していなくても差押えの前の原因に基づいて生じた債権がある場合に，これを自働債権とする相殺について，相殺権者に「相殺の合理的な期待」が存する範囲をどのように考えるかということである。

参考判例②は，自働債権が破産債権に該当するものであれば，破産手続開始の決定時に具体的に発生している必要はないことを前提として，傍論において，委託を受けた保証人が破産手続開始の決定後に保証債務を履行したことにより生じた事後求償権を自働債権として相殺することができるものとしている。このことは，本問ⓒ丁債権による相殺を検討するために，破産法の規定を参考に起草された民法511条2項の解釈を考えるのに参考になるであろう。

なお，無委託で保証をした場合には，無委託保証人が主たる債務者の破産手続開始前に締結した保証契約に基づき同手続開始後に弁済をした場合に主張する相殺は，破産法72条1項1号の類推適用により許されないことを参考判例②は述べており，これに沿って考えれば，本問ⓒと異なって，差押前に締結された無委託保証に基づいて差押後になされた弁済によって取得した求償債権による相殺は，民法511条2項ただし書の類推適用によって否定されようか（関連問題(1)のような場合は条文で明らかにされていないので，解釈によって解決されることになる）。

議論になりうるのは，本問ⓑ丙債権による相殺である。丙債権は，たしかに，差押後になされた債務不履行によって生じたものである。しかし，その売買契約は，差押前に締結されている。そこで，丙債権が民法511条2項にいう「差押え前の原因に基づいて生じたもの」に含まれるかどうかが問題になる。

一方で，「差押え前の原因」を広く解釈することは差押えの効力を制限することになると考えれば，差押前に自働債権を発生させる基礎となる事情が具体的に存在していなければ，差押えに優先して保護されるほどの相殺の期待は認められないとも考えられる。他方で，債務不履行に基づく損害賠償債権が売買契約の対価的給付に価値的に相当するものと考えれば，それは売買契約を原因とする引渡債権と同等といえるので，もしも売買契約が差押前に締結されていれば，たとえ差押後になされた債務不履行を原因とする損害賠

償債権であっても，「差押え前の原因」から生じたものといえるとも考えられる。

　さらには，たとえ民法511条2項には「差押え前の原因」から生じた債権としか規定されておらず，それ以上の要件が課されていないようにみえるとしても，同条が相殺の合理的な期待を保護する趣旨に立つものであることを考慮すれば，「差押え前の原因」とは，差押前に存在する相殺の合理的な期待を形成する原因を意味するものと解釈することも考えられる。本問では，差押債権者が差押後に取立てを行ったというものであったが，差押債権者が転付命令（民執159条・160条）を得ていた場合にはどうであろうか（関連問題(2)を参照）。転付命令によって，差し押えられた債権が差押債権者に移転するのであれば，この場合の第三債務者の相殺は，債権譲渡と相殺に類似した場面になる。「債権譲渡と相殺」においては，民法469条2項2号の要件について債権間の牽連性（けんれん）という概念が問題になっている［債権譲渡と相殺については→本巻38。ただし，民法511条には同法469条2項2号のような規律が設けられなかったので，関連問題(2)ⓑの場合に，同法469条2項2号を類推適用できるかが問題になる］。そうすると，相殺の担保的機能という側面から保護されるべき相殺の合理的な期待を整合的に説明しようとすれば，債権譲渡事例であれ，差押え・取立て／差押え・転付事例であれ，債権間の牽連性を問題にすべきとも考えられる。そこで，民法511条2項にいう「差押え前の原因」を解釈するのに，相殺の合理的な期待を保護するという立法趣旨を考慮して，自働債権の発生原因が単に差押前に存在したというだけでなく，たとえば自働債権と受働債権の発生原因が同一の契約であるというような密接な結びつき（債権間の牽連性）があることを要求すべきかということも問題になる。そのような視点からは，本問には甲債権の発生原因が述べられていないものの，もしも甲債権がA・Y間の継続的取引関係から生じた債権（たとえば，部品の代金債権）である場合には，同一の取引関係から生じた甲債権と丙債権の間に牽連性が認められて相殺の合理的期待を保護すべきものと考えられそうであり（その際は，同一の取引に関するものでも，形式的には異なる契約から生じた債権間の牽連性をどのように認定するかという問題もある），これに対して，もしも甲債権が貸金債権であるなど，相互に結びつきのまったく

ない債権が偶然にＡ・Ｙ間で対立するにすぎないのであれば，差押債権者を害しても保護されるべき合理的な相殺の期待はないとも考えられる。なお，破産法72条2項2号の適用事例ではあるが，参考判例③は，同一当事者間において，別個の請負契約に基づく違約金債権と報酬債権との相殺の担保的機能に対する合理的期待を保護して相殺を認めるものであり，民法511条2項における「前の原因」の解釈にも参考になるものと考えられている。

このように，本問ⓑ丙債権による相殺を検討するためには，「差押え前の原因」要件が第三債務者の相殺を合理的な範囲に制限する役割をも果たしうることに配慮して検討する必要があろう。

••• 関連問題 •••••••••••••••••••••••••••••••••••

(1) 本問のⓒ丁債権について，2024年4月5日に締結された連帯保証契約がＡからの委託を受けないで締結されたものであった場合に，Ｙは，相殺を主張できるか。

(2) 本問の甲債権について，Ｘが差押後に転付命令を取得してからＹに履行を請求した場合に，Ｙが丙債権を自働債権とする相殺を主張できるかについて，本問ⓑの製品売買契約がⓐ2024年8月5日に締結されたときと，ⓑ同月15日に締結されたときとを比較して検討しなさい。

●】 参考文献 【●

＊北居功・百選Ⅱ80頁／潮見Ⅱ295頁／柴田義明・最判解民平成24年度（下）603頁／白石大「差押えと相殺」田髙寛貴ほか『民法3（START UP）』（有斐閣・2017）124頁／Before/After326頁〔平野裕之〕

（深川裕佳）

30 三者間相殺

運送会社Cの従業員であったEは，2016年にC社から独立して，運送会社Bを設立した。B社の設立時より同社とC社との間には継続的な取引関係があり，C社が請け負った運送に関する積荷・倉庫作業を，B社がC社から受託して代行していた。また，B社は車両運行に必要な燃料を，C社の子会社である商社Aから日常的に購入していた。2022年6月1日の時点で，これらの取引から生じた債権の残額はそれぞれ，B社に対するA社の売掛代金債権αにつき400万円，C社に対するB社の報酬代金債権βにつき600万円である。そのほか，2021年にB社が自動車販売業者D社から車両を購入した際の売買代金債権につき，500万円がまだ支払われていない。

2022年6月13日，D社がβ債権を差し押え，その差押命令が同月15日にC社のもとに送達された。その後，A社がB社に，「β債権をα債権で相殺する」と連絡した。

(1) 2016年4月1日，B社がC社・A社との取引を開始する際，将来発生するβ債権を被担保債権として，A社所有の本社ビル敷地甲に第1順位の根抵当権が設定され，その旨の登記がされていた。D社が上記差押えによる債権取立権に基づき，β債権の弁済をC社に請求してきたとき，これに対してC社はどのような反論をすることができるか。

(2) 2016年4月1日，B社がC社・A社との取引を開始する際，C社の指示のもと，A社・B社間の取引基本契約書の中で，「B社において手形不渡り・差押えの申立て・破産手続の開始等所定の事由が生じた場合に，B社はα債権について期限の利益を喪失し，A社はα債権とβ債権を相殺することができる」と定められていた。D社が上記差押えによる債権取立権に基づき，β債権の弁済をC社に請求し

てきたとき，これに対してC社はどのような反論をすることができるか。

●】参考判例【●

①　大判昭和8・7・7民集12巻2011頁
②　大判昭和8・12・5民集12巻2818頁
③　最判平成7・7・18判時1570号60頁
④　最判平成28・7・8民集70巻6号1611頁

●】解説【●

1　二当事者間の債権債務を対象とする法定相殺

　民法は一定の要件のもとで，2人の者がお互いに対して負っている債務を対当額について消滅させ，いずれかの当事者に残る差額分の債務についてのみ履行すればよいものとしており，この制度は「法定相殺」と呼ばれている。法定相殺が認められている趣旨は，双方による弁済に代えて差引計算後の残額のみを現実に履行し，2回の弁済を1回に省略する形での簡易・安全な決済を可能にさせるとともに（「簡易決済機能」），一方のみが債務を弁済して他方が弁済しないという事態を対当額の範囲で回避させ，当事者間の公平を保つことにある（「公平保持機能」）。また，当事者間の公平保持の結果，一方の当事者が無資力であっても，相殺が認められれば，他方の当事者としては実質的に自己の自働債権を優先的に回収できるため，法定相殺には「担保的機能」も備わっている［→本巻29解説］。

　法定相殺の効果を発生させるには，二当事者間に存する債務が「相殺適状」にある中で，当事者の一方が「相殺の意思表示」を行えばよい。このとき，相手方の承諾は不要である。また，相殺適状が存在するには，①2人の間に対立した債権が相互に存在すること，②相殺の意思表示の時点で双方の債権が現存していること，③双方の債権の目的が同種であること，④債務の性質が相殺を許さないものでないこと，⑤双方の債務の弁済期が到来してい

ることが要件とされている（505条1項）。

こうした相殺適状の要件によると，法定相殺の対象は基本的に二当事者関係に限定され，3人以上の間に存在する複数の債権債務を「相殺」の枠組みで処理することはできない。ここでは，AがBに対してα債権を有し，BがCに対してβ債権を有している状況を考えてみる。このときに@Aがα債権を自働債権として相殺しようとする場合（他人の債務による相殺），⑥Bがβ債権を自働債権として相殺しようとする場合，ⓒCがβ債権を受働債権として相殺しようとする場合（他人の債権による相殺），または，ⓓCもAに対するγ債権を有していて，3人のうちの誰かが3つの債権を相殺しようとする場合，いずれの場合も上記①の相互性要件が充足されないため，相殺適状が生じない。

2 法定相殺の期待の拡張

(1) 求償に対する相殺の抗弁

もっとも，三当事者間の債権債務について相殺が認められる場面がある。上記⑥の状況で，二当事者間での法定相殺の期待への保護が対第三者関係に拡張される場合である。

たとえば，Bに対するCのα'債権について，AがBと並ぶ連帯債務者，または，この債権について債務者Bから保証委託を受けた保証人であるとしよう。このときにAが事前にBに通知することなくCに弁済等をして，α'債権を消滅させた場合，この弁済等の時点でBがCに対してβ債権を有していたならば，Aからの求償債権αの履行請求に対して，BはCに対して主張し得たはずのβ債権による相殺を対抗することができる（443条1項・463条1項）。これにより，Cとの相互的な債務を法定相殺することへのBの期待が，Aに対する関係においても保護されている。

(2) 債権譲渡の譲受人に対する相殺の対抗

また，Bに対するα債権をCが有していて，これをAに譲渡したときにも，Bは民法469条の定めるところにより，Cに対するβ債権を自働債権とする相殺をAに主張することができる。この場合でも，Cとの関係におけるBの法定相殺への期待の保護が，一定の要件のもとで債権譲渡の譲受人Aに対する関係に拡張されている［→本巻38解説］。

3 相互性要件を欠く「三者間相殺」の許容性

(1) 相互性要件を欠く「三者間相殺」の原則的否定

しかし，相互性を欠く三当事者間の複数の債務の場合について，三者間相殺を一般的に容認する規定はない。この場合，Ｂがα債権について弁済しなくてもβ債権の債務者Ｃに直接的な不利益はなく，両者の関係において不公平と評価される行為態様がみられないため，法定相殺を基礎づける利益状況が欠けており，法的な保護に値するような当事者の法定相殺への期待は認められない。したがって，当事者らがα債権とβ債権の一体的清算を望んでも，法定相殺の適用を拡張する素地がなく，そうした差引計算が当事者間で合意されていたとしても，倒産手続の中で「相殺」としての法的保護を受けられない（参考判例④）。

(2) 自働債権の債権者の立場に着目する見解

これに対して，例外的に「三者間相殺」を容認すべき主張もみられる。

まず，Ａがβ債権を被担保債権とする抵当不動産の所有者（物上保証人・第三取得者）である場合に，Ｂに対するα債権を自働債権とするＡの相殺を肯定する見解がある（上記ⓐの状況）。ここでの相殺には，Ａが主債務者Ｃに代わってβ債権を弁済するかのような第三者弁済の要素と，Ｂが本来の弁済に代わる方法で債権を失う代物弁済の要素が伴う。このうち第三者弁済について物上保証人等であるＡは，被担保債権を消滅させれば自己の不動産所有権を保全できるため，β債権の弁済に関する「正当な利益」（474条1項・2項本文）を有している。肯定説はこの第三者弁済の利益の実現手段として相殺を認めようというのである。他方で，代物弁済は債権者との間の契約を要件とするため，Ｂの承諾を要することとなる。

ただし，仮にＢが無資力であるときにＡが三者間相殺をすれば，Ａはβ債権の免責を理由として十分な資力のあるＣに求償することができ，Ａにとっては結果的にβ債権を利用した債権回収をＢの他の債権者に優先して実現できることになるため，Ｂの債権者の間で平等的取扱いが損なわれてしまう。また，これとは別に，ＢもＡに対して反対債権を有しているものの，Ａが無資力であるときにＡによる三者間相殺を認めると，ＢのＡとの法定相殺への期待が害され，無資力者Ａに対するＢの反対債権が回収不能なま

ま残存する。そのため，抵当不動産所有者Aによる三者間相殺を認めると
しても，こうした追加的な事情のない場面に限定されるべきことになる。

　さらに，代物弁済における債権者の承諾の問題も残っている。三者間相殺
を肯定する見解の中には，このように限定された場面でのBによる代物弁
済の拒絶を，信義則により制限すべきとの主張がみられる。しかし，相殺は
本来の弁済とは性質が異なる（参考判例②）。また，AはBの債権者である
とはいえ，Bによるβ債権の管理に介入する権限を当然に有しているわけで
はない。相互性要件を欠く2つの債権について別個の処理を望むBの態度
が，どのような意味で信義誠実に反するのかは明らかではない。

(3)　取引間の関連性に着目する見解

　次に，差引計算の対象とする債権を発生させた取引に何らかの関連性があ
る場合に，合意に基づく三者間相殺を容認する見解がある。α債権に関する
A・B間の取引とβ債権に関するB・C間の取引が関連して行われていると
きに，約定によって両債権を一括処理することへの当事者の期待を保護しよ
うとするものである。

　しかし，判例は債権間の取引関連性をもとに三者間相殺を認めることにも
消極的である（参考判例①）。こうした見解においても，たとえば上記ⓐの
Aの相殺を認めるときに，Bの他の債権者との平等が問題となる。また，法
定相殺のもとでの相殺への期待の保護は債権の相互性さえ満たされればよ
く，両債権の間に対価的牽連性があることは求められていない。保護に値す
る法定相殺への期待が欠けている三者関係での相殺を認めるには，対価的牽
連性よりも結びつきの薄い取引関連性が，なぜ部外者の不利益のもとで当事
者間での一括処理への期待に法的保護を付与することの根拠となりうるのか
につき，利害関係者それぞれの立場を考慮した説明が必要となろう。そのう
えで，この見解の核心となる取引関連性に関して，これを画定する明確な判
断基準も求められる。

(4)　当事者間の関連性に着目する見解

　当事者が緊密に関連して取引を行っているときに，その当事者らに一体性
を認め，これらの者による取引相手との合意に基づく三者間相殺を肯定する
見解もある。たとえば，A・Cが企業グループを形成し，Bとの取引を包括

的に管理して処理しているような場合である。

　これに対して判例は，A・C間に親子会社関係がある事案において，AやCによる相殺を認めていない（参考判例③④）。この見解についても，三者間相殺を正当化する当事者一体性の判断基準を明確にする必要性のほか，上記諸見解における問題点が当てはまる。また，親子会社関係だけでは第三者弁済のための正当な利益の根拠として不十分とするのが判例であり，第三者弁済の枠組でも相殺を認める基礎を欠く。さらに，平素は独立した法人格を利用して活動しているAとCが，紛争に陥った途端に法的一体性を主張するのは背理ではないかとの疑問もわく。

4　合意による相互性の調整

(1)　保証を用いる方法

　このように三者間相殺を正当化するのは難しい。三当事者間にある複数の債権を相殺によって処理したいのであれば，むしろ，二当事者の相互的な債権債務となるよう権利関係を整えるほうが簡便である。

　その手段としてまず考えられるのが，保証である。上記ⓐの状況で，Aがβ債権の保証人になれば，A・B間にα債権と保証債権が相互に存在するところとなり，これらを法定相殺すれば，β債権も消滅する。

　この方法は，Bに対して債務を負う者がCのみであれば，比較的簡易に利用できる。ただし，A・Cが企業グループを形成し，このグループ内にBの債務者となりうる者がC以外にも多数に上る場合（参考判例④），AがそれぞれのBとの取引について保証契約を逐一締結しておくのは煩雑であるだけでなく，すべての取引をグループ内で統括的に管理するコストが大きくなる。そのため，実際の利用場面は限られる。

(2)　債権譲渡を用いる方法

　次に，債権譲渡を利用することもできる。たとえば，α債権をAがCに譲渡すれば，B・C間でα債権とβ債権との相互性が満たされ，法定相殺が可能になる。A・B間でAにβ債権を用いた「相殺」を認める合意がされるとき，これに基づくAの「相殺」の意思表示が，実質的にCへのα債権の譲渡と評価されることもある（参考判例③）。

　ただし，この場合には対外関係に留意しなければならない。Bの債権者D

がβ債権を差し押えたときに，この差押えまでにα債権をCに確定的に譲渡し，かつ，債権譲渡の第三者対抗要件（467条2項，譲渡特例4条1項）を備えていなければ，Dに債権譲渡，ひいては相殺を対抗できず，相殺の担保的機能は無に帰する。

(3) 債務引受を用いる方法

さらに，債務引受によって二当事者間の相殺適状を作り出すことも可能である。たとえば，免責的債務引受（472条）によりAがβ債権の債務者となり，Cを債務から解放させれば，A・B間のみの債権債務関係になる。

(4) その他の方法

その他に代物弁済や免除，更改なども選択肢となる。

とりわけ，上記⒟のように債権が環状に存在しているときには，いくつかの方法を組み合わせる必要がある。たとえば，Aが免責的債務引受によってβ債権の債務者となる代わりに，Cが対当額の範囲でγ債権に関するAの債務を免除するという具合である。ただし，債権や取引参加者がさらに多数になれば，このような操作は非常に複雑になる。そこで，こうした状況では，独立した当事者X（集中決済機関，セントラル・カウンターパーティー〔CCP〕）を追加し，全取引参加者の債権債務をすべてXとの二当事者関係に調整する方法がある。ある取引でAがB・Cに対して取得する債権をすべてXに売却し，Xがその代金債務をAに対して負う。同じ契約をXがB・Cとも結べば，B・CのAに対する債権がXのもとに集約され，これらの債権とAのXに対する代金債権とが相互に存在する形を整えることができ，B・CとXとの関係も同様となる。また，AがB・Cに対して負う債務すべてについてXが免責的債務引受をし，その対価としてAに対する債権をXが取得するといった内容の契約でも，Xを中心とした放射的な二当事者間債権債務関係を形成できる。

- - - - ◀ 発展問題 ▶ -

甲駅から乙駅までの鉄道，乙駅から丙駅までの鉄道，丙駅から丁駅までの鉄道をそれぞれ運営するA社・B社・C社は，2016年に甲駅から丁駅まで各社の車両を相互に乗り入れた直通運転を開始し

た。他社運営区間を含めた乗客からの運賃徴収は乗車駅を管理する鉄道会社が行い，各社間で相互に生じる代行取立分の債権を毎月末締めで清算することとしている。

　(1)　2022 年 6 月 1 日の時点で前月分徴収運賃を清算した後に，A 社には B 社に対する 3000 万円の α 債権，B 社には C 社に対する 2000 万円の β 債権，C 社には A 社に対する 1000 万円の γ 債権が残っている。同月 13 日，C 社の債権者 D 社が γ 債権を差し押え，その差押命令が同月 15 日に A 社のもとに送達された。D 社がこの差押えによる債権取立権に基づき，γ 債権の弁済を A 社に請求してきたとき，A～C 社が事前に α～γ 債権に関してどのような合意をしていれば，A 社は弁済を拒絶することができるか。

　(2)　2016 年の直通運転開始時に，A 社らは徴収運賃の管理のために共同で X 社を設立し，X 社のもとに直通運転に関する債権を集約して清算することとしていた。2022 年 6 月 13 日，C 社の債権者 D 社が運賃代行取立分に当たる X 社に対する C 社の債権 δ を差し押え，その差押命令が同月 15 日に X 社のもとに送達された。D 社がこの差押えによる債権取立権に基づき，δ 債権の弁済を X 社に請求してきたとき，A～C 社・X 社が徴収運賃の清算のために事前にどのような合意をしていれば，X 社は弁済を拒絶することができるか。

●】参考文献【●

＊山本和彦・金法 2053 号（2016）6 頁／白石大・論究ジュリ 20 号（2017）96 頁／中舎寛樹『多数当事者間契約の研究』（日本評論社・2019）135 頁／中田・債権総論 464 頁

（岡本裕樹）

31 連帯債務

　共同事業を営むＡとＢは，2022年4月1日，Ｃ銀行から事業の運転資金として1800万円を借り入れ，連帯して債務を負った（以下，「甲債務」という）。翌年3月にＡの子であるＤが大学卒業を機に経営に加わったこともあって，事業拡大を企図したＡらは，Ｃ銀行に1200万円の追加融資を申し込んだ。Ａらの事業は順調であったので，Ｃ銀行は，まもなく追加融資を決定した。しかし，今後Ａらの経営状況が悪化するおそれがないとはいえないと考え，Ｄを甲債務の連帯債務者に加えること，そして，若年のＤの資力には不安も拭えないので，Ｄの母親でありかつＡの妻であるＥをＤがＣ銀行に対して負担する債務の連帯保証人とすることの2つを条件に，同年4月15日，Ａ・Ｂ・Ｄの連帯債務の形で1200万円を追加融資した（以下，「乙債務」という。なお，ＣＥ間の連帯保証契約は有効に成立しているものとする）。

　ところが，同年9月，円安によるコスト高の影響でＡらの事業が急速に傾き，Ａらは，甲乙両債務の期限の利益を喪失した。さらに，Ａが急逝するという不幸が重なった。Ａの相続人は，子Ｄの他，妻Ｅ，子Ｆ（Ｄの姉）である。

　⑴　Ｃ銀行は，Ｂに対して，甲債務の履行を請求した。Ｂが甲債務につき全額を弁済した場合，Ｂは，誰にいくら求償できるか（以下，求償額の計算にあたっては利息等は無視してよい）。

　⑵　Ｃ銀行は，Ｂから甲債務の全額弁済を受けるとともに，乙債務につき300万円の弁済を受けて，Ｂに対し残債務900万円を免除する意思表示をした。Ｂは，誰にいくら求償できるか。また，その後，Ｃ銀行は，Ｄに対して900万円の支払を求めて訴えを提起した。このＣ銀行の請求に対して，Ｄはどのような反論が可能か。

●】**参考判例**【●

① 最判昭和 34・6・19 民集 13 巻 6 号 757 頁
② 最判平成 10・9・10 民集 52 巻 6 号 1494 頁

●】**解説**【●

1　連帯債務の成立・態様・効力

　連帯債務は，法令の規定または当事者の意思表示により成立する（436 条。前者の例として，761 条ほか。共同不法行為者が「連帯」して損害賠償責任を負う旨を定める 719 条について，従来は「不真正連帯」であるとされてきたところ，2017 年の民法改正によりそのような概念操作は基本的には不要となった）。本問の乙債務のように，A・B・D が 1 つの融資契約に際して「連帯の合意」をすることで連帯債務を成立させること（同時連帯）はもちろん，甲債務につき A・B の契約と D の契約が別々に締結されたように，別個の契約の中で，順次，連帯の合意がされるケースでも連帯債務は成立しうる（いわゆる異時連帯。連帯債務者の 1 人についてのみ消滅時効が完成する事態が生じる背景の 1 つである）。また，D の債務を E が（連帯）保証したように，連帯債務者の 1 人についてのみ保証債務を成立させることも可能である（464 条参照）。これらの特徴は，連帯債務が債務者の数に応じた数個の独立した債務からなることの現れであって，437 条（2017 改正前 433 条に対応）が連帯債務者の 1 人についての法律行為の無効・取消しが他の連帯債務者の債務の効力を妨げないと規定していることも，同じ理由によると解される。

　つまり，本問では，甲債務と乙債務のそれぞれにつき A・B・D をそれぞれ債務者とする合計 6 つの債務が存在し，E の保証債務は，そのうち，D の甲債務と乙債務を担保することのみを目的として成立しているといえる（A

やＢの債務の保証を含まない）。

　連帯債務者は，債権者との関係（対外的関係・外部関係）では各自が全部給付義務を負担するが，他の連帯債務者との関係（対内的関係・内部関係）では，自己の固有の負担部分について最終的に責任を負えばよい。この負担部分は，連帯債務者間の特約によって決まる。特約がない場合は連帯債務を負担することで各自が受けた利益を考慮して決定されるが，この受益割合によっても定まらない場合は，各自平等とされる（本問では特約の存在または受益割合が明らかでないので，以下ではＡ・Ｂ・Ｄの負担割合を各自３分の１として叙述する）。この割合を総債権額に乗じることによって，各自の具体的な債権額（負担部分額）が算出される。

　つまり，Ａ・Ｂ・Ｄは，債権者Ｃに対しては甲債務1800万円，乙債務1200万円の全部給付義務を負うが，他の連帯債務者との関係では，各自，甲債務について600万円，乙債務について400万円の範囲で，最終的に債務を負担する約定をしたことになる。

　小問(1)では，Ｂが甲債務を全額弁済した結果，甲債務は全員のために消滅した（弁済の絶対効。明文の規定はないが，債権の一倍額性の観点から当然の効果であって，代物弁済や供託も同様に絶対的効力を生じる）。これにより，自己の負担部分以外の1200万円を求償できることになるが，Ａが死亡しているため，前提問題として，Ａが負担していた甲債務がＡの相続人Ｄ・Ｅ・Ｆにどのように相続されるのかを明らかにする必要がある。

２　連帯債務の相続

　Ａの甲債務はどのように相続されるか。可分債務は，相続開始によって法律上当然分割され，各共同相続人がその相続分に応じてこれを承継すること（最判昭和29・4・8民集8巻4号819頁）を前提に，参考判例①は，連帯債務者の１人が死亡した場合，「その相続人らは，被相続人の債務の分割されたものを承継し，各自その承継した範囲において，本来の債務者とともに連帯債務者となる」とした。したがって，亡Ａが債権者Ｃに対して負う甲債務1800万円につき，相続分２分の１の妻Ｅが900万円を，相続分４分の１の子ＤとＦとがそれぞれ450万円を承継する（900条1号参照）。その結果，債権者Ｃとの関係では，甲債務につき，Ｂ（1800万円）・Ｄ（1800万円）・Ｅ

（900 万円）／Ｂ（1800 万円）・Ｄ（1800 万円）・Ｆ（450 万円）／Ｂ（1800 万円）・Ｄ（1800 万円――Ｄは相続開始前から甲債務の全額につき連帯債務を負担しているので，Ａからの承継の結果を考慮する必要がないことについても参考判例①が明言している）という，不等額連帯（一部連帯）を含む３つの連帯債務関係に変容すると解される。これに対し，学説では，法律関係が複雑化すること，債権の担保力が低下することを懸念して，各共同相続人が残りの連帯債務者とともに全額の連帯債務者となるとする見解が有力である。

　注意すべきは，ⓐ共同相続人の間では連帯関係が生じないこと，ⓑ共同相続人各自の最終的な負担部分の額の総和が被相続人のそれに等しいことである。甲債務に即して具体的にいえば，ⓑ亡Ａはお よびＤとの内部関係では 600 万円を最終的に負担すべきであったから，この 600 万円が，Ｅに 300万円，ＤとＦとに 150 万円，それぞれ分割承継されるが（ただし，Ｄは，これに元来の自己が負担していた 600 万円を加えた 750 万円を最終的に負担しなければならない），ⓐＤ・Ｅ・Ｆの間には連帯関係も求償関係も生じない（本問では前述のようにＢ・Ｄ・Ｅ／Ｂ・Ｄ・Ｆの連帯債務関係があるため，Ｄ・Ｅ／Ｄ・Ｆは連帯しているといえるが，これは，あくまでもＤが相続開始前から連帯債務者の１人であったからにすぎない）。

　そこで，小問(1)のように，Ｂが甲債務の全額を弁済した場合は，上に示した各自の最終的な負担部分額のとおり，Ｄに 750 万円，Ｅに 300 万円，Ｆに 150 万円の限度で求償権を行使することができる。

　なお，Ｅは，Ａの相続人としての 300 万円とは別に，Ｄの連帯保証人として，Ｄが負担する求償債務のうち 600 万円の部分につき，Ｂから請求を受ける可能性がある。求償権の確保のために弁済者代位制度が設けられており，「債権の……担保としてその債権者が有していた一切の権利を行使することができる」（501 条１項）からである［→本巻27］。

3　連帯債務者間の求償

　各連帯債務者が外部関係では全部給付義務を負うとしても，公平な分担の見地から，内部関係では各連帯債務者の負担部分に応じた清算が図られなければならない。求償の要件は，ⓐ連帯債務者の１人が弁済その他の「共同の免責を得た」ことと，ⓑその免責が「自己の財産をもって」得られたこと，

の2つである（442条1項）。ⓐ共同の免責とは，他の連帯債務者も債務（の全部または一部）を免れることであり，ⓑ自己の財産をもってする免責とは，出捐（財産上の犠牲，損失，負担）を意味する。弁済はもちろん，代物弁済，供託，相殺（439条1項），更改（438条）はこれに当たるが，免除や時効の完成による債務の縮減は，441条ただし書の特約により要件ⓐを充足したとしても，自己の出捐を伴わないので，要件ⓑを満たさないから，被免除者や消滅時効を援用した者が他の連帯債務者に求償することはできない。

　小問(2)で，Bは，甲債務の全額と乙債務のうち300万円を弁済しているので，上の2要件を充足している。連帯債務者間の求償は一部弁済でも割合ごとに可能であるため（442条1項），Bが乙債務につき自己の負担部分（400万円）に満たない額しか弁済していないことも，要件ⓐとの関係で問題とはならない。たしかに，終局的に負担すべき負担部分額を固有の債務と捉える相互保証説の考え方からすると，それを超えた部分がはじめて不当利得となるはずであるから，連帯債務に関しても負担部分額を超えた出捐を要件とするという理解がなじみやすい。また，内部関係を一部弁済ごとに逐一清算するよりも，負担部分額を超える弁済等をするまでは求償を許さないとする方が，債権者の満足を優先させようとする政策的判断にも沿うであろう。しかし，判例は古くから，負担部分額を超えない割合ごとの求償を認めており（大判大正6・5・3民録23輯863頁，大判昭和8・2・28新聞3530号10頁），これに賛成する学説が多かった。こうした判例・学説の見解を踏まえ，2017年改正で，442条1項に「その免責を得た額が自己の負担部分を超えるかどうかにかかわらず」という文言が挿入された。これによって，要件ⓐの意義が明確になったといえるであろう。

　民法442条1項を本問に当てはめれば，次のとおりである。Bは，乙債務の一部弁済によって，もしAが存命であればその負担部分の割合である3分の1を乗じた100万円を求償し得たはずである。また，負担部分平等のDに対しても100万円の償還請求ができる。そこで，相続分2分の1の妻Eに50万円，4分の1の子Dに125万円（Aから相続した25万円と元来の負担部分額の100万円との合計額），同じく子のFに25万円の合計200万円を求償できることになる。他方，Bが乙債務について受けた900万円の免除によ

る免責については，先に述べたとおり要件⑥を満たさないため，求償権を一切発生させない。

　以上，Ｂは，小問(2)においても甲債務につき小問(1)と同額の求償権行使が可能であるから，合計して，Ｄに875万円，Ｅに350万円，Ｆに175万円の償還請求が可能である（Ｂは，甲債務600万円と乙債務100万円を現時点で負担していることになる）。

　求償要件については上記のとおりであるが，事前・事後の通知を怠ると，求償権の行使が制限される（443条）。事前通知を求める趣旨は，同条1項後段にも例示されているように，債権者との関係で相殺が可能である場合のように，他の連帯債務者が自己の権利を行使する機会を保障する点にあると解される。また，事後通知については，善意で二重に弁済した者を保護することを目的とすると解されている（同条2項参照）。ちなみに，同条については，2017年改正前の条文にいくつかの修正が施されるとともに，1項と2項にそれぞれ「他の連帯債務者があることを知りながら」の字句が追加された。これは，本問のような共同事業関係に基づく連帯債務である場合には，通常，他の連帯債務者の存在を知らないことは考えにくいが，共同不法行為者間における連帯関係の発生や（719条），債権者と引受人でする併存的債務引受（470条2項）によっても原債務者と引受人との間に連帯関係が発生することに鑑み（同条1項），他の連帯債務者を調査する義務までは課せられないことを明示したものである〔債務引受につき→本巻39〕。

　本問では，甲債務の弁済に当たり，ＢがＤ・Ｅ・Ｆに事前・事後の通知をしたか明らかでないから，厳密にいえば場合分けが必要である。本問では小問(1)(2)(3)をおのおの独立した設定であることを前提にしているが，ＢがＣに請求されるがまま，Ｅらへの事前通知を怠って甲債務を全額弁済すると，仮に小問(3)と同様に，Ｅが債権者Ｃに対して300万円の反対債権を有していた場合，443条1項の適用が問題となる。共同事業をともに営んできたＢがＡの死亡によるＥらの相続を知らないとは考えられないため，Ｂは「他の連帯債務者があることを知りながら，……通知をしないで弁済」した連帯債務者に該当する。したがって，ＢがＥに償還請求をしても，Ｅに相殺をもって対抗されてしまうであろう。もちろん，Ｅから求償を得られなかった

300万円に関しては，同項後段の「相殺によって消滅すべきであった債務」の履行として債権者Cに請求できるから，単に償還請求の相手が変わるにすぎない。しかしながら，本問のように債権者が金融機関であればともかく，資力に乏しい債権者の場合，回収不能のリスクが相殺権を有したEからBへと転換されることを意味する。この点に着目すると，事前通知の機能には，他の連帯債務者の権利行使の機会を保障するだけでなく，債権者の無資力危険の配分もあることがわかるであろう。

　なお，ここでは事前通知についてやや詳しく述べたが，小問(2)において，Bの事後通知の懈怠にも注意を要する。CがDに残債務の履行請求をしていることから，遠からずDによる第2弁済がなされると思われるからである（関連問題(3)，最判昭和57・12・17民集36巻12号2399頁参照）。

4　連帯債務者の1人に対する免除の効力

　小問(2)について，乙債務につきBが900万円の免除を受けたことは，他の連帯債務者Dらの乙債務にどのような影響があるのか。連帯債務者の1人に対する債務免除の効果について，2017改正前437条は，当該連帯債務者の負担部分についてのみ他の連帯債務者も債務を免れる旨を定めていた（免除の絶対効。求償の循環を回避できるメリットがある）。そのような規律を前提に，一部免除の効力をめぐって考え方が分かれていたところ，大審院（大判昭和15・9・21民集19巻1701頁）は，全部免除の場合に比例した割合で他の連帯債務者も債務を免れるとする考え方を示した。具体的にいえば，負担部分平等の連帯債務者3人のうち，1人が総債務額1200万円の全額免除を受けた場合，被免除者の負担部分（3分の1）である400万円について他の2人の連帯債務者にもその効果が及び，それらの者の総債務額は800万円に縮減するが（内部関係では，被免除者の負担部分額はゼロ，他の2人のそれは各400万円），全額1200万円の一部である300万円の範囲で免除をされた場合は，4分の1すなわち100万円だけ他の連帯債務者も各自債務を免れると考えられた。しかし，同条は任意規定であるため，これと異なる内容の免除（たとえば，他の連帯債務者には免除の効果を及ぼさない趣旨でなされるいわゆる「相対的免除」）も可能であり，また，免除という表現を使いつつも債務の消滅を意図せず，単に以後の請求をしないという趣旨の「不訴求合意」にすぎ

ない場合もあると考えられてきた。通常，債権者は満額の債権回収を欲するであろうことも，免除の絶対効を避ける解釈を後押しした。

このように，連帯債務者の1人に対して生じた免除の効力を決するに当たっては，その免除の意思解釈が重要視されていたところ，共同不法行為者の1人と被害者との間で成立した訴訟上の和解における債務の免除の効力が他の共同不法行為者にも及ぶとした参考判例②も現れた。従来，いわゆる不真正連帯債務関係には2017年改正前民法437条の規定が適用されるべきでないと解されていたが（最判昭和48・2・16民集27巻1号99頁，最判平成6・11・24判時1514号82頁），参考判例②によって，不真正連帯債務関係においても免除の意思いかんによっては絶対的効力を認めうるとされたことで，いわば逆の方向から，免除の意思解釈の重要性が示されることとなった。

このような状況を踏まえ，2017年改正前民法437条を削除することで，免除を相対的効力事由とする転換が図られた。ただし，相対的効力の原則を定めた441条（2017改正前440条に対応）には，従前にはなかったただし書が付加され，特約によって他の連帯債務者に効力を及ぼすこともできる旨が明らかにされた。つまり，現行法下では，原則として免除は相対的効力をもつにとどまるが，債権者と他の連帯債務者の特約による「絶対的免除」もありうるから，やはり意思解釈が重要である。

以上を本問に当てはめると，CがBに対する免除後の乙債務の残額を900万円であるとしてDを訴えているので，Cに441条ただし書の「別段の意思」があったとは考えにくい。そこで，絶対的免除の特約もないと考えられるため，Bが受けた900万円の免除は，相対的効力を生ずるにとどまり，Dらの債務を何ら縮減しない。したがって，Dは，Cの900万円の履行請求に応じなければならないであろう。

5　連帯債務者の1人による相殺等

弁済の事案である小問(1)に即して述べたことは，債権者から相殺があった場合にも，あるいは，相殺権を有する連帯債務者の1人から相殺した場合にも妥当する。すなわち，相殺による債務消滅は，他の債務者との関係でも効力を生じ（相殺の絶対効。439条1項），求償権を発生させるからである。

小問(3)では，Bが履行請求を受けた場合，BがEの相殺権を援用できる

かが問われている。このことを検討する前提として，E自身が相殺した場合の処理をまずは明確にしておくとよいであろう。本問では，EがCに対して950万円の普通預金債権を有しているので，Eがこれを自働債権とし，Cの甲債権（ただし，Aを共同相続したEが対外的に負うことになった900万円を限度とする〔前述2参照〕）を受働債権として相殺の意思表示をすれば，対当額900万円につき相殺の効力が生じる。つまり，Eの預金債権が50万円になる一方で，Cに対するEの甲債務900万円は消滅する（505条）。また，相殺に絶対的効力が認められるがゆえに，BおよびDとの関係でも甲債務は900万円に縮減する。そして，Eの最終的な負担額は300万円を上限とするから，連帯関係にあるBやDとの間で各300万円の求償関係が生じる。

　このように連帯債務者の1人が相殺をなしうることは，その者が自ら相殺しない場合に他の連帯債務者にとってどのような意味があるか。小問(3)においてBがEの相殺権を行使できるか否かにつき，改正の前後で処理が異なる。まず，2017年改正前民法は，反対債権を有する債務者の負担部分に制限されるものの，他の連帯債務者が相殺を援用することが許されていた（2017改正前436条2項）。この「援用」の意味をめぐり争いはあったが，判例（大判昭和12・12・11民集16巻1945頁）は，他人の相殺権を行使できるという処分権の意味で捉えていた。これに従えば，Bは，Eの負担部分（300万円）の限度で相殺権を行使でき，甲債務は連帯債務者全員のために1500万円に縮減する。ただ，甲債務に関する各自の最終的な負担部分は変わらないから，Bが1500万円を弁済すれば，Dに750万円（600万円〔相続前からの負担部分〕+150万円〔Aから相続した負担部分〕），Fに150万円を求償できる。このように，改正前民法は，負担部分に関して債務を絶対的に消滅させることで，相殺権をもつ連帯債務者への求償を省き，簡易な決済を実現していた。

　しかしながら，従来，相殺権を有する連帯債務者本人が望まないのに他者がそれを行使できることについて，私的自治の尊重の観点から有力説があり，学説では，2017年改正前民法436条2項の性質を抗弁権と捉える立場が有力であった。この有力説を踏まえ，現行法では，相殺権をもつ連帯債務者の負担部分の限度で他の連帯債務者に履行拒絶権を付与するルールが採用された（439条2項）。したがって，Bは，Eの負担部分である300万円につ

き履行拒絶をして1500万円を弁済すればよい。その後の求償は，Dおよび
Fに対してすべきで，相殺権を有するEとの間では求償関係が生じないと
する見解がある（潮見Ⅱ591頁以下。この場合にBが弁済したのは，自己の固有
の負担部分に相当する600万円と，DおよびFのそれ〔順に750万円，150万円〕
にすぎないからであって，Eは依然としてCに対して300万円の債務を負うとと
もに，Cに対する普通預金債権950万円をもち続けることになるという）。相殺権
を有する連帯債務者の保護や法律関係を複雑化しないという観点からは望ま
しい処理であろうが，Eは相殺権を有するだけで，いまだ自己の負担部分に
対応する出捐を現実にはしていないので，BからEに対する割合的な求償
を認める処理もあり得よう。いずれにしても，先に**3**で述べたとおり，資
力豊富な債権者であれば何ら問題ないが，債権者の無資力リスクが伴う場
合，Bにとっては民法443条1項の事前通知が重要である。

関連問題

(1) Eが自己の預金債権をもってCに対する甲債務と相殺した場
合，残った甲債務についてどのような連帯関係が存続するか。

(2) C銀行がDに甲乙両債務の履行を請求した場合，B・E・Fに
とっても，時効の完成猶予（147条1項1号）が生じるか。

(3) 小問(2)において，Bが事後通知を怠っている間に，DがCに
900万円を弁済したが，Dも事前通知を怠っていた場合の処理につ
いて検討せよ。

●】 参考文献 【●

＊福田誠治・争点205頁／福田誠治・百選Ⅲ126頁／平野裕之・リマークス19
号（1999）35頁

（平林美紀）

32 根保証

　　A会社（以下,「A」という）は「甲弁当」の名で配達と持帰りを中心とした弁当の生産・販売を業とする会社であり，その開業に際して，弁当を生産するための食材を仕入れるためにB会社（以下,「B」という）と食材の供給を受ける基本契約を締結した（2024年4月）。その際に，BはAが代金を支払わないときのために，継続的に供給される食材の代金の支払のために保証人を2人立てることを求めたことから，Aの経営者である代表取締役Cは，自ら連帯保証人となるとともに，地元でスナックを経営している友人Dに依頼をして連帯保証人になってもらった（書面あり，また，民法465条の10の情報提供も適切になされている）。

　　B・C間の連帯根保証契約は，A・B間の食材の供給によって生じる代金債権を，保証期間を定めずしかも保証の限度額なしに連帯保証するものであった。Dは，Cがスナックの常連であることもあり，Cに頼まれた際に断れずに連帯保証人になったのであった。B・D間の連帯根保証契約は，保証期間の定めはないが，1000万円の保証限度額が定められている。

　　Bとの取引が開始して1年間は，Aの営業は順調であったが，2025年10月に，Aが新たに支店を開きそこでの食材もBに注文するようになり，A・B間の取引量がそれ以前の2倍になった。その後，競合する弁当屋の出店が相次ぎ，Aの業績が次第に悪化していった。そのため，Cは営業資金を捻出するためにサラ金から金を借りたり，Aの名義で商工ローンから融資を受けるようになっていった。その後も業績が回復せず，2025年12月頃から次第にAのBへの代金の支払が滞りがちになっていった。A・B間では代金を毎月曜日（月曜日が休日の場合には翌日）にBの口座に振り込むことになっていた

が，2026年2月末にCは何とか資金を工面しそれまでの滞納代金を完済し，その後もしばらく支払遅滞はなかった。しかし，同年9月頃から再び代金の支払が遅滞するようになり，Bは保証人がいるのでいざというときは保証人から回収を図ればよいと考えて，滞納が続いているにもかかわらず取引を継続してきた。しかし，過去の一部の代金分が思い出したように振り込まれるといった状況になり，Bは，Aに対して，このまま代金の支払遅滞が続くようでは食材の供給はストップさせてもらうと通告したものの，Cの懇願によりその後も取引を継続し，2027年2月には未払代金総額が700万円にまで達していた。

2027年3月からは，BはAへの食材の提供を停止したため，店を閉めその後も店を再開できないでいる。Bは，同年4月にA・C・Dに対して未払代金700万円と遅延利息の支払を求める訴訟を提起した。Bの請求は認められるか。

本問の検討に際しては，ⓐDがAの業績不振を耳にして2026年10月に，Bに対して保証人を辞退したい旨の申入れをしたが，Bがこれを拒絶していた場合，ⓑA・B間の供給契約に2年の期間の約定があったが，これが更新されて上記のような状況になっている場合，および，ⓒ同年11月分のBのAに対する代金債権のうち100万円分が，Bにより債権者Eに譲渡されている場合を考えよ（ⓒではEのA・C・Dに対する請求）。

●】参考判例【●

① 大判大正14・10・28民集4巻656頁
② 大判昭和9・2・27民集13巻215頁
③ 最判昭和39・12・18民集18巻10号2179頁
④ 最判平成9・11・13判時1633号81頁
⑤ 最判平成24・12・14民集66巻12号3559頁

1 根保証（継続的保証）の意義と民法の適用範囲

(1) 根保証（継続的保証）の意義

　従前条文はないものの，個々の債務ごとに保証契約をする個別保証に対して，根抵当権の保証版のように，主たる債務を一定の基準で定めたうえで将来の不特定多数の債務を保証する場合を，継続的保証とか根保証と呼んでこれを有効と認めていた。近時は，根抵当権と平仄を揃えて根保証と呼ばれており，民法改正に際して根保証という用語が正規に採用されている（民法465条の2の前の表題を見よ）。根保証には，保証限度額や保証期間において限定されている限定根保証と，このような限定のない本問のような事例の包括根保証とがある。狭義の根保証と継続的保証の差については5で説明する。

(2) 2004年民法改正および2017年民法改正

　根保証については，2004年の民法改正により貸金等の個人根保証について規制がされるに至っている（旧465条の2以下）。しかし，同改正規定は，あくまでも貸金等債務についての個人根保証にしか適用されず，同じ信用保証でありながら，本問のような売掛代金債権の根保証については適用されず，従来の判例法が適用されることになっていた。このような制限は合理的なものではなく，2004年民法改正に際して衆参両院の付帯決議により貸金等債務の個人根保証以外への検討が要請されていたのである。そのため，2017年民法改正に際しては，民法465条の2以下をすべての個人根保証へと拡大することが当初は意図されていたが，実現された拡大は部分的なものにとどまっている。

2 根保証人の責任の制限

(1) 包括根保証禁止

　2004年民法改正では貸金等根保証については，包括根保証は禁止されたが（旧465条の2第2項），本問の事例は貸金等根保証ではないのでその適用がなく，したがって包括根保証も有効であった。しかし，2017年民法改正により，民法465条の2の適用は「個人根保証」一般に拡大がなされた。そのため，2017年民法改正法の施行期日である2020年4月1日以降の本問事

例には民法465条の2は適用になり，保証極度額を定めていないCの根保証契約は無効になる。同条は経営者を除外していない（法人格否認の法理が適用される事例は例外を認めてよい）。Dの根保証には1000万円の極度額が定まっているため，脱法といえるほどの高額でもなく，根保証契約は有効となる。

⑵ 信義則による責任制限（ⓐの場合その1）

限定根保証の場合には，本問でいうと1000万円と極度額が決められているため，これ以外に特別の保護は不要と考えるべきなのであろうか。たしかに，極度額が100万円程度であればそのように考える余地はあるが，しかし，スナック経営者にとって，1000万円はかなりの金額であり，極度額がない場合と同視して契約を無効とすることはできないとしても，中間的な解決として，信義則による責任制限を認める余地はある。その際に本問で考慮されるべき事情として指摘すべき点は，2点ある。

⑦まず，A・B間の取引量が，Dが保証契約をした当初の2倍になっているが，その際に保証人に意思確認をしていないこと，および，④Bは，Aの信用不安が生じた後に，これを知りつつ，保証人から回収すればいいと考え，保証人Dに意思確認をすることなく安易に取引を継続したことである。情義的保証人に対して本来自己が負担すべき債権回収不能のリスクを転嫁する以上，このような事情の変化があった場合には，債権者には根保証人に対して保証意思の確認を求めるべき信義則上の義務があるというべきである。そうすると，限定根保証ではあるが，700万円につき極度額の範囲内として全額の責任を認めるのではなく，債権者には信義則上の義務違反があるので相当額への責任制限を認める余地がある。

3 根保証人の解約権（ⓐの場合その2）

包括根保証契約は主債務を生じさせる基本契約が存続する限りいつまでも存続し，根保証人が拘束されるというのは酷である。そのため，判例・学説は，相当期間を経過したならば，包括根保証人は相当の予告期間を置いて自由に根保証契約を解約することを認めている。また，参考判例③は，特別解約権の認められる原因について，信用不安に限定せず，「保証人の主債務者に対する信頼関係が害されるに至った等保証人として解約申入れをするにつ

き相当の理由がある場合においては，右解約により相手方が信義則上看過しえない損害をこうむるとかの特段の事情ある場合を除き，一方的にこれを解約しうる」と拡大している。

　これまで判例により特別解約権が認められているのは，包括根保証の事例である。では，限定根保証の場合には，極度額による保護が図られればよく，任意解約権また特別解約権は一切認められないのであろうか。しかし，極度額が定まっていても相当に高額な事例もあり，中間的解決を図る余地があるのはここでも同様である。本問の1000万円程度の極度額の場合には，任意解約権また特別解約権を認めるべきである。そうすると，限定根保証のみになった改正後の個人根保証にも，特別解約権を認める余地があり，Aの信用不安を知った後にしたDの解約は有効であり，その後の取引による債務は保証の対象になっていないと考えることができる。

　民法465条の4により法律上当然の元本確定事由が認められたので，これにより特別解約権は解消されたと考えるべきかという疑問もある。しかし，特別解約権は同条に規定されている事由につきるものではなく，当然の確定事由としては限定列挙ではあるが，解釈による特別解約権を否定するものではないと考えるべきである（相当期間を置かず即時解除可能）。

4　基本的取引関係の更新（ⓑの場合）

(1)　期間の定めのない根保証

　本問におけるDの根保証には期間が定まっていない。民法465条の3第2項は，個人貸金等根保証契約では，確定期日を定めていないと3年の経過で確定することになっている。この規定は2017年民法改正で個人保証一般に拡大されなかった規定である。当初はすべての個人根保証への適用拡大が意図されていたが，貸金債権とは異なり，賃貸保証の場合には，保証人がいなくなったからといって取引をやめるという対応ができず不都合であることが指摘され，結局適用拡大はされなかったのである。

　この結果，本問は貸金等債務（その定義は民法465条の3第1項）の根保証ではないので，上記規定は適用にならず，期間の定めのない根保証も有効になる。また，5年を超える保証期間を定めても有効である。これは，極度額の適用が拡大されたのでその保護だけでよいと考えられたためである。

(2) 基本的取引の期間の定めと更新

ところが，ⓑの場合には，根保証の期間は定まっていないが，その基本た
るＡ・Ｂ間の取引関係には２年という期間が定まっている。このことをどう
評価すべきであろうか。この点，信用保証では，更新後の契約については保
証人には責任がないものとされたが（大判昭和９・６・９大審院裁判例８巻民
142頁），賃貸保証の事例について，正当事由制度が導入されており更新が保
証されていることから，更新後の債務についても根保証人は責任を免れない
という判決が出されている（最判平成９・11・13判時1633号81頁）。正当事
由制度がこの判決の根拠だとすれば，本問には適用にならない。しかし，何
回か当然に更新されることが取引通念上予定され，根保証人もそれを覚悟し
ているという契約解釈が根拠であれば，本問でも同様に考える余地がある。

原則として，Ｄは更新後の債務について責任を負わず，現在の700万円
の遅延している代金債務について責任を負うことはないが，特段の事情をＢ
が証明すれば更新後の債務についてのＤの責任が認められることになる。

5　根保証確定前の債権譲渡（ⓒの場合）

ⓒの場合には，未払代金債権700万円のうち，元本が確定される前に100
万円がＥに譲渡されている。Ｅが債務者Ａに支払請求できるのは当然であ
るが，根保証人Ｄに対してはどうであろうか。これは根保証の種類により
答えは分かれることになり，実際にはいずれと認定すべきかという根保証契
約の解釈が問題になる（関連問題参照）。

㋐まず，継続的契約関係としてここでの保証契約を構成することもでき，
主債務が成立するごとにそれに対応する個々の保証債務が成立する継続的保
証の合意ができる（個別債務集積型）。この場合には，債権が譲渡されれば保
証債務も随伴し，Ｅは保証人Ｄに保証債務の履行請求が可能になる。

㋑他方，根抵当権と同様の法理によりこの保証関係を規律する合意も可能
であり（根抵当権類似型），確定という概念を導入し，将来の確定時の主債務
を保証することになる。確定前には保証債務はないので，履行請求ができ
ず，債権が譲渡されても保証債務が随伴するということはない。本問では，
Ｅは保証人Ｄに保証債務の履行請求はできないことになる。

契約自由の原則からはいずれの合意も可能であり，いずれと認定ないし推

定すべきかが論じられるべきである。この点，参考判例⑤は，「根保証契約
を締結した当事者は，通常，主たる債務の範囲に含まれる個別の債務が発生
すれば保証人がこれをその都度保証し，当該債務の弁済期が到来すれば，当
該根保証契約に定める元本確定期日（……）前であっても，保証人に対して
その保証債務の履行を求めることができるものとして契約を締結し，被保証
債権が譲渡された場合には保証債権もこれに随伴して移転することを前提と
しているものと解するのが合理的である」として，㋐と推定した。

　この判決による限り㋐と推定され，EはDに対して，保証債務の履行と
して100万円の支払を請求できることになり，Dが㋑の合意がされたこと
を証明する必要がある。民法は「根保証」という用語を採用したが，上記の
性質決定において根保証という推定を認めようという意図はない。しかし，
上記判決は，一般論を展開しているが，法人による根保証の事例である。㋐
は根保証人に不利な解決であり，Eは個人根保証人Dに対して，㋐と解す
べき特別事情の主張立証責任を負うと考えるべきである。

・・●【 **関連問題** 】●・・・・・・・・・・・・・・・・・・・・・・・・・・・・・・・・・・・・・・

　(1)　本問後段において，A・B間の取引が続いている段階におい
て，BはAの支払が滞ったならば，取引を継続したまま，C・Dに
対して保証債務の履行として，代金を代わりに支払うよう請求する
ことができるか考えなさい。

　(2)　本問後段において，Dの根保証の極度額500万円であると事
例を変更した場合，BのDに対する600万円の債権とEの100万
円の債権につき，BE間の優劣またBがDから300万円の支払を受
けたときのDのBへの分配請求について検討しなさい。

●】 **参考文献** 【●

＊阿部裕介・平成25年度重判77頁／齋藤由起・百選Ⅱ50頁

（平野裕之）

Aは歩行中にBの運転する自転車にぶつかられて転倒したが，打ち所が悪く，手足に痺れが残る結果となった。A・B間で何度か話し合ったが，最終的にはBがAに対して800万円の和解金を支払うことで，和解契約が成立した。

他方，個人事業者として高級家具の製造をしているBは，家具の小売業者であるCに対し1000万円の売買代金債権を有していた。ところが，Bの製造した家具について，湿気に弱く数年経つと引出し等が開きにくくなるとの苦情が複数あった。そこで，Cは，Bの販売した家具には瑕疵があるとして，代金の支払を拒絶している。

その間，上記のような商品の欠陥に関する噂がインターネット等で広まり，Bの経営状況が急激に悪化した。AがBに対して上記和解金の支払を求めたところ，Bは，「今手元に十分な資金がない。ただ，自分はCに家具の代金債権を有している。そこから自由に取り立ててもらってかまわない」と述べた。

(1) AはCから取り立てるため，どのような手段をとることができるか。Aはその請求に際して，どのような事実を証明する必要があるか。

(2) AがCに対する訴訟を提起した後，Bは強硬な債権取立てをしてくる金融業者Dに対しCに対する売買代金債権を譲渡し，Cに確定日付ある通知をした。そこで，Cは，Aの提起した訴訟において訴訟物たる債権はすでに譲渡されているので，Aに支払う義務はないと主張した。裁判所はどのような判決をすべきか。

(3) AがCに勝訴し，それに従ってCが弁済した。その後，Bに破産手続開始決定があり，Bの破産管財人が当該弁済金の支払をAに請求した。Aが支払を拒むためには，どのような主張が可能か。

●】 参考判例 【●

① 最判昭和 40・10・12 民集 19 巻 7 号 1777 頁
② 大判昭和 10・3・12 民集 14 巻 482 頁
③ 大判昭和 14・5・16 民集 18 巻 557 頁

●】 解説 【●

1 債権者代位制度の意義

　債権の効力として，債務者が債務を履行しない場合に，債権者は債務者に対して請求し，それを強制する効力が認められている。ただ，債務者の財産権（債権）の行使について債権者が容喙することは原則としてできないとされる（債務者の財産の管理処分権の剥奪は，破産手続の開始等ではじめて認められる）。他方，債務者が無資力等の状態にありながら，自己の債権の行使を放置し，結果として債権者の債権の保全回収が図られないことは相当とはいいがたい。そこで，民法は，債権者代位権の制度を用意し，そのような場合には例外的に債務者の債権行使の権限に債権者が介入し，債務者に代わって自ら債権を行使することを認めている（本来型の債権者代位権）。

　さらに，このような金銭債権の保全回収を超えて，債権者が有する債権の実現を図るため，当該債権と密接な関連を有する債務者の債権を代位行使することも判例上認められてきた。たとえば，ある不動産に係る債権者の登記請求権を実現するため，当該不動産に関する債務者の登記請求権を代位行使する場合や，ある不動産に係る債権者の賃借権を実現するため，当該不動産を占有する者に対する所有者の妨害排除請求権を代位行使する場合などである（転用型の債権者代位権）。そして，このような転用型は改正民法によって一部明文化され，上述の登記請求権の類型が規定された（423 条の 7）。ただ，立案過程で議論された転用型の一般規定は見送られ，他の類型は依然として解釈に委ねられている。

　以下では，本問に即して，本来型の債権者代位権に関するいくつかの法律問題を検討する。

2 債権者代位制度の機能：保全執行制度との関係

　本来型の債権者代位権の機能を考えるについては，債権者が債務者から債務の弁済を受けられない場合において，債務者が第三者（第三債務者）に対して債権を有しているときに，債権の保全回収についてどのような方法があるかを検討する必要がある。これについては，大きく2つの方法が考えられる。

　1つは，民事保全法に基づき，債務者に対して債権の仮差押命令の申立てをし，第三債務者に対する債権につき仮差押執行をする方法がある。そして，そのうえで，債務者に対して給付訴訟を提起して勝訴判決を取得した後に，民事執行法に基づき，その確定判決を債務名義として第三債務者に対する債権を差し押える方法である（その後，当該債権の取立てあるいは転付命令〔一種の代物弁済〕によって自己の権利を最終的に実現することになる）。このような債権回収のプロセスが法制度の予定する本来の方法と考えられる。小問⑴の前段についても，Aは，BのCに対する売買代金債権を仮差押えしておき，Bに対する800万円の給付訴訟を提起し（これは和解契約が有効であれば通常簡単に勝訴判決が得られる），その判決に基づき仮差押えを本差押えに移行して，Cに対する取立訴訟を提起する方法が考えられよう。

　他方，もう1つの方法が債権者代位権を活用するものである。すなわち，債権者は，債権者代位権に基づき，債務者の第三債務者に対する債権（被代位権利）を直接取り立てることが認められ（4参照），第三債務者が任意に応じない場合には，債権者代位訴訟を提起し，強制的に支払を求めることが可能である。そして，そのようにして取得した取立金については債務者に対して返還義務を負うが，債権者が債務者に対して有する債権（被保全債権）と取り立てた被代位権利の返還債務とを相殺して，債権を回収することが可能になる。本問の場合，Aは自らの有する800万円の債権の限度で（423条の2参照），Cに売買代金の支払を求め，Cが応じないときは債権者代位訴訟を提起し，その勝訴判決に基づき取り立てた800万円のBに対する返還債務とBに対する800万円の和解金債権とを相殺することによって債権回収を図ることができる。

　この2つの方法はいくつかの差異があり，債権者代位権に利点が認められ

る部分がある。第1に，債権者代位による場合は債務名義が不要である。その結果，債務者に対して訴訟を提起しなくても，いきなり第三債務者に請求し，提訴することが可能である。強制執行の方法による場合は，前述のように，ⓐ債務者に対する勝訴判決→ⓑ被代位権利の差押え→ⓒ第三債務者に対する取立訴訟等という手順が必要となるのに対し，債権者代位ではⓐ・ⓑのプロセスを省略でき，特に少額の被保全債権の場合には（裁判外で）簡易に実現が可能であることは大きな利点となる。

　第2に，債権者代位によって優先回収が可能となる。債権者代位において，債権者が先に取り立てることができれば，前述のように，相殺による回収が可能になる。その結果，仮に他の債権者がその後に債務者の被代位権利に係る返還請求権を差し押えたとしても，差押えと相殺に関する無制限説（511条1項後段）を前提にすれば，代位債権者が優先できる結果になる。他方，民事執行による場合は，他の債権者が二重差押えや配当要求によって参加して按分弁済になる可能性が常にある（転付命令は独占的回収を可能にするが，それが確定するまでの間はなお他の債権者の加入が可能であるし〔民執159条3項〕，第三債務者の無資力リスクを債権者が負担しなければならない）。

　両者の手続には以上のような差異があり，債権者代位制度に利点が大きいことには，かねてから批判がある。ドイツ法的な保全執行制度とフランス法的な債権者代位制度を単純に並立させた明治期の立法者の「過誤」であるとの批判である（三ヶ月章博士が提起した批判である）。そのため，今回の改正の過程では，本来型の債権者代位制度の存廃を含めて議論の対象となり，少なくとも上記の優先回収を否定するため，第三債務者から取り立てた代位債権者による相殺を制限する提案もされたが，結局採用には至らなかった。それは，少額の被代位権利で強制執行が十分機能しない場合や第三債務者の任意の協力が得られる場合など強制執行によらない債権回収が有用とされる場面がなお存在すること，優先回収ができなければ債権者が債権保全の努力を怠る結果になること，他の債権者に参加の機会を与えても現実には参加がされず，差押えは無意味である場合が多いことなど実際上の理由で制度が存続することとされた。ただ，債権者代位権の行使によって債務者の被代位権利の処分が禁止される旨の判例法理は否定されたため（4参照），債務者の処分

や第三債務者の債務者への弁済の可能性があるような事案では、実際上、仮差押えが不可欠になり、執行保全ルートへ事実上の誘導がされることになろう。

　以上から、小問(1)前段では、上記のような債権者代位ルートと執行保全ルートの優劣に鑑み、具体的事案においてどちらを採用するかを判断する必要がある。具体的には、本問ではBの経営状態が悪化しているため、Aの優先回収が強く要請されるとすれば、債権者代位権の行使を考えることになるが、Bによる債権譲渡やCのBへの弁済のリスクが大きいと判断される場合は、優先回収をあきらめ、債権の仮差押えをしてBに提訴することで強制執行による回収を考えることになろう。

　他方、小問(3)では、Aは相殺の抗弁を主張することになる。破産手続開始決定は差押えと同等の効力を有するので、AがCから800万円の支払を受けたのがBに対する破産手続の開始より前であれば相殺の抗弁は通常有効に認められ、結果としてAは優先的に債権回収を図りうることになろう（ただ、破産法による相殺制限の可能性〔破71条参照〕が別途あることには注意を要する）。

3　債権者代位権の要件

　債権者代位権の行使要件について、「自己の債権を保全するため必要があるとき」に限ってその行使が可能とされる（423条1項本文）。単に主観的な保全目的だけではなく、客観的な保全の必要があることを要する旨が明らかにされている。立案過程では、債務者無資力の要件の明記が検討されたが、この点は採用されなかった。2017年改正前民法下の判例（参考判例①）は「債務者の資力が当該債権を弁済するについて十分でない場合にかぎり」代位権が行使できることは2017年改正前民法423条の法意に照らして明らかと判示していたところ、判例法理を明文化する趣旨の提案であったが、債務者の無資力の厳格な立証は一般に困難であり、この点を要件として明示すると債権者に厳格な立証が求められるおそれがあること、転用型の独自規定を設けず、この規定がその根拠になるとすれば、無資力要件を一般的に課すことは相当でないことなどから、むしろ「保全の必要」という一般文言の解釈にとどめるほうがよいとされたものである。ただ、上記判例の趣旨は通常の

事案では改正後も維持されると解されよう。

　また，被代位権利（債権者代位権の対象となる「債務者に属する権利」。423条1項本文参照）の関係では，一身専属権のほか，「差押えを禁じられた権利」の行使が許されない（同項ただし書）。たとえば，年金受給権（国年24条など）等は債務者の責任財産を構成しないので，代位権行使の対象外となる。債権者代位権を行使した結果，本来差押えによる回収ができないような財産について，代位＋相殺によって債権者の回収を認めることは相当でないからである。

　他方，被保全債権関係（債権者代位権の根拠となる権利）の要件として，第1に，期限未到来の場合（423条2項本文）について，裁判上の代位の制度（非訟旧85条以下）を廃止し，保存行為の場合だけに行使を限定している（423条2項ただし書）。これは，裁判上の代位は利用例が乏しく，保存行為以外の場合，期限未到来の被保全債権も一般的に対象となる民事保全制度（民保20条2項参照）による代替が可能であることによる。ただ，転用型では裁判上の代位の利用例もあったようであり，期限未到来等の場合の転用型の行使については引き続き解釈に委ねられ，この要件は転用型には及ばないとの解釈の余地もあろう。第2に，強制執行により実現できない債権に基づく代位は許されない（423条3項）。この制度が強制執行の準備のための制度であることに鑑み，執行力・強制力のない債権（不執行の合意がある債権やいわゆる自然債務に係る債権等）は被保全債権としての適格を欠くとの理解を明確化したものである。

　以上から，小問(1)後段では，以上のような要件を主張立証する必要があることになるが，本問では特にBの無資力の立証が問題になると考えられる。Aとしては，Bの経営状態が悪化して債務の履行が困難になっている状況について（たとえば，Bが手元に資金がない旨を自認しているのであれば，その陳述等を書証として），立証していくことになろう。

4　債権者代位権の効果

　代位権行使の方法について，被代位権利が金銭の支払または動産の引渡しである場合には，自己に対する支払・引渡しを求めることができる（423条の3前段）。また，そのような支払・引渡しによって被代位権利が消滅する

（同条後段）。前段の規律は判例法理（参考判例②など）の明文化であり，そのような直接給付が認められないと，債務者が給付を受領しないときには債権者は債権保全ができないことになり，債権者代位制度の趣旨を没却することを根拠とする。立案段階では，債務者に対する給付のみを容認し，債権者による直接の給付請求を認めない旨の提案も検討された。これは債権回収機能を否定する最もドラスティックな提案であったが，上記判例法理の根拠と同様，債務者が受領しない場合には債権保全機能も達成できず，相当ではないとされた。後段では，以上のような直接の支払または引渡請求権の容認を受けて，その支払等による被代位権利に係る債務の消滅を規定する。解釈上異論のない帰結を明文化したものである。

　そして，訴えにより債権者代位権を行使する場合，代位債権者は遅滞なく債務者に対して訴訟告知をしなければならない（423条の6）。債権者代位訴訟はいわゆる法定訴訟担当として，債務者に対して当然に判決効が及ぶと解されている（民訴115条1項2号）。しかし，債務者に対して訴訟係属が知らされないにもかかわらず，代位債権者敗訴の判決効が及ぶことに対しては従来から民事訴訟法理論において批判が強く，勝訴判決の効力しか及ばないとの見解（「勝てば官軍説」）や判決効の拡張を否定する見解（固有適格説）など多くの議論を呼んできた（議論の概観につき，渡部美由紀「既判力の主観的範囲(2)」伊藤眞＝山本和彦編『民事訴訟法の争点』〔有斐閣・2009〕234頁以下など参照）。本改正は民事訴訟法における積年の懸案を立法により解決するもので，その意義は大きい。

　また，債権者代位権の行使があっても，債務者が自ら取立てその他の処分をすることは妨げられない（423条の5前段）。すなわち，代位権が行使され，それが債務者に通知または了知された場合，債務者の処分権限が喪失するとの判例法理（参考判例③など）は正面から変更された。債権者代位権はもともと債務者の権利行使の巧拙には介入できない性質の制度であり，債務者の処分権を奪うことはその地位を過度に弱めることによる。その結果，債権者代位権行使後も，債務者は被代位権利を取り立てることができるし，譲渡や免除等の処分も自由にできる。その処分が債権者の利益を害する場合には，別途，所定の要件の下に詐害行為取消権を行使することになる。そし

て，第三債務者も被代位権利につき債務者に対して履行することを妨げられない（同条後段）。第三債務者は有効な代位権行使かどうかを的確に判断できる保障はなく，判断を誤った場合の二重払のリスクを第三債務者に負担させることは不当であり，履行禁止という効果を欲する債権者は仮差押等の申立てをすべきことによる。

　以上から，小問(2)では，BのDに対する債権譲渡は改正法の下では有効であり，Cに対する売買代金債権はBの責任財産ではなくなるので，Cの抗弁は正当なものとされ，Aの請求は棄却されることになる。

発展問題

　⑴　AはBに対して1000万円の売掛金債権を有していたが，Aは当該債権の取立てを怠っており，このままではX年6月末日に消滅時効期間が経過してしまう。この場合，Aに対してX年10月1日を履行期とする1000万円の貸金債権を有するCは，債権者代位権を行使して，上記売掛金債権を取り立てることはできるか。

　⑵　AはBに対して1000万円の売掛金債権を有していたところ，Aに対する1000万円の貸金債権を有すると主張するCが債権者代位権を行使して，上記売掛金債権の支払請求訴訟を提起した。同じくAに対する1000万円の貸金債権を有するDは，上記Cの貸金債権はすでに弁済により消滅しているはずであり，上記売掛金債権は自己の債権の回収に充てたいと考えている。この場合，Dはどのような対応をとるべきか。

●】参考文献【●

＊潮見Ｉ645頁／山本和彦「債権者代位権」NBL1047号（2015）42頁

（山本和彦）

34

財産処分行為と詐害行為取消権

　Ａは，2031 年 10 月 5 日，Ｂに対して商品を売却し，代金 400 万円の支払期日を 2032 年 1 月 20 日としたが（以下，同売却に係る売掛代金債権を「本件債権」という），Ｂは 2031 年 12 月頃から，経営状態が悪化し，同月 20 日頃，債務超過の状態に陥った。Ｂは唯一のめぼしい財産として 2000 万円相当の土地・建物（以下，「甲不動産」という）を有していたが，甲不動産にはＣの 1500 万円の貸金債権（返済期限は 2032 年 1 月 10 日）を担保するために抵当権が設定されていた。以下の設問に解答しなさい（利息・損害金については考慮しなくてよい）。

　(1)　Ｂは，2032 年 1 月 10 日，Ｄとの間で，甲不動産をＤに 500 万円で売却する契約を締結し，Ｄに対して代金 500 万円をＢの妻Ｅ名義の普通預金口座に直接支払うように指示した。同日，Ｄは，Ｅ名義の口座に 500 万円の振込みをなし，甲不動産につき，売買を原因とするＤへの所有権移転登記手続がなされた。ＡはＤを被告として詐害行為取消訴訟を提起したいと考えている。ＡはＤに対してどのような請求をなすことができるか。①Ｃの被担保債権がいまだ弁済されておらず抵当権登記が抹消されていない場合と，②ＤがＣの被担保債権を全額弁済し抵当権設定登記が抹消されていた場合とを分けて，その当否を検討しなさい。

　(2)　Ｂは，2032 年 1 月 10 日，Ｃに対して，1500 万円の債務の代物弁済として，甲不動産を譲渡し，同日，甲不動産につきＣへの代物弁済を原因とする所有権移転登記手続およびＣの抵当権設定登記抹消登記手続がなされた。ＡはＣを被告として詐害行為取消訴訟を提起したいと考えている。Ｃに対してどのような請求をなすことができるか，その当否を検討しなさい。

●】参考判例【●

① 最判昭和 36・7・19 民集 15 巻 7 号 1875 頁

② 最判昭和 54・1・25 民集 33 巻 1 号 12 頁

③ 最判昭和 63・7・19 判時 1299 号 70 頁

④ 最判昭和 42・11・9 民集 21 巻 9 号 2323 頁（関連問題(1)）

⑤ 最判昭和 58・12・19 民集 37 巻 10 号 1532 頁（関連問題(2)）

⑥ 最判平成 12・3・9 民集 54 巻 3 号 1013 頁（関連問題(2)）

●】解説【●

1　責任財産の範囲

　債務者の財産は，債権者の債権の引当てとなる責任財産を構成するが，債務者は，所有者としてその財産について処分権限を有するので，法律行為によって自由に財産を第三者に処分することができ，それによって責任財産が減少して，債権者が責任財産から満足を受けられないおそれがある。そこで民法は，債務者が債権者を害することを知りながらなした行為について，債権者が，詐害行為取消訴訟を提起し，その行為を取り消して（424条1項・3項），逸出した財産を取り戻すこと（424条の6）を認めた。すなわち詐害行為取消制度の制度趣旨は，責任財産を保全するために，詐害行為（責任財産減少行為）を取り消して，責任財産の回復を図る点にある。

　本問において，甲不動産は，債務者Bの責任財産を構成するので，無資力（＝債務超過）の状態においてBのなす甲不動産の処分行為は，一般債権者を害する詐害行為として取り消される余地がある。ただし，甲不動産にCのために抵当権が設定されている点には注意を要する。判例・通説は，債務者の財産に抵当権等の物的担保が設定されていた場合，その被担保債権額を控除した残額部分のみが一般債権者の共同担保（責任財産）を構成するとしている（大判明治44・11・20民録17輯715頁，我妻栄『新訂債権総論』〔岩波書店・1964〕181-182頁・196頁など）。参考判例③が，「詐害行為の目的不動産に抵当権が付着している場合には，その取消は，目的不動産の価額から右抵当権の被担保債権額を控除した残額の部分に限って許される」とするのはそ

の趣旨である。本問においては，甲不動産の価値は2000万円相当であるが，そのうち1500万円分については，Cの抵当権によって優先弁済権（交換価値）が確保されており，Aを含めた一般債権者の責任財産を構成するのは500万円分ということになる。

なお，財産処分行為によって害されたとして取消しを請求できる債権者は，詐害行為前の原因によって被保全債権を取得していなければならない（424条3項）。本問では，甲不動産の処分行為がなされたのは2032年1月10日であるが，Aが本件債権を取得したのは2031年10月5日であるので，この要件を満たしている。

2 詐害行為の類型：一般規定と特則規定

詐害行為としては，贈与，売買，代物弁済，担保設定行為など種々の行為が想定されるが，2017年改正前民法下においては，424条1項本文の「債権者を害することを知ってした法律行為」の解釈によって，詐害行為に当たるか否かが行為類型ごとに総合的に判断されていた。判例の基準は必ずしも明確ではなく，透明性を欠くだけでなく，一部の類型（相当価格の財産売却など）では，破産法の否認権とのいわゆる「逆転現象」が生じるなど問題点が指摘されていたことから，2017年改正民法は，一般規定（424条）を残しつつ，類型ごとに特則を置いて，一般規定の要件を満たすことを前提にさらに特則規定において加重される要件を明示することとした。特則は，相当対価を得てした財産の処分行為の特則（424条の2），特定の債権者に対する担保の供与等の特則（424条の3），過大な代物弁済等の特則（424条の4）の3つである。

小問(1)では，抵当権の負担を差し引いた甲不動産の価値が500万円相当であるところ，それを500万円でDに売却したというのであるから，相当価格の財産売却行為であり，一般規定（424条）に加重して特則規定である民法424条の2が適用となる（仮に贈与や廉価での売却の場合は，民法424条1項のみの適用となる）。同条においては，「隠匿等の処分」をするおそれを現に生じさせるものであり（1号），かつ債務者にその意思があること（2号）が要件として加重されている。さらに，一般規定（424条1項ただし書）と異なり，受益者の悪意を取消債権者の側で主張立証しなければならない（3号）。ちなみに，本問では，Bが妻E名義の普通預金口座に代金を振り込む

ように指示し，Ｄが指示どおり振り込んだというのであるから，「隠匿等の処分」のおそれおよびその意思が認定される可能性がある。

　小問(2)では，1500万円の債権に2000万円の甲不動産が代物弁済されている。Ｃの債権が一般債権である場合，1500万円の部分については，いわゆる偏頗行為（特定の債権者に対する担保の供与等）として，424条の3第1項の加重された要件（支払不能の時になされたものであり，かつ債務者と受益者とが通謀して他の債権者を害する意図をもって行われたものであること）が課され，500万円の過大な部分については，民法424条の4によって，一般規定である民法424条により取消しの請求が認められることになる。しかし小問(2)では，Ｃは一般債権者ではなく抵当権によって優先弁済権が確保された債権者であるので，そもそも被担保債権の範囲（1500万円分）においては，甲不動産は一般債権者の責任財産を構成しておらず，詐害行為が成立する余地がない。よって，500万円分（「消滅した債務の額に相当する部分以外の部分」）についてのみ，過大な代物弁済として詐害行為取消権を行使できることとなる（424条の4・424条）。

3　取消しの範囲および取戻しの方法

　詐害行為取消権の法的性質については，2017年改正前民法が「取消しを請求することができる」（旧424条1項）とのみ規定していたことから，形成権説，請求権説，折衷説の対立が存したが，判例は一貫して折衷説を採用し（大判明治39・9・28民録12輯1154頁など），訴訟物は詐害行為取消権一個であるが（最判平成22・10・19金判1355号16頁），法律行為の「取消し」および財産の「取戻し」の両方の請求が可能であり，取戻しの方法は，「現物返還」または「価格賠償」によるが，可能な限り現物返還を原則とすべしとしていた（大判昭和9・11・30民集13巻2191頁）。2017年改正民法は，以上の判例法理をリステイトし，424条1項・3項で「取消請求」を規定するとともに，424条の6第1項前段および2項前段において，取消しとともに「財産返還請求」ができるとし，同条1項後段および2項後段において，「財産の返還をすることが困難であるとき」に「価額償還請求」が可能であることを明記した。

　財産返還（現物返還）によるか，価額償還（価格賠償）によるかは，取消しの範囲の問題（全部取消しか一部取消しか）に連動している。判例は，取消

しとともに金銭の支払（価格賠償も含む）を求める場合には，取消しの範囲は原則として取消債権者の債権額に限定されるとしてきたが（大判大正9・12・24民録26輯2024頁），2017年改正民法は，行為の目的が可分である場合および価額償還請求をなす場合には，「自己の債権の額の限度においてのみ，その行為の取消しを請求することができる」と明記した（424条の8第1項および2項）。

　抵当権付不動産の譲渡行為を取り消す場合の取消しの範囲と取戻しの方法については，一連の最高裁判決によって判例法理が確立している。判例は，①抵当権登記が抹消されていない場合には，可能な限り，「全部取消＋現物返還」を認めるべきだが（参考判例②），②抵当権が消滅し抵当権の設定登記が抹消されている場合には，「逸出した財産自体を原状のままに回復することが不可能若しくは著しく困難であり」，また，「債務者及び債権者に不当に利益を与える結果になる」ので，「一部取消＋価格賠償」によるしかないとする（参考判例①③）。共同抵当の目的とされた複数の不動産の譲渡が詐害行為となる場合においても，後の弁済により抵当権が消滅したときには，「売買の目的とされた不動産の価額から右不動産が負担すべき右抵当権の被担保債権の額を控除した残額の限度で右売買契約を取り消し，その価格による賠償を命ずるべきであり，一部の不動産自体の回復を認めるべきものではない」とした（最判平成4・2・27民集46巻2号112頁）。なお価格賠償における価格算定は，原則として，取消しの効果が生じ受益者において財産回復義務を負担する時点，すなわち取消訴訟の事実審口頭弁論終結時が基準となる（最判昭和50・12・1民集29巻11号1847頁）。

　以上の判例法理は，2017年改正民法後は，424条の6第1項後段および2項後段の「財産の返還をすることが困難であるとき」の解釈論として承継されることになろう。小問(1)の①のケースでは，「全部取消し＝財産返還（所有権移転登記の抹消）」となるが，小問(1)②のケースおよび小問(2)では，財産返還が困難であるとして，「一部取消し＝価額償還」となる。その場合，取消しの範囲は，さらに被保全債権の債権額（本問では400万円）の限度に制限され（424条の8第2項），取消債権者への直接の金銭の支払が命じられる（424条の9第2項）。

　Ａは，2031年10月5日，Ｂに対して商品を売却し，代金400万円の支払期日を2032年1月20日としたが（以下，同売却に係る売掛代金債権を「本件債権」という），Ｂは2031年12月頃から，経営状態が悪化し，同月20日頃，債務超過の状態に陥った。Ｂは唯一のめぼしい財産として2000万円相当の土地・建物（以下，「甲不動産」という）を有していた。以下の設問に解答しなさい（利息・損害金については考慮しなくてよい）。

　(1)　Ｂは，母親の介護費用が必要となったため，2032年1月10日，金融業者Ｃから500万円の融資を得るため，甲不動産を担保目的でＣに譲渡し，同日，甲不動産につき譲渡担保を原因として所有権移転登記手続がなされた。ＡはＣを被告として詐害行為取消訴訟を提起したいと考えている。Ｃに対してどのような請求をなすことができるか，その当否を検討しなさい。融資額が2000万円の場合はどうか。

　(2)　Ｂは，債権者からの執行を免れるため，2032年1月10日，妻Ｄと協議離婚し，財産分与として，甲不動産を譲与し，同日，甲不動産につき財産分与を原因として所有権移転登記手続がなされた。ＡはＤを被告として詐害行為取消訴訟を提起したいと考えている。Ｄに対してどのような請求をなすことができるか，その当否を検討しなさい。

●】 参考文献 【●

＊森田修・百選Ⅱ 32頁／片山直也・百選Ⅱ 38頁／森田修・百選Ⅲ 40頁／Before/After〔第2版〕168頁〔稲田正毅〕・170頁・178頁〔福井俊一〕・182頁〔稲田正毅〕・188頁〔髙尾慎一郎〕・190頁〔赫高規〕

（片山直也）

35 詐害行為取消権の効果

　2024 年 4 月 1 日，A は B に対し，弁済期を 2025 年 3 月 31 日と定め 300 万円を貸し付けた。B が有する唯一の財産は，2023 年 10 月 5 日に死亡した父親 C から相続により取得した甲土地（評価額 500 万円）のみであった。B は，2024 年 5 月 15 日に甲土地について相続を原因とする所有権移転登記を経由した。

　2024 年 10 月 15 日，B は友人の D に対し，甲土地を代金 250 万円で売却し，同日，その旨の所有権移転登記を経由した。さらに，甲土地は，同年 12 月 7 日，D から E に代金 200 万円で売却され，同日，その旨の所有権移転登記を経由している。

　2025 年 1 月 20 日，A は甲土地が B から D，D から E へと売却された事実を知った。その後，関係者に事実関係を確認し，同年 2 月 20 日までには，それぞれの売買について代金額を含めた詳細を知ることができた。D および E は，それぞれ代金の支払を済ませており，また，B が A から 300 万円を借用している事実，甲土地が B の有する唯一の財産であった事実，そして，甲土地の評価額が 500 万円であることを，それぞれ売買契約当時，知っていたとのことである。

　A は，B が評価額より廉い価格で D に甲土地を売却した行為について詐害行為取消権を行使したい。このとき，A は誰に対してどのような請求ができるか。

●】参考判例【●

① 大判明治 44・3・24 民録 17 輯 117 頁
② 最判昭和 49・12・12 金法 743 号 31 頁

1 詐害行為取消権の法的性質

　詐害行為取消権の行使方法およびその効果を検討するに当たっては，まずは詐害行為取消権の法的性質が問題となる。この点に関して，有名な参考判例①は，以下の5点を判示し，これが2017年改正前民法下の判例法理を形成していた。ⓐ詐害行為の取消しは一般法律行為の取消しとその性質を異にし，その効力は相対的にして何人にも対抗すべき絶対的なものではない，ⓑよって，債務者に対して訴えを提起しその法律行為の取消しを求める必要はない，ⓒ債権者が受益者に対して詐害行為取消権を行使し法律行為を取り消して賠償を求めることも，あるいは転得者に対して同一訴権を行使し直接にその財産を回復することもまったくの自由である，ⓓ詐害行為取消訴訟は単純な確認訴訟ではなく，債務者の法律行為を取り消し，相手方が債務者の財産を所有するときはその財産を回復し，財産を所有していないときはこれに代えて賠償をさせることによってその担保権を確保することを目的とするものである，ⓔ債権者が受益者に対し損害の賠償を求めることなく，法律行為の取消しのみを求めることも許される，というものである。上記ⓐがいわゆる相対的取消構成であり，上記ⓓが折衷説と呼ばれる内容である。

　2017年改正民法は，この参考判例①の内容の多くを明文化している。すなわち，取消債権者は，受益者または転得者に対し取消訴訟を提起することができ，その内容は債務者の行為の取消しとともにする財産の返還請求（返還が困難なときは価額の償還請求）であることを民法424条の6が規定する。また，債務者を被告に加える必要はなく，訴訟告知の対象となることを民法424条の7が規定する。しかし，一方で民法は，これまでの判例法理であった相対的取消構成については，これを見直し，民法425条において，詐害行為取消請求を認容する確定判決は，債務者およびそのすべての債権者に対しもその効力を有する旨を規定する。

　以上より，現行民法下においても，これまでと同様にAは，Dを被告として訴訟提起することも，また，Eを被告として訴訟提起することも認められる。また，取消債権者の債権は，詐害行為より前の原因に基づいて生じた

ものであればよいとされるので（424条3項），Aは弁済期到来の有無にかかわらず，民法424条を根拠として取消訴訟を提起しうることになる。

ちなみに，2017年改正民法の附則19条は詐害行為取消権に関する経過措置を規定しており，債務者による詐害行為が改正民法の施行日（2020年4月1日）より前である場合には，改正前民法が適用されるとしている。本問でBが低廉売買を行ったのは2024年10月15日であり，施行日後であるから，2017年改正民法が適用される。

2 受益者に対する請求

詐害行為により逸出した財産が不動産であり，その不動産そのものの返還を請求する場合，移転登記を抹消し，あるいは抹消に代わる移転登記を認めることによって，債務者への財産の返還が実現される。これに対し，返還の請求が金銭の支払または動産の引渡しを求めるものであるときは，取消債権者は受益者あるいは転得者に対し直接，自己への支払，引渡しを求めることができるというのが従来の判例法理であった（大判大正10・6・18民録27輯1168頁，最判昭和39・1・23民集18巻1号76頁）。これらの場合には受領が必要となるので，債務者が受領を拒む場合を考慮し，原告である取消債権者による直接の請求を認めようとの趣旨である。民法はこの判例法理を，424条の9第1項において明文化する。

また，受益者あるいは転得者が逸出財産をすでに処分してしまったような場合，これまでの判例法理は，逸出財産の返還に代えて価格賠償請求を認めてきた（大判昭和9・11・30民集13巻2191頁）。民法は，この請求権についても，その名称を破産法168条4項等に倣い価額償還請求権としたうえで明文化している（424条の6第1項後段・2項後段）。受益者・転得者が逸出財産の返還をすることが困難であるときには，債務者の詐害行為の取消しとともに価額償還請求が認められる。よって，AがDを被告として，取消訴訟を提起した場合，Aが求める訴えの内容は，2024年10月15日になされたB・D間の売買契約の取消しと，価額償還請求として一定額の金銭の支払を求めるものとなる。金銭の支払請求であるので，Aは直接，自己への支払を求めることができる（424条の9第2項）が，その場合の請求金額については注意を要する。価額相当額は500万円であるが，Aが直接に価額償還金

の支払を受け，後述の相殺処理によって自らが債務者Bに対し有する債権の満足を受けることが想定される以上，Dに対する価額償還請求額も自らがBに対し有する債権額を上限とすべきである。この点については改正審議の段階においては議論が分かれたところであるが，最終的に民法424条の8第2項において，取消請求は取消債権者の債権の額の限度とする旨を定めている（ちなみに同条1項が，現物返還の場合にも行為の目的が可分であることを条件として同様の規律を定めている）。したがって，AがDに請求しうる請求額は300万円となる。

　取消訴訟においてDに対する請求が認容されると，B・D間の売買契約の取消しと，DがAに対し300万円を支払うべき旨が認められる。この判決が確定するとその効力は改正民法では債務者BおよびBのすべての債権者に及ぶことになる（425条）。従来の相対的取消構成が見直されている。その結果，Bについても売買取消しの効果が及ぶ以上，その金銭は本来，Bが取得すべきものであるとして，仮にAが300万円の支払をDより受けていれば，BはAに対し，その300万円を自らへ支払うよう請求することになる。これに対し，AはBに対して有する貸付債権を自働債権として対当額において相殺することが想定されるのである。2017年改正前民法下でも判例は相殺処理を認めているとして最判昭和37・10・9（民集16巻10号2070頁）が指摘されることもあったが，当該判例の判旨からは相殺の許否の点は必ずしも明らかではなかった。それゆえ，相対的取消構成のもとでの相殺処理に疑問を呈する有力な見解が学説中に存在したところである（中田・債権総論325頁）。これに対して，相対的取消構成を見直した民法425条の規律ではそのような疑問は生じないこととなり，相殺処理が理論的に容認される。

　もっとも，このような形で相殺を認めれば，取消債権者が他の債権者に先立って自らの債権を回収することが可能となる。これが総債権者のための責任財産の保全・回復という詐害行為取消権の制度趣旨と相いれるものであるか否かは，法制審議会の審議でも意見が分かれ，結局，明文化は断念され，引き続き解釈に委ねられることとなった。そうなると相殺を禁止するような法律上の根拠は見出しがたく，相殺は許容されるととりあえずは解されるが，学説には，民法425条を根拠に，債務者の原状回復請求権という特殊な

権利を認め，他の債権者がこの原状回復請求権に対し，差押えあるいは仮差押えをすることにより，Aにも処分禁止効を及ぼし，DのAに対する支払を抑止し，相殺可能状態を作出させないことを認める見解が存在している（高須順一「詐害行為取消権と詐害行為取消訴訟」法律時報1169号〔2021〕30頁）。

　一方で，買主であるDはBに支払った代金250万円の返還をBに対し求めることになる。改正前民法では，この点についての規定がなく，相対的取消構成を前提とした場合，受益者にどのような請求権が認められるかは解決困難な問題とされていた。これに対し，民法は425条の2において，財産処分行為が取り消された場合には，受益者は債務者に対し，その財産を取得するためにした反対給付の返還を請求しうる旨を規定している。ここにも相対的取消構成の見直しの影響が現れている。

3　転得者に対する請求

　AがEを被告として取消訴訟を提起する場合，現物の返還が可能であるから，Aが求める訴えの内容は，2024年10月15日になされたB・D間の売買契約の取消しと，甲土地の所有権登記をBに移転するように求めるものとなる。転得者に対する取消請求であっても，取り消される行為はあくまで債務者の行為（B・D間の売買契約）であり，受益者と転得者間の行為（D・E間の売買契約）ではないことに留意すべきである。

　この請求が認容され確定すると判決の効果はBに及ぶことになる。ただし，民法425条では判決の効力が及ぶのは債務者およびそのすべての債権者とされるから，受益者であるDに対しては取消しの効力は及ばない。そのため，Eは甲土地の所有権登記を失っても，Dに対し支払った代金200万円の返還を求めることはできない。このままではEの立場を不当に害することとなるので，民法はこの場合の固有の規定を設けており，受益者に対する詐害行為取消請求によって取り消されたとすれば民法425条の2の規定により生ずべき受益者の債務者に対する反対給付の返還請求権（またはその価額の償還請求権）を，その転得者が前者から財産を取得するためにした反対給付の価額を限度として，権利行使できると規定する（425条の4第1号）。Eは，Bに対し，200万円の支払を求めることができることになる。

なお，転得者に対する取消請求が認められるための要件について，民法はこれまでの判例法理を変更するので注意が必要である。すなわち，参考判例②は，途中の転得者が詐害行為の事実について善意であり取消権行使が認められないケースにおいても，現在の転得者が悪意であれば取消権行使は可能とし，この点についても相対的な解決を指向していた。これに対し，民法424条の5は，転得者に対する取消訴訟の提起は，受益者に対する詐害行為取消請求をすることができる場合を前提とする旨を規定し，転得者の悪意の他に受益者の悪意も要求している。また，被告となる転得者の前に別な転得者がいる場合はその別の転得者全員のそれぞれの悪意を必要としている。したがって，仮にＤが詐害行為の事実について善意であった事案であったとすれば，たとえＥが悪意であったとしても取消権行使は認められない。

　さらに，甲土地の所有権登記名義がＢに移転された場合のその後の処理であるが，取消債権者Ａ（あるいは別な債権者）によって不動産強制競売の申立等がなされることが想定される。その手続は通常の民事執行法の規定によりなされるので，民事執行法所定の要件を満たすＢの債権者は，この不動産競売手続等に配当要求（民執51条）することができる。上述のとおり，民法425条の4によりＥはＢに対し200万円を請求しうるが，この債権についても債務名義を取得するなどの民事執行法所定の要件を満たせば，競売手続において配当を受けることができる。

4　その他の検討課題

　民法425条により拡張される判決の効力とはどのような性質のものであろうか。とりあえずは取消判決が有する形成力と既判力であると考えられるが，しかしながら，債務者およびその債権者は取消訴訟の当事者にはなっておらず，紛争の相対的解決の原則を前提とする民事訴訟手続において，なぜにこれらの効力が当事者以外の者に拡張されるのかという疑問が生じる。そこで，学説には同条の規定による判決効の拡張は訴訟法上のものとは異なる実体法上のものであるとの見解がある（潮見Ⅰ 816頁）。訴訟法上の判決効の拡張法理とも関係する問題であり，今後の議論の深化が望まれる。

　さらには，取消訴訟の係属中に債務者が被告に訴訟参加する場合の参加形態がどのようなものか，さらには債務者の他の債権者が原告に訴訟参加する

場合はどうか，などの訴訟手続に関する検討も不可欠となる。筆者は，被告適格を欠く債務者の参加形態は共同訴訟的補助参加，他の債権者による参加形態は共同訴訟参加と考えているが，この点についても今後の議論の展開が期待される。

● ··· **関連問題** ··· ●

(1)　本問ではBの詐害行為は甲土地の低廉売買であったが，事実関係を変えて，Dは2023年10月1日，Bに対し，弁済期を2024年10月15日と定め250万円を貸し付けた債権者であったとする。B・Dは，同年10月15日，Dに対する借入金債務の弁済に代えてBが所有する甲土地を代物弁済とすることを合意し，同日，Dへの所有権移転登記を経由した。仮に，この代物弁済行為が民法424条の3に規定する要件を満たし，詐害行為取消請求が可能とした場合，AはDに対してどのような請求ができるか。また，この取消訴訟の請求認容判決が確定した場合，Dが有していた貸付金250万円はどうなるか。あるいは同条の要件を満たさない場合はどうか。

(2)　上記(1)の事案において，Dは甲土地取得後の2024年12月7日，Eに対し甲土地を代金200万円で売却し，同日，その旨の所有権移転登記が経由していたとしたら，Aは誰に対してどのような請求ができるか。

●】 **参考文献** 【●

＊沖野眞已・百選Ⅱ30頁／高須順一『詐害行為取消権の行使方法とその効果』（商事法務・2020）106頁・174頁

（高須順一）

36

債権譲渡禁止特約

　金属加工業を営むＡ社は，取引先の自動車メーカーＢに対して，継続的に供給しているエンジン用バルブの売買契約に基づく売掛債権αを有している。債権αには，売買契約締結時に交わされたＡＢ間の取引約定書において，「Ａは，Ｂがあらかじめ書面により承諾した場合を除いて，債権αを譲渡・質入れしてはならない」旨の特約（「本件特約」）が付されていた。

　その後，Ａは，金融機関Ｃから事業資金の追加融資を受けるに当たり，Ｃの貸金債権βを担保するために，Ｂに事前の承諾を得ることなく，債権αをＣに譲渡し，同日債権譲渡登記ファイルに登記をした。Ｃは，債権αをＡから譲り受けるに先立ち，Ａ・Ｂ間の取引約定書の内容をチェックしており，債権αに本件特約が付されていることを知っていたが，Ｂから譲渡の内諾を得ているというＡの説明を信じ，それ以上Ｂに確認しなかった。

　他方，Ｄは，Ａに対してバルブ製造に必要な金属類の供給契約に基づく売掛債権γを有していた。債権γの弁済期が到来しても，Ａが弁済をしなかったので，Ｄは，債権γの弁済に代えて債権αを譲り受け，Ａは，翌日に確定日付ある証書によりＤへの債権譲渡をＢに通知した。Ｄは，債権αを譲り受ける際に，Ａ・Ｂ間の取引約定書の内容を確認しておらず，債権αに本件特約が付されていることを知らなかった。

　債権譲渡通知書を受領したＢは，Ａに事情を問い合わせ，このときはじめて，Ａが債権αを事前の相談なしにＣおよびＤに譲渡していた事実を知った。ＡがＣから融資を受けることはＡの経営上不可欠であることから，Ｂは，債権αをＡがＣへ譲渡したこともやむを得ないと判断し，Ｃへの譲渡を書面により承諾した。Ｂは，ＣとＤの

いずれに債権αを弁済すべきか，少し判断に迷ったものの，債権譲渡登記の日付がDへの譲渡通知書の到達時点より早かったこともあり，Cに対して債権αを弁済した。その後，DがBに対して債権αの履行を請求した。Dの請求は認められるか。

●】参考判例 【●

① 最判昭和 48・7・19 民集 27 巻 7 号 823 頁
② 最判昭和 45・4・10 民集 24 巻 4 号 240 頁
③ 最判平成 9・6・5 民集 51 巻 5 号 2053 頁
④ 最判平成 21・3・27 民集 63 巻 3 号 449 頁

●】解説 【●

1　債権譲渡制限特約とは

⑴　特約の意義

　債権は，財産権であり，その性質が許さない場合を除いて，自由に譲り渡すことができるのが原則である（466 条 1 項）。債権譲渡制限特約とは，それにもかかわらず，債権の譲渡を禁止し，または債権譲渡の効力発生に債務者の承諾を要求するなどの方法により，債権が本来有すべき譲渡性を制限する趣旨の意思表示を含む債権者・債務者間の特約をいう（同条 2 項）。

　預貯金債権に譲渡制限特約が付されていることは今や常態となっている。建築請負契約に基づく請負人の報酬債権にも約款等により譲渡制限特約が付されていることが多い。特に，近時は，本問のように，売掛債権にも譲渡制限特約が相当広く用いられており，この種の特約が債権の流通性を阻害する要因として問題視されるようになっている。いずれにせよ，譲渡制限特約の効力については，主に金銭債権を念頭に置いて議論がされてきた。

⑵　特約によって保護されるべき利益

　債権譲渡制限特約は，債権が本来有すべき譲渡性を制約する趣旨の意思表示を含む合意であり，譲渡されると困る何らかの事情がある債務者の利益保

護を目的として交わされる。すなわち，債務者は，弁済（給付）の相手方を固定することにより，ⓐ（特に一部譲渡等に伴う）煩雑な事務発生の予防，ⓑ過誤払の危険回避，ⓒ相殺に対する期待利益の保持，ⓓ知人，友人間の金銭の貸借に際して，債権が見知らぬ者に譲渡されて苛酷な取立てにさらされることを避けることなどを目的とするものと解されている。

譲渡制限特約の定め方は一様ではない。本件特約のようなもののほか，「債権者は一切譲渡・質入れをしてはならない」とか，「債権者は書面による債務者の承諾があれば債権を譲渡質入れできる」といった表現形式を採用するものが典型的である。いずれも，債権者が自己のみの判断で債権を有効に譲渡することができない，という限りにおいて共通することから，民法466条2項もこれらを譲渡制限特約と一括して規律している。

2　特約の第三者に対する効力

(1)　債権的効果

民法466条2項は，譲渡制限特約の効力を控えめに捉えている。すなわち，債権の財産権としての性質を重視し，その譲渡性を当事者が任意に制約することはできず，特約付債権の譲受人はその善意・悪意にかかわらず，譲渡債権を取得することができるものとしている。譲渡制限特約によって債権の譲渡性は少なくとも第三者との関係においては一切影響を受けない。譲渡制限特約には弁済の相手方を固定したいという債務者の利益保護に必要な範囲で一定の効力が認められれば十分であると考えられている。

よって，本問において，Cは，本件特約の存在を知っていても，債権αを取得し，かつCへの譲渡につき債権譲渡登記により第三者対抗要件も具備されているから（動産債権譲渡特4条1項），その後に債権αを本件特約の存在を知らずにDが譲り受けて第三者対抗要件を備えたとしても，Cが確定的に唯一の新たな債権者の地位を占める。Bは，本件特約の効力として，債権αがCに帰属している状態で，従前どおりAに対して弁済その他の債権消滅行為を行うことができる地位を確保することができれば足り，特約付債権の譲渡が無効であるという主張までBに許すのは，特約の目的を超えた過剰な効果を与えることになるというわけである。

なお，当事者間で譲渡を禁止ないし制約する合意をすること自体は有効で

ある。本問において，債権者の交替に伴ってＢが負担する弁済費用が増加した場合など，理論上，債権αの譲渡に伴い本件特約違反に基づく債務不履行責任がＡに生じる可能性はある。今後譲渡制限特約付債権の譲渡によって債権不履行責任が生じる余地がないよう特約の文言を工夫する動きが出てくるものと予想される。

(2) 物権的効果

他方，契約自由の原則を重視する場合，当事者による内容形成の自由の一環として，債権者と債務者の合意のみにより譲渡性それ自体を制約された債権を創出することができるとも考えられる。この場合，意思表示による制限にも，性質上の制限や法律上の制限と同様の効力が認められることになる。この点につき，2017年改正前民法466条2項ただし書は，譲渡禁止の意思表示を「善意の第三者に対抗することができない」としていた。判例は，譲受人が善意でも重過失がある場合は悪意と同視することができるとして，同項ただし書の「善意」を「善意・無重過失」と解しつつ（参考判例①），同項の意味について，譲渡禁止特約付債権の譲渡は原則として無効であるが，善意・無重過失の譲受人との関係では例外的に有効になる趣旨を明らかにしたものである（物権的効果説）と解してきた（参考判例③④）。

よって，2017年改正前民法下では，Ｃへの第1譲渡は無効であり，無効な譲渡に関する債権譲渡登記も法律上無意味である。他方，善意のＤに重過失がなければ，Ｄへの第2譲渡のみが有効となり，確定日付ある証書による通知により第三者対抗要件も備えられていることから，Ｄが唯一の新たな債権者の地位を占める。また，本問とやや異なり，仮にＤも本件特約につき悪意・重過失であった場合は，ＢがＤへの第2譲渡を承諾すると，第三者対抗要件具備の先後の基準によるとＣに劣後するはずのＤが新たな債権者に確定するという事態が生じる。このように「第三者」間の優劣が債務者の選択により左右されるのは，2017年改正前民法467条の対抗要件制度との整合性の観点から問題視されてきたところである。

3 債務者の利益保護

(1) 悪意・重過失の譲受人に対する履行拒絶権

民法466条2項は，債権譲渡を促進する方向で，つまり譲受人の利益保護

を重視する原則論を立てた（2 (1)）。反面，債務者は弁済の相手方を譲渡人に固定することに利益を有しているから，そのような債務者の利益にどう配慮すべきかが，次に問題となる。

　譲渡制限特約を対抗することの可否を第三者の主観的態様に応じて区別する考え方は，2017年改正前民法466条2項において採用されており，そうした考え方自体は民法466条3項にもそのまま承継されている。すなわち，Cが譲渡制限特約の存在について悪意の場合，Bにその効力主張を認めても取引の安全を害することにはならない。また，善意でも重過失がある場合は悪意と同じに扱うことが許されよう。そこで，Cが譲渡制限特約につき悪意・重過失の場合，Bは，Aの請求に対して，譲渡を承諾してCに弁済をしてもよいし，特約に基づきCに対する履行を拒絶したうえで，Aに対して弁済その他の債務消滅行為（相殺など）をしてもよい。このように，譲渡制限特約は，譲受人が悪意・重過失の場合に限り，債権の帰属・取立権能と弁済受領権能との分離を容認するものとして再構成されており，従来の債権的効果説を精緻化したものといえよう。

(2) 供託

　債務者Bは譲受人Cの主観的態様を確知しうる立場にはない。そうすると債権譲渡の事実を知ったBとしては，そもそも譲渡制限特約をCに主張できるのかどうかわからない不安定な立場に置かれる。また，本問のように，債権aがCとDとに二重に譲渡されていることを知ったBは，C・Dいずれに支払うべきか迷うことも考えられる。そこで，債務者はこのような場合に供託をして免責を得ることができるとされている（466条の2）。

　2017年改正前民法のもとでは，悪意・重過失の譲受人への譲渡は無効となるため，本問のような場合，Bは債権者がA・C・Dのいずれであるかを過失なく知ることができない場合に該当し，弁済供託の一般規定（旧494条後段）に従い供託することができた。ところが，民法では譲渡制限特約付債権の譲渡が常に有効とされて，債務者が債権者を確知することができない事態が生じないことになったため，特別の供託原因を別途定める必要が生じたのである。

4 債務者の抗弁主張が制約される場合

(1) 特別の履行催告権

Ｃは，悪意・重過失でも債権αを取得するから，Ｂが譲渡制限特約を主張してＡに弁済したとしても，ＣはＡに対して不当利得返還請求ができる。この点は改正前民法との大きな違いであり，債権の流動性を高めるうえで重要な一歩を進めたものといえる。もっとも，これだけで譲受人の利益保護が万全というわけではない。すなわち，Ｃの主観的態様がどうあれ，もはや債権者ではないＡはＢに対して履行を請求することができない。そうすると，Ｂは，Ｃの悪意・重過失を主張して履行を拒絶する一方，Ａに対しても債務を履行しないという態度に出ることも想定しておかねばならない。Ｂに債権の履行を強要できるものが誰もいないという状態が続くのは問題である。

そこで，このような手詰まりの事態に直面した譲受人は相当の期間を定めて譲渡人に履行をするよう，債務者に催告することができ，相当期間の経過後もなお履行がないときには，債務者は譲渡制限特約を主張することができなくなる（466条4項）。特別の催告により譲渡人に弁済等をする機会を与えられた債務者はすでに特約により守られるべき利益をすでに十分に享受しており，債務不履行に陥っている債務者に譲渡制限特約の効力を主張して譲受人への履行を拒絶する正当の利益は認められないというのが理由である。よって，悪意・重過失のＣがＡに履行するよう催告をして相当期間が経過した後なおＢがＡに履行しない場合は，Ｃが善意・無重過失の場合と同じ法律関係に転換し，Ｃは，譲渡制限特約の存在を無視して自己への履行を請求することができるようになる。

(2) 差押・転付命令による移転

債務者が債権者との特約により任意に差押禁止債権を創出することを認めるのは適当ではないから，譲渡制限特約付債権を有する者の債権者は，特約の存在について善意・悪意を問わず，特約付債権を差し押さえ，転付命令によって取得することができる（466条の4第1項）。本問において，仮にＣが債権αを譲り受ける代わりに，債権αにつき差押・転付命令を得た場合，悪意・重過失であっても，Ｂから特約を主張されることはない。また，仮にＣに対する一般債権者Ｅが存在する場合，債権αはすでにＣに確定的に帰属

しているから，Ｅも，その主観的態様にかかわらず，債権αを差押・転付命令により取得することができる。もっとも，ＥがＣよりも有利な地位に置かれるべき理由はないため，Ｂは，Ｃの悪意・重過失を理由に譲渡制限特約を主張できる場合は，Ｅに対しても同様にその特約を主張して履行を拒絶することができる（同条2項）。

5 預貯金債権の特則

(1) 物権的効果の維持

これまで述べてきた債権譲渡制限特約に関する原則ルールは，債権の種類や債権譲渡の当事者の属性，譲渡の原因行為の類型を問わず，一律に共通して妥当する。

唯一の例外は預貯金債権等に関する譲渡制限の意思表示である。これらには2017年改正前民法下における特約の物権的効果（2(1)）が引き続き認められる。すなわち譲渡制限特約違反の譲渡は原則として無効であり，善意・無重過失の譲受人との関係では例外的に有効と扱われる（466条の5第1項）。

例外準則の正当化根拠として，ⓐ民法466条2項の原則に対応したシステムを構築し，それに基づく管理をしようとすれば，コストが著しく増大すること，ⓑ頻繁に入出金が行われる膨大な数の預金口座を管理する銀行において円滑な払戻業務に支障が生じかねないこと，ⓒ預貯金債権はその性質上現金化されているも同然であり，譲渡人の資金調達の便を図るために譲渡性の障害となる特約の効力を制限する必要性に乏しい，などと説明されている。

譲渡制限特約によって差押禁止債権を創出することができない点は預貯金債権についても同様である（466条の5第2項，参考判例②）。すなわち仮にＡがＣに対して預金債権δを有する場合に，Ｄはその善意・悪意にかかわらず債権δを差し押え，転付命令により債権δを取得することができる。

(2) 物権的効果の下での解釈問題

譲渡制限特約に物権的効果が認められ，かつ譲受人が悪意・重過失である場合に問題となるのは，無効の主張権者の範囲である。特約の目的が主に債務者の利益保護にあることを考えると，原則として主張権者が債務者に限定されるとも考えられる（相対的無効説Ⅰ）。他方で，債務者の他にも無効を主張することにつき独自の利益を有する者は無効を主張することができるとい

う考え方（相対的無効説Ⅱ）もありうる。判例は，少なくとも譲渡人および譲渡人と同視しうる譲渡人の特別清算人による無効主張を認めていない（参考判例③）。

　次に，債務者が譲渡を事後承諾した場合に，譲渡が承諾時から将来的に有効になるのか，譲渡時にさかのぼって有効になるのかも問題となる。判例は，処分行為それ自体には瑕疵がなく，処分行為の効果帰属要件を満たしていない点において類似する無権代理の追認に関する民法116条ただし書の法意に依拠し，債務者は，債務者の事後承諾により譲渡時に遡って有効になるものの，譲渡後承諾前に出現した差押債権者のように譲受債権の法的利害関係を有する第三者の利益を害することはできないとしている（参考判例④）。

関連問題

　Ａに破産手続が開始し，Ｅが破産管財人に選任された。ＣがＢに対して債権αの履行を求めた場合，Ｂは本件特約を主張することができるか。また，Ｃは債権αを確実に回収するためにＢに対してどのような請求をすることが考えられるか（466条の3参照）。

●】 参考文献 【●

＊野澤正充・百選Ⅱ52頁／角紀代恵・平成21年度重判93頁／一問一答債権関係159頁／講義207頁〔沖野眞已〕／Before/After252頁〔赫高規〕

（石田　剛）

37

集合債権譲渡担保

　2020 年 4 月 1 日，株式会社 A は，B 銀行から 5000 万円を借り入れるに当たって，「2020 年 4 月 1 日から 2025 年 3 月 31 日までの間に，A が所有する甲建物の賃貸により取得する賃料債権を担保のため B に譲渡する」という内容の譲渡担保設定契約を B と結んだ。これについては同日付けで債権譲渡登記が行われている。ところで，この時点で，甲建物（5 階建てのオフィスビル）の 2・3 階は C 社，4・5 階は D 社がそれぞれ賃借していたが，これら 2 社に対して譲渡担保設定の通知は行われず，C・D は引き続き賃料（C・D とも月額 200 万円）を A に支払っていた。

　2021 年 5 月 1 日，A は新たに E 社と甲建物の 1 階部分の賃貸借契約を締結し（賃料月額 100 万円），同日 E は甲建物に入居した。

　2022 年 10 月 1 日，A は甲建物を F 社に売却し，所有権移転登記も同日に行われた。C・D・E はそれ以後は F に賃料を支払うようになったが，D の賃貸借契約は 2023 年 5 月 31 日に終了し，同年 7 月 1 日，代わって G 社が F と新たに賃貸借契約を締結して甲建物の 4・5 階部分に入居した（賃料月額 150 万円）。

　2024 年 4 月 1 日，A は 2 回目の不渡手形を出して事実上倒産したので，B は A に貸し付けた 5000 万円を回収するため，C・E・G に対して債権譲渡登記の登記事項証明書を交付して譲渡担保を通知し，以後は B に賃料を支払うよう求めた。これに対して F も，C・E・G に対して引き続き賃料を自分に支払うよう求めている。C・E・G は B と F のいずれに賃料を支払うべきか。

●】**参考判例**【●

① 最判平成 11・1・29 民集 53 巻 1 号 151 頁
② 最判平成 13・11・22 民集 55 巻 6 号 1056 頁
③ 最判平成 10・3・24 民集 52 巻 2 号 399 頁

●】**解説**【●

1 集合債権譲渡担保の有効性

　近年，複数の債権（集合債権）をまとめて譲渡担保に供することによって，多額の資金調達を行う取引が増加しつつある。ここでいう「集合債権」とは，多くの場合，複数の債務者に対する債権を含み，さらには発生済みの債権のみならず将来発生する債権をも含むものである。そこで，このような集合債権を目的とする譲渡担保の有効性がまず問題となる。

　債権譲渡は，その契約時に譲渡の目的となる債権が現に発生していることを要しない（466 条の 6 第 1 項）。これは，すでに判例が認めていたことを明文化したものである（参考判例①参照）。集合債権譲渡担保では，設定者（譲渡人）および他の債権者の保護のため，譲渡担保の目的となる債権の範囲が特定されている必要があるが，この点についても参考判例①が基準を示しており，債権の発生原因や譲渡に係る額等のほか，将来債権の譲渡の場合にはその始期と終期を明確にすることによって特定がなされるとしている。本問では，債権の発生原因（甲建物の賃貸借）および始期と終期（2020 年 4 月 1 日から 2025 年 3 月 31 日まで）が指定されており，特定としては十分と解すべきことになろう。

　ところで，本問の集合債権譲渡担保は，その目的となる債権の債務者を指定していない（C，D などの名を個別に挙げていない）。しかし，このように債務者が不特定であっても，債権の発生原因となる取引を指定するなどの方法によって，譲渡担保の目的となる債権の範囲を確定することが可能となっている限り，特定性の要件は満たされており，集合債権譲渡担保は有効に成立すると考えてよい。そして，このような方法によって特定がなされた場合には，譲渡担保設定契約がなされた後から新たに賃借人となった E に対する

賃料債権もまた，集合債権譲渡担保の目的債権に含まれることになる。

2　集合債権譲渡担保の対抗要件

　集合債権譲渡担保は，あくまで担保目的で設定されるものであり，被担保債権が不履行に陥るまでは，設定者（譲渡人）が引き続き債務者から目的債権の弁済を受けることができるとされているのが通常である。しかし参考判例②は，このような場合であっても，債権は設定者から譲渡担保権者に確定的に譲渡されており，ただ，設定者と譲渡担保権者との間において，譲渡担保権者に帰属した債権の一部について，設定者に取立権限を付与し，取り立てた金銭の譲渡担保権者への引渡しを要しないとの合意が付加されているにすぎないものと解している。

　したがって，集合債権譲渡担保も通常の債権譲渡にほかならず，これと同じ方法によって対抗要件（債務者対抗要件，第三者対抗要件）を具備することができるのであるが，本問のように債務者が不特定・多数の場合には，実際上これをいかにして備えるかが問題となる。C・Dのように，譲渡担保設定時にすでに存在している債務者に対しては，確定日付のある証書による通知を行うことによって債務者対抗要件および第三者対抗要件を備えることができるとしても（467条1項・2項），設定時にはまだ現れていない債務者Eに対してはその出現を待って通知を行うほかなく，他の利害関係人（競合する譲渡担保権者や差押債権者）に対して優先権を主張し得なくなる場合も生じかねない。債務者が多数存在する場合には，それぞれに個別に通知を行うのも煩雑であるし，より実務的な問題として，債権譲渡を行ったことが債務者に知れてしまうと設定者（譲渡人）の信用に悪影響が及ぶという点も無視できない。

　これらの問題点を解決するために用意されているのが，動産・債権譲渡特例法（動産及び債権の譲渡の対抗要件に関する民法の特例等に関する法律）が定める債権譲渡登記の制度である。この登記は，譲渡人が法人であり，譲渡対象債権が金銭債権であれば利用可能である。この制度は，第三者対抗要件と債務者対抗要件を分離した点に大きな特徴がある。すなわち，まず債権譲渡登記を行った段階で，債務者以外の第三者に対する対抗要件のみが具備されるが（動産債権譲渡特4条1項），債務者に譲渡を対抗するためには，登記事

項証明書を交付して債務者に通知しなければならない（同条2項。民法467条と異なり，譲受人から通知してもよい）。このように両者が分離されているので，債務者に知られることなく債権譲渡の第三者対抗要件を備えることが可能である。また，債務者が特定していない将来債権の譲渡についても登記することができる（債権の発生原因によって譲渡対象債権を特定し登記すれば足りる）ので，本問におけるEを債務者とする債権の譲渡担保についても，Eの出現（2021年5月1日）より前の登記時（2020年4月1日）を基準として他の利害関係人との優劣が判定されることになる。

3　債権を生み出す資産自体の譲渡との関係

本問では，甲建物の賃貸借から生じる賃料債権がまとめて集合債権譲渡担保に供された後，甲建物自体が譲渡担保権者（B）とは別の者（F）に譲渡されている。このように，集合債権譲渡担保と，譲渡対象債権を生み出す資産自体の譲渡とが競合した場合に，譲渡担保権者と当該資産の譲受人のいずれが債権を取得するかが問題となる。

参考判例③は，集合債権譲渡担保ではなく，賃貸人の債権者による賃料債権の差押えがなされた後に賃貸建物が譲渡されたケースについてであるが，賃貸人の地位の移転［→本巻17］を受けた建物の譲受人は，賃料債権の取得を差押債権者に対抗することができないと判示した。その理由は，建物所有者が将来収受すべき賃料にも差押えの効力が及んでおり（民執151条），建物を譲渡する行為は，賃料債権の帰属の変更を伴う限りにおいて，将来における賃料債権の処分を禁止する差押えの効力に抵触するからであるとされている。集合債権譲渡担保についても差押えと同様のことがいえるのであれば，本問では，少なくともC・Eから賃料を収受できるのはFではなくBであるということになる（これに対し，Gとの賃貸借契約はFが甲建物を取得した後に自ら締結しており，これについてFはAから賃貸人の地位の移転を受けたわけではないので，ただちにC・Eと同列に解することはできないと思われる）。

一方，学説においてこの問題が意識されるようになったのは最近のことであるが，「譲渡担保設定者は，将来の賃料債権のうちどの範囲のものについて有効に担保設定しうる権能（処分権）を有するか」という形で問題が捉え直され，現在では次の3つの考え方がありうるとされている。ⓐ賃料債権の

譲渡担保権者は，集合債権譲渡担保の効力を不動産譲受人に対抗することができ，譲渡担保の目的となった賃料債権はすべて譲渡担保権者に帰属するという考え方。この立場は，賃料債権の処分権は賃貸不動産の所有から生じるという理解のもと，譲渡担保設定者（旧賃貸人）は譲渡担保設定の時点では賃貸不動産を所有しており，将来の賃料のすべてについて処分権を有していたので，その処分権に基づいて設定された集合債権譲渡担保の効力が事後的に覆滅されるべきではないと考えるものである。ⓑ譲渡担保設定者（旧賃貸人）が締結した賃貸借契約に基づき発生する賃料債権は，譲渡担保権者に帰属するが，不動産の譲受人である新賃貸人が新たに締結した賃貸借契約に基づき発生する賃料債権は，新賃貸人に帰属するという考え方。これは，賃料債権の処分権は契約上の地位に基づくものであることを前提に，譲渡担保設定者（旧賃貸人）が締結した契約から生じた賃料債権については，賃貸人の地位（契約上の地位）を承継した不動産譲受人にも譲渡担保の効力が及ぶ一方，不動産譲受人が自ら新たに締結した賃貸借契約に基づき発生する賃料債権については，譲渡担保設定者に処分権がなく，譲渡担保の効力が及ばないと解する立場である。ⓒ譲渡担保権者は，集合債権譲渡担保の効力を不動産譲受人（新賃貸人）に対抗することができず，賃貸不動産の譲渡後に発生する賃料債権はすべて新賃貸人に帰属するという考え方。この立場は，不動産の譲渡後に発生する賃料債権は不動産譲受人のもとで発生するため，譲渡担保設定者（旧賃貸人）はこれに対して処分権を有しないと考えるものである。

　この問題は，譲渡対象債権の処分権が何に基づいて生じるのか（債権を生み出す財産の所有か，契約上の地位か）という理論的な対立があることに加えて，実務的にも，一方で不動産所有者の多様な資金調達を可能にするという効用を，他方で不動産の所有権と収益権が長期間にわたって分離することの弊害（不動産取引への支障や賃貸不動産の劣化）を，ともに考え併せなければならないという難しさがある。

　本問において，仮にⓐの見解をとるならば，C・E・Gはいずれもくに賃料を支払わなければならないことになる。これに対してⓒの見解をとると，C・E・GはいずれもFに賃料を支払わなければならず，結論が正反対になる。ⓑの見解だと，譲渡担保設定者であるAと賃貸借契約を締結したC・E

はBに，Aから建物を譲り受けたFと新たに賃貸借契約を締結したGはF
に，それぞれその賃料を支払うべきということになろう。

　ところで，集合債権譲渡担保と債権を生み出す資産自体の譲渡とが競合す
る場面は，本問のような賃貸不動産のケースに限られない。たとえば，ある
企業の特定の取引に基づく売掛債権について集合債権譲渡担保が設定された
後に，その取引に係る事業が他の企業に譲渡（会社467条）されたような場
合にも，事業譲渡後に発生する売掛債権が譲渡担保権者と事業の譲受人のい
ずれに帰属するかが問題となる（発展問題(1)参照）。基本的には上記ⓐ〜ⓒと
同様の考え方がここでも成り立つと思われるが，ⓑの考え方をとる場合には
やや注意が必要である。継続的な販売取引においては，取引開始時にまず基
本的な取引条件を定める契約（基本契約）が締結され，これに基づいて個別
の売買契約（個別契約）が繰り返し結ばれるという契約形態が多くみられる
が，この場合に事業譲渡がなされることによって移転するのは前者（基本契
約）の契約上の地位であると考えられるので，集合債権譲渡担保の効力が事
業の譲受人に及ぶかは，基本契約と個別契約との結びつきの強弱という微妙
な判断に委ねられることになる。

　集合債権譲渡担保をめぐっては，これ以外にも，譲渡担保設定後に譲渡対
象債権について譲渡制限特約がされた場合に譲渡担保権者はこの債権を取得
しうるのかという問題があるが（発展問題(2)参照），これについては明文が設
けられた（466条の6第3項）。

発展問題

　株式会社Aは電子部品の製造を営む中小企業である。Aの技術力
は世界的に高く評価されており，携帯電話用の小型モーターを大手
メーカーC社とD社に納入している。2020年4月1日，Aは，運
転資金5000万円（期間5年，弁済期2025年3月31日）をB銀行か
ら借り入れるに当たって，「2020年4月1日から2025年3月31
日までの間にAが携帯電話用小型モーターの販売によって取得する
代金債権を担保のためBに譲渡する」という内容の譲渡担保設定契
約をBと結んだ。これについては同日付けで債権譲渡登記が行われ

たが，C・Dに対してはこれに関する通知は行われず，C・Dは引き続き小型モーターの購入代金をAに支払っていた。以上を前提に次の(1)・(2)に答えなさい（(1)・(2)はそれぞれ独立の問いとする）。

(1) 2023年4月1日，Aは小型モーター製造事業をE社に事業譲渡した。同年10月1日，Eは販路開拓に成功し，新たに電機メーカーF社にも小型モーターの納入を開始した。他方，Aは事業譲渡後の業績が悪化し，2025年3月31日，Bから借り入れた5000万円の弁済を行うことができなかった。そこでBは，翌4月1日，C・D・Fに対して債権譲渡登記の登記事項証明書を交付して譲渡担保を通知し，以後はBに小型モーターの代金を支払うよう求めた。Bのこの請求は認められるか。

(2) 2023年10月1日，Aは販路開拓に成功し，新たに電機メーカーG社にも小型モーターの納入を開始した。ところで，AとGが取り交わした基本契約書には，AがGに対して取得する代金債権をGの承諾を得ずに譲渡してはならない旨の条項があった。その後，Aは資産運用の失敗から資金繰りに行き詰まり，2025年3月31日，Bから借り入れた5000万円の弁済を行うことができなかった。そこでBは，翌4月1日，C・D・Gに対して債権譲渡登記の登記事項証明書を交付して譲渡担保を通知し，以後はBに小型モーターの代金を支払うよう求めた。これに対してGは，Aとの基本契約書の条項を理由に支払を拒んでいる。BのGに対する代金支払請求は認められるか。

● 】参考文献 【●

＊中田・債権総論686頁／孝橋宏・最判解民平成10年度290頁／Before/After270頁〔和田勝行〕

（白石　大）

38 債権譲渡と相殺

　自動車用の精密部品を製造するＡ社は，自動車メーカーＢ社にスポーツカー用の部品を供給していた。Ａ・Ｂが2022年に締結した基本契約書には年間の発注数量が定められていたが，これは目安であり，Ｂはこの数量をＡから購入する義務はないことが明記されていた。また，Ｂは希望する納期の20日前までに発注数量をＡに通知すること，Ｂは納品から40日後に代金をＡに支払うこととされていた。

　2025年4月1日，Ａは，Ｃ銀行から融資を受けるに際し，同日から2026年3月31日までの間にＡがＢに対して取得する売掛代金債権を担保のためＣに譲渡したが，この段階ではＢへの通知は行われなかった。他方Ｂは，2025年7月1日，Ａの要請に応じ，返済期限を同年10月1日として800万円をＡに貸し付けた（債権㋐）。

　2025年9月1日，ＡはＣに対する利息の支払を怠り，融資契約時のＣとの約定に従い，借入債務の期限の利益を失った。Ｃは同日，Ａの代理人としてＢに債権譲渡を通知し，ＢがＡに対して負う代金債務を以後Ｃに弁済するよう求めた。

　2025年12月1日の時点でＢがＡに負っている代金債務は，7月5日発注・同月25日納入分300万円（債権㋑），8月5日発注・同月25日納入分400万円（債権㋒），9月5日発注・同月25日納入分200万円（債権㋓）である。ただし，9月25日に納入された部品には不具合があり，ＡがＢの求めに応じて10月10日に代替品を納入したが，この間Ｂのスポーツカーの製造に遅れが生じた。Ｂは，納車が遅れた顧客への対応として余儀なくされた値引分100万円を賠償するようＡに求めている（債権㋔）。なお，債権㋐は未弁済である。

　Ｂは，Ｃからの債権㋑・㋒・㋓の請求に対し，債権㋐・㋔との相殺を主張してこれを拒むことができるか。

●】参考判例 【●

① 最判昭和 50・12・8 民集 29 巻 11 号 1864 頁
② 最判平成 24・5・28 民集 66 巻 7 号 3123 頁

●】解説 【●

1 「債権譲渡と相殺」における弁済期の先後

　債権譲渡は，譲渡人と譲受人との間の契約によって行われ，譲渡される債権の債務者がこれに関与する必要はない。しかし，債務者は，自分のあずかり知らない債権譲渡によって不利益を被るようなことがあってはならないはずである。そこで，債務者は，債権譲渡が対抗要件を備えた時までに譲渡人に対して生じた事由があれば，これをもって譲受人にも対抗することができるとされている（468 条 1 項）。そして民法は，この一般的な抗弁の対抗に関する規律に加えて，相殺に関する規定を別に設けている。すなわち，債務者は，対抗要件具備時より前に譲渡人に対する債権を取得していれば，これを自働債権とし，譲渡された債権を受働債権とする相殺をもって譲受人にも対抗することができる（469 条 1 項）。

　民法 468 条 1 項の規律は 2017 年民法改正の前から存在していたが（旧 468 条 2 項参照），民法 469 条 1 項は新設の条文である。2017 年民法改正の前は，「債務者が譲渡人に対して有する債権をもってする相殺を譲受人に対抗しうるのはどのような場合か」という「債権譲渡と相殺」の問題について，「差押えと相殺」の問題［→本巻29］と同様に学説の対立があった。つまり，無制限説は，債権譲渡の債務者対抗要件が具備される前に債務者が譲渡人に対して債権を取得していれば，この債権と譲渡された債権との弁済期の先後を問わず，債務者は相殺をもって譲受人に対抗しうるとする。これに対して制限説は，債権譲渡の債務者対抗要件より前に自働債権が取得されたというだけでは足りず，自働債権の弁済期が受働債権（譲渡された債権）の弁済期よりも先に到来することが必要であるとしていた。判例には，無制限説と同じ結論に至ったものがあったが（参考判例①），これは譲受人が譲渡人の取締役であるという特殊な事案についての事例判決であって，その射程は広くない

との理解が一般的であった。

　2017年民法改正は，「差押えと相殺」に関しては，従来の判例（最判昭和45・6・24民集24巻6号587頁）の立場である無制限説を明文化するに至った（511条1項）。そして，これと合わせて2017年民法改正は，「債権譲渡と相殺」に関しても無制限説の立場を採用した。すなわち，民法469条1項は自働債権・受働債権の弁済期の先後にはふれず，自働債権の取得時期を問題とするのみである。

　本問で自働債権となるべき債権㋐をBが取得したのは，Cへの譲渡が債務者対抗要件を備えた時（9月1日）より前の7月1日であり，これは民法469条1項の要件を満たす。そして，債権㋐の弁済期が10月1日であるのに対し，（代金債権の弁済期は納品の40日後なので）債権㋑は9月3日，債権㋒は10月4日にそれぞれ弁済期が到来するが，同項は自働債権と受働債権の弁済期の先後を問わないので，Bは債権㋒のみならず債権㋑をも受働債権として債権㋐と相殺し，これをCに対抗することができる。なお，債務者対抗要件が備わった9月1日の段階では，債権㋔にかかる発注はまだ行われておらず，債権㋐と債権㋔との対立は生じていなかったとも考えられる。しかし，同項の文言上はこのような相殺も可能と解され，Bは債権㋑・㋒との相殺後の残額である100万円の限度で，債権㋐と債権㋔との相殺をCに対抗することができる（後述のとおり，債権㋔は債権㋕との相殺も可能なので，このような順序で相殺充当を行うことがBにとって有利である）。

2　「前の原因」に基づいて生じた債権との相殺

　次に，Bとしては，債権㋔の残額100万円を債権㋕と相殺し，これをCに対抗して請求を拒みたいところである。しかし，債権㋕は9月25日に納入された部品の不具合に係る損害賠償請求権（564条・415条）であり，債権譲渡の債務者対抗要件が備わった9月1日より前にBが取得した債権であるとはいいがたい。そうすると，民法469条1項による限り，このような相殺は認められないことになりそうである。

　しかし民法は，債務者が対抗要件具備時より後に譲渡人に対する債権を取得した場合であっても，その債権が対抗要件具備時より前の原因に基づいて生じたのであれば，なおもこれを自働債権とする相殺をもって譲受人に対抗

することを認めている（469条2項1号）。これは「差押えと相殺」に関する民法511条2項と同じ規律である。そこで問題は、ここでいう「前の原因」とは何を指すかである。

2017年民法改正で民法511条2項および469条2項1号を設けるに当たって念頭に置かれていたのは、たとえば、委託を受けた保証人が主債務者に対して負う債務について差押え・譲渡がされた後に、この保証人が保証債務を履行し、主債務者に対して事後求償権を取得したというケースである。参考判例②は、（傍論ではあるものの）主債務者の破産後に委託保証人が取得した事後求償権を自働債権とする相殺を認めており、これらの規定は、このような相殺を差押え・債権譲渡の局面でも可能にするものであると説明されている。つまりここでは、差押え・譲渡より前に存在する保証関係が、自働債権である事後求償権の「前の原因」に当たると考えられているわけである。

それでは、本問の債権㋺の「前の原因」として考えられるものはあるか。候補としては、2022年にA・B間で締結された基本契約がありうる。つまり、ⓐ2025年9月5日に発注された部品の売買はこの基本契約に基づくものであり、ⓑ債権㋺はこの売買に基づいて発生したと捉えるのである。仮にこのような理解が成り立つならば、債権㋺は、2025年9月1日の対抗要件具備時よりも「前の原因」である2022年の基本契約に基づいて生じた債権となり、これを自働債権とする相殺もCに対抗しうることになる。

しかし、本問ではこのように解することは難しいと思われる。まず、ⓐの前提が成り立つかどうかがすでに問題である。一言で基本契約といってもその内容にはさまざまなバリエーションがあり、個々の発注にかかる債権・債務が基本契約から直接発生するとは限らない［→本巻37の解説］。基本契約において発注の総量や代金額が定められており、買主がその数量を購入する義務を負うとされているような場合であれば、個々の発注・納入を基本契約上の義務の履行にすぎないとみて、これにかかる債権・債務の発生原因をこの基本契約と解することも可能であろう。しかし、本問の基本契約ではBに一定数量の購入義務は課せられていないから、むしろ個々の発注ごとに個別の売買契約（個別契約）が結ばれ、代金債権をはじめとする債権・債務はこの個別契約に基づいて発生したと解するのがより自然であるように思われ

る。また，ⓑの前提についても，売買目的物の契約不適合に基づく損害賠償請求権の「前の原因」としては売買契約があれば足りるのか，それとも目的物の引渡しや不適合の発見まで対抗要件具備時より前に必要なのかに関して議論の余地があり，単純に売買契約を「前の原因」とみることができるのか定かではない。

3　同一の契約に基づいて生じた債権間の相殺

2でみたように，債権㋓については，民法469条2項1号に基づく相殺をCに対抗することはできないと考えられる。しかし同項2号は，1号に該当しなくても，自働債権と受働債権が同一の契約から生じた場合には，両債権の相殺をもって譲受人に対抗することができるとしている。債権譲渡の対抗要件が備わった時点で自働債権・受働債権共通の発生原因となる契約がすでに締結されている場合には，この契約が自働債権の「前の原因」とされて1号の対象になるので，2号の適用対象となるのは，自働債権・受働債権の発生原因となる契約の締結が対抗要件の具備に後れる場合，すなわち将来債権譲渡の場合に限られる。この規定も2017年民法改正で新設されたものであるが，「差押えと相殺」については同様の規定は設けられておらず，「債権譲渡と相殺」に固有のルールとなっている。これは，将来債権譲渡がされた後も譲渡人との間の取引関係を維持・継続するインセンティブを債務者に与えるため，「差押えと相殺」の局面よりもさらに広く債務者の相殺への期待を保護しようとしたものである。このケースでは自働債権と受働債権は発生原因をともにしており，両者に牽連関係が認められるため，債務者の相殺期待を保護することは理に適っているといえよう（翻って，「差押えと相殺」の局面でもこのような相殺を認める規定を置くべきだったという批判もありうる）。

本問では，債権㋓と債権㋕はともに9月5日発注にかかる売買契約に基づいて生じたとみることができる（2で検討したとおり，2022年に締結された基本契約を個々の発注に係る債権・債務の発生原因とみるのは無理がある）。この売買契約は，債権譲渡の債務者対抗要件が具備された9月1日に後れて締結されているが，民法469条2項2号により，Bは債権㋓と債権㋕との相殺をもってCに対抗し，債権㋓の残額100万円についてもCの請求を拒むことができると考えられよう。

ところで，売買に基づいて引き渡された目的物が契約の内容に適合しない場合には，買主はその不適合の程度に応じて代金の減額を請求することができるとされている（563条）。本問でも，9月25日に納入された部品のうち不具合があったものをBが履行として認めず，その分の代金につきAに対して減額を請求していれば，債権・債務の対立は生じず相殺の問題とはならなかったはずである。しかし，本問でBは代金減額請求権を行使せずに代替品の給付を請求しており，Aはこれに応じている。したがって，ここでBが求めうるのはあくまで履行遅滞に基づく損害賠償（564条・415条）であり，代金債務は当初の金額で残存したままで損害賠償請求権との対立が生じるため，相殺の可否がやはり問題となるのである。

4　関連する問題

　A・B間で譲渡制限特約が締結されていた場合，Cがこの特約の存在につき悪意または重過失であれば，BはCの代金請求を拒むことができる（466条3項）。しかし，BがAに対しても代金を弁済しない場合には，Cの催告から相当期間の経過により，Bは譲渡制限特約をCに対抗し得なくなる（同条4項）。また，Aについて破産手続開始の決定があった場合にも，BはCから請求されれば代金の供託義務を負う（466条の3）。これらの場合において，BがAに対して取得した債権をもって相殺することができるかどうかについて，自働債権の取得時期に関する特則が設けられている（469条3項。関連問題(1)参照）。

　本問と異なり，AからCへの債権譲渡をBが承諾していたらどうか。2017年改正前民法468条1項は，債務者が異議をとどめない承諾をした場合には，譲渡人に対抗し得た事由があってもこれをもって譲受人に対抗することができなくなるとしていた。これによれば，Bの承諾が異議をとどめずにされると，BはCに対して相殺の主張もできないことになる。しかし，異議をとどめない承諾の制度はかねてその妥当性が疑問視されていたところ，2017年改正民法はこれを廃止した（旧468条1項は削除され，旧468条2項の規律が1項に繰り上がった）。よって，Bは譲渡を承諾したとしても，相殺の抗弁を放棄する旨の意思表示をしない限り，Cに対する相殺の主張を封じられることはない（関連問題(2)参照）。

　(1)　本問において，A・B間の基本契約には，AがBに対する代金債権を譲渡する際にBの承諾を要する旨の条項があった。Cは，Aから債権譲渡担保の設定を受けた時，この条項の存在を知っていた。Cは，2025年9月1日，Aの代理人としてBに債権譲渡を通知したが，Bはこれに対して譲渡を承諾しなかった。同年10月1日，BはAから債権㋐の弁済を受けたが，同年11月1日，BはAからの再度の要請に応じ，返済期限を同年12月1日として800万円をAに貸し付けた（債権㋕）。同年11月10日，Cは2週間以内に債権㋑・㋒・㋓をAに弁済するようBに求めたが，現時点（同年12月1日）でBはこれに応じていない。Cが改めて債権㋑・㋒・㋓を自分に弁済するよう求めたとき，Bは債権㋕を自働債権とする相殺をもってこれを拒むことができるか。

　(2)　本問において，2025年9月1日，CはAの代理人としてBに債権譲渡を通知するとともに，BがAに対して有していた抗弁を放棄するようBに求めた。Bは，債権㋐がすでに弁済されたと誤信し，Cの求めに応じて，「Aの私に対する債権がCに譲渡されたことを承諾し，以後Cに対して相殺などの一切の抗弁を主張しません」と記した書面をCに交付した。その後，債権㋐が未弁済であることに気づいたBは，債権㋐と債権㋑・㋒・㋓との相殺をもってCに対抗することができるか。

●】参考文献【●

＊講義230頁〔沖野眞巳〕・255頁〔道垣内弘人〕／Before/After 274頁〔石田剛〕／岩川隆嗣・百選Ⅱ58頁

（白石　大）

39 債務引受

　　大学生のA（20歳）は，東南アジアを旅行し，その文化に興味を抱いた。そして，友人に誘われ，東南アジア諸国から衣類や雑貨を輸入して，それらを販売する店を開いた。その開業資金には，Aがアルバイトをして貯めた金員を充てたが，その後，継続的に商品を仕入れるために，Aは，B消費者金融から金銭を借り入れた。そして，当初は，Aの店は，大学生が開業した店として，たまたまマスコミに取り上げられ，経営も順調であったが，円安により商品の仕入れのための経費がかさみ，半年も経つと徐々に資金繰りが苦しくなってきた。そこで，Aは，さらにBから金員を借り入れたが，開業から1年半を経過し，店を閉めることにした。Bから貸付金とその利息として，合計350万円を請求されたAは，返済をすることができないため，父であるCに相談した。Cは，もともとAの開業には反対であったが，Aの将来を考え，AのBに対する借金を肩代わりすることとした。

　　この事例を前提として，以下の小問(1)および(2)に答えよ。

　　(1)　Aが，Bに対し，Cが自らの借金を肩代わりする旨を告げ，かつ，CもBに対して，「自らの子であるAが負った債務については，私が肩代わりします」と告げた。この場合に，Bは，Cに対して，350万円の支払を請求することができるか。

　　(2)　AB間の金銭消費貸借契約における利息が，利息制限法に反するものであった場合に，Cは，Bの支払請求に対して，利息制限法に反する利息の支払を拒むことができるか。

●】**参考判例**【●

①　大判大正6・11・1民録23輯1715頁
②　最判平成23・9・30判時2131号57頁

③ 最判平成24・6・29判時2160号20頁

●】解説【●

1 債務引受の類型

(1) 2017年民法改正前の議論

債務引受とは，広義においては文字どおり，ある債務者の債務を他の者（引受人）が引き受けることをいう。2017年改正前民法には，債務引受についての明文の規定がなかったものの，判例および学説は，早くからドイツ民法に倣って，債務引受を認めてきた。そして，債務引受には，3つの類型があると解されていた。すなわち，ⓐ免責的債務引受，ⓑ併存的（重畳的）債務引受，および，ⓒ履行の引受である。

まず，免責的債務引受とは，債務がその同一性を変えることなく，従前の債務者から新しい債務者（引受人）に移転することをいう。これは，債権譲渡に対応して，債務の特定承継をもたらすものである，と解されていた。また，併存的債務引受とは，第三者（引受人）が既存の債務関係に加入して新たに債務者となり，従前の債務者は債務を免れることなく，その債務と同一内容の債務を負担するものである。そして，履行の引受とは，引受人が債権者に対して履行すべき義務を負わず，債務者に対してのみ，その者の負担する特定の債務を履行する義務を負う旨の契約である。もっとも，履行の引受は，債権者と引受人との内部関係にとどまり，両者の間で，特に債権者に直接の履行請求権を取得させる旨の契約（第三者のためにする契約。537条）がなされれば，併存的債務引受となる，と解されている。それゆえ，履行の引受は，併存的債務引受の前段階としての機能しか有さず，独立して取り上げられることはない。

(2) 民法の規律

2017年民法改正により，民法に，債務引受について6か条が新設された。すなわち，併存的債務引受に2か条が充てられ，免責的債務引受は4か条が割かれている（履行の引受についての規定はない）。

民法は，まず，債務引受の基本型として「併存的債務引受」を規定している。すなわち，「債務の引受け」の節（第5節）冒頭の第1款に「併存的債

務引受」が置かれている。のみならず，免責的債務引受の定義規定である民法472条1項の文言が，併存的債務引受の定義規定である民法470条1項の文言と同様である。それゆえ，民法によれば，併存的債務引受が基本であり，そのうち，債務者が「自己の債務を免れる」場合（472条1項）が免責的債務引受である，ということになる。換言すれば，免責的債務引受も，併存的債務引受と同じく，債務を特定承継せずに，引受人が債務者と「同一の内容の債務を負担」し，債務者が自己の債務を免れるものである。もっとも，民法472条1項の文言を読む限りにおいては，債務の移転（特定承継）も否定されない。しかし，民法の制定過程からは，免責的債務引受が債務を特定承継するものではなく，引受人が新たな債務を負担するものであり（債務負担行為），併存的債務引受に債権者による旧債務者の免除を組み合わせたものであることが明らかである。

(3) 民法の規律の評価

2017年改正前民法の理解と異なる民法の規律は，実務的には特に不都合はないと思われる。というのも，現実に生起する債務引受の事象を説明するだけであれば，それを債務の特定承継とするか，引受人による新たな債務負担行為に，債権者による原債務者の免責を組み合わせたとするかは，見方の問題であるとも解されるからである。

しかし，民法の規律には，次の2つの問題がある。

第1に，沿革的かつ比較法的な観点からは，併存的債務引受を原型とし，免責的債務引受をその亜種とする法制は，特異なものである。すなわち，沿革的には，ローマ法において「人的な紐帯」として否定されていた債務関係の移転（特定承継）を，まず「債権譲渡」，次いで「（免責的）債務引受」，そして「契約上の地位の移転」と段階的に承認してきた近代法に逆行するものである。

第2に，たとえ立法によって，免責的債務引受が債務の特定承継をもたらすものではなく，債務負担行為であると定めても，現実の社会においては，依然として債務の移転（特定承継）が頻繁に行われていることも確かである。たとえば，包括承継である相続による債務の移転を除いても，企業合併・事業譲渡に伴う債務の移転や賃貸借契約の移転に伴う債務の移転など，

その例は多い。そして，これらの場合にも，併存的債務引受を原型とし，引受人が，原債務者の負う債務と内容が同一の新たな債務を負担する，と説明することもできなくはない。しかし，このような説明は，当事者の意思および経済社会の実態とはかけ離れたものである。そうだとすれば，法理論上の説明はともかく，当事者の意思や取引の実態に適した法律構成をとることが望ましいと考える。

2　小問(1)について：保証との区別

　本問では，まず，ＣがＡの借金を「肩代わり」することが両者の間で約束されているため，そのままでは，その効力は当事者間に及ぶだけであり，履行の引受が認められるにすぎない。しかし，Ａは，Ｂに対して，Ｃが自らの借金を肩代わりする旨を告げているため，Ａ・Ｃ間においても，Ｂを第三者とする，第三者のためにする契約（537条1項）が成立していることが明らかである。

　問題となるのは，借金を「肩代わり」する趣旨が，債務者であるＡを免責する免責的債務引受なのか，あるいは，Ａを免責せずに，ＣもＡと連帯して同一内容の債務を負う併存的債務引受なのかである。この問題はＡ・Ｃ間の契約の解釈によって決せられるが，債権者であるＢからすれば，通常はＡを免責せずに，その担保力（一般財産）を増加させる併存的債務引受であるとしたほうがよい。そこで，Ｂが免責的債務引受に承諾しない（472条3項参照）であろうことを考えると，Ａ・Ｃ間の契約は，通常は併存的債務引受であると考えられる。そして，併存的債務引受は，債務者と引受人の契約によってすることができる（470条3項前段）が，第三者のためにする契約に関する規定に従い（同条4項），第三者であるＢが受益の意思表示（537条3項）をした時，換言すれば，ＢがＣに対して併存的債務引受を承諾をした時（470条3項後段）に，その効力を生じることとなる。具体的には，ＢがＣに対して350万円の支払を請求した時（権利行使時）に，受益の意思表示が認められ，併存的債務引受はその効力を生じることとなる。そして，この場合における債務者Ａと引受人Ｃの債務の関係は，「連帯」債務になる（同条1項）。

　ところで，引受人と従前の債務者とが併存して債務を負担する併存的債務

引受は，債権者からすれば，自己の債権のための責任財産の増加を意味する。それゆえ，併存的債務引受は，債権の人的担保として，保証債務や連帯債務と同様の機能を有する。しかも，併存的債務引受においては，債務者と引受人の債務は相互に独立したものであるため，保証債務におけるような付従性や補充性（452条・453条）が認められない，より強力な担保であるといえよう。

　このように，併存的債務引受の機能は保証と類似するため，CがAの借金を「肩代わり」するという趣旨が，Aの債務を保証するものであるとも考えられる。しかし，保証契約は書面でしなければ効力を生じない（446条2項）ところ，本問では，書面が作成されていないため，B・C間における保証契約の成立を認定することはできない。半面，安易に併存的債務引受を認めると，保証人を保護するための形式的要件を潜脱することにもなりかねない。そこで，併存的債務引受のうち，保証を目的とするものについては，保証の規定の準用を認めるべきであるとの主張もなされている。しかし，明文の規定もなしに，形式的要件の規定（446条2項）を準用できるかという問題がある。のみならず，併存的債務引受と保証とはその機能が類似するものの，法制度としては異なるものであり（たとえば，債権者は，併存的債務引受における債務者を免責すれば免責的債務引受が認められるが，保証債務の場合には，債務者を免責すると，保証債務も付従性によって消滅する），そもそも保証の規定を併存的債務引受に準用ないし類推適用できるかは，なお慎重な検討を要し，今後の課題である。

3　小問(2)について：債務者の有する抗弁

　併存的債務引受の引受人は，新たに債務を負担する者ではあるが，その債務は債務者が債権者に対して負う債務と同一内容である（470条1項）。それゆえ，引受人は，併存的債務引受の効力が生じた時に債務者が主張することができた抗弁を，債権者に対して主張することができる（471条1項）。その結果，本問のような，利息制限法による利息の縮減も，引受人であるCは，Bに対して主張することができよう。

　もっとも，債務者の有する抗弁のなかでも，取消権および解除権は，契約当事者のみが有するものであるため，引受人がこれを行使することはできな

い。しかし，債務者が債権者に対して取消権または解除権を有するときは，引受人は，その行使によって債務者が債務を免れるべき限度において，債務の履行を拒むことができる（471条2項）とされている。このほか，債務者が相殺権を有するときも，引受人は，相殺権そのものを主張することはできないが，債務者の負担部分の限度において，債権者に対して債務の履行を拒むことができる（470条1項・439条2項）。

▶• 関連問題 •▶

（1）　P（当時5歳）は，未成年者であるQの運転する乗用車にはねられて死亡した。そして，その示談交渉の場において，Qの父であるRは，Pの遺族であるSに対して，「どんな償いでもさせていただきます」と発言した。そこで，Sは，Qに対して損害賠償を請求するとともに，Rに対しても，Qの損害賠償債務を連帯して負担したとして，同債務の支払を請求した。これに対して，Rは，「Qが未成年なので，本人に代わって親として交渉する気持ちであった」と述べ，「Qの損害賠償責任について連帯責任を負うつもりはない」と反論した。この場合に，SのRに対する損害賠償請求は認められるか。

（2）　本問において，仮にAが利息制限法の制限超過利息を支払っていたため，Bに対して過払金返還請求権を有していたところ，Bが貸金業を廃業してその有するすべての債権をD金融に譲渡し，Dは，Bの負う債務については一切引き受けない旨の契約をBとの間で締結したとする。この場合に，Aは，Dに対して，Bが負っていた過払金債務の返還を請求することができるか。

●】参考文献【●

＊野澤正充『債権総論──セカンドステージ債権法II〔第3版〕』（日本評論社，2020）231頁／同「企業の再編と契約譲渡──契約上の地位の移転」金法1999号（2014）75頁／潮見II 491頁

（野澤正充）

> 　Ａが長期の海外旅行に出かけている最中に，台風のためにＡの自宅の屋根瓦が一部破損してしまった。隣人のＢは，Ａから「海外旅行のためにしばらく留守にします」と聞いていたので，屋根瓦が破損したのを放置すれば雨水が家の中に染み込んで壁等が腐敗してＡの家自体がダメになってしまうと考え，また，破損した屋根瓦がＢの家の庭に落ちてくる危険もあったので，大工Ｃに依頼してＡの家の屋根を修理してもらったが，修理代金はいまだ払っていない。もっとも，この時点では，Ｂは，以前自分（Ｂ）が結婚した際にＡに仲人を頼んだので恩義を感じていたこともあり，修理代金をＡに負担させるつもりはなかった。
> 　ところが，帰国して事情を知ったＡが「この家は取り壊して立て替えるつもりだったのだから余計なことをしなくともよかったのに」などというので，Ｂは腹を立て，修理代金を払ってもらいたいと思うようになった。
> 　Ｂは，どのような請求をすることができるか。また，Ａの立場からは，どのような反論が考えられるか。

●】参考判例【●

① 最判昭和 36・11・30 民集 15 巻 10 号 2629 頁
② 大判昭和 17・8・6 民集 21 巻 850 頁

●】解説【●

1　合意に基づかない（勝手な？）他人の事務の管理

　民法 697 条以下では，他人のために事務の管理を始めた場合には，その「他人」（以下，「本人」という）の利益や意思を尊重しなければならないとさ

れ（697条），その代わり後で費用を請求できる（702条）等の法的効果を認めている。これが「事務管理」である。

　ただしこれは，他人の事務を管理する義務がない場合を前提としている（697条1項）。本問のような場合でも，たとえばBがAの連絡先を知っていて，電話等でAに「台風のために君（A）の家の屋根瓦が破損したので大工に頼んで修理させておこうか」と尋ねてAが「頼む」と返事したのであれば，これによって準委任契約が成立する（656条）。このときは，その準委任契約に基づく義務の履行としてBは大工に修理を依頼するのであるから，「義務なく」事務の管理をしたとはいえない。この場合のAとBとの関係については，委任に関する民法643条以下の規定によって処理される。また，AとBとの間に契約関係がなくとも，たとえばAが未成年者でBが親権者であるような場合にはBにはAの財産を管理すべき法律上の義務があるので（824条），これも事務管理の問題にはならない。

　ところが，本問のようにBがAの連絡先までは知らない場合には，Aの意思を確認するのは不可能である。しかし，もし連絡ができたなら，通常ならAは「頼む」というであろう。このように，通常ならAも修理を望むであろう状況なので，Bが勝手に（＝Aに無断で）Aの家の屋根瓦の修理をすることも正当化されるのである（もっとも，本問の場合にはAは家を取り壊す予定であったので，もし連絡がとれても「頼む」とはいわなかったはずである。この点については後に検討する）。

　なお，事務管理は，契約とは異なり，いわゆる法律行為ではない。法律行為とは当事者が意図的に権利や義務を発生させる行為（契約や遺言など）であるところ，事務管理の場合には，当事者間の権利や義務は法律の条文（697条以下）に基づいて生じるのであり，当事者の意図に基づくわけではない。もっとも，たとえば，他人のために事務を管理した者には後から費用を請求する権利があるところ（702条），管理者も事務管理をした時点において「後で費用は本人に請求しよう」と思っていたかもしれない（そのほうが普通であろう）。そうすると，事務管理も当事者の意思に基づいて権利が生じる場合の1つであるように思われるかもしれないが，しかし，仮に事務管理の時点では費用を請求する意思がなかったとしても民法702条によって費用を請

求する権利が発生するのであるから，事務管理の際に費用を請求しようという意思があったか否かは（法律的には）重要ではない。これに対して契約は，客観的にも，当事者の意思に基づいて権利や義務を生じさせる制度であるので，事務管理とは異なるのである。

　本問では，当初はＢはＡに費用の負担を求めるつもりはなかったが，しかし，これは重要ではない。ＢがＡに対して債務を免除する旨の意思表示をした（519条）というような事情でもない限り，ＢはＡに対して修理代金を求めることができるのである。

2　事務管理の成立要件

　事務管理とは上記のような制度なので，これは，ⓐ他人の事務を，ⓑ他人のために行うのでなければならない。また前述したように，ⓒ事務管理をすべき義務がないことが前提であり，さらに民法700条ただし書を参考に，ⓓ本人の意思や利益に明らかに反してはならないとされている。これが事務管理の成立要件である。このうちⓒについては前述したので，残りの要件について検討しよう。

(1)　事務の他人性

　本問の場合には，ＢはＡの家の屋根瓦を修理したのであるから，これは元来Ａがするべき事務であることは客観的にも明らかである。他方，Ｂが自分の事務をしたときには（自分の家の修理など），仮にＢが他人の家であると誤信していたとしても，費用の請求などできないことは当然である。さらに，事務それ自体としては他人の事務か自分の事務か客観的には明らかではないときは（屋根瓦の購入など），（次に述べる(2)の問題であるが）他人のためにする意思があったのなら事務管理の成立を認めてもよいであろう。

　なお，本問の場合には破損した屋根瓦がＢの家の庭に落ちてくる危険もあったので，屋根瓦の修理には，この危険を避けるという意味もあった。この限りでＢの事務であるともいえる。しかし，だからといってＡのための事務でなくなるわけではない。

(2)　事務管理意思

　客観的には他人の事務であっても，自分の事務と誤信して事務を行った場合には「他人のため」とはいえないので事務管理は成立しない。もっとも，

この場合でも，管理者が費用を支出したために本人が利益を得ているのであれば不当利得（703条以下）による清算は可能である。

　ところで，前述したように，本問の場合には破損した屋根瓦がＢの家の庭に落ちてくる危険を避けるという意味もあったので，この限りではＢは自分のために修理したともいえる。しかし，自分（Ｂ）のための意思とＡのための意思とは併存しうる。

(3)　本人の意思や利益に明らかに反しないこと

　事務管理に当たっては本人の利益や意思を尊重すべきであり（697条），また，本人の意思や利益に反することが明らかであるときには事務管理を継続してはならない（700条ただし書）。したがって，特に民法700条ただし書を根拠に，本人の意思や利益に反することが明らかであるならそもそも事務管理は成立しないと解釈されている。

　本問の場合，Ａが自宅を取り壊して建て直す予定であったのなら，確かに，屋根瓦の修理など「余計なこと」であったかもしれない。しかし，それが客観的に明らかでないのであれば事務管理は成立する。

3　事務管理の効果

　事務管理の効果については民法697条以下に定められているが，本問との関係では特に同法702条が重要である。

(1)　費用償還請求権

　民法702条1項によれば，管理者は，本人のために有益な費用を支出したときには費用の償還を求めることができる。したがって，本問でも，ＢがＣに修理代金を支払ったのなら，それを費用として償還請求することが認められる。ただし，Ａが家を取り壊す予定であったときには「有益」な費用であったか否か問題ではあるが，この点については前述した。

(2)　代弁済請求権

　まだＢがＣに修理代金を支払う前であるなら，Ｂは，民法702条2項に基づいて，Ｂに代わって修理代金をＣに支払うべきことを請求することができる。ただし，事務管理はＡとＢとの「内部」の関係にすぎないので，事務管理が成立するからといって当然に，Ｂが，Ａを代理する権限を有するわけではない（関連問題参照）。

関連問題

　本問において B が大工 C に屋根瓦の修理を依頼する際に，「A から頼まれて，A の代理人としてお願いする」といって契約をした場合，さらに，また，B が「自分は A である」として契約をした場合に C が A に修理代金を請求することは認められるか。

●】参考文献【●

＊平田健治・争点 262 頁

（滝沢昌彦）

不当利得：給付利得

(1)　AはBに対して 100 万円の債務があったが，債務の額を勘違いして，200 万円をBに弁済した。その後，Bはこの 200 万円を受け取って帰宅する途上で強盗に襲われ，金銭をすべて強奪された。翌日Aは自分の勘違いに気づいた。AはBに対して 100 万円の返還を請求できるか。

　同様に，AはBに 100 万円の債務があったが，BがAに対して脅迫的な言辞を弄して弁済を督促し，慌てたAが債務額を勘違いしてBに 200 万円を弁済した。BはAの勘違いに気づいていたがAから弁済受領した後に，以上と同様の事件が発生したとき，AはBに何を請求できるのか。

(2)　Aは画商Bから池大雅（江戸時代の画家）の真筆といわれて，甲絵画を代金 2000 万円で購入した。契約時には，A・Bともに甲絵画は大雅の真筆と信じていた。Aは代金を支払い，引渡しを受けた。ところが，Aが後に鑑定を依頼したところ，甲絵画はよくできた贋作で時価 100 万円程度のものと判明した。AはBに代金 2000 万円の返還を請求できるか。BはAの請求に対してどのような主張が可能か。

(3)　(2)で，Aが甲絵画を鑑定に出す前に，Aの隣家から出火し甲絵画は消失してしまった。その後に，甲絵画が時価 100 万円程度の贋作だと判明したときは，AはBに対して代金 2000 万円の返還を請求できるか。

(4)　(3)で，Aが売買契約時に意思無能力だったときは，どう考えるべきか。

(5)　甲絵画は雪舟（室町時代の画家）の真筆で時価 2000 万円だったが，画商BがAに時価 100 万円程度のよくできた贋作だと説明して，Aが購入した後に，(3)と同様の事情で甲絵画が消失したときは，

●】参考判例【●

① 最判昭和 28・6・16 民集 7 巻 6 号 629 頁
② 最判昭和 47・9・7 民集 26 巻 7 号 1327 頁

●】解説【●

1　非債弁済の不当利得

　小問(1)では，B が弁済受領した 200 万円のうち 100 万円は A の B に対する債務の弁済だが，残りの 100 万円に関しては債務は存在しなかった。だから，B には 100 万円を保有する法律上の原因（債権）がない。その結果，B は A に対して 100 万円を「非債弁済（存在しない債務の弁済）の不当利得」として返還する義務を負う。しかし，B は A から受領した金銭を強奪されており，100 万円の返還義務を負えば，債務の存在を信じて弁済受領した善意の B は 100 万円の損害を被ることになる。しかも，100 万円の非債弁済の原因は，A の債務の錯誤である。したがって，B は利得の消滅（強盗に奪われて利得が消滅したこと）を主張して（利得〔100 万円〕－利得消滅〔100 万円〕＝現存利得〔0 円〕）返還義務を免れることができる（703 条）。これが，不当利得の一般条項である民法 703 条が善意の利得者の返還義務を現存利得とした制度趣旨の由来である。反対に，B が A の 100 万円の非債弁済に悪意なら，現存利得への返還義務の縮減は主張できないのは当然として，利得（100 万円）の返還に加えて，弁済受領時からの利息の支払義務を負う（704 条前段）。悪意の非債弁済の受領は，一種の不法行為と考えられていたからである。

　不当利得の一般条項の民法 703 条の規定は，非債弁済の不当利得のルールに由来する。かつては，非債弁済の不当利得の返還請求の要件として，ⓐ債務の不存在とⓑ債務の存在に関する弁済者の錯誤の証明が要求されていた。しかし，錯誤の証明は，必ずしも容易ではない。そこで，債務の不存在だけを非債弁済の不当利得返還請求権の要件とした上で，弁済者の錯誤の証明責

任を転換して，弁済受領者が弁済者に錯誤がなかったことを証明すべきだとされた（705条「債務の存在しないことを知っていたときは」）。同時に，弁済者の錯誤に善意の弁済受領者の弁済を保有できるという信頼を保護するために，弁済受領者の返還義務の範囲を現存利得とした。そのうえで，「債務の不存在」を一般化して「法律上の原因の欠如」とした結果，民法703条のルールが成立した。だから，同条の指示する善意の利得者の「現存利得」の返還義務を，非債弁済の不当利得以外のすべての不当利得の事例で当然に一般化することはできず，「利得消滅の抗弁」の成否は個々の不当利得の事例で検討される必要がある。

2　A・B間の売買契約の清算の原因

小問(2)では，A・B間の売買契約に関しては，錯誤による取消し（95条1項），または，移転した目的物の品質の契約への不適合ゆえに契約の解除（564条・542条）を，AはBに対して主張できる。たしかに，甲絵画が大雅の真筆か贋作かは目的物の性状であり，それがAの勝手な思い込みならAの「動機の錯誤」にすぎない可能性もある。しかし，Aの錯誤は「法律行為の目的及び取引通念に照らして重要なもの」である（95条1項）。しかも，甲絵画が大雅の真筆であることは表意者Aが「法律行為の基礎」としており（同項2号），A・Bともにそのことを前提としていたから，法律行為の基礎として表示されている（同条2項）。だから，AはBに対して甲絵画の売買契約の錯誤による取消しを主張できる。さらに，A・B間の売買契約で合意したのは，大雅の真筆である甲絵画の給付である。したがって，甲絵画が贋作なら，Aは売買契約を解除することができる（564条・542条）。

3　双務契約の清算

小問(2)で，AがBに対して錯誤による取消しを主張すれば，A・B間の契約は遡及的に無効となる（121条）。その結果，AはBに対して売買代金2000万円の不当利得の返還を，BはAに対して甲絵画の所有権または不当利得に基づく返還を請求できる。さらに，近時の不当利得の類型論は，小問(2)での不当利得は無効・取消しによる双務契約の清算（巻戻し）の事例であり，その回復には契約法の規定が類推されるべきだとしている。つまり，「法律上の原因」の欠如（703条）した根拠に則して，不当利得返還請求の要

件・効果を個別的・多元的に考えるのが類型論の立場である。従来の通説だった衡平説は，不当利得の制度趣旨を公平に求め，一元的に不当利得を説明していた。しかし，公平という概念はそれだけでは無内容であり，問題解決の方針にはならない。だから，不当利得法の問題の具体的な解釈の方針を，個別の不当利得の事案類型に則して明らかにした点で，衡平説に対して，類型論は解釈論としての自説の優位性を見出している〔類型論に関しては，→本巻42解説も参照〕。

その結果，BはAの2000万円の不当利得の返還請求に対して，甲絵画の返還との同時履行関係（533条の類推）を主張できると解されている（参考判例①②を参照）。AがBとの契約を解除すれば，同じく契約関係の清算を目的とする解除に関する民法546条は民法533条（同時履行の抗弁権）を準用している（ただし，本問での錯誤の場合とは異なり，詐欺・強迫による取消しの場合には，詐欺者，強迫者からの同時履行関係の主張を排除すべきだと解する学説もある）。

さらに，AはBに対して2000万円に関して，弁済受領時からの法定利息（404条）を，BはAに対して甲絵画の果実・使用利益の返還請求（果実の返還義務を負うなら，使用利益も当然に返還義務を負うと解されている）が可能かに関しては，学説には，双務契約の清算では，民法575条が類推されて，相互に返還義務を負わないとする考え方がある。しかし，他方で，契約が無効・取消しとなったときは，給付と反対給付の間の実質的な等価性は期待できず，しかも，使用利益に関しては，物の使用による損耗で価値低下する場合もあるから，代金の元本と給付物を現状で返還するだけでは足りず，Aは甲絵画の使用利益を，Bは受領時からの法定利息の返還義務を負うと解する説もある。他方で，契約の解除の効果に関する規定は，「相手方を原状に復させる義務を負う」とし（545条1項），加えて，利息，（使用利益・）果実の返還義務を規定するが（同条2項・3項），無効・取消しの効果に関する民法121条の2第1項は，「原状回復義務」を負うとするが，利息，（使用利益・）果実に関しては規定を置いていない。ただし，原則として，買主は目的物の果実・使用利益の，売主は代金の利息を不当利得として返還する義務があると解するべきであろう。詐欺者，強迫者に関しては，果実・使用利益ないしは利息の返還を認めるべきではないという考え方もありうるが，詐

欺・強迫による被害者の損害は不法行為による損害賠償請求に委ねることも可能であろう。

4 双務契約で給付された目的物が滅失した場合

ところが，小問(3)では，甲絵画はA・Bの帰責事由（故意・過失）なく滅失している。結論として，AはBに対して甲絵画の時価相当額100万円の価値賠償義務（2017年改正前民法の立法過程の法制審議会での用語法では，「価額償還義務」）を負うことになる。小問(1)のように，Aの錯誤による一方的な給付があった場合とは異なり，小問(3)では，A・Bともに，相手方の反対給付を取得するために「自分の財産上の決定」に基づいて，相互に給付を交換し，給付物を自己の支配領域に取り込んで占有しているからである。ところが，民法703条を文言どおり適用すれば，甲絵画は滅失して，Aの現存利得は存在しないから，善意のAの返還義務は消滅することになる。しかし，甲絵画を占有・支配し損害保険をかけることも可能だったAではなく，Bに甲絵画の滅失の危険を負担させるのは明らかに不当である。そこで，従来から学説，特に，不当利得の類型論は，双務契約の清算には本来は非債弁済の不当利得に当てられた民法703条を適用せず，結論として，Aは甲絵画の価値賠償義務を負うと解してきた。民法121条の2第1項は「原状回復義務」を規定するが，目的物の原物返還が不能となったときは，Aは目的物（甲絵画）の価値賠償義務を負うと解されている。その結果，小問(3)では，AはBに対して甲絵画の時価100万円の価値賠償義務を，BはAに対して代金2000万円の不当利得返還義務を負い，そのうえで相互の返還請求に同時履行関係が認められるなら，AまたはBが相殺を主張すれば，Bが1900万円の不当利得返還義務を負うことになる。

5 無効・取消規範の保護目的

小問(4)では，甲絵画の給付受領者Aは意思無能力だった。意思無能力者の法律行為は無効である（3条の2）。だから，Aが意思能力を回復した後，あるいは，Aに成年後見人が選任されて，A・B間の売買契約時のAの意思無能力を証明すれば，AはBに対して2000万円の代金返還を請求できる。他方で，甲絵画はAのもとで滅失しているから，Aの現存利得は存在しない。しかし，民法121条の2第1項を適用すれば，Aは100万円の価

値賠償義務を負うことになる。しかし，それでは，意思無能力，つまり，財産上の決定を帰責することのできないはずのAに，目的物の減失の危険を負担させることになり不当であろう。そこで，同条3項は，意思無能力者，制限行為能力者は，現存利得の返還義務を負うと規定している。ただし，小問(4)では，A・Bともに帰責性のない偶然の減失（隣家からの延焼）によって目的物が減失している。だから，目的物の減失は，Aの意思無能力とは無関係であり，意思無能力による無効を認めた規範の保護目的は，Aの利得消滅の主張を認めることはないと解する余地もないではない。しかし，たとえば，Aが意思無能力による判断能力の欠如で，甲絵画を損傷したときも，Aは損害賠償義務を負わない。そうすると，偶然の減失の危険も，取引相手方Bが負担するのが，民法3条の2の保護目的だと考えるべきであろう。だから，結論として，小問(4)では，Aは甲絵画の価値賠償義務を負担せず，Bに対して2000万円の不当利得返還請求が可能と解すべきであろう。

6 不当利得法以外のルールの適用

小問(5)で，民法121条の2第1項を適用すると，Aは2000万円の価値賠償義務を，Bは代金100万円の不当利得返還義務を負うことになる。しかし，この結果は，明らかに不当である。もちろん，ここでの結論の修正を不当利得法の枠内で行うことも不可能ではない。たとえば，民法703条の善意の弁済受領者の保護（現存利得の返還義務）を，A・B間の売買契約がBの錯誤により取消可能であることに善意のAは，A・B間で合意した代金100万円を給付すれば甲絵画を自己の所有物として保有できると信頼していたことに及ぼして，Aの返還義務をAの給付100万円に制限し，それ以上の返還義務（1900万円）は利得消滅したと解するなどの考え方もある（善意の給付受領者が受領した目的物の減失の危険の自己の給付義務の範囲への制限）。しかし，それは，本来は非債弁済の不当利得の効果に当てられた民法703条の「現存利得」の過大評価であろう。だから，本問では，Bが甲絵画を大雅の真筆と評価した錯誤は，重過失によると考えて，Bの錯誤による取消権が排除されると解するほうが適切であろう（95条3項）。ただし，相手方Aも同様に甲絵画が雪舟の真筆と考えていたから，民法95条3項2号が適用され，

Bの取消しは可能であるとも考えられる。そうすると，出発点としては，民法121条の2第1項が適用され，Aは2000万円の価値賠償義務を，Bは100万円の不当利得返還義務を負うが，AはBの説明義務違反，ないしは，契約締結上の過失を根拠に，Bに対して1900万円の損害賠償請求が可能であると考えるのが妥当であろう。結論として，Aは100万円の限度で目的物の滅失の危険を負担することになる。

　ちなみに，上記の善意の給付受領者の目的物の滅失の危険の自己の給付義務の範囲への制限は，契約が無効・取消しとなった場合の利害調整を，可能な限り不当利得の規定の解釈によって行おうという方向性の一環である。それに対して，説明義務違反，契約締結上の過失による損害賠償請求による調整は，不当利得を財貨移動の清算のニュートラルなルールと位置づけたうえで，不当利得以外の規定の適用によって問題を解決しようという方向性である。

■ 関連問題 ■

　(1)　本問の小問(2)(3)で，Bが詐欺または強迫によって，時価100万円の贋作を池大雅の真筆だとAに信じさせて売買契約を締結したとき，小問(2)で，BはAの代金2000万円の返還請求に対して，甲絵画の返還との同時履行関係を主張できるか。小問(3)では，Bは100万円の価値賠償（価額償還）をAに対して主張できるか。

　(2)　本問の小問(4)で，Aが17歳の未成年者だったときに，Aが自己の不注意で，甲絵画を破損してしまったときに，BはAに対して100万円の価値賠償の請求が可能か。

●】参考文献【●

＊好美清光・判タ386号（1979）15頁，判タ387号22頁／Before/After50頁〔藤原正則〕／藤原正則『不当利得法』（信山社・2002）4頁・161頁

（藤原正則）

42 不当利得：侵害利得

(1) 製紙会社Ａの従業員Ｂは，Ａの工場から市場価格 500 万円の製紙原料を窃取し，翌日に原料を同種物品の販売業者Ｃに 200 万円で売却した。その 1 か月後に，Ｃは製紙原料をＤに 500 万円で売却し，Ｄはこれを使用して自分の材料も加えて紙製品を製造した（製品の時価は，1500 万円）。Ａは，Ｂに対して 500 万円の不当利得返還請求ができるか。さらに，Ａは，善意・無過失のＣに対して製紙原料の市場価格 500 万円を不当利得として返還請求できるか。Ｃが製紙原料がＢの所有物だと考えたことに，善意だが過失があったときはどうか。

(2) ＡはＤに対して 500 万円の不当利得返還請求ができるか。

(3) 小問(1)で，ＣのＤへの売却代金が 700 万円だった場合に，ＡはＣに対して 700 万円の返還請求ができるか。

●】参考判例【●

① 大判昭和 12・7・3 民集 16 巻 1089 頁
② 最判昭和 26・11・27 民集 5 巻 13 号 775 頁
③ 最判平成 12・6・27 民集 54 巻 5 号 1737 頁
④ 大判大正 7・12・19 民録 24 輯 2367 頁

●】解説【●

1 ＡのＢに対する請求

本問では，Ａの動産（製紙原料）はＢに窃取されている。だから，Ｃが動産をＤに転売していなければ，Ａは窃取から 2 年間はＣに対して現物返還の請求が可能だった（193 条〔回復請求権〕〔その法的性質に関しては→Ⅰ巻[37]〕）。その場合に，判例は，最初はＡのＢに対する不法行為に基づく損害

賠償請求を肯定していたが（大判明治43・6・9刑録16輯1125頁〔土地〕），後に判例変更して，Cに対して現物返還が可能ならAには「損害」はなく，Bの不法行為は成立しないとしている（大判昭和13・7・11判決全集5輯19号6頁〔動産〕，大判大正15・5・28民集5巻587頁〔土地〕）。そうすると，AがBに損害賠償請求できるのは，（たとえば，BがAから寄託されていた動産をCに処分して）Cが動産を善意取得したか（192条），Cが動産を加工して所有権を取得し，Aの現物返還が不能となった場合に限られるということになる。以上の判例を学説も支持している。他方で，判例は，現物返還の可否とは無関係に，AのBに対する不当利得返還請求を肯定している（たとえば，大判昭和11・7・8民集15巻1350頁〔山林〕）。しかし，現物返還が可能なら，Aには「損失」もないはずだが，学説は，AはBの無権限処分を追認して（116条類推），損失を発生させたうえで，Bに対する不当利得返還請求が可能だと解している。そうすると，不当利得は不法行為の「損害」の要件を補完していることになる。ただし，本問では，動産はDのもとで加工され，現物返還は不能となっているから，AはBに対して，不法行為による500万円の損害賠償，不当利得返還の請求のいずれも可能である。ただし，盗人Bは現実には所在不明または無資力の場合が多いから，AのBに対する請求には実効性が乏しい。そこで，AのC・Dに対する請求の可否が問題となる。

2　AのCに対する不当利得返還請求

　本問では，CはDに動産を転売しているから，AのCに対する動産の回復請求は不能となっている。さらに，CがBに動産の所有権のないことに善意・無過失なら，AのCに対する不法行為による損害賠償請求（709条）も成立しない。ただし，参考判例①は，AのCに対する不当利得返還請求を認めている。具体的には，A社の従業員BがAのパルプを窃取して，同種の物品の販売業者のCに売却し，CがDに転売しDが費消したというケースである。ただし，その際に，考え方が分かれるのが，Cの返還義務の範囲である。すなわち，ⓐCはDへの動産の売却で500万円を利得しているが，Bに対して対価200万円を支払っている。だから，（動産が占有離脱物でなければ，民法192条で確定的に動産の所有権を取得したはずの）善意・無過失

のＣの現存利得は，500万円（利得）－200万円（利得消滅）＝300万円（現存利得）である（対価控除説）。その結果，ＣはＡに対して300万円の不当利得の返還義務を負うにとどまる。この見解をとった裁判例もある（高松高判昭和37・6・21高民集15巻4号296頁）。ⓑ現在Ｃが動産を占有していれば，Ｃは無条件でＡに動産を返還する必要があった。ＣのＢに対する200万円の代金支払は，Ｂ・Ｃ間の債権的関係で，ＡのＣに対する物権的請求権には対抗できないはずである。だから，Ｃは対価控除を主張できない（対価非控除説）。したがって，ＣはＡに対して500万円の不当利得返還義務を負う。参考判例①は，後者の見解だが，Ｃに過失があったケースだった。すなわち，Ｃに対して不法行為による損害賠償として500万円を請求する余地も考えられるケースであった。

3　不当利得の類型論

　不当利得の類型論とは，不当利得以外の法制度が挫折した場合，たとえば，本問のように，動産はＤの下で加工され新物になっているから，所有権に基づく動産の回復請求は不能で，しかも，Ｃが善意・無過失で不法行為による損害賠償請求権も成立しないときに，所有権の保護を補完するのが不当利得だという考え方である。そこで，類型論は，個々の不当利得返還請求権の性質を，挫折した法制度，つまり，具体的な法律上の原因の欠如の根拠に則して具体化する。だから，類型論は，不当利得法上の問題の答えを，不当利得以外の法制度の趣旨・目的に求める一種の還元論であり，多元論である。その結果，類型論は，債権法・契約法を補完する「給付利得」［非債弁済の不当利得などの一方的な給付の回復，無効・取消された契約の清算。以上について→本巻41］，広義の所有権法を補完する「侵害利得」（他人の物権の侵害，他人の債権の弁済を受けて債権を消滅させた受領権者としての外観を有する者〔478条〕に対する債権者の不当利得返還請求，知的財産権の侵害など），事務管理を補完する「支出利得」（他人の債務の弁済による「求償利得」。他人の物への費用支出による「費用利得」）に，不当利得を大別している（さらに，二当事者ではなく，3人以上の間で利得が移動する場合を，「対第三者関係」として区別している）。そこから，本問でのＡのＣに対する価値賠償の請求は，侵害利得であり，ＡのＣに対する動産の回復請求を補完するものだと考える。

そうすると，類型論の学説は，AのCに対する物権的な請求に対して，Cは BC 間の債権的な関係を抗弁できないはずだから，対価非控除説が妥当だと解している。さらに，民法 194 条は占有離脱物の占有者が「競売若しくは公の市場において，又はその物と同種の物を販売する商人から，善意で買い受けたとき」に，占有者は前主に支払った代金の代価弁償が可能であると規定している。だから，代価弁償が可能なのは，占有者が競売，公の市場，同種の物を販売する商人から動産を買い受けた場合に限られる。そうすると，同条の反対解釈からも，盗人Bから盗品を買い受けたCは，たとえ善意・無過失でも，B（前主）に支払った代金の対価抗弁（代価弁償）の主張はできないというのである。ただし，以上はAのCに対する回復請求が可能な場合であり，他方で，善意・無過失のCがDに転売したとき，つまり，AがCに対して不当利得返還請求するときには，CはAに対して対価抗弁が可能だと考える余地もある。そうだとすると，原所有者Aの現物返還の請求が可能な場合とは異なり，不当利得返還請求のときは，動産が占有離脱物でなければ民法 192 条によって確定的に所有権を取得したはずの善意・無過失の第三者Cには，対価抗弁という形式で取引の安全が拡大されたことになる。

4　AのDに対する不当利得返還請求

　本問とは異なり，Dが動産を加工せず，動産が現物でDの占有下にあったときは，AはDに対して回復請求が可能だが，善意・無過失のDはCに支払った代金 500 万円の代価弁償をAに対して請求できる（194 条）。本問では，Dは時価 500 万円の動産を加工して 1500 万円の紙製品，つまり，「新物」にしているから，動産の所有権を取得している（246 条）。ただし，加工によって損失を受けた者（A）は，不当利得の規定（703 条・704 条）に従い，所有権を取得した者（D）に対して償金請求が可能である（248 条）。もっとも，本問では，Aが善意・無過失のDに動産の市場価格 500 万円を不当利得返還請求したときは，DはCに支払った代金 500 万円を代価弁償として請求できるはずである。だから，本問では，結論として，AのDに対する不当利得返還請求には意味がない。

　それでは，仮にCがDに 300 万円で動産を売却していたときは，Aは動

産の市場価格（500万円）－代価弁償（300万円）＝差額（200万円）をDに対して不当利得返還請求できるのか。AのDに対する侵害利得の性質を，Aの現物返還の場合と同様だと考えると，Aは善意・無過失のDに対しても差額200万円の請求が可能であると考えることになる。しかし，判例（参考判例②）は，民法194条の回復請求権は動産の現存を前提として成立し，回復請求に代わる不当利得返還請求権も同様であるとして，動産の所有権を加工によって取得したDに対する回復請求のみならず，差額の不当利得返還請求も斥けた原審を支持して，Aの上告を棄却している。そうすると，ここでも，判例は，現物返還が不能で，原所有者Aが不当利得返還請求したときは，善意・無過失の占有者Dの取引の安全を拡大していることになる。

　加えて，判例（参考判例③）は，BがAから窃取した無登録の工作機械（動産）を同種の物を販売する商人Cに売却し，Cが善意・無過失のDに機械を転売し，被害者AがDに対して機械の回復請求，および，Cからの占有取得からAへの返還までDが機械を使用していた期間の使用利益（賃料相当額）を不当利得返還請求したケースで，Dは機械をAに返還する必要はあるが，使用利益の返還の必要はないと判示している。もちろん，善意の占有者Dは，Aから訴えが提起されても訴訟係属する以前は，機械の使用利益の返還の必要はない（189条1項）。ここでは，動産は占有離脱物だから，Dには民法192条ではなく民法194条が適用され，DはAに対する代価弁償は可能でも，回復請求には応じる必要がある。たしかに，民法189条以下の規定は，占有離脱物を取引行為によって取得した善意の第三者Dに対して，果実（・使用利益）の返還義務を免除し（189条1項），損害賠償義務も負わない（191条）という形式で，所有権取得には至らないが，物の使用・収益の範囲で，「限定された取引の安全」を与えている。しかし，その取引の安全も第三者が善意の場合に限ってであり，第三者Dが被害者Aからの返還請求の訴えで敗訴したときは，訴訟係属後は悪意の占有者とみなされる（189条2項）。だから，民法189条2項の規定を文言どおり適用すれば，Dは訴訟係属後の使用利益の返還の義務があったはずである。ところが，参考判例③は，ⓐ被害者Aには回復請求するか，回復をあきらめるか

の選択権があるが，Ａの選択によって使用利益の返還義務の有無が決まるのでは，Ｄの地位が不安定となり，民法194条の目的とする被害者と占有者の保護の均衡を失する，ⓑ代価弁償には利息が含まれないこととの均衡上，占有者の使用収益を認めることが公平に合致すると判示している。つまり，ここでも，判例は，同条の解釈によって善意・無過失の占有離脱物の転得者Ｄの取引の安全を拡大している。だから，ＣがＤに300万円で動産を売却していたときに，ＡのＤに対する200万円の侵害利得の請求を認めるか否かは，ＡのＣに対する請求のあり方（対価控除の可否）と同じく，判例・学説による法発展の方向性にかかっていると考えるべきであろう。

5　Ｃの利益の剥奪

　小問(3)では，ＣはＤに対して動産の時価500万円より高額な700万円で動産を売却している。ただし，Ｃに故意・過失があっても，Ａの不法行為による損害賠償は，Ａの損害のてん補が目的だから，賠償額は時価500万円である。Ａの不当利得返還請求でも，衡平説はＣの利得は700万円でもＡの損失は500万円だから，Ａの損失が請求を限界づけると解している。類型論でも，侵害利得（不当利得）の効果はＡに排他的に帰属した物の客観的価値（市場価値）の賠償である。以上の基礎となるのは，時価500万円以上の200万円は，法秩序がＡに排他的に割り当てた有体物の客観的価値ではなく，Ｃの才覚・努力に由来するという評価である。

　ただし，Ｃが故意にＡの動産を処分して客観的価値を超える売却益を取得したときは，不法行為の予防・懲罰的な効果を考慮して，ＡはＣに対して利益700万円の返還を請求して，利益を剥奪することを認めるべきだという考え方もある。その根拠づけは，準事務管理または不法行為である。つまり，物の処分権は所有者にだけ帰属するから，他人（Ａ）の物の処分は「他人の事務」の管理に当たる。ただし，Ｃには他人の事務を管理する意思（697条1項「他人のために」）はないから，事務管理は成立しない。しかし，故意の侵害者には事務管理の規定を類推して，事務管理に基づいて受領した物（売却代金）の引渡し（701条・646条）を義務づけるというのが，準事務管理を提唱する学説の狙いである。判例にも準事務管理を肯定したと評価できるものも存在する（参考判例④）。ただし，学説には準事務管理を支持する

ものは必ずしも多くはない。他方で，不法行為の効果も，損害のてん補のはずである。しかし，故意の不法行為では，損害概念を規範的に評価して，侵害者の利益を損害と考えるという提案が，特に，侵害はあっても発見が困難で必ず損害賠償がされるとは限らない知的財産権の分野で有力に主張されている。現に，たとえば，特許法102条2項は，特許権者の損害額を故意・過失による侵害者の利益の額と推定している。ただし，以上の知的財産権の侵害での損害概念が，不法行為の他の分野にも一般化できるかは問題である。もっとも，ＣのＤへの具体的な処分価格は客観的価値（市場価格）と推定されるべきであろう。この理は処分された物の一般的な市場が存在しない不代替的な特定物の処分の場合には特に妥当する。つまり，処分価格は客観的価値の算定の出発点であり，損失者が処分価格が客観的価値より安価と考えるときは損失者が，利得者が処分価格が客観的価値より高価と考えるときは利得者が，客観的価値の証明責任を負担することになる。

■ 発展問題

　Ａが死亡してＡの子Ｂ・Ｃが2分の1ずつ遺産を相続した。ＡにはＤに対して200万円の貸金債権があったが，ＢはＤから200万円全額の弁済を受けた。ＣはＤに対して100万円の弁済を請求できるか。さらに，ＣがＤに請求せず，Ｂに対して100万円を不当利得として返還請求することは可能か（最判平成17・7・11判時1911号97頁を参照）。

●】 参考文献 【●

＊好美清光・判タ387号（1979）22頁／沖野眞已・法教219号（1998）58頁／窪田充見編『新注釈民法(15)』（有斐閣・2017）126頁・135頁〔藤原正則〕

（藤原正則）

43 不当利得：転用物訴権

繁華街にある本件ビルの所有者Ｙは，敷金なし，賃料月額80万円，期間３年とする賃貸借契約をＡと締結した。この賃貸借契約においては，敷金なしかつ賃料月額を約２割安く設定する代わりに，修理・改装工事の費用はＡが全額負担することとされた。

本件ビルは築40年のため老朽化がひどく，最上階では一部雨漏りも見受けられた。しかし，Ａは，Ｙから本件ビルを安く借り受けて，本件ビルを最新デザインの商業ビルに生まれ変わらせたうえで，本件ビル内で飲食店・衣料品販売店を営むことにより，多額の収入を得ることを計画した。そこで，Ａは，建物修理・内装工事の専門業者Ｘに本件ビルの修理・改装工事を3000万円で依頼し，半年後，Ｘは，この工事を完了し，Ａに本件ビルを引き渡した。

ところが，Ａは，当初の計画通りに本件ビルから収入を得ることができず，Ｘに報酬を支払うことができないままであった。その後，Ａは行方不明となり，ＸのＡに対する報酬債権は回収不能となった。

Ｙは，賃料不払を理由にＡとの賃貸借契約を解除する意思表示をしかつ本件ビルの明渡しを求める訴訟を提起し勝訴判決を得て，この判決は確定した。

現在，本件ビルはＹが占有しており，本件ビルの価格はＸによる修理・改装工事によって3000万円上昇している。

以上の場合において，ＸはＹに対して報酬相当額3000万円を請求することができるか。Ｙからの反論に留意しながら，理由を付して論じなさい。

●】参考判例【●

①　最判昭和 45・7・16 民集 24 巻 7 号 909 頁
②　最判平成 7・9・19 民集 49 巻 8 号 2805 頁

●】解説【●

1　転用物訴権の意義と経緯

契約に基づいて給付が行われたが，この給付が契約の相手方だけでなく第三者の利益にもなった場合，給付者はその第三者に対して利益の返還を請求する権利を有する。この権利を転用物訴権という。

学説は，複数の問題点を指摘しながら，この転用物訴権を広く認めたようにみえる参考判例①を大いに批判した。その後，参考判例②は，学説による批判を受け入れ，有償事例において転用物訴権を否定するに至る（学説の多くはこの参考判例②が参考判例①を実質的に変更したと評価しているが，異論もある）。また，現在の不当利得法の通説である類型論は，転用物訴権に対して否定的な立場に立つ。

以下では，転用物訴権の成否について判例・学説を踏まえながら検討していくことにしよう。

2　転用物訴権を最初に認めた参考判例①とその問題点

⑴　参考判例①の内容

Y 所有の甲（ブルドーザー）を賃借していた A は，X に甲の修理を依頼した。X は，修理を完了し A に甲を引き渡したが，A が倒産したため甲修理に関する報酬債権を A から回収することができなくなった。これに対して，Y は A から甲を取り戻して転売し利益を得た。そこで，X は，不当利得を理由に Y に対して甲修理に関する報酬相当額を請求した。ただし，A・Y の賃貸借契約においては，A の賃料を相場より安くする代わりに甲の修理費用は A が負担するという特約があった（この特約が最初に事実認定されたのは参考判例①の差戻し審であることに注意）。

第 1 審・原審は，X の損失は A が倒産したことによる報酬回収不能に基づくものであって，X の損失と A の倒産との間には因果関係は認められる

が，Xの損失とYの利益との間に因果関係はないとして，Xの請求を棄却。X上告。

　参考判例①は，ⓐ修理に要した財産および労務に相当する損失がXに生じた一方で，これに相当する利得がYに生じたため，Xの損失とYの利得の間には直接の因果関係があった。ⓑXはAに対し報酬債権を有するためにYに対しては不当利得返還請求権を有しないのが原則であるが，Aが無資力のためこの報酬債権が無価値であるときは，その限度において，Yの利得はXの財産および労務に由来したものということができる。ⓒしたがって，たとえ，甲の修理費用はAが負担するという特約がA・Y間にあったとしても，Xは，Aに対する報酬債権が無価値である限度において，Yの利得を返還請求できるものと解する，と判示して，原判決を破棄し差し戻した。

　以上からすると，参考判例①は，Yの利益取得につき有償・無償の区別を前提とせず（すなわち有償事例を排除せず），Xの損失とYの利得の間には直接の因果関係があることを根拠に（前述ⓐⓑ），Xの報酬債権が無価値である限度において，XのYに対する転用物訴権を肯定したかにみえる（前述ⓒ）。

(2) 学説の反応（参考判例①の問題点）

　このように転用物訴権を広く認めたかにみえる参考判例①を，多くの学説が批判した。たとえば，転用物訴権否定説は，契約関係自律性の原則によれば，XはAに対する報酬債権を有しているから，その債権の回収リスクを負担するのはXである，と。また，限定的肯定説は，Yの利益取得がA・Y間の賃貸借契約全体からみて有償と認められる場合（以下，「有償事例」という）と無償と認められる場合（以下，「無償事例」という）などに分け，有償事例では，Yは利益取得のために対価を支払っているから，Xに転用物訴権を認めるとYは二重負担となってしまうのに対して，無償事例では，無償取得したYではなくXの保護を優先すべきであるから，この無償事例に限ってXに転用物訴権を認めるべき，と批判した。

　その後，参考判例②は，限定的肯定説からの批判を受け入れ，有償事例においては転用物訴権を否定するに至る。

3　参考判例②の内容と参考判例①との関係

(1)　参考判例②の内容

Ｙ所有の甲（ビル）を賃借していたＡは，Ｘに甲の修理・改装を依頼した。Ｘは，修理・改装を完了しＡに甲を引き渡したが，甲修理・改装に関する報酬債権をＡから回収できず事実上倒産した（その後Ａ行方不明）。これに対して，ＹはＡから修理・改装された甲を取り戻した。そこで，Ｘは，不当利得を理由にＹに対して甲修理・改装に関する報酬相当額を請求した。ただし，Ａ・Ｙの賃貸借契約においては，Ａの権利金支払を免除する代わりに甲の修理・改装費用はＡが負担するという特約があった。

原審は，下請業者に報酬を支払っていないＸには損失がないとして，Ｘの請求を棄却。Ｘ上告。

参考判例②は，Ａが無資力のためこの報酬債権が無価値である場合において，Ｙが法律上の原因なくＸの財産および労務に相当する利益を受けたといえるのは，Ａ・Ｙ間の賃貸借契約を全体としてみて，Ｙが無償でこの利益を受けたときに限られる。なぜなら，Ｙが，Ａとの賃貸借契約においてこの利益に相応する負担をしたときは，Ｙの利益は法律上の原因に基づくものであり，ＸがＹにこの利益につき不当利得返還請求できるとするのは，Ｙに二重の負担を強いる結果となるからである。したがって，Ｙの利益はＡの権利金支払の免除という負担に相応し，Ｙが法律上の原因なく利益を受けたとはいえない，と判示して，上告を棄却。

以上からすると，参考判例②は，限定的肯定説を（必ずしも完全な形ではないが）受け入れ，有償事例においては，Ｙの利益取得に法律上の原因があることおよびＹの二重負担を回避すべきことを根拠にして，ＸのＹに対する転用物訴権を否定したといえよう。

(2)　参考判例①と②の関係

参考判例①が転用物訴権を不相当に広く認めたようにみえることから（前述2(1)ⓒ），多くの学説は参考判例②が実質的に判例（参考判例①）を変更したと評価している。しかし，この判例変更の評価には，次の3つの理由から疑問がある。

第1に，参考判例①は，Ｘの損失とＹの利得の因果関係を否定した原判

決を破棄したにすぎないから，参考判例①の先例拘束性は，破棄の結論を導くのに必要な判断部分，すなわち，Ｘの損失とＹの利得との間に直接の因果関係ありとする判断部分（前述２(1)ⓐⓑ）にとどまる。これに対して，参考判例②は，Ｘの損失とＹの利得との間に因果関係なしと判示しているわけではない。第２に，「Ａの賃料を相場より安くする代わりに甲の修理費用はＡが負担するという特約」が認定されたのは参考判例①の差戻し審においてであり，参考判例①は，必ずしも有償事例を前提として出されたものではない。これに対して，参考判例②は，有償事例を前提としている。第３に，最高裁が判例を変更する場合は大法廷を開かなければならないが，参考判例②は大法廷判決ではない。したがって，参考判例①は，有償・無償の区別を前提とせず（有償事例を排除せず），Ｘの損失とＹの利得との間に直接の因果関係ありと判示したにとどまるから，参考判例②は，参考判例①を形式的にも実質的にも変更していないと評価できよう。

4 参考判例②の問題点と公平説

(1) 参考判例②の問題点

参考判例②の結論は支持されるべきであるが，無償事例で転用物訴権を肯定するその理論構成には，検討の余地があろう。すなわち，参考判例②は，無償事例においては，Ｙの利益取得に法律上の原因がなくＹが二重に負担することもないから，Ｘの転用物訴権を肯定するものと評価できる。

しかし，このような転用物訴権肯定には，たとえ無償事例に限定されるとしても，次のような２つの問題がある。まず，否定説が主張するように，Ａの無資力リスクを負担するのはＡと請負契約を締結したＸ自身であり，Ｘに転用物訴権を肯定することはＸ・Ａ間の契約関係自律性の原則を損なうことになる。次に，Ｙの利益取得が無償であったとしても，それがＡとの合意によるものであれば，Ｙの利益取得には法律上の原因があり，その結果，無償事例においても，民法703条の要件（法律上の原因の欠如要件）は満たされず，転用物訴権は否定されるはずである。すなわち，“無償＝法律上の原因の欠如”というための根拠が明らかではない。

(2) 公平説に基づく参考判例②

ところが，参考判例②は，これら２つの問題点があるにもかかわらず，あ

えて無償事例においてXの転用物訴権を肯定しようとする。この理由としては，かつて不当利得法における通説でありかつ現在の判例が採用する公平説が考えられる。

この公平説は，「形式的・一般的には正当視せられる財産的価値の移動が実質的・相対的には正当視せられない場合に，公平の理想に従ってその矛盾の調整を試みんとすることが不当利得の本質」であると主張する。また，公平説の中でもとりわけ過責の考量論は，当事者双方の過責の考量によって返還義務の範囲を決定するという。このような公平説によれば，XとYを比較してXのほうが保護に値するときは，たとえ前述(1)の2つの問題があったとしても，Xに転用物訴権を認めることができよう。

以上からすると，参考判例②は，XがAの無資力により修理等に関する報酬債権を回収できなくなったのに対して，YがXの修理等による利益を無償で得たときは，公平説に基づき，Xの報酬債権が無価値である限度において，Xの保護を重視しXの転用物訴権を肯定する，という一般論を述べたといえよう。

(3) **公平説の問題点**

しかし，参考判例②が公平説を採用したとしても，前述(1)の2つの問題点を克服できるわけではない。また，もし公平説に従ったとしても，そもそもXのほうが保護に値するといえるのか。(1)で述べたように，本来ならばAの無資力リスクを負担すべきはX自身である。それにもかかわらず，偶然にXのAに対する給付が無償で第三者Yの利益になったことを理由に，Xのほうが保護されて良いのか。さらに，Yの利益取得という行為に違法性があるわけでもなく，むしろAとの合意という法律上の原因がある。以上からすると，XとYを比較した場合，Yの利益取得が無償であったとしても，Xの転用物訴権の肯定は，Xに対する過度な保護といわざるを得ないであろう。したがって，公平説に従ったとしても，転用物訴権は否定されるべきという結論になる。

　Xは，父親から相続した広大な土地甲とその甲上に建てられた建物乙（甲と乙を合わせて，以下，「本件不動産」という）を所有していたが，本件不動産は郊外にあるため，長い間放置したままであった。ところが，Xは，定年後本件不動産に住もうと考え，本件不動産の修理・改装を始めた。

　イノシシが畑を荒らすため，本件不動産と隣人Yが所有する不動産の周囲には，Xの父とYが2人で建てた長距離に及ぶ塀があり，Y所有の塀との境界は一見判別することは難しかった。

　Xは，維持・保存のためその塀を塗装したが，長年住んでいなかったために，Yとの境界がわからず，Yの塀まで塗装してしまった。Yの塀の塗装費用は，ペンキ・労務を合わせて30万円であった。

　以上の場合において，XはYに対して塗装費用相当額30万円を請求することができるか。Yが自己所有部分の塀を塗装する予定があった場合とそうでない場合に区別したうえで，Yからの反論に留意し，理由を付して論じなさい（費用利得の例）。

●】参考文献【●

＊松岡久和・百選Ⅱ160頁／加藤雅信・百選Ⅱ〔第6版〕（2009）148頁／田中豊・最判解民平成7年度（下）900頁／潮見佳男『基本講義債権各論Ⅰ契約法・事務管理・不当利得〔第4版〕』（新世社・2022）332頁・371頁・383頁

（油納健一）

44 不法行為の成立要件：権利侵害

> Aは，2024年12月10日，東京都内にある自己所有の土地上に，鉄筋コンクリート造り陸屋根3階建ての建物（以下では「本件建物」という）を代金3000万円で建築する請負契約をY₁との間で締結し，その設計および工事監理をY₂に委託した。本件建物完成後，Aは，その引渡しを受け，しばらくの間そこに居住していたが，2025年12月頃，勤務先の会社から突然札幌への転勤を命じられ，長期にわたり東京に戻る見込みがなかったことから，断腸の思いで本件建物を手放すことに決めた。そして，Aは，2026年2月10日，Xとの間で，本件建物およびその敷地をそれぞれ代金2000万円と3000万円で売却する旨の契約を締結した。この契約に基づき，Xは，同年3月20日，本件建物およびその敷地の引渡しを受けた。
>
> ところが，Xが引渡しを受けた後しばらく経って，本件建物に多数の瑕疵があることが判明した。その瑕疵は，建物の存続をただちに危うくするほどのものではなかったが，天井・床・壁のひび割れ，はりの傾斜，鉄筋量の不足，バルコニーの手すりのぐらつき，排水管の亀裂など，多数箇所にわたっており，すべて補修を要するものであった。
>
> そこで，Xは，2028年12月，Y₁およびY₂に対し，上記の瑕疵について修補費用相当額の賠償を求めて訴えを提起した。このXの請求は認められるか。

●】参考判例【●

① 最判平成19・7・6民集61巻5号1769頁
② 最判平成23・7・21判時2129号36頁

●】解説【●

1　はじめに

本問では，建物取得者Ｘが，建物の設計者・施工者・工事監理者（以下では単に「設計・施工者」という）であるＹ₁およびＹ₂（以下では併せてＹという）に対し，本件建物の修補費用相当額の損害賠償請求をすることができるかどうかが問題となっている。

前提として，Ｘは，本件建物の売主であるＡに対し，売買契約に基づく責任を追及することが可能である。すなわち，本件建物には多数の瑕疵があることから，引き渡された目的物の品質が契約の内容に適合しないものとして，追完請求（562条），代金減額請求（563条），損害賠償請求（415条）または解除権の行使（541条・542条）が認められる可能性がある。ところが，通知懈怠による失権（566条）やＡの無資力といった事情により，Ａに対する責任追及が実際上不可能な場合もある。このとき，Ｘとしては，Ｙを相手方として請求していくほかないが，Ｘ・Ｙ間には契約関係が存在しないため，不法行為（709条）を請求の根拠とすることになる。

この問題については，本問とほぼ同じ事案に関する最高裁判決（参考判例①およびその差戻上告審である参考判例②）によって一定の解決が与えられており，そこでは，建物の設計・施工者が不法行為により修補費用の賠償義務を負うことが認められている。しかし，この責任をどのようにして正当化するかということについては，なお検討すべき点がないわけではない。このような事情から，以下では，参考判例の立場を説明したうえで，それを出発点として検討を進める。

2　判例

⑴　「建物としての基本的な安全性を損なう瑕疵」についての不法行為責任の肯定

参考判例①は，次のように判示して，直接の契約関係にない建物取得者との関係で，建物の設計・施工者に不法行為責任が成立する可能性を認めた。すなわち，建物は，建物利用者や隣人，通行人等（以下では併せて「居住者等」という）の生命・身体・財産を危険にさらすことがないような安全性を

備えていなければならず，このような安全性は建物としての基本的な安全性というべきである。そうすると，建物の建築に携わる設計・施工者は，建物の建築に当たり，契約関係にない居住者等に対する関係でも，当該建物に建物としての基本的な安全性が欠けることがないように配慮すべき注意義務を負う。そして，設計・施工者がこの義務を怠ったために建築された建物に建物としての基本的な安全性を損なう瑕疵があり，それにより居住者等の生命・身体・財産が侵害された場合には，設計・施工者は，特段の事情がない限り，これによって生じた損害について不法行為による賠償責任を負う。

そして，参考判例②によれば，建物としての基本的な安全性を損なう瑕疵とは，居住者等の生命・身体・財産を危険にさらすような瑕疵をいい，建物の瑕疵が，居住者等の生命・身体・財産に対する現実的な危険をもたらしている場合に限らず，これを放置するといずれは居住者等の生命・身体・財産に対する危険が現実化することになる場合を含む。具体的には，建物の構造耐力にかかわる瑕疵のほか，建物の利用者の身体や財産が損なわれる危険があるときには，建物としての基本的な安全性を損なう瑕疵があるといえるが，建物の美観や居住者の居住環境の快適さを損なうにとどまる瑕疵はこれに当たらないとされている。

これによると，本問のような瑕疵は，居住者等の生命・身体・財産に対する危険を伴うものである（バルコニーの瑕疵により建物利用者が転落して人身被害が生じたり，漏水等により居住者の財産が損なわれたりする危険がある）から，建物としての基本的な安全性を損なう瑕疵に当たる。また，瑕疵がただちに建物の存続を危うくするとまではいえないとしても，そのことは不法行為の成立を妨げるものではない。

(2)　**修補費用相当額の損害賠償の肯定**

以上を前提として，参考判例②によれば，建物取得者は，自らが取得した建物に建物としての基本的な安全性を損なう瑕疵がある場合には，特段の事情がない限り，設計・施工者に対し，当該瑕疵の修補費用相当額の損害賠償を請求することができる。この場合，修補費用を実際に支出していなくても，建物としての基本的な安全性を損なう瑕疵があることにより，修補費用相当額の損害が生じていると考えられるのである。

以上によれば，本問でも，Ｙに注意義務違反がある限り，ＸのＹに対する修補費用相当額の賠償請求は認められることになる。

3　不法行為の成立要件との関係

裁判例においては，民法709条の各要件が明示的に認定されないことも多く，このことは参考判例にも当てはまる。そこで，上記の参考判例の立場を，同条の要件との関係でどのように整理することができるかということを，次に検討しておきたい。本問では因果関係は特に問題にならないため，以下では，その他の要件（権利・法益侵害，故意・過失，損害）について順次検討する。

(1)　権利・法益侵害

参考判例は，当該事案において侵害された権利・法益の内容について何も述べていない。そのため，ここで不法行為を理由とする瑕疵修補費用の賠償義務を認めるならば，権利・法益侵害要件の充足をどのようにして基礎づけるかという問題が残る。仮に建物の瑕疵により居住者等の生命・身体が侵害されれば，故意・過失が認められる限りＹが不法行為責任を負うことに疑いはないが，本問ではそのような侵害はない。また，本問では，もともと瑕疵のある建物が引き渡されたにすぎないため，Ｘが現に有する所有権が侵害されたともいいにくい。この場合に不法行為の成立を認める見解としては，大別して次の2つがある。

第1に，何らかの権利侵害が現実に存在することを前提として，その定式化を試みる見解がある。この見解の内部でも，危険にさらされない利益，建物の安全性，安全性を備えた建物の価値に対する買主の信頼など，さまざまな見解が主張されている。

第2に，権利が現実には侵害されていないことを前提としつつ，建物の瑕疵修補費用の支出が，建物取得者の生命・身体に対する危険を除去し，その侵害を回避するために行われるものであることに着目して，この場面では，権利が現実に侵害された場合に準じて不法行為責任を成立させるべきであるという見解がある。

以上の対立について，どのように考えるべきであろうか。たしかに，民法709条の保護法益を狭く限定するような解釈がもはやとられていない以上，

第1説のように何らかの権利侵害を観念することは不可能ではない。しかし，本問における瑕疵修補費用が，将来において生じうる権利侵害を回避することを主たる目的として支出されるものであることに鑑みれば，むしろ第2説のほうが正鵠を射たものというべきであろう。

　ただし，第2説は，権利が現実には侵害されておらず，侵害の危険があるにすぎない段階にまで不法行為の成立を前倒しするものである。したがって，ここでは民法709条の例外ないし拡張が承認されていることになるが，建物が居住者等の法益に対する危険を有することが明らかであるにもかかわらず，現実の侵害が生じるまで待たなければ責任を追及できないのは不合理であるから，こうした保護の前倒しも正当化されてよいであろう。しかも，仮に建物の危険が現実化して居住者等の法益が侵害されれば，過失が認められる限り，建物の設計・施工者はいずれにせよ責任を負うべき立場にあるのだから，このような前倒しが必ずしも過剰な責任をもたらすわけではない。もっとも，こうした責任の拡張が，本問のような場面を越えてどこまで妥当するかということについては，なお検討を要する（発展問題を参照）。

⑵　故意・過失

　建物の設計・施工者に故意があるという事態は考えにくいため，ここでは過失の有無が重要である。過失とは，一般に結果回避義務違反を意味するとされるが，本問との関係では，参考判例①のいう「当該建物に建物としての基本的な安全性が欠けることがないように配慮すべき注意義務」が，この場合の結果回避義務に当たると考えられる。

　ただし，建築基準法令の違反が認められる場合であっても，それがただちに不法行為法上の過失と評価されるわけではない。建築基準法令は，行政上のさまざまな考慮に基づいて定められたものであるから，過失判断における1つの考慮要素にはなるとしても，その違反がただちに私法上の義務違反となるわけではないのである。

　なお，過失との関係では，建物取得者が，瑕疵の原因となった行為を特定し，その義務違反を証明するのは必ずしも容易でないことから，「建物としての基本的な安全性を損なう瑕疵」があるときは，それにより過失が事実上推定され，設計・施工者の側で過失がないことを証明すべきだとする学説も

主張されている。

(3) **損害**

損害に関していえば，前述のように，参考判例②は，建物の設計・施工者に対する修補費用相当額の損害賠償請求を認めている。

なお，本問では問題にならないが，参考判例②によれば，建物の所有者が，当該建物を第三者に売却するなどしてその所有権を失った場合であっても，その際，修補費用相当額の補てんを受けたなど特段の事情がない限り，いったん取得した損害賠償請求権を当然に失うものではない。これは，建物に瑕疵があれば通常は売却価格も低下することから，建物に瑕疵がないことを前提として売却した場合でない限り，その価格の低下分に相当する額についてなお賠償を請求できるという趣旨だと考えられる。

4　契約責任との関係

最後に，やや異なる観点から，参考判例の立場の正当性を検証しておきたい。

本問のような場合に建物の設計・施工者に不法行為責任を認めることの当否は，契約責任と不法行為責任の関係という観点からも検証を要する。すなわち，売買目的物に関する瑕疵修補費用の賠償は，契約内容に適合する物が引き渡された状態を実現するものであるが，これは本来的に契約責任の任務であり，原則として不法行為の問題にはならないと考えられる。なぜなら，ここで不法行為による損害賠償を認めると，契約で予定されているはずのリスク分配が損なわれるおそれがあるからである。

たとえば，本問と同種の事例で，Y・A間において瑕疵修補をAの負担とする合意があると想定しよう。このとき，Xが直接Yに不法行為により修補費用の賠償を請求できるとすると，Y・A間の合意が結果的に無意味になってしまう。もとより，Y・A間の合意がXに拘束力を及ぼすわけではないが，それでもなお，もはや修補費用について責任を負わなくてよいというYの期待を完全に無視してよいわけではない。現に，参考判例①の原審は，このような観点から，強度の違法性が認められる場合でない限り，建物の設計・施工者に不法行為責任は成立しないとした（福岡高判平成16・12・16判タ1180号209頁）。

もっとも，本問のような場合に建物の設計・施工者の責任を認めることは，結論として適切であると考えられる。すなわち，建物取得者は，建物が基本的な安全性を備えていると信頼するのが通常であり，そのような信頼は正当なものであるから，それに応えることが設計・施工者には強く要請される。また，建物が第三者に譲渡されることは，設計・施工者にとっても十分予測可能である。そうすると，このような場合にまで設計・施工者に責任を免れさせる理由はなく，契約関係にない建物取得者からの修補費用の賠償請求を認めてもよいということができる。

また，理論的には，次のような説明が可能である。本問では，建物としての基本的な安全性を損なう瑕疵により，居住者等の生命・身体・財産（いわゆる完全性利益）が侵害される危険が生じている。そして，本問における瑕疵修補費用の支出は，完全性利益に対する侵害の危険を回避するための措置であり，契約上の利益のみならず完全性利益の保護を目的とするものであるから，この点において不法行為法の本来的規律領域との接点を有する。したがって，契約によるリスク分配を覆すことになるとしても，不法行為を適用する余地が生じるのである。このような観点からは，参考判例②が，生命・身体・財産に対する危険がある場合に建物としての基本的な安全性を損なう瑕疵を肯定し，美観や快適さを損なうにとどまる瑕疵についてこれを否定するのも，完全性利益に対する危険の有無による区別として位置づけることができる。

発展問題

　介護施設Ｘは，Ｙの製造した電動式の介護ベッド（以下では「本件介護ベッド」という）を販売店Ａから購入し，要介護者に貸与していた。ところが，本件介護ベッドには，その設計に起因する欠陥により，電動装置部分に水分が侵入した場合に発火する危険およびサイドレールに利用者が挟まれる危険があることが明らかになった。Ｘは，Ａがすでに破産していたことから，Ｙに対し，本件介護ベッドの修補にかかる費用の負担を求めたが，Ｙは費用の支払を拒絶した。そこで，Ｘは，本件介護ベッドの修補をＢに委託し，自ら修補費用

を支出したうえで，Ｙに対し，その費用の賠償を求めて訴えを提起
した。このＸの請求は認められるか。

●】参考文献【●

＊山口成樹・判評 593 号（判時 2002 号）（2008）23 頁／瀬川信久・現代消費
者法 14 号（2012）90 頁／山本周平・百選Ⅱ 172 頁

（山本周平）

不法行為の成立要件：過失・因果関係

X は，Y が開設するクリニックで健康診断を受けた際，採血が実施された。Y は採血用の注射針を X の腕に刺し採血を始めたが，X は針が刺された直後に腕に異常な強い痛みとしびれを感じ，大声で苦痛を訴えた。Y は，X の大声に驚き，ただちに採血を止め，針を引き抜いた。X の穿刺部位は内出血で大きく腫れ上がり，X の腕には強いしびれが現れた。その後，1 年にわたって Y は X にさまざまな処置をして状態改善に努めたが，X の腕にはしびれの症状が残っており，改善の兆しはない。X はこの事故に遭遇するまでは，手先の器用さを生かして高収入を得ることのできる職務に従事していたが，この事故のためそれに従事することが不可能となってしまい，その収入は激減した。

X は，自分に機能障害が生じたのは，Y が採血に際して，X の腕の神経を傷つけないように部位を選択し，注意深く穿刺・採血すべきであったのにその確認を怠ったため，穿刺に際して X の腕の神経を傷つけ，それがしびれの原因となったと主張し，Y に対して，収入減の支払も含めて，不法行為に基づく損害賠償の支払を求めた。X の請求は認められるか。

●】参考判例【●

① 最判平成 8・1・23 民集 50 巻 1 号 1 頁
② 最判平成 13・11・27 民集 55 巻 6 号 1154 頁

●】解説【●

1　概説：不法行為に基づく損害賠償請求権の成立要件

医療事故に基づく損害賠償を不法行為と構成する場合（709 条以下），賠償請求する患者側は，その成立要件である，ⓐ故意・過失，ⓑ権利または法律

上保護されるべき利益の侵害，ⓒ損害の発生，ⓓ因果関係のすべてを証明する必要がある。訴えの相手となるのは，個人開業医であれば当該医師，病院であれば担当医とその使用者である医療機関の設置者であるのが通常である（715条。なお，医療事故は債務不履行との関係も問題になるが，過失の主張・立証責任に関しては両者に違いはないと判例・通説は考えている）。医療事故の損害賠償請求では，生命・身体が害された場合が多いため，上記要件のうちⓑⓒについては一見して明白であることが通常であるが，より小さな法益を保護の対象として考えるという動きがある。専門知識をもたない患者側には，ⓐ医療関係者の過失，ⓓ因果関係の立証は特に大きな障害となりうる。

2　故意・過失

　民法は過失責任主義を採用し，加害者に少なくとも過失がなければ，損害賠償責任を負わせない。行為者は，過失ありとされないように，社会生活上要求される注意を払って行動すれば，たとえ損害が発生したとしても責任を問われることはない。過失とは，伝統的には，損害発生を予見すべきであったのに不注意によりこれを予見しなかったという「心理状態」をいうと考えられてきたが，今日ではこれを予見可能な不良結果を回避するための措置を行わなかったという結果回避義務違反と解されている。加害者に過失があるかどうかの判断は，行為者自身の能力ではなく，抽象的に，ある行為をする場合に，社会的に求められる注意義務に反したかどうかによって決せられる。医療行為については，その対象が人であるため，生命・身体への危害を生じるおそれを常に含み，医療関係者には高度な注意義務が課せられる（最判昭和36・2・16民集15巻2号244頁）。医療事故の場合，医療関係者の過失の有無の判断基準は診療当時のいわゆる臨床医学の実践における医療水準であり（最判昭和57・3・30民集36巻3号484頁），何が医療水準として医師の注意義務の内容になるのかは，問題とされた治療を実施した医療機関の性格その他の事情を考慮して個別に決せられる（最判平成7・6・9民集49巻6号1499頁）。

　医療水準は，最新・高度な医学的な知見がいつ臨床の場で医療関係者に実施すべき義務となるかの議論において論じられることが多いが，それに限定されず，医療行為一般において問題とされる。本問のような採血中の事故とされるものであれば，採血時に神経を損傷しないように採血者が払うべき注

意義務は，静脈と神経は近隣に位置することが多いので穿刺時には適切な部位を選んで細心の注意を払うべきといった理解が医療関係者に共有されており，採血者がそれに従った行動をとっていたかどうかが重要である。

なお，医療行為では，治療の実施前に患者から同意を得るインフォームド・コンセント取得も重要であり，不十分な情報提供の結果として患者から有効な同意を得たと評価できない場合には，たとえ治療が成功したとしても説明義務違反に基づく損害賠償が認められる。

3　因果関係の所在

損害賠償においては，加害行為と結果との間に因果関係が存在することも必要である。因果関係の問題は，加害行為と結果との間に原因―結果の関係があるかという点と，生じた結果のどこまでを賠償させるべきとするのかという点の両者が関係する。医療事故が生じるのは人体であり，必ずしも事故の発生メカニズムを完全に解明できるとは限らない。また，医療関係者の関心が本来注意すべき疾患等と異なる方面に向いていた場合には，必要な処置がとられず，さらに，帰責事由の存否の判断に必要な情報も残されていないこともある。たとえば，ある症状について診療記録に記載がない場合，症状がなかったから記載がないのか，症状に医師が関心を向けなかった見落としなのかを判断することは容易でない。

因果関係の存在についても，責任を追及する患者側に証明責任がある。訴訟上の因果関係の立証は，一点の疑義も許されない自然科学的証明ではなく，経験則に照らして全証拠を総合検討し，特定の事実が特定の結果の発生を招来した関係を是認しうる高度の蓋然性を証明することであり，その判定は，通常人が疑いを差しはさまない程度に真実性の確信をもちうるものであることを必要とし，かつ，それで足りるものとされる（最判昭和50・10・24民集29巻9号1417頁）。本問の穿刺事故としびれの発生との因果関係の存在の立証も，これに従う。しかし，訴訟における因果関係の立証が自然科学的証明ではないとはいえ，「高度の蓋然性」を立証することも非常に困難なことも少なくない。なお，実施されるべきであった医療行為が行われなかったという不作為の場合には，医師が注意義務に従って行うべき診療行為を行わなかった不作為と患者の死亡との間の因果関係は，医師の不作為が患者の当

該時点における死亡を招来したこと，つまり医師が注意義務を尽くして診療行為を行っていたならば患者がその死亡の時点においてなお生存していたであろうことを是認しうる高度の蓋然性が証明されれば肯定され，患者がその時点後，どれほどの期間生存し得たかは，主に得べかりし利益その他の損害額の算定に当たって考慮されるべき事由である（最判平成11・2・25民集53巻2号235頁）。

4 損害の発生

医療事故の場合，被害者は生命侵害や身体に対する重大な損害を被ることが多い。こうした損害が，医療関係者の過失に起因し，それが原因—結果の関係を認められる場合には，回復されるべきものである。本問の場合，Xの収入の激減が本件事故によって生じたしびれに起因することは明らかであり，損害賠償はこれについても認められよう。

しかし医療事故では，もともと疾病や怪我が患者側にあり，患者に生じた不利益状態が医療事故にすべて帰責しうる損害と評価できるかどうかについて，疑問が生じる場合もある。患者の疾病が生命を脅かすもので，医師がこれに不適切な処置をしたこともあって患者は死亡したが，死亡の主たる原因が当該疾病の進行であれば，医師の不適切な処置は，患者の死亡を先延ばしできなかったにとどまり，死亡の結果そのものを医師に帰責することはできない。そこでこの場合，死亡よりも小さな法益を想定して，医療関係者の責任を問題とすることがある。最高裁は，心筋梗塞を誤診した事例について，医療水準に適合した医療が実施されていたら患者は死亡時点でなお生存していた相当程度の可能性があったことが証明されるとき，生命維持は最も基本的な，法によって保護されるべき利益であるとして，これを医師が過失で侵害した場合には，損害賠償責任があるとしている（最判平成12・9・22民集54巻7号2574頁）。この判断枠組みは，患者が死亡したのではなく，重大な後遺症が残ったという場合も認められる（最判平成15・11・11民集57巻10号1466頁）。逆に可能性の存在を立証できなければ損害賠償責任はない（最判平成17・12・8判時1923号26頁）。

　Ａは，Ｙが開設するＢ病院（地方の小さな私立病院）で大腸がんと診断された。Ｂ病院の医師Ｚは，Ａに開腹手術を実施したが，高齢で心臓疾患や糖尿病などの持病もあるＡには手術は極めて負担が重く，急激な血圧低下などにより手術は途中で中止を余儀なくされた。Ａは手術後ほどなくして死亡した。Ａの妻Ｘは，ＺがＡの体力や持病を十分に考慮せず通常の開腹手術に踏み切ったことは医学的判断として誤っていたこと，Ａの年齢や全身状態を考えれば，開腹手術ではなく，より負担の軽い腹腔鏡手術を選択すべきであったし，Ｂ病院でそれが実施できないのならば大学病院その他の高度な医療機関に転送すべきであったこと，手術に際してＺはＡにその危険性を十分に説明したうえで承諾を得ているとはいえないこと等がＡの死亡を招来したと主張して，Ｙに対し，不法行為に基づく損害賠償を求めた。

　⑴　Ｘの主張に対して，Ｙはどのようなことを反論しうるか。以下の点を意識しつつ検討しなさい。

　・Ａの体力は手術に耐えられるかどうか，手術前の検査でどの程度把握できるか。

　・大腸がんに対する腹腔鏡手術がＡの手術時点で普及していたといえるか。Ｂ病院の規模や地域における位置づけは，その際にどのような意味をもつか。

　・Ａの手術に対する同意が有効とされるためには，どのような情報が提供されていることが必要か。

　⑵　Ａの大腸がんはかなり進行しており，たとえ手術がうまくいったとしてもＡが長期生存することは難しかったという事情が存在したとすると，本件の解決に影響があるか。

●】 参考文献 【●

＊手嶋豊・百選Ⅱ 170 頁・178 頁／米村滋人・百選Ⅱ 176 頁

（手嶋　豊）

46 不法行為責任の効果：人身侵害

2020年9月16日午前8時20分頃，A（2009年1月28日生まれの女児，当時満11歳）は，自宅から南500メートルにある住宅地内の信号機による交通整理の行われていない交差点を横断しようとしたところ，交差点を東側から西向きに横断しようと走行してきたYが運転する普通貨物自動車（Y所有）にはねられた。Aは，Yの通報によりただちに救急車でB病院に搬入されて治療を受けたが，まもなく死亡が確認された。この交差点はAの通う小学校の通学路になっており，Aも毎日この道路を通学していた。Yは，この交差点にさしかかる直前に携帯電話に着信があったため，これを確認しようとして前方注視を怠り，Aが横断しているのに気づくのが遅れた過失があった。他方Aは，小学校の始業に間に合わなくなると思い，この交差点を横断する際，左右の確認を怠って飛び出していた。

Aの父X₁と母X₂は，Yに対して，ⓐAの逸失利益として，この事故がなければAは18歳から67歳までの49年間就労できたとして，2019年賃金センサス表の全労働者平均年収を基にして，生活費控除を50パーセント，年利3パーセントでライプニッツ方式で中間利息を控除した額，ⓑA・X₁・X₂の精神的苦痛に対する慰謝料，ⓒB病院に支払った治療費，ⓓAの葬儀に要した費用の請求をしたが，賠償額でYと折合いがついていない。

そこで，X₁・X₂は，弁護士を頼んで，上記の内容の損害賠償請求の訴訟を提起することにした。この請求は認められるか。これに対するYの反論も考慮して検討せよ。なお，Yからは，見舞金などいかなる名目の金銭の支払も一切なく，Yが契約している自動車事故責任保険からの支払もないものとする。

●】解説 【●

1 誰にどんな損害が発生するか

(1) 不法行為の成立

本問では，民法 709 条の不法行為責任が問題になるが，その損害賠償請求権が認められるには，ⓐ権利侵害または法律上保護される利益の侵害，ⓑそれが故意または過失によること，ⓒ損害の発生，ⓓ侵害と損害の間に相当因果関係が存在することが必要である。ⓐは A の生命侵害である。ⓑの過失，Y の前方不注視は，問題文中で存在することが前提となっている。Y も責任の成立自体は争えず，争うとすれば，賠償の内容になる。

なお，自動車による人損事故の場合には，自動車損害賠償保障法上の責任が実際にはまず問題となる。自動車事故の場合，同法の強制保険のほか，任意保険制度も発達し，事故件数も多いことから，賠償額算定についてはかなり定型化されている特色がある。

(2) 生命侵害の場合の損害

不法行為による損害は，不法行為がなかったとしたら存在した被害者の財産的・精神的利益状態と，不法行為によって現に発生している財産的・精神的利益状態との差であるといわれる（差額説）。これに対して，特に生命・身体侵害の場合に，死亡や傷害そのものを損害と捉える死傷損害説，死亡や傷害によって失われた労働能力が損害であるとみる労働能力喪失説等の見解が対立している。

差額説は，損害を財産的損害と精神的損害を含む非財産的損害に分け，前者をさらに不法行為があったことによって得られなかった利益（逸失利益）と不法行為によって支出した費用（積極的損害）に分けて考え，これらを合算して損害全額を算定する（個別算定方式）。これに対して，個別の損害項目

ごとに考えるのではなく，賠償額を一括して算定する方式が主張されている（包括算定方式）。

　以下の解説では，判例が依拠している，差額説，個別算定方式を前提とする。また，判例によると，不法行為責任の場合にも，相当因果関係にある損害が賠償されるべきであり，民法416条が類推適用される。

(3) 損害賠償請求権者

　判例は，死亡に基づく損害の賠償請求権も被害者本人に発生し（709条・710条），死亡によって被害者の相続人に相続される（882条）と考える（相続説）。本問では，Aの相続人は父母であるX₁とX₂のみであるから（889条1項1号），AのYに対する損害賠償請求権はX₁・X₂に相続されることになる。法定相続分は2分の1ずつである（900条4号）。

　かつて，慰謝料は一身専属的な権利（896条ただし書）であるから，被害者が具体的に慰謝料請求の意思を表示していない限り相続はされないとの考え方があったが，今日では財産的損害の賠償請求と同様に，当然相続されるものと考えられている。

　死亡前に発生している治療費を被害者本人が支払っているとすると，それは本人に発生した積極的損害であり，相続されるのは特に問題がない。父母が費用負担している場合には，慰謝料と同様に民法711条の問題ともなりうる。

　判例がとる相続説に対し，固有損害説がある。生命侵害による損害賠償請求権は被害者本人には発生せず，したがって，それを相続した相続人が行使できるのではなく，被害者の死亡によって固有に損害を被った者に民法709条の損害賠償請求権が発生するとする考え方である。

　以下では，相続説を前提に解説する。

2　損害賠償の内容

(1) 逸失利益

　人身侵害における逸失利益の算定方法は，一般には，逸失利益＝（被害者の得べかりし年間収入×稼動可能年数）－（被害者の生活費）－（中間利息）である。

　年間収入は現実の収入が基本であり，給与所得者であれば死亡時に得ていた給与額である。非就労者の場合にはゼロとなるが，妥当でないため，（将

来得られるであろう年収）×（稼動可能年数）による。本問のような女児の場合，従来は賃金センサス表に基づく女子平均賃金を用いるのが普通であった。しかし，わが国の場合，男子平均賃金と女子平均賃金に大きな格差があるため，同じ11歳の子供の死亡事故でも，性別によって損害賠償額も大きく異なってしまう。実務では，女子の場合に慰謝料を増額したり，生活費控除の割合を小さくすることにより格差を縮小してきたが，限界があり，現在では，女子について全労働者平均賃金に基づいて算定することは認められるようになっている（参考判例①②）。

　稼動可能年数は，被害者の年齢・経歴・職業・健康状態その他の具体的事情を考慮して自由な心証によって算出されるが，実務では，18～67歳くらいまで（67歳以上の被害者については平均余命までの年数の半分程度）とすることが一般的である。

　生活費を控除するのは，生きて稼動したとしたら生活費が当然にかかり，その部分は手元に残らないはずだからである。これも実際の額はわからないので，男子では50パーセントを控除するのが普通である。

　中間利息が控除されるのは，損害賠償金が一括して支払われるので，被害者が将来受け取るはずであった収入についてはその時期までの中間利息を控除して，支払われる時点での金額を求めなければならないからである。これについて，かつての実務は，単利計算のホフマン方式と複利計算のライプニッツ方式に分かれていたが，現在ではライプニッツ方式（控除額は複利計算のほうが大きくなる）に統一された。最近問題になっているのは，この計算の基礎となっている年利である。従来は，法定利率年5パーセント（旧404条）によってきたが，近年は低金利が続いており，被害者が一括して受け取った賠償金を預金するなどしても，到底年利5パーセントは望めなくなっていた。実際に年利3パーセント，4パーセントで控除して請求するケースも現れたが，最高裁は法定利率によるべきことを明らかにしていた（参考判例③）。民法404条2項はこの法定利率を3パーセントに引き下げたので，改正後では3パーセントで中間利息の控除が行われることになる。

(2)　**慰謝料**

　財産損害と異なり，慰謝料は，被害の程度などの被害者側の事情はもちろ

ん，加害者側の事情も考慮して（たとえば故意なのか，軽過失なのか等）裁判所の裁量で額が決定される。このため，被害者は具体的に損害額を主張・立証する必要はないとされる。また，加害行為以後口頭弁論終結までの事情も考慮される（したがって，加害者の被害者に対する事故後の態度等も考慮されうる）。

しかし，自動車事故のように死亡事故が多いケースで，個別事件の事情を考慮して慰謝料額を算定することは煩雑であるため，裁判実務では被害者が世帯の経済的な支柱であった場合とそうでない場合に分けて一定の類型化が図られている。被害者本人の慰謝料の相続性については，1(3)で述べた。

両親が子の死亡によって被った精神的損害も，加害者は賠償しなければならない（711条）。X₁・X₂が，相続したAの慰謝料のほかに，自らの慰謝料を請求するのは妥当である。ちなみに，11歳女児が交通事故で死亡した参考判例②の事件では，本人2000万円，両親それぞれ250万円の請求に対し，本人1700万円，両親それぞれ200万円の合計2100万円の慰謝料が認容されている。

(3) 治療費・葬儀費用

入院によって要した治療費は，積極的損害として賠償の対象となり，生前に発生している損害であるから，当然相続の対象になる。本問のような場合には，父母が実際に支出することが多いが，父母はそれを賠償請求できる（711条）ので，いずれにしてもYに対して請求できることに問題はない。

葬儀費用はいずれ必ず支出されるものであり，この事故との因果関係はないという考え方もありうる。しかし，判例は，被害者の社会的な地位等からみて相当の範囲で請求を認める（最判昭和43・10・3判時540号38頁）。実際に認められるのは150万円程度である。

(4) 弁護士費用

弁護士に事件処理を依頼した場合の費用も請求することができる。裁判所が相当と認めるのは，実際の支払額ではなく，そのうち相当と認められる範囲である。

3 過失相殺

Yとしては，Aの飛び出しを指摘し，過失相殺（722条2項）によって，賠償額の減額を主張することが考えられる。過失相殺の過失は，民法709条の責任能力を前提とする過失と異なり，事理弁識能力の存在を前提とした判

断である。事理弁識能力が通常の社会生活関係で生じる事故について備わるのは7歳前後とされるから，11歳であるAの飛び出し行為は過失相殺の対象となり得よう。もっとも，債務不履行の過失相殺（418条）と異なり，不法行為責任では，被害者に過失があったとしても考慮しないほうがむしろ公平である場合には，減額しないことも可能である［→過失相殺については，本巻48］。

4 損益相殺

最後に，民法上に規定はないが，不法行為によって被害者が利益を得ている場合には，それが賠償額から控除される。たとえば，加害者が契約する責任保険会社からの支払があった場合である。被害者の加入していた生命保険からの支払金は，損害をてん補するものではないと考えられており，損益相殺の対象とされていない。

関連問題

　本問について，次のような場合を仮定して検討せよ。

　(1) Aは幸運にも一命をとりとめたが，左足の骨折の結果，将来にわたって歩行に困難が残り，また顔面に受けた傷により著しい醜状痕跡が残る場合，A・X_1・X_2はどのような請求をYにできるか。

　(2) Aが，事故当時満3歳であり，X_2が保育園に送っていく途中，手を放した隙にAが車道に出て，走り出し，この交差点でYの運転する自動車にはねられて死亡したとき，X_1・X_2はYにどのような請求ができるか。これに対して，Yはどのような反論が可能か。

●】参考文献【●

＊水野謙・リマークス25号（2002）66頁／髙橋眞・平成17年度重判88頁／水野謙＝三木浩一＝加藤新太郎・民事法Ⅲ311頁

（和田真一）

不法行為責任の効果：経済的損害

　Yは，音楽コンテンツの制作・販売を業とする株式会社であり，2019年9月以来，その株式を取引所市場に上場している。Yは，2021年度（2022年3月末日終了）の決算において，音楽コンテンツについて架空の売上高および利益を計上し，真実は3億円の損失を生じていたのに，3億円の利益を得ていたとする損益計算書を含む有価証券報告書を，2022年6月末日に財務局に提出し，公衆の縦覧に供した。Yは，株式の上場前から粉飾決算を行っており，もしYが当初より真実の情報を開示していたら，Yは取引所市場の上場要件を満たすことができず，Y株は取引所市場に上場されていなかった。

　2022年7月に，個人投資家であるXは，取引所市場を通じて，Y株を1株2000円で1万株購入した。その後，Yが正しく公表していた事業に係る業績が悪化し，同年9月には1株の市場価格は1700円程度となった。

　2022年10月1日立会終了後にYは記者会見を開き，2021年度の有価証券報告書に上記の虚偽記載があり，真実は3億円の赤字であったこと，Yが上場前から同様の粉飾決算を行っていたこと，Yの代表取締役を交代させたことを公表した。取引所は，Yの虚偽記載を重大とみて，ただちに，Y株を上場廃止の検討対象とするために監理銘柄に指定し，同年11月10日には，Y株の上場廃止を決定した。取引所市場におけるYの株価の推移は，同年10月1日の虚偽記載の事実の公表前が1株1700円（公表前1か月間の市場価額の平均も1700円），10月2日以降，連続ストップ安を記録し，株価は11月1日までに1株300円まで下落し（公表後1か月間の市場価額の平均は500円），Y株の上場廃止決定がされた11月10日に200円となり，その後はやや持ち直して，上場廃止前の最後の取引日の終値は1株800円であった。

Xは，Y株が上場廃止になるよりも前に取引所市場でこれを売却するのがよいと考え，2022年11月1日に取引所市場を通じて1株300円で保有する1万株を売却した。Xは，Yの虚偽記載によって被った損害の賠償をYに求める訴訟を提起した。Xは，どのような請求をすることが考えられるか。Xの請求は認められるか。

●】参考判例【●

① 最判平成23・9・13民集65巻6号2511頁
② 最判平成24・3・13民集66巻5号1957頁

●】解説【●

1　金融商品取引法に基づく請求の枠組み

　上場会社が作成・公表することを義務付けられている有価証券報告書等の法定開示書類に重要な事項についての虚偽の記載があり，または重要な事実の記載が欠けているとき（以下，虚偽の記載と記載の欠缺を合わせて「虚偽記載等」という），虚偽記載等に基づいて形成された市場価格で有価証券を取得した投資者は，虚偽記載等があったという事実（虚偽記載等の事実）が公表されたときに有価証券の市場価額が下落することにより，損害を被る。このような投資者の損害の回復と虚偽記載等の抑止を図るために，金融商品取引法（以下，「金商法」という）21条の2は，法定開示書類に虚偽記載等があった場合の投資者の損害賠償請求について，2つの点において不法行為の特則を定めている。

　第1に，金商法21条の2第1項によると，虚偽記載等を知らないで，法定開示書類の提出者が発行した有価証券を取得した投資者に対し，発行者は，有価証券の取得価額と処分価額（もし，請求時まで有価証券を保有しているときは請求時の市場価額）との差額を超えない限度において損害賠償責任を負う。この責任は，無過失の立証責任が発行者側に課せられた過失責任である（同条2項）。第2に，同条3項によると，虚偽記載等の事実の公表がされた日（公表日）前1年以内に有価証券を取得した者は，公表日前1か月間

の当該有価証券の市場価額の平均額から公表日後1か月間の当該有価証券の市場価額の平均額を控除した額を，虚偽記載等により生じた損害の額とすることができる。有価証券の市場価額は，さまざまな要因により変動するため，虚偽記載と因果関係のある損害額を原告である投資者の側で立証することが難しいことを考慮して，損害額を推定する規定である。被告である発行者は，推定損害額の全部または一部が，虚偽記載等以外の事情によって生じたことを証明したときは，当該部分について賠償責任を負わず（同条5項），また，裁判所は推定損害額のうち賠償責任を生じない損害の額を裁量によって認定することができる（同条6項）。

本問のXは，虚偽記載の事実が公表された2022年10月1日より1年前以内にY株を取得しているので，金商法21条の2第3項の損害額の推定規定を利用することができ，その推定損害額は，1株につき，公表日前1か月間のY株の平均価額である1700円と公表日後1か月間のY株の平均価額である500円との差額である1200円ということになる。

しかし，Y株の市場価額は，虚偽記載の事実の公表によってXがこれを売却するときまでに1700円から300円に下落したのであるから1400円が1株当たりの損害であるようにも思われるし，XはY株を1株当たり2000円で購入したのであるから，1株当たり1700円（2000円－300円）の損害を被っているようにも思われる。Xが推定損害額を超える損害の賠償を求めるときは，不法行為法の原則に戻って，Xの側で虚偽記載と損害との間の因果関係を立証しなければならない。

2 虚偽記載がなければ有価証券を取得しなかったとみるべき場合

不法行為において賠償の対象となるべき損害とは，違法行為がなかったとしたらあるべき利益状態と違法行為がされた利益状態の差であると考えられる（差額説）。そこで，まず，有価証券報告書の虚偽記載等がなかったら投資者が当該有価証券を取得しなかったとみるべき場合であれば，違法行為がされた利益状態とは投資者が当該有価証券を取得した状態，違法行為がなかった状態とは投資者が当該有価証券を取得しなかった状態となるであろう。

長年にわたり，有価証券報告書に，上場廃止基準に抵触する事実を隠ぺいする虚偽記載がされ，虚偽記載の事実の公表後1か月余りで有価証券の上場

廃止の決定がされた事例について，最高裁は，投資者が当該有価証券を取得する前に発行者が虚偽記載をやめていたとしたら，その後速やかに上場廃止の措置がとられており，投資者が取引所市場の内外において当該有価証券を取得するという結果自体が生じなかったと認定した（参考判例①）。

　虚偽記載がなければ投資者が有価証券を取得しなかったとみるべき場合に該当するか否かは，事実の評価の問題であるから事例ごとに判断しなければならない。本問のＸが，虚偽記載がなければＹ株を取得しなかったと主張するためには，どのような事実を示したらよいだろうか。

　虚偽記載がなければ投資者が有価証券を取得しなかったとみるべき場合は，有価証券を取得したこと自体が投資者の損害であるから（そこで，このような損害を取得自体損害と呼ぶことがある），その損害額は，取得価額と処分価額との差額（もし，有価証券を保有しているときは，取得価額と現在の市場価額との差額）となるのが差額説の自然な帰結であろう。これに対し，取得自体損害の賠償根拠を投資者の自己決定権の侵害に求め，原状回復的な賠償が認められるには，虚偽記載等の事実が当該有価証券の取得という自己決定にとって決定的な要因となったのでなければならないとする説もある。

　参考判例①は，虚偽記載がなければ有価証券を取得しなかった場合の損害額は，取得価額と処分価額との差額を基礎として，経済情勢，市場動向，当該会社の業績等，虚偽記載に起因しない市場価額の下落分を差額から控除して算定すべきであるとした。その理由として，参考判例①は，投資者は，株価が虚偽記載と無関係の要因に基づき変動することを想定して株式を取得し，かつ虚偽記載以外の要因については開示された情報に基づき株式を処分するか保有し続けるか自ら判断することができる状態にあったことを挙げる。もとより，参考判例①に対しては，投資者は有価証券を取得しなかった以上，虚偽記載以外の要因による市場価額の変動から損害を被ることもなかったはずであるという批判がある。

　判例の見解による場合，本問において，虚偽記載の事実の公表前のＹ株１株当たり300円の値下りが虚偽記載と無関係の要因に基づくことは明らかであるが，虚偽記載の事実の公表後の値下りは，すべて虚偽記載に基づくものといえるだろうか。この点は，3で検討しよう。

3　虚偽記載がなければ有価証券をより低い価格で取得したとみるべき場合

本問の虚偽記載がなくても X は Y 株を取得していたと認められるが，真実が公表されていれば，その情報を反映して，より低い市場価額が形成されていたであろうから，より低い価額で Y 株を取得していたといえる場合に，X が Y から得ることのできる損害賠償額はいくらだろうか。

このような投資者の被る損害については，取得価額と真実が公表されていたら形成されていたであろう市場価額（想定価額）との差額（取得時差額）であるとする見解と，虚偽記載の事実が公表されたことによって生じた市場価額の下落分（市場下落額）が損害であるとする見解とに分かれている。取得時差額説の中には，取得時差額を超えて市場価額が下落した場合にはこれを賠償の範囲に含める見解がある一方，会社の債権者および他の株主保護の見地から，株主が株主の地位に基づいて受けた損害の賠償を不法行為に基づいて会社に求めることはできないとして，株主が会社に請求できる損害額を取得時差額に限定する見解もある。

有価証券報告書等の法定開示書類の重要な虚偽記載等の事実が公表されると，虚偽記載を隠ぺいしてきた発行者の体質が明らかになるなどして発行者の信用が毀損されたり，有価証券が上場廃止とされるおそれが生じたりして（上場廃止となると株式を自由に売買できなくなるので，株式の価値が下がる），いわゆる「ろうばい売り」を誘発し，最初から真実の情報が開示されていた場合に比べて有価証券の市場価額が大きく下落することが多い。本問でも，Y 株の市場価額は，1 株当たり 1700 円から 300 円まで値下りしており，その要因には，Y の代表取締役が交代したことや，Y 株に上場廃止のおそれが生じたことも含まれているだろう。

この点について参考判例①は，いわゆるろうばい売りが集中することによる過剰な市場価額の下落は，有価証券報告書等に虚偽の記載がされ，それが判明することによって通常生ずることが予想される事態であって，これを虚偽記載とは無関係な要因に基づく市場価額の変動ということはできないとした。参考判例②は，金商法 21 条の 2 第 3 項が適用された事例であるが，同項の「損害」は，一般不法行為の規定による場合と同様に虚偽記載等と相当

因果関係のある損害のすべてを含み，これを取得時差額に限定すべきではないとして，発行者に対する強制捜査，代表取締役の解任，株式の上場廃止に向けた動き，取引所市場の混乱，これらをめぐるマスメディアの報道，発行者の信用失墜といった各事情から生じた市場価額の値下りについての賠償を認めた原審の判断を是認した。

　これらの判例の考え方によると，Xに与えられるべき損害賠償額はいくらになるだろうか。

4　過失相殺と損益相殺

　投資者が虚偽記載に基づく損害賠償を不法行為法により請求している場合はもちろん，金商法の特則に基づいて請求している場合にも，民法722条2項の過失相殺の規定が適用される。しかし，法定開示書類の虚偽記載に基づく損害賠償請求訴訟において，過失相殺が認められた事例はないようである。被害者（投資者）側の過失を理由に発行者の損害賠償額が減額されるべき場合として，どのような場合が考えられるだろうか。本問のXは，上場廃止直前までY株を保有していれば，1株800円程度で売却できたのだから，早期に売却したことはX側の過失と評価すべきだろうか。また，虚偽記載がなければ有価証券を取得しなかったとみるべき場合に，虚偽記載以外の要因によって生じた市場価額の下落分を控除して損害額を求める参考判例①の考え方は，虚偽記載以外の要因による市場価額の変動を被害者の過失により生じた損害として，過失相殺の操作を行っているとみることもできよう。

　損益相殺の主張が認められた事例も見当たらない。虚偽記載が行われた期間に取得した有価証券の一部につき，投資者がこれを虚偽記載の発覚前に売却して利益を得ていたとき，当該利益は，売却しなかった有価証券について生じた損害の賠償額から控除すべきだろうか。虚偽記載がなければ有価証券を取得しなかったとみるべき場合に，当該有価証券を取得して得た配当金は，損益相殺の対象とすべきだろうか。損益相殺については，未解決の問題が多い。

　Xは，2022年9月30日に，取引所市場を通じて，Y株式会社の発行するY株を1株2000円で1万株購入した。2022年10月1日，Yは突然，破産手続開始の申立てを行い，裁判所より破産手続開始の決定を受けた。Yの株価は1株2000円より連日ストップ安となり，5日後に1株1円となった。Xは，この間，Y株の市場での売却を試みたが，売買が成立せず，10月6日になって，ようやくY株を1株1円で売却することができた。Y株は同月15日に上場廃止となった。

　破産管財人が調査した結果，Yは，株式の上場後である2019年3月期より，架空の売上高および利益を計上する粉飾決算を続けていたことが判明し，Yは当該事実を2022年12月1日に公表した。

　Xは，Yに対する損害賠償債権を破産債権として届け出た。Xの債権はどのような査定を受けるか。

●】参考文献【●

＊黒沼悦郎・金融商品取引法判例百選（2013）12頁／松岡啓祐・同14頁

（黒沼悦郎）

48 過失相殺

2022年9月2日，Yは，原付バイクを運転して住宅街を走行中，子供用自転車に乗った5歳の幼児Xを追い越そうとした際に，バイクを自転車に接触させてしまい，Xがバランスを失って自転車ごと転倒した。接触事故の原因は，Yが十分な間隔をとらないまま自転車を追い越そうとし，また，Xが急に進路を曲げたため，YがXを避けきれなかったことにある。Xの両親A₁・A₂も，日頃，Xに対し交通安全を十分に教育していなかった。

Xは，転倒により右肘を骨折し，右膝にも打撲傷を負ったが，幸い，それ以外に怪我はなかった。医師の診断によれば，骨折は全治1か月，打撲傷は全治3日間とのことであった。ところが，Xは，9月10日になって，突然，右膝に激しい痛みを訴え，骨髄炎と診断された。これは，Xが以前に罹患した骨髄炎（Xは，2022年3月，右大腿骨に骨髄炎を発症し，7月までその治療を受けていた）が，本件事故の打撲傷が引き金となって再発したものである。この骨髄炎の治療のため，Xは，12月末まで入通院を余儀なくされたほか，右足に運動障害の後遺症が残った。なお，右肘の骨折は，当初の診断どおり，9月末には完治した。

Xが，Yの不法行為に基づき損害全額の賠償を請求した場合に，Yは，どのような事由をもって賠償額の減額を主張することができるか。

●】参考判例 【●

① 最判昭和39・6・24民集18巻5号854頁
② 最判昭和42・6・27民集21巻6号1507頁
③ 最判平成4・6・25民集46巻4号400頁

1　問題の所在

　不法行為による結果の発生・拡大には，しばしば，加害者の行為以外の原因が競合する。このような場面で，加害者は，他原因の競合を理由として責任範囲の割合的限定（損害賠償額の減額）を主張することができないか。今日の不法行為法においては，原因競合の場面でも責任の前進・拡大傾向が顕著であるため，賠償額の割合的減額は，加害者・被害者間の利害調整にとって実際上重要な意味をもつ。こうした割合的解決は，とりわけ，本問のごとく被害者側の原因が競合した場面で，その要請が高まろう。事故の発生には，Yの過失行為（十分な間隔をあけない追越し）と並んでX自身の過失行為（急な進路変更）が競合しており，また，結果の拡大（骨髄炎の再発）にも，X自身の既往症（以前に罹患した骨髄炎）が関与している。

　この問題につき，民法典は，過失相殺の規定（722条2項）を置き，「被害者の過失」が競合した場合に賠償額を減額しうるとする。もっとも，同条を前提としても，本問との関連では，さらに「被害者の過失」要件の厳密な意味内容が問われざるを得ない。というのも，Xの行為は，客観的には過失行為に当たるものの，責任能力（712条）を伴っていない。また，Xの既往症は，被害者側の原因であるものの，これを過失行為とみなす余地はない。ここには，過失相殺制度の射程が，厳密な意味での（責任成立要件としての加害者の過失とパラレルに構成された）「被害者の過失」を超えて広がりうるかが，問われることになる。以下にみるように，今日の判例・学説上，過失相殺の射程は広く拡大される傾向にある。

2　過失相殺の要件

　まず，Xの過失行為との関係では，過失相殺の要件として，被害者の側にいかなる能力が要求されるか（責任無能力者の過失をもって過失相殺をなしうるか）が問題となる。

　かつての判例は，過失相殺についても，責任成立要件とパラレルに被害者の責任能力を要求する立場をとっていた。その後，昭和30～40年代にかけて交通事故訴訟が急増する中で，最高裁は，参考判例①により事理弁識能力

論へと転じるに至り，学説もこぞってこの判例変更を支持した。

同判決によれば，「過失相殺の問題は，不法行為者に対し積極的に損害賠償責任を負わせる問題とは趣を異にし，不法行為者が責任を負うべき損害賠償の額を定めるにつき，公平の見地から……被害者の不注意をいかにしんしゃくするかの問題に過ぎないのであるから，被害者たる未成年者の過失をしんしゃくする場合においても，未成年者に事理を弁識するに足る知能が具わっていれば足り」，民法712条の責任能力が具わっていることを要しない。

責任能力要件にとって代わった事理弁識能力要件につき，裁判例は一般に5〜6歳程度を基準としているから，本問のXは，事理弁識能力の有無が微妙でありうる。

ところで，被害者の能力要件の問題と深く関連する判例理論として，最高裁は，同時期に，「被害者側の過失」論を展開した。それによれば，民法722条2項の被害者の過失には，被害者本人の過失だけでなく，広く「被害者側の過失」，すなわち「被害者と身分上ないしは生活関係上一体をなすとみられるような関係にある者の過失」が包含されるのであり，「被害者本人が幼児である場合に……被害者側の過失とは，例えば被害者に対する監督者である父母ないしはその被用者である家事使用人など」の過失をいう（参考判例②）。

この準則によれば，被害者に事理弁識能力がない場合であっても，その父母らが被害者の過失行為を防止しなかった監督過失（本問でいえばAらの交通安全教育の懈怠）の限りで，過失相殺が実現されることになる。このような取扱いは，その実際的帰結において，被害者本人の過失行為（Xの急な進路変更）をもって過失相殺をしたに等しく，参考判例①の事理弁識能力要件を実質的に空洞化するものともいえる（なお，被害者側の過失論は，父母の監督過失以外の文脈においても登場し，まったく異なる機能を果たす。この点については，最判昭和51・3・25民集30巻2号160頁を参考に発展問題を検討されたい）。

最後の点を捉えて，学説上は，判例の論理構成をさらに一歩進める立場も有力化している。この見解は，被害者の過失の有無・程度をもっぱら行為の客観面（外形）から判断することを提唱し，被害者の能力をそもそも過失相殺の要件から除外する。このような構成によれば，被害者が事理弁識能力を

欠く場合にも，被害者側の過失論を介在させることなく直截に，被害者本人の過失行為をもって過失相殺をなしうることになる。

3　過失相殺の類推

次に，Xの既往症との関係では，過失相殺による割合的解決を，およそ被害者の過失行為を論じ得ない場面にまで拡大する余地があるかが，問われることになる。被害者の素因（特殊な性格・気質や持病・特異体質など）の斟酌の可否として論じられる問題である。

この問題をめぐっては，下級審レベルで早くから割合的解決が積み重ねられてきたところ，近年になり，最高裁も，過失相殺の類推による割合的解決を採用するに至った。身体的素因に関する参考判例③は，「加害行為と被害者のり患していた疾患とがともに原因となって損害が発生した場合において，当該疾患の態様，程度などに照らし，加害者に損害の全部を賠償させるのが公平を失するときは，裁判所は，損害賠償の額を定めるに当たり，民法722条2項の過失相殺の規定を類推適用して，被害者の当該疾患をしんしゃくすることができる……。けだし，このような場合においてもなお，被害者に生じた損害の全部を加害者に賠償させるのは，損害の公平な分担を図る損害賠償法の理念に反する」とする。

被害者の素因は，被害者（側）の競合原因として，被害者の過失行為と連続する。この点を捉えれば，素因の斟酌は，責任無能力者の過失に関する判例準則の延長線上に位置づけることが可能である。また，素因の競合によって結果の程度・範囲が特に拡大しているという点も，割合的責任限定を強く要請しよう。本問でも，骨髄炎の発症という結果は，全治3日の打撲から通常生ずべき程度・範囲をはるかに上回る。

もっとも，学説上は，判例に反対する立場も相当有力であり，「不法行為者は被害者をあるがままに引き受けねばならない」という原則に依拠して加害者に全部責任を負わせる。この立場は，素因斟酌肯定説の価値評価を批判して，素因が結果の発生・拡大に寄与したことにつき被害者には何ら非難すべき点がないから，素因を加害者の違法行為と同列に並べるべきでないこと，また，素因を斟酌して賠償額を減じるならば，素因を有して生活する者の行動の自由に大きな制約が課されてしまうことを指摘する。

　2022 年 9 月 7 日の夜 9 時頃，Ａが，自家用車（甲車）を運転して妻Ｘを駅まで迎えに行った帰途，幹線道路上でＵターンを行って反対車線に乗り入れようとした際に，ちょうど反対車線を走行してきたＹ運転のトラック（乙車）との衝突事故を起こした。この事故により，Ａ・Ｙがそれぞれ軽傷を負ったほか，Ｘが，脊髄損傷の重傷を負って全身不随となった。

　本件事故の原因は，次のとおりである。ＡがＵターンを行った場所は，交通量が多いため転回禁止区域に指定されていたうえ，Ａは，乙車が自車（甲車）に気づいて速度を緩めるものと軽信していた。他方，Ｙは，携帯電話を操作しながら乙車を運転しており，甲車の動静にまったく気づいていなかった。

　ＸがＹに対し損害全額の賠償を請求した場合に，Ｙは，どのような事由をもって賠償額の減額を主張することが考えられるか。

●】参考文献【●

＊橋本佳幸・百選Ⅱ 212 頁／錦織成史・基本判例 187 頁／橋本佳幸・法教 456 号（2018）38 頁

（橋本佳幸）

49

名誉毀損・プライバシー侵害

　　Xは，A市の福祉事務所に勤務する地方公務員である。Yは，インターネット上の公開の記事投稿サイトに時事問題を取り扱う記事を投稿することを趣味とする個人である。2022年12月ころ，生活保護の相談のために同福祉事務所を訪れたことのある20代の男性Bが孤独死する事件が発生した。かねてから生活保護行政のあり方に疑問を抱いていたYは，独自の調査を行い，①Bは相談を担当していたXに生活保護受給申請を拒絶されたために餓死したとして，②Xを「福祉事務所所員として当然の責任と義務を忘れた有害無能な公務員」と表現して批判したうえで，③Xの氏名，住所および電話番号を記載した記事（以下，「本件記事」という）を前記サイトに投稿して公開した。これに対して，Xは，「Bは健康で就労能力もあり，当面の生活費に困らない程度の貯蓄もあったため，公的な就職支援や求職者支援訓練などの制度を紹介して納得してもらったのであり，受給申請を拒絶したわけではない。そもそも，Bの死因は石油ストーブの不完全燃焼による一酸化炭素中毒であり，餓死ではなかった。本件記事は事実無根であるし，氏名に加えて住所や電話番号まで公開するのは明らかに行き過ぎである」と主張している。このとき，Xは，Yに対して，どのような法的主張ができるか。Yからの反論に留意しつつ論じなさい。

●】 参考判例 【●

① 　最判昭和41・6・23民集20巻5号1118頁
② 　最判平成15・3・14民集57巻3号229頁
③ 　最判平成15・9・12民集57巻8号973頁

●】解説【●

1 名誉毀損

(1) 名誉

名誉とは、「人がその品性，徳行，名声，信用その他の人格的価値について社会から受ける客観的評価」（社会的名誉）をいい、「人が自己自身の人格的価値について有する主観的な評価」である名誉感情を含まない（最判昭和45・12・18民集24巻13号2151頁）。名誉感情の侵害も不法行為を構成し得るが，民法723条の適用がない点で名誉毀損と区別する実益がある。また，名誉毀損が成立するためには，客観的な社会的評価が現実に低下したことが必要である。名誉を毀損すべき事項が広く社会に流布したことまで必要かは議論が分かれているが（大判大正5・10・12民録22輯1879頁参照〔消極〕），特定少数人に対する行為であっても，不特定または多数人に伝播すれば名誉毀損が成立する。ある記事が社会的評価を低下させるものであるかどうかは，「一般読者の普通の注意と読み方」を基準として判断される（最判昭和31・7・20民集10巻8号1059頁）。そのため，主に興味本位の内容の記事を掲載することを編集方針とする新聞やインターネット上のウェブサイトに掲載された記事であっても，名誉毀損は成立し得る（最判平成9・5・27民集51巻5号2009頁，最判平成24・3・23判時2147号61頁）。

(2) 事実の摘示による名誉毀損

事実の摘示とは、「証拠等をもってその存否を決することが可能な他人に関する特定の事項」を明示または黙示に主張することをいう（最判平成9・9・9民集51巻8号3804頁）。事実の摘示による名誉毀損については，表現の自由との調整を図るため，刑法230条の2（公共の利害に関する場合の特例）と同じ趣旨の免責が判例によって認められている（参考判例①，最判昭和58・10・20判時1112号44頁）。すなわち，ⓐその行為が公共の利害に関する事実に係り（公共性），ⓑもっぱら公益を図る目的に出た場合には（公益目的性），ⓒ摘示された事実がその重要な部分について真実であることが証明されれば（真実性），違法性が阻却され，不法行為は成立しない（真実性の抗弁）。また，真実であることが証明されなくても，ⓒ'その行為者においてそ

の事実の重要な部分を真実と信ずるについて相当の理由があるときには（相当性），故意過失が欠けるため，不法行為は成立しない（相当性の抗弁）。

ここで，@公共性は，摘示された事実自体の内容・性質に照らして客観的に判断されるべきとされる（最判昭和56・4・16刑集35巻3号84頁〔刑事事件〕）。公訴提起前の犯罪行為に関する事実や公務員または公職候補者に関する事実は，原則として公共性を有する（刑230条の2第2項・3項参照）。⑥公益目的性については，「もっぱら」という文言は厳格には解されておらず，主たる動機が公益目的であればよい（東京地判平成24・11・8判例集未登載）。なお，ⓒ真実性の判断は，摘示された事実が客観的な事実に合致するかどうかの判断であるから，行為時には存在しなかった証拠を考慮することも当然に許されるが，ⓒ'相当性の判断は，行為時における行為者の認識内容が問題になるため，行為時に存在した証拠に基づいて行われる（最判平成14・1・29判時1778号49頁）。本件記事のうち，⑦Bが相談を担当していたXに生活保護受給申請を拒絶されたために餓死したという事項は，証拠等をもってその存否を決することが可能であり，事実の摘示に当たる。

(3) 意見ないし論評の表明による名誉毀損

証拠等による証明になじまない物事の価値，善悪，優劣についての批評や論議などは，意見ないし論評の表明に属する。法的な見解の表明もそれ自体は意見ないし論評の表明である（最判平成16・7・15民集58巻5号1615頁）。事実の摘示と意見ないし論評の表明との区別も「一般の読者の普通の注意と読み方」を基準として判断される（前掲最判平成9・9・9）。意見ないし論評については，「その内容の正当性や合理性を特に問うことなく，人身攻撃に及ぶなど意見ないし論評としての域を逸脱したものでない限り，名誉毀損の不法行為が成立しない」とされる（前掲最判平成16・7・15）。ただし，ある事実を基礎としての意見ないし論評の表明による名誉毀損は，@公共性，⑥公益目的性の要件を満たす場合であって，ⓒその事実が重要な部分について真実であることの証明があり，またはⓒ'行為者において真実と信ずるについて相当な理由があるときには，ⓓ人身攻撃に及ぶなど意見ないし論評としての域を逸脱したものでない限り，ⓒ違法性を欠き，またはⓒ'故意過失が否定されるために不法行為は成立しない（前掲最判平成9・9・9，最判平成

元・12・21 民集 43 巻 12 号 2252 頁，前掲最判平成 16・7・15）。本件記事のうち，⑦ X を「福祉事務所所員として当然の責任と義務を忘れた有害無能な公務員」と表現して批判したことは，証拠等による証明になじまず，意見ないし論評の表明に当たる。

以上より，本件記事は，⑦の事実を基礎としての④の意見ないし論評の表明による名誉毀損として，その成否が判断されることになる。このとき，X の社会的評価が低下していなければ，名誉毀損は成立しない。また，X の社会的評価が低下していても，前記の 4 つの要件（ⓐ～ⓓ）が満たされれば，名誉毀損の成立は否定される。なお，名誉毀損，真実性の抗弁および相当性の抗弁は，前述のとおり，それぞれ権利侵害の違法性および故意過失の判断にかかわるものであり，不法行為責任を追及するためには，その他の不法行為の成立要件も満たされている必要がある［→本巻44・45参照］。

(4) 救済方法

名誉毀損の不法行為が成立すれば，被害者は，行為者に対して，それによって生じた損害の賠償を請求することができるほか（709 条・710 条），名誉を回復するのに適当な処分（名誉回復処分）を請求することが認められている（723 条）。名誉回復処分としては，訂正広告又は謝罪広告が実務上定着している。判例も，「単に事態の真相を告白し陳謝の意を表明する程度のもの」であれば，その強制は良心の自由等の侵害に当たらないとしている（最判昭和 31・7・4 民集 10 巻 7 号 785 頁）。名誉回復処分請求権は名誉毀損のみに認められた特別の救済方法であり，名誉毀損を名誉感情の侵害から区別する意義はここにある。

また，名誉毀損の被害者は，人格権としての名誉権に基づき，加害者に対し，現に行われている侵害行為を排除し，または将来生ずべき侵害を予防するため，侵害行為の差止めを求めることができる。ただし，出版物の頒布等の事前差止めは，表現行為の事前抑制に当たり，とりわけ，表現の内容が公共の利害に関する事項である場合には，ⓐその表現内容が真実でなく，またはそれがもっぱら公益を図る目的のものではないことが明白であって，かつ，ⓑ被害者が重大にして著しく回復困難な損害を被るおそれがあるときに限って例外的に許される（最判昭和 61・6・11 民集 40 巻 4 号 872 頁）。人格権

としての名誉権に基づく差止めは，不法行為の効果ではなく，行為者の故意
過失は要件とならないとされている。したがって，真実性の抗弁が成立する
場合には差止めも許されないが，相当性の抗弁が成立する場合には差止めは
認められる余地がある。なお，インターネット上の情報の削除は差止めの一
態様である。

2　プライバシー侵害

(1)　プライバシー

　1964 年の「宴のあと」事件判決は，プライバシー侵害の 3 要件として，
公開された内容が④私生活上の事実または私生活上の事実らしく受け取られ
るおそれのあることがらであること（私事性），ⓑ一般人の感受性を基準に
して当該私人の立場に立った場合，公開を欲しないであろうと認められるこ
とがらであること，換言すれば一般人の感覚を基準として公開されることに
よって心理的な負担，不安を覚えるであろうと認められることがらであるこ
と（私秘性），ⓒ一般の人々にいまだ知られていないことがらであること（非
公知性）を要求し（東京地判昭和 39・9・28 下民集 15 巻 9 号 2317 頁），その後
の下級審裁判例の展開に大きな影響を与えた。しかし，判例は，この立場を
採用しておらず，他人にみだりに知られたくない情報を広くプライバシーの
対象としている（最判平成 15・9・12 民集 57 巻 8 号 973 頁，参考判例②）。ま
た，判例は，私事の公開と任意に提供された個人識別情報の無断開示とで違
法性の判断枠組みを異にしている。

(2)　プライバシーに属する情報

　前科および犯罪経歴ないし経歴や交友関係等の詳細な情報等は「プライバ
シーに属する情報」とされ，これを公表する行為については，「その事実を
公表されない法的利益とこれを公表する理由とを比較衡量し，前者が後者に
優越する場合に不法行為が成立する」とされる（参考判例②③）。その判断に
当たっては，④当該事実の性質および内容，ⓑその者のプライバシーに属す
る事実が伝達される範囲とその者が被る具体的被害の程度，ⓒその者の社会
的地位や影響力，ⓓプライバシーに属する事実を記載した記事等の目的や意
義，ⓔ公表時の社会的状況とその後の変化，ⓕ前記記事等において当該事実
を記載する必要性などが考慮される（参考判例②，最判令和 2・10・9 民集 74

巻 7 号 1807 頁参照）。なお，上記の比較衡量はプライバシー侵害の違法性を判断する基準であり，その他の不法行為の成立要件も満たされている必要がある［→本巻44・45参照］。

また，判例は，「個人のプライバシーに属する情報をみだりに公表されない利益は，法的保護の対象となるというべきであり，このような人格的価値を侵害された者は，人格権に基づき，加害者に対し，現に行われている侵害行為を排除し，又は将来生ずべき侵害を予防するため，侵害行為の差止めを求めることができる」としている（最判令和4・6・24裁判所ウェブサイト）。プライバシー侵害を理由とする差止めについては，プライバシーに属する事実を含む記事等が掲載されたウェブサイトのプライバシーに属する事実を含む記事等が掲載されたウェブサイトの URL 等情報を検索結果の一部として提供する行為が問題とされた事例において，当該事実を公表されない法的利益が優越することが「明らかな場合」には検索事業者に対して検索結果の削除を請求できるとした判例があり（最決平成29・1・31民集71巻1号63頁），「明らかな場合」という要件の位置づけについて，ⓐ検索事業者のインターネット上の情報流通の基盤としての役割を重視したものとする理解と，ⓑプライバシーに基づく差止めの一般的な要件とする理解が対立していた。しかし，近時の判例は，ツイッターへの投稿記事（ツイート）の削除が請求された事例において，ツイッターの提供するサービスの内容や利用の実態等を考慮しても，削除請求が「明らかな場合」に限られるとは解し得ないとして，当該事実を公表されない法的利益が「本件各ツイートを一般の閲覧に供し続ける理由」に優越する場合にはその削除を請求できると判示している（前掲最判令和4・6・24）。なお，差止めの可否を判断するにあたって比較衡量の対象とされる事情は，不法行為の成立の場合と基本的に共通している（前掲最決平成29・1・31，前掲最判令和4・6・24）。

(3) プライバシーに係る情報

これに対して，学籍番号，氏名，住所および電話番号等の個人識別等を行うための単純な情報は「プライバシーに係る情報」とされ，任意に提供したプライバシーに係る情報を本人に無断で開示する行為は，本人から開示について承諾を求めることが困難であった特別の事情がない限り，「任意に提供

したプライバシーに係る情報の適切な管理についての合理的な期待」を裏切るものとして不法行為を構成する（参考判例③．最判平成29・10・23判時2351号7頁）。もっとも，ここでは，もっぱら事後的な損害の回復が問題とされており，差止めの要件は明示されていない。相手方が個人情報取扱事業者であれば，個人情報保護法上の利用停止等請求権を行使することができるが（個人情報35条参照），プライバシー侵害を理由とする差止めも認められてしかるべきだろう。本件記事のうち，ⓒXの氏名，住所および電話番号は「プライバシーに係る情報」といえるが，Yに対して任意に提供されたものではない。このとき，違法性の判断に当たって，個人識別情報を公表されない法的利益とこれを公表する理由との比較衡量を要するかは明らかではない。プライバシーに係る情報の無断開示に関する判例について，「任意に提供した」こと，「適切な管理についての合理的期待」を裏切ることまたは個人識別情報の開示であることのいずれを重視するかにもよるが，本件記事ではⓐⓑの記載と関連してⓒの情報が公表されていることを考え合わせれば，比較衡量によるべきことになろうか。

3　請求の相手方

　権利侵害情報の発信者が不明の場合には，発信者情報開示請求権を行使して発信者を特定することができる（特定電気通信役務提供者の損害賠償責任の制限及び発信者情報の開示に関する法律5条以下〔未施行。現行法4条参照〕）。また，公開のブログサービス，SNS，記事投稿サイトまたは電子掲示板等の運営者等のいわゆるホスティングサービスプロバイダに対しては，任意に送信防止措置を講じるよう求め（同法3条2項の責任制限はこれを前提とする），または人格権に基づく差止めとして削除を請求することができる。なお，前述のように，検索事業者に対する検索結果の削除請求やツイッター運営者に対するツイートの削除請求については，これを人格権に基づく差止めとして認めた判例がある（前掲最決平成29・1・31，前掲最判令和4・6・24）。

関連問題

　(1)　本問において，「Bは生活保護受給申請を違法に拒絶されたために餓死した」という本件記事の記載部分は，C新聞社がインター

ネット上のウェブサイトにおいて公開した記事の適法な転載であった。このとき，Ｙは，Ｘに対して，どのような反論をすることが考えられるか。(最判平成 23・4・28 民集 65 巻 3 号 1499 頁，前掲最判平成 14・1・29，最判平成 14・3・8 判時 1785 号 38 頁参照)

(2)　本問において，Ｙが本件記事を投稿したのは，誰でも自由に投稿することができる公開の電子掲示板であった。このとき，Ｙは，Ｘに対して，どのような反論をすることが考えられるか。(東京地判平成 13・8・27 判時 1778 号 90 頁，東京地判平成 20・10・1 判時 2034 号 60 頁，橋本佳幸・判評 530 号〔判時 1809 号〕〔2003〕16 頁，高橋和之ほか編『インターネットと法〔第 4 版〕』〔有斐閣・2010〕66 頁以下〔高橋和之〕参照)

(3)　本問において，Ｙは，Ｘが精神科に通院していることとその病名とを公開し，職場における過度のストレスに起因する精神疾患が不適切な指導や助言の原因となったことを本件記事に記載して主張した。摘示された事実がいずれも真実であり，Ｘの精神疾患が職務に影響を及ぼす可能性のあるものであった場合において，Ｙは，Ｘに対して，どのような反論をすることが考えられるか(参考判例②，前掲最決平成 29・1・31，前掲最判令和 4・6・24 参照)。

●】参考文献【●

＊加藤新太郎＝和久田道雄編『裁判官が説く民事裁判実務の重要論点［名誉毀損・プライバシー侵害編］』(第一法規・2019)／神田孝夫・百選Ⅱ〔第 4 版〕(1996) 182 頁 (参考判例①)／前田陽一・判タ 1144 号 (2004) 89 頁 (参考判例②・③)／三村晶子・最判解民平成 15 年度(上) 143 頁 (参考判例②)／杉原則彦・最判解民平成 15 年度(下) 478 頁 (参考判例③)

(栗田昌裕)

50

未成年者と
監督義務者の責任

Yの未成年の子であるAは，ある平日の夕方，通っている学校の友人数名と鉄道の線路沿いの土手に集合し談笑していたが，話の流れで度胸試しをすることになった。ジャンケンで負けたAは，線路がある地点まで土手を下り，フェンスを乗り越え，線路上に大きな石を置いた。数分後，Aが置石をした地点にX会社の鉄道車両が接近した。当該車両の運転士は，前方の障害物を発見し，当該車両に備え付けられた排障器・排障装置では対応できないと咄嗟に判断し，急ブレーキをかけた。これにより脱線は免れたが，石と接触したことで当該車両に不具合が生じ，安全確認のため数時間の運休を余儀なくされ，Xには乗客の代替輸送費用等の損害が生じた。

A（および本件事故当時Aと一緒にいた友人たち）の学校での成績は優秀であり，またこれまで警察に補導される等の非行歴は一切なく，粗暴性向もなかった。ただ，Aは学校の終業時間を数時間過ぎても帰宅しないことがあり，Yは，その間，Aが友人たちと徘徊していることは知っていた。しかし，事故現場も含めどのような場所にAたちが集まっているか，どのようなことをしているか等は知らなかった。

Xは，Yに対し，Aの置石行為により生じた損害の賠償を求めることができるか。Aが10歳である場合と14歳である場合とを想定して答えよ。

●】参考判例 【●

① 最判平成27・4・9民集69巻3号455頁
② 最判昭和49・3・22民集28巻2号347頁
③ 最判平成18・2・24判時1927号63頁

④　最判平成 28・3・1 民集 70 巻 3 号 681 頁
⑤　最判平成 7・1・24 民集 49 巻 1 号 25 頁

●】解説【●

1　前提

(1)　未成年者の行為についての親権者の責任

　本問のように，未成年者の行為により第三者に損害が生じた場合，その親権者は賠償責任を負うか。念頭に置くべき条文は 2 つある。1 つは一般不法行為責任の根拠条文たる民法 709 条であり，もう 1 つは不法行為の特殊の規律を定める同法 714 条 1 項（監督義務者責任）である。

　両者の関係は一見しただけでは明らかではなく，後述するように検討を要するが，「どの条文を責任追及の根拠とするか」という観点でみた場合，特殊不法行為を定める民法 714 条 1 項には制約がある。すなわち，同条項は，「前 2 条の規定により責任無能力者がその責任を負わない場合」にのみ適用される。責任無能力者たりうる者として未成年者が挙げられ（同法 712 条＝714 条 1 項にいう「前 2 条」の 1 つ），また親権者は未成年者を「監督する法定の義務を負う者」（法定監督義務者。同法 714 条 1 項）の典型と一般に考えられているが（同法 820 条が根拠とされる），そうであるとしても，直接の加害者たる未成年者が責任能力を欠くのでなければ同法 714 条 1 項は適用されない。したがって，責任能力の有無をまず判断する必要がある。

(2)　責任能力の意義と判断

　責任能力とは，自己の行為の責任を弁識する能力をいい，未成年者・精神障害者たる加害者がこれを欠く場合，その者自身は不法行為責任を負わない（712 条・713 条）。かつては，過失の主観的理解（意思の緊張の欠如）を前提に責任能力を過失の前提とみる見解が主流であったが，過失の客観的理解（客観的な行為義務違反）が定着した現在，責任能力を過失と切り離し，判断能力が低い者（一種の弱者）を政策的に保護する制度と捉える見解が一般化している（もっとも，当該見解内部でもバリエーションがある）。

　自己の行為の責任を弁識する能力といっても，法的責任の存否を厳密に判断する能力まで要求されるわけではなく，「何らかの意味で法的な責任が生

じること」が弁識できればよいと考えるのが一般である（法的価値判断能力）。未成年者の場合，責任能力が備わる目安は12歳（小学校卒業）程度であるとされるが，条文上画一的判断を行う建付けはとられておらず（刑事責任能力を定める刑法41条と対比せよ），当該行為者の年齢・発達状況のみならず，加害行為の内容をも考慮した個別的判断が必要である。本問でいえば，線路への置石により何らかの意味で法的な責任が生じることは，Aが10歳であれば弁識できないのに対し（責任能力なし），14歳であれば弁識できる（責任能力あり）という判断がされよう。以下，これを前提に解説を進める（2はAが10歳の場合，3はAが14歳の場合にかかわる）。

2　責任能力なき未成年者の親権者の責任

(1)　監督義務者責任の構造と根拠

　直接の加害者たる未成年者が責任無能力者の場合，特殊不法行為たる監督義務者責任（714条1項）が第1次的検討対象となる。同条項による責任の根拠として，一般に，ⓐ家族関係の特殊性（家長の絶対的責任というゲルマン法の団体主義的責任の影響）や，ⓑ危険責任（判断能力が低い者＝「人的危険源」を継続的に管理する者の責任）の思想が指摘される。もっとも，これらが民法714条1項の条文構造とどのように関連し，その結果どのような責任の構造が描かれ，それが同法709条に基づく責任とどう相違するかについては，さまざまな見方がありうる。学説の議論はきわめて錯綜しているが，ここでは主要な2つのモデルを想定しよう（なお，直接の加害者の行為が不法行為の要件を満たす必要があるかという問題もあるが，立ち入らない）。

　第1に，監督義務者責任はあくまで監督義務者自身の過失に基づく責任であるとするものである。民法714条1項はそのただし書において，監督義務違反（および監督義務違反と損害発生の間の因果関係）の不存在による免責を認めているところ，過失責任という点では同法709条に基づく責任と変わりなく，ただ過失の立証責任が転換されていること（中間責任）に特殊性が求められる。上記ⓐはわが国では貫徹されておらず（個人主義的責任たる過失責任に改鋳），また上記ⓑが指摘する危険の要素は，過失判断の材料（見解によっては中間責任の根拠）として位置づけられる。

　第2に，監督義務者責任は責任無能力者の不法行為について自身の過失の

有無を（実質的に）問うことなく監督義務者に課される責任であるとするものである。民法714条1項ただし書が問題とする監督義務は，同法709条で想定される行為義務とは異なる広範な内容（包括的・一般的監督義務）を含むものである（同法709条責任との根本的相違はここにある）。しかも，判例上，監督義務違反の不存在による免責はほとんど認められておらず，事実上の無過失責任と化しており，上記ⓐおよびⓑは，こうした監督義務者責任の実態を基礎づけるものとしての意味をもちうることになる。

(2) **監督義務の内実**

(1)でみた2つの立場の相違は，民法714条1項ただし書が監督義務者に課す監督義務の内容理解に由来する。一般に，監督義務には，ⓐ直接の加害者による法益侵害の具体的危険が予見される場合にそれを防止すべく監督する義務と，ⓑ具体的危険の予見可能性の有無にかかわらず何らかの監督を及ぼす義務とを想定しうる。監督義務者責任において，ⓑは責任無能力者の生活全般にわたって監護・教育する義務（包括的・一般的監督義務）の形をとり，ⓐのように709条責任でも把捉しうるものを超えた抽象的内容となっている（本来的意味の過失ではない）というのが，(1)でみた第2の見解を支える認識である。ところが，近時の参考判例①は，異なる見方を示したうえで，監督義務違反の不存在による免責を実際に認めた。

事案は，満11歳のAが，放課後，自身が通う小学校の校庭でサッカーボールを用いてフリーキックの練習をしていたところ，ゴールに向けて蹴ったボールが校門を越え，校舎周りの溝の橋の上を転がって道路上に飛び出し，自動二輪車で道路を運転していたBが避けようとして転倒し負傷（その後死亡）したというものである（Bの相続人XらがAの親権者Yらに損害賠償請求）。判旨は，「責任能力のない未成年者の親権者は，その直接的な監視下にない子の行動について，人身に危険が及ばないよう注意して行動するよう日頃から指導監督する義務があると解されるが，本件ゴールに向けたフリーキックの練習は，上記各事実に照らすと，通常は人身に危険が及ぶような行為であるとはいえない。また，親権者の直接的な監視下にない子の行動についての日頃の指導監督は，ある程度一般的なものとならざるを得ないから，通常は人身に危険が及ぶものとはみられない行為によってたまたま人身に損害

を生じさせた場合は，当該行為について具体的に予見可能であるなど特別の事情が認められない限り，子に対する監督義務を尽くしていなかったとすべきではない」とし，危険な行為に及ばないよう日頃からＡに通常のしつけをしていた（上記特別の事情もなかった）Ｙらに監督義務違反は認められないとした。

　本判決が措定する親権者の監督義務は，「人身に危険が及ばないよう注意して行動するよう日頃から指導監督する義務」であり，未成年者による法益侵害の具体的危険の予見可能性（上記ⓐ）を前提とするものではないが，法益侵害の防止に向けられた義務（結果回避義務）であることに変わりはない。過失概念の拡張傾向（法益侵害の抽象的危険への対処要請の拡大）を考慮した場合，こうした義務は民法709条の過失の範疇になお入りうるものであり，本判決は上記ⓑの監督義務をその限度で具体化したものと捉えうる。そのうえで，上記の日頃からの指導監督において，「通常は人身に危険が及ぶものとはみられない行為」（考慮要素は(3)参照）によりたまたま生じる結果の防止まで想定する必要は原則としてないとすることにより，監督の際に念頭に置くべき対象を区切る。ここには，未成年者の法益侵害の危険性に応じて監督義務者による監督要請を異ならせる態度が看取され，(1)でみた第1の見解への親和性がみられる。もっとも，「通常は人身に危険が及ぶものとはみられない行為」ではない行為を念頭に置いた日頃からの監督がどのような程度のものであるべきかは示されていない（それによっては第2の見解にも再接近しうる）。また，「当該行為について具体的に予見可能であるなど特別の事情」があるという例外状況が，上記と同義なのかも明らかでない。そのほかにも残された問題は数多い。

　(3)　**本問**

　ＹがＡについて把握していた情報を前提とすると，Ａによる法益侵害の具体的危険性の予見可能性がＹにあったとはいいがたい（ただし3(3)参照）。しかし，参考判例①がいう「人身に危険が及ばないよう注意して行動するよう日頃から指導監督する義務」への違反が問われうる。そうした監督の際に念頭に置くべき対象から外れる「通常は人身に危険が及ぶものとはみられない行為」に当たるか否かに関し，同判決は，当該行為から結果発生に至る経緯

の常態性や，当該行為が行われた環境の使用方法の通常性等の要素を考慮しているが，いずれの要素からも A の置石行為は「通常は人身に危険が及ぶものとはみられない行為」ではないとの判断が導かれよう。したがって，Y が責任を免れるためには，危険な行為に及ばないよう日頃から A に通常のしつけをしていただけでは足りず，置石行為をも念頭に置いた指導監督を尽くしていたことの立証が必要となろう。

3　責任能力ある未成年者の親権者の責任

(1)　民法709条に基づく責任の可能性

　直接の加害者たる未成年者が責任能力者である場合，親権者に対し民法714条1項に基づく責任追及をすることはできない。しかし，一般不法行為責任を定める同法709条に基づく責任追及は妨げられないはずである。ここでも親権者の過失の内容として措定されるのは監督義務の違反であるところ，参考判例②は，「未成年者が責任能力を有する場合であっても監督義務者の義務違反と当該未成年者の不法行為によって生じた結果との間に相当因果関係を認めうるときは，監督義務者につき民法709条に基づく不法行為が成立するものと解するのが相当であって，民法714条の規定が右解釈の妨げとなるものではない」と判示することで，責任能力ある未成年者の親権者も一定の監督義務を負いうることを認めた。

　民法709条責任の追及が可能であることにより，被害者が実際に賠償を得る可能性は高まる（当該未成年者自身も責任能力を有するゆえ責任を免れないが，十分な賠償資力をもつことは一般に期待できない）。ただし，709条責任ゆえに，同法714条1項の責任とは異なり，監督義務違反の立証責任が被害者に課される点に注意を要する。

(2)　監督義務の内実

　この場合の親権者の監督義務はどのようなものか。ⓐ直接の加害者による法益侵害の具体的危険が予見される場合にそれを防止すべく監督する義務と，ⓑ具体的危険の予見可能性の有無にかかわらず何らかの監督を及ぼす義務とが想定されうることは 2(2)と同じであるところ，責任能力ある未成年者の場合でもⓑを含みうるのかⓐに限定されるのかが論じられる。この問題の分析に資するのが参考判例③である。

事案は，数々の非行歴があり保護観察・少年院送致の処分を繰り返していたＡら（いずれも19歳）が，少年院を仮退院して保護観察に付され，一般遵守事項に加え特別遵守事項（友達を選ぶこと，定職に就くこと，進んで保護司を訪ねること等）が定められたにもかかわらずこれを守らず遊び歩き暴力団事務所に出入りする等しているうちに，テレホンクラブを利用して呼び出した男性Ｘを殴打して傷害を負わせ金銭を強取したというものである（ＸがとＡらの親権者Ｙらに損害賠償請求）。判旨は，Ａらの年齢・職歴・生活状況等からみて「Ｙらが親権者としてＡらに対して及ぼし得る影響力は限定的なものとなっていたといわざるを得ないから，Ｙらが，Ａらに保護観察の遵守事項を確実に守らせることができる適切な手段を有していたとはいい難」く，またＡらは19歳を超えて少年院を仮退院して以後本件事件に至るまで特段の非行事実はなく，「Ｙらにおいて，……Ａらが本件事件のような犯罪を犯すことを予測し得る事情があったということはできない……し，Ａらの生活状態が直ちに再入院手続等を執るべき状態にあったということもできない」として，Ｙらの監督義務違反を否定した。

　本判決が親権者の監督義務として論じるのは，保護観察の遵守事項を守らせる義務および少年院への再入院措置をとる義務という，法益侵害の回避に向けられた具体的措置であり，しかも特に後者は法益侵害の具体的危険の予見可能性を前提とするものとされていることから，上記ⓐが想定されているといえる。もっとも，このことは，責任能力ある未成年者の親権者はそれ以上の義務を負わないという分析に直結する必然性はない。責任能力を備えた段階後も，未成年者は精神的成熟を続けており，親権者による監督の必要性は，未成年者の年齢・生活状況等に応じて徐々に薄れていくものである。こうした捉え方をする場合，上記ⓑの具体化として，加害行為の危険性に応じて親権者に日頃からの指導監督義務（参考判例①）がなお課される場合はないか（ないとすればそうした義務が責任能力制度と必然的に結びつくことの論証が必要となろう），あるいは未成年者の成熟度に応じて監督義務の抽象度を異ならせる可能性はないか等が問題となりうる。比喩的にいえば，未成年者の成熟度に応じた監督義務のグラデーションを描くという方向性である。

(3) **本問**

　Aによる法益侵害の具体的危険の予見可能性がYにあったとはいいがたいことは2(3)と同様である。責任能力ある未成年者の親権者の監督義務が法益侵害の具体的危険が予見される場合にそれを防止する義務に限定されるとすれば，Yの責任は認めがたい。しかし，14歳のAとの関係でも，線路への置石というきわめて危険な行為についてはなおYには日頃からの指導監督義務が課されると解する場合は，2(3)同様の結論となりうる。また，YはAの放課後の行動の詳細を把握していなかったところ，（具体的危険を予見するべく要請される予見義務としての）日常的な監視の不十分性を捉えて監督義務違反を肯定することも考えられよう。もっとも，民法709条を根拠とする限り過失（・因果関係）の立証責任は被害者Xにあるところ，これらの見解を是とする場合，事実上の推定（さらには立証責任の転換）の可能性もさらに考えられるべき課題となりうる。

　4　その他

　民法714条1項にせよ709条にせよ，判例上，親権者の責任は監督義務違反という過失に基づく。精神障害者の行為についての責任（社会の耳目を集めた参考判例④参照）や代理監督者（714条2項）の責任（高松高判昭和49・11・27判時764号49頁，福岡地小倉支判昭和56・8・28判時1032号113頁等）もあわせてみた場合，さまざまな事案類型を適用範囲に含む714条（・709条）の実定的制約を前提に，監督義務の内容・程度（および立証責任の所在）の調整により状況適合的な判断枠組みを構築しようというのが，判例の基本的スタンスといえよう（条文に反して代位責任化が定着している使用者責任と対比せよ）。もっとも，その具体像は不明瞭な点を多く残すほか（関連問題も考えよ），不法行為法改正の機運を考慮に入れたとき，立法論的吟味が今後の重要課題となる。監督義務者責任を責任能力制度と連動させる現行構想の適否，2(1)でふれた第2の立場の（少なくとも部分的な）採用可能性，さまざまな被監督者類型を同じく過失責任の構造に服せしめることの適否等，考えなければならない事柄は多い。

　　本問と異なり，Ａが友人たちと土手で焚き火遊びをしていたが，火の粉が飛び散り周辺に焼き広がって鉄道の運行を阻害し，Ｘに損害を生じさせた場合はどうか（参考判例⑤参照）。

●】参考文献【●

＊「〈特集〉不法行為制度のあり方を考える」論究ジュリ 16 号（2016）4 頁／「〈小特集〉責任無能力者による不法行為と『家族』の責任」法時 89 巻 11 号（2017）82 頁／大澤逸平・判評 687 号（判時 2286 号）（2016）148 頁／久保野恵美子・百選Ⅱ 186 頁／窪田充見「責任能力と監督義務者の責任」現代不法行為法研究会編『不法行為法の立法的課題（別冊 NBL155 号）』（商事法務・2015）71 頁

（中原太郎）

　Aは高齢であり，認知症と診断された。そこで，息子であるX₁とその妻X₂（いずれも40代後半）がAと相談したうえ，AはX₁らと同居することになった。X₁はAの成年後見人に就任し，デイサービスに関する契約等を代理して行った。また，Aが在宅している間は，主にX₂がその介護を引き受けていた。当初，Aは1人で散歩に出かけて迷子になったり，面識のない他人に暴言を吐いてトラブルになったりすることが数回続いた。それ以降，X₁とX₂は，Aが外出する際には可能な限りどちらかが付き添うようにしてきた。

　ある日曜日，X₁は急な仕事で外出しており，X₁ら宅にはX₂とAだけがいた。16時頃，Aは突然散歩に出かけてくると言い出した。直近の数日間，Aの精神状態が不安定な日々が続いていたことから，X₂は不安を感じ，付き添おうかとも考えたが，疲れがたまっていたこともあり，「すぐに帰ってきて下さいよ」とだけ告げた。その後，Aは，X₁ら宅から5キロほど離れた駅の構内で，まったく面識のないYを階段上部から突き落とし，重傷を負わせた。

　加害行為当時，Aは責任無能力だったものとする。Yは，X₁またはX₂に対して，治療費や逸失利益等の損害の賠償を請求することができるか。

●】 参考判例 【●

① 最判平成28・3・1民集70巻3号681頁
② 福岡高判令和2・5・27令元(ネ)661号〔2020WLJPCA05276002〕
③ 最判昭和49・3・22民集28巻2号347頁
④ 京都地判平成30・9・14判時2417号65頁

●】解説【●

1　はじめに

本問のように，精神上の障害により責任能力を欠く者が他人に加えた損害について，その者の身近な者の損害賠償責任が問題となる場合，その可能性としては次の3つが考えられる。第1に，民法714条1項に基づく法定監督義務者の責任である。第2に，参考判例①（いわゆるJR東海事件判決）が定立した，同項類推適用による，いわゆる準監督義務者の責任である。第3に，民法709条に基づく一般不法行為責任である。以下，順に説明する。

なお，紙幅の都合および本書の事例演習教材としての性格に鑑み，監督義務者責任をめぐる立法論には以下では立ち入らない。

2　法定監督義務者責任

(1)　責任の性質

民法714条1項が定める監督義務者の責任は，責任無能力者の行動一般についての抽象的な監督義務への違反があれば足りることと，義務違反についての証明責任が転換されていることの2点において，民法709条による一般不法行為責任よりも厳格なものだと言われてきた。もっとも，このうち後者は条文上動かしがたいのに対し，前者は論理必然的なものではない。これについては後に触れる。

(2)　従来法定監督義務者とされてきた者

精神上の障害による責任無能力者について，従来（具体的には，1999年まで），法定監督義務者とされてきたのは，成年後見人のほか，精神保健福祉法上の保護者（それ以前の名称は保護義務者）として選任されている者だった。その背景として，同年改正前の民法858条1項は，成年後見人の「療養看護義務」を定めていた。また，同じく同年改正前の精神保健及び精神障害者福祉に関する法律（以下，「精神保健福祉法」という）22条1項は，保護者につき，精神障害者の自傷他害を防止するよう監督する義務を定めていた。これらの義務が，民法714条1項にいう「責任無能力者を監督する法定の義務」に当たると解されていたわけである。

(3) その後の変遷

しかし，この状況は，1999年を境に大きく変わることになる。

すなわち，成年後見人については，1999年の民法改正により，療養看護義務がいわゆる身上配慮義務に改められた。このことは，成年後見人はもはや事実行為としての介護や監督をする義務を負うものではなく，その法定代理権に基づいて本人のための法律行為をする際にその身上に配慮すれば足りるようになったことを意味する。

また，保護者については，1999年の精神保健福祉法改正により，自傷他害防止義務が廃止されるに至った。さらに，その後の2013年改正によって，保護者という制度そのものが廃止されるに至った。いずれについても，精神障害者のノーマライゼーションとその家族の負担軽減が重視されるようになったことが背景としてある。

(4) JR東海事件判決による判例法理

以上のことから，参考判例①は，1999年改正後の民法および精神保健福祉法における成年後見人および保護者は，そのゆえをもって当然に法定監督義務者に当たるものではないと判示した（もっとも，具体的事案との関係では傍論）。また，精神障害者の配偶者についても，協力扶助義務（752条）を根拠に法定監督義務を認めるという，原審判決が示した新たな解釈論を否定した。

(5) 本問の処理

以上によると，本問のX₁は，Aの成年後見人ではあるものの，そのことだけを理由に法定監督義務者として扱われることはないということになる。

(6) 補論：法定監督義務者の可能性

なお，以上の判例法理によると，現行法の下で精神障害者の法定監督義務者に当たるものが存在し得ないのかどうかは明らかでない。そのように述べる文献も多いが，他方で，参考判例①の木内道祥補足意見は，精神障害者が入院する精神科病院の管理者等がそれに当たるとする可能性を示唆している。

3 準監督義務者該当性

(1) 準監督義務者——判例による法創造

参考判例①は，法定監督義務者に当たらない者であっても，それに「準ずべき者」については，民法714条1項の類推によって損害賠償責任を負う余

地を認めている。かねてから，法定監督義務者に当たらない者（典型的には精神障害者の父母）につき，「事実上の監督者」などとして責任を課す裁判例は見られた。しかし，参考判例①が準監督義務者というカテゴリーを正面から認めたうえでその判断規準を示したことから，今後はこれが基礎に据えられることになろう。

(2) 判例の判断規準

参考判例①によると，ある者が準監督義務者とされるのは，「ⓐ⑦責任無能力者との身分関係や④日常生活における接触状況に照らし，ⓑ⑦第三者に対する加害行為の防止に向けてその者が当該責任無能力者の監督を現に行いその態様が単なる事実上の監督を超えているなど④その監督義務を引き受けたとみるべき特段の事情が認められる場合」である。そして，そうした場合に当たるかどうかは，「ⓒ⑦その者自身の生活状況や心身の状況などとともに，④精神障害者との親族関係の有無・濃淡，⑨同居の有無その他の日常的な接触の程度，精神障害者の財産管理への関与の状況などその者と精神障害者との関わりの実情，④精神障害者の心身の状況や日常生活における問題行動の有無・内容，㋚これらに対応して行われている監護や介護の実態など㋕諸般の事情を総合考慮して，ⓓ⑦その者が精神障害者を現に監督しているかあるいは監督することが可能かつ容易であるなど④衡平の見地からその者に対し精神障害者の行為に係る責任を問うのが相当といえる客観的状況が認められるか否かという観点から判断すべきである」とされる。

(3) 視点その1──監督義務の引受け

参考判例①の評釈類で，この規準の内実を真剣に検討するものは少ない。しかし，これを真剣に考えようとすると，その内容がきわめてわかりにくいことに気づく。それは，多数の考慮要素の総合考慮によるものとされているからというよりも，矛盾をはらみうる複数の視点を内に含んでいるからである。すなわち，この判断規準の核心部分は，少なくとも文章上は，ⓑ④にいう監督義務の引受けの有無ということになる。その背後には，「一旦義務を引き受け，他の者の関与を排した者は，その義務を適切に全うすべきである」との考えを見てとることができる。具体的判断においては，ⓑ⑦を踏まえれば，行われている監督の程度が重要な意味をもちそうである。

しかし他方で，ⓓⓘでは，「責任を問うのが相当と言える客観的状況」の有無が問題とされている。そして，これをその例示であるⓓ⑦と併せて読めば，「監督が期待できる立場にある者に監督義務を課す」という，上記のものとはかなり違った思考様式が浮かび上がる。その判断のための考慮要素とされるⓒの諸要素は，監督の必要性をうかがわせる㋔（これは，監督の「可能性」の前提となるのだろう）と監督の「容易性」に関わると見られる⑦の他は，要するにⓐにいう⑦身分関係と⑦接触状況とまとめられる。これらはいずれも，監督の期待可能性の指標として挙げられているものと理解すれば，ⓓについての先に述べた理解とも整合する。

(5) 両者の関係

以上の2つの視点の関係をどう理解すべきかは明らかでない。一方で，ⓓはⓑを判断する際の「観点」にすぎず，あくまで規準はⓑだと見ることで，前者の視点を重視することも考えられる。しかし他方で，ⓑではあくまで監督義務を引き受けたと見る「べき」特段の事情が問題とされている点を捉え，ⓓのような客観的状況がある場合にはそう見る「べき」だというのが判例の趣旨だと理解すれば，むしろ後者の視点が重視されるべきことになる。実際，参考判例①の当てはめ部分は，いずれの被告についても，まず監督の可能性という「客観的状況」が問題とされたうえで，それが欠けるがゆえに監督義務の引受けもない，との論理運びとなっている。これは，後者の読み方と整合的である。

以上のうちいずれの理解が適切かは，準監督義務者とされることの効果をどれほど重大なものと解するか，具体的には免責立証のハードルをどの程度のものと見るかにも左右される。この点については，後述する。

(6) 具体的判断

本問についての判断も，以上のいずれの視点によるかで違ってくる。まず，監督義務の引受けを重視する場合，X_1・X_2によるAの監督の程度をどう評価するかが重要となる。本問でのX_1らの対応のうち「監督」というるのは，Aの外出への付添いだろう。しかし，X_1らはこれをあくまで可能な限りで行っていたというのだから，これが「単なる事実上の監督を超えて

いる」といえるかは疑わしい。

　他方，監督の期待可能性に着目する場合，上記ⓒの考慮要素に即していえ
ば，㋓Ａがこれまで数回トラブルを起こしたという問題行動は，監督の必要性
をうかがわせる。また，㋑Ｘ₁らはＡの息子夫婦であって親族関係は近いとい
え，㋒同居して介護をしており，また㋔上記トラブルを踏まえて外出の付添いと
いう監護を行っている。さらに，㋐Ｘ₁らは高齢ではなく，特に身体・健康面に
問題を抱えているわけでもなさそうだから，監督が特別困難という事情もない。

　以上の諸点を考慮すれば，Ｘ₁らにつき「責任を問うのが相当と言える客
観的状況」があると結論づけることも十分に考えられる。この場合，Ｘ₁と
Ｘ₂が共同で監督義務を引き受けたと見るべきことになろう。

　なお，参考判例②（その原審も同様）は，結果の具体的予見可能性がない
ことを主な理由として準監督義務者性を否定している。学説上も，おそらく
同様の理解を前提に，それでは準監督義務者性判断と民法709条の過失判断
が同一に帰してしまうとして，準監督義務者概念の必要性に疑問を呈するも
のが見られる。しかし，結果の具体的予見可能性は参考判例①の考慮要素と
して挙げられていないのであって（ⓒ㋓に読み込むのは無理があろう），にも
かかわらずことさらに判旨を曲解したうえでその無意味さを非難するのは，
的を射た指摘とはいいがたい。

4　監督義務の遵守

(1)　免責立証のハードル

　以上により準監督義務者とされた者であっても，監督義務を遵守したこと
を証明できれば，責任を免れることができる。この免責立証をどの程度容易
に（あるいは厳格に）認めるべきかについては，以下に見るように，理解が
分かれうる。なお，この点は，子の行為についての親の責任と，精神障害者
の行為についての（準）監督義務者の責任とで区別して考えるべきである
[前者については，→本巻50解説]。

　ⓐ　まず，民法714条1項の責任が民法709条による通常の不法行為責任
を厳格化したものだとする従来の一般的理解からは，同項の類推適用による
準監督義務者責任についても同様のことが妥当すると考えられる。すなわ
ち，準監督義務者は責任無能力者の生活全般にわたって適切な監督をする義

務を負い，そうした広範な内容の義務をすべて尽くしたといえてはじめて免責が認められることになる。

　⑤　しかし，過失の証明責任の転換と責任の厳格化は，本来，直結するものではない。したがって，民法714条1項ただし書による過失の証明責任の転換を，責任の厳格化とは切り離して，もっぱら「精神障害者と準監督義務者の間の内部事情は，被害者よりも準監督義務者の側が容易に証明できる」という立証の容易性の観点から説明することも十分考えられる。これによると，具体的な結果の予見可能性を前提とした結果回避義務違反という一般的な意味での過失がないことを示せば免責が認められることになる。さらに進んで，介護の実情をも踏まえつつ，（準）監督義務者にどこまでの負担を期待できるかという観点を重視するならば，逆に民法709条よりも責任を緩和し，重過失に近いような場合でない限り免責を認めてよいとの理解もあり得なくはない。

(2) 準監督義務者性の判断との関係

　このうち(1)ⓐの理解をする場合には，そのような厳格化された責任を課されるにふさわしい者だけが準監督義務者と判断されるべきであり，その該当性判断はそれなりに厳格であるべきことになる（一般的には，この理解が暗黙の前提とされているように見える）。これに対し，(1)ⓑの理解による場合には，準監督義務者責任の特殊性は立証の難易を考慮した適切な証明責任分配に尽きるため，それが適切と考えられる場合には準監督義務者性を広く肯定して差し支えない。大ざっぱな方向性としては，準監督義務者性判断について上述した監督義務の引受けの視点は(1)ⓐに，監督の期待可能性の視点は(1)ⓑに親和的である（何ら論理必然の関係はないが）。参考判例①の法廷意見（準監督義務者性を否定）と岡部喜代子・大谷剛彦補足意見（準監督義務者性を肯定，免責も肯定）との間の相違も，以上の点に関して暗黙のうちに前提とするところの違いを反映したものだったと見る可能性がある。

(3) 具体的判断

　本問において仮にX₁・X₂が準監督義務者と判断された場合，前記(1)ⓐの理解からは，加害行為当日の数日前からAの精神状態が不安定だったという兆候が見られた以上，X₂としては当日のAの外出に付き添うべきだった

のであり，それを怠ったことはAの生活全般についての監督義務への違反に当たるとされる可能性が高い。他方，前記(1)ⓑの理解からは，上記のような兆候だけでは結果の具体的予見可能性があるとはいいにくいため，監督義務違反なしとして免責が認められることになると考えられる。

5　民法709条に基づく責任

以上のほか，本問で問題となる余地はほぼないが，結果の具体的予見可能性と結果回避可能性が認められる場合には，準監督義務者該当性の有無にかかわらず，民法709条による責任が生じ得る。成年に達した子の不法行為について同条による責任を認めた判例として参考判例③が知られているが，精神障害者の行為についても同じ考え方が妥当するわけである。もちろん，この場合には過失の証明責任は原則どおり被害者側にある。

●・・・ **発展問題** ・・・●

　Aは，交通事故の後遺症によりてんかんを患っていた。医師からは抗けいれん薬の服用を指示されており，また，服薬していても発作のおそれがあるとして，自動車の運転はしないように言われていた。Aは，勤務先であるB社に対してこのことを隠したまま，自動車を運転する業務に従事していた。ある日，Aは，業務として自動車を運転している最中に発作を起こし，通行人Cをはねて死亡させた。

　Aの親であり，Aと同居しているY₁・Y₂は，常日頃，自動車の運転をしないようAに対し注意をしていた。また，Y₁らは，Aの言動から，Aが勤務先で自動車を運転していることを認識可能だった。

　Cの相続人Xは，Y₁・Y₂に対して損害賠償を請求できるか（参考判例④を参照）。

●】 **参考文献** 【●

＊瀬川信久・民商法雑誌153巻5号（2017）698頁／吉田邦彦＝三木千穂・北法法学論集71巻6号（2021）1783頁

（長野史寛）

52 使用者責任

　札幌市の住宅街を中心に，クリーニングの店舗を展開するＡ社（従業員60名）の社長Ｂ（50歳）は，学生の頃から障害者の自立を手助けするボランティア活動に参加しており，いつか自分の店舗でも障害者を雇用したいと考えていた。Ｂは，Ａ社の従業員数が増加して，障害者雇用促進法の定める法定雇用率を達成する目的もあって，2021年4月1日から，知的障害者Ｃ（48歳）を雇用し，札幌市北区の店舗に配属し，ドライ洗いやアイロンがけの仕事に従事させていた。Ｃは，1つひとつの技術を習得するのに他の従業員よりも時間がかかったが，いったん習得した仕事は，真面目に，確実にこなしていた。

　さて，2022年4月1日，Ｃは，店の新人歓迎会に他の従業員とともに参加した。Ｃは，かくし芸として手品を披露したが，簡単に見破られてしまい盛り上がりに欠ける結果に終わった。翌日，就業時間10分前に，同じ店の従業員Ｄ（33歳）が，アイロンプレス機の作動準備をしているＣのところに行き，「昨日のあんたのかくし芸，受けなかったねえ」としつこくからかった。最初，Ｃは相手にしていなかったが，3，4分間，Ｄにつきまとわれ，また，右肩を小突かれるなどしたため，Ｃはとうとう「いい加減にしてくれないか」といってＤを振りほどいたが，その際に，右手に持っていたアイロンプレス機がＤの顔に当たり，Ｄは顔面に大やけどを負うに至った。

　そこで，ＤはＡ社に対して，損害賠償を請求する訴訟を提起した。Ｄの請求は認められるか。現時点は2022年7月とする。

●】参考判例【●

① 最判昭和 39・2・4 民集 18 巻 2 号 252 頁
② 最判昭和 51・7・8 民集 30 巻 7 号 689 頁
③ 最判昭和 58・3・31 判時 1088 号 72 頁

●】解説【●

1 使用者責任の帰責構造

　本問の D は，知的障害者の社会参加に関心のあった社長 B のもとで真面目に働いていた C をからかった挙句に負傷している。このような結果はいわば自業自得であり，D は常識的にみて保護に値しないし，こんな D の請求を認めれば，知的障害者の就労促進にマイナスの効果を及ぼすだけであるという考え方も，場合によっては成り立ちうるかもしれない。しかし，きっかけはどうであれ，本問で C が D を負傷させたという事実に変わるところはない。また，知的障害者がどのような形で社会に参加することが望ましいのかという問題は，ひとり民法の議論だけで決着がつく話でもないだろう。以下では，あくまで民法の議論の枠内で，理論的に，D の請求をどのように正当化することが可能かという観点から検討を行うことにしよう。本件事故のきっかけとなった D のいやがらせは，損害賠償法のレベルでは，後に述べるように過失相殺（722 条 2 項）の内容として考慮すれば足りると考える。

　さて，本問で D が A 社に対して損害賠償を請求するとすれば，不法行為を行った被用者 C を雇用していた A 社の使用者責任（715 条 1 項本文）を問うという法律構成が最も妥当である。A 社という企業自体の不法行為責任（709 条）を問うという法律構成の余地もあろうが，本問では，不法行為を行った特定の被用者 C の存在は明らかであり，しかも，公害や製造物責任が問題となるケースのように，企業という組織全体を加害者と捉えるのが適切な事案でもない。それでは本問で，A 社は，実際に D に対して使用者責任を負うのだろうか。これを検討するためには，使用者責任がそもそもいかなる構造を有しているのかを理解しておく必要がある。

　伝統的な理解に従えば，使用者責任とは，被用者の選任・監督上の過失を

理由とする責任（自己責任説。民法715条1項ただし書の事由が立証されれば，当然に使用者は免責される）ではなく，被用者の負う不法行為責任を，使用者が被用者に代わって負担する代位責任である（代位責任説）。使用者が，被用者の責任を肩代わりしなければならない根拠としては，報償責任（使用者が被用者を使って利益を上げた以上，被用者が引き起こした損失は使用者に負担させるのが公平である）や危険責任（使用者が被用者を用いて社会に対して危険を作り出している以上，そこから生じる損害は賠償しなければならない）という考え方が挙げられるのが通常である。このような発想に照らすと，企業活動に伴って生じる損害について，使用者の免責（715条1項ただし書）は容易に認められるべきではなく，判例においても，使用者の免責が実際に認められた事例はごくわずかにとどまっている。

　しかし他方で，使用者は被用者の責任を肩代わりするにすぎないという理解に従うならば，使用者責任を追及する被害者は，その前提として，被用者自身が不法行為責任を負っていることを主張・立証しなければならないはずである。それでは，本問の加害者である被用者Cが知的障害者であり，責任能力が欠けている可能性がある場合に，A社の使用者責任は否定されてしまうのだろうか。これが本問で検討すべき第1の問題である。第2に本問では，就業時間前のCの暴力行為に起因する損害が問われているが，そのような行為の結果についてまで，使用者は責任を負うのだろうか。報償責任や危険責任の考え方に立つとしても，企業活動と無関係の被用者の行為の結果についてまで，使用者が責任を負う理由はないからである。これは，使用者責任が成り立つための「その事業の執行について」（715条1項本文）という文言をどう解釈したらよいのかという問題である。以下，順に検討しよう。

2　被用者の責任無能力と使用者責任の成否

　責任能力（712条・713条）とは，加害行為の法律上の責任を弁識するに足りる知能のことである（大判大正6・4・30民録23輯715頁）。このような定義に照らすと，知的障害者だからといって，常に責任能力がないということにはならない。もっとも，本問のCに関する記述（知的障害者でクリーニング技術の習得に時間がかかったが，習得した仕事はこなしていた）だけからは，こ

の意味での知能がCにあったと断定することは困難なので，問題を解く際には，解答者がもし伝統的な代位責任説（1参照）に立つならば，Cに責任能力があるかどうかで場合分けをして，A社の使用者責任の成否を判断する必要がある。だがこのような機械的な答案を書く前に，そもそも本問で，「Cに責任能力がなければ，A社は使用者責任を免れる」という考え方が説得的かどうかを検討する必要があるだろう。この点を正面から扱う判例は存在しないが，A社は，職場における安全意識や危険性を認識する力が通常の人と比べれば不足しがちな場合があると考えられる知的障害者（日本障害者雇用促進協会障害者職業総合センター編『知的障害者の安全意識の養成に関する研究』〔2000〕74-86頁参照）を危険な作業に従事させて利益を得ていたのであり，A社の責任は，報償責任や危険責任の考え方に照らすと（後述する事業執行性の要件さえクリアされれば），強化されることがあっても免責されることにはならないと考えられる。障害者の社会参加に関心があるA社の社長Bが，障害者雇用促進法43条の定める障害者雇用率制度（従業員が43.5人〔短時間労働者は，原則として1人を0.5人とカウントする〕以上の民間企業では，2.3パーセント以上の障害者を雇用しなければならない）を遵守する気持ちがあったとしても，この結論は動かないというべきであろう。

　問題は，この結論を実現する法律構成であるが，使用者が，周りの人に大やけどを負わせうるような危険な業務に被用者を就かせていた場合には，使用者は，報償責任や危険責任理論によって高度化され，被用者の責任能力とは無関係に成り立つ，厳格な自己責任としての使用者責任を負うと解するのが妥当である。この考え方を学説史の流れの中に位置づけるなら，次のとおりである。まず，起草者は，使用者責任の構造を使用者の自己責任として理解していたが，その後，企業活動の進展に伴い，報償責任や危険責任の考え方に支えられた代位責任説が主流となり，使用者は，被用者の選任・監督上の過失がないことを理由とする免責が認められにくくなった。だが今日では，代位責任説の背後にある報償責任や危険責任理論は，使用者の事業内容や被用者の職種によっては，「使用者の免責が認められる余地がさらに厳しく限定される自己責任」としての使用者責任を導くものとなっているのである。このような新しい使用者責任が認めることについて学説の間では否定的

な見解もあるが，ⓐ代位責任説に基づいて民法715条を捉え，被用者の行為が同法709条の要件を満たすことが使用者責任を問う前提となる場合，ⓑ本問のように使用者の厳格な自己責任という考え方で同法715条を理解し，被用者の責任能力の要件を不要と解してもよい場合，さらには，ⓒ同法709条を直接適用し，企業自体の不法行為責任を問うのがふさわしい場合など，業務の危険性の程度や損害の生じ方のメカニズムなどによって，さまざまな責任のあり方を考えていこうとするのが，近時の有力説の流れであり，それは正当だと考えられるのである。

3　被用者の暴力行為と事業執行性

　伝統的な代位責任説（1参照）に立つにせよ，今日的な意味での自己責任説（2参照）に立つにせよ，両説の背後にある報償責任や危険責任の考え方に照らすと，企業活動に伴って生じた損害については，被害者ができるだけ救済されるのが望ましい。もっとも，それはあくまでも損害が企業活動に伴って生じた場合である。使用者責任を問うためには，生じた損害が「被用者がその事業の執行について第三者に加えた」（715条1項本文）ものでなければならない。この事業執行性の要件につき判例は，いわゆる外形理論を採用し，被用者が事実的不法行為を行った事案でも，「必ずしも被用者がその担当する業務を適正に執行する場合だけを指すのでなく，広く被用者の行為の外形を捉えて客観的に観察したとき，使用者の事業の態様，規模等からしてそれが被用者の職務行為の範囲内に属するものと認められる場合で足りる」としている（参考判例①。自動車販売会社の被用者が，私用に使うことが禁止されていた会社の自動車を運転し帰宅途中に追突事故を起こした事例で事業執行性を肯定）。学説はこの点について，判例の外形理論に賛成するものや，その一層の具体化に努めるものなどに分かれているが，おおむね，被用者が株券を偽造したような取引的不法行為の場合には，報償責任・危険責任理論に加え被害者の信頼の保護という観点から，また事実的不法行為の場合にも報償責任・危険責任という観点に鑑み，事業執行性の要件を，できるだけ外形的・客観的に捉えようとする点では共通しているといってよい。

　本問では，Cの暴力行為の行われた時間が就業時間前であり，しかもC・D間の口論が，直接業務とは関係のない歓迎会での出来事に由来するもので

あった点が問題となるが，ⓐＣの行為は，店の内部で，しかも就業時間の直前に行われたこと，ⓑＣは，アイロンプレス機という業務に欠かすことのできない危険な道具を使ってＤに損害を与えていること，さらに，ⓒ口論の原因となった前日の歓迎会も，少なくともわが国の企業風土の下では，事業の円滑な遂行過程の１つに位置づけられうる点などに鑑みると，事業執行性の要件は，本問では満たされると考えるのが妥当である。もっとも，本件のＣ・Ｄ間の口論の発端は，Ｄの悪質な嫌がらせにあり，ＤがＡ社に使用者責任を追及する場合には，過失相殺による損害賠償額の減額は免れないだろう。

関連問題

　ＤがＡ社に対して使用者責任を追及する場合に，本問と以下の点で異なる場合に，ＡまたはＤの請求は認められるか。

　⑴　Ｄから請求を受けたＡ社が，裁判で敗訴した後，Ａ社がＣを相手に，Ｄに支払った賠償額全額の求償を行うことは可能か。

　⑵　Ｃ・Ｄ間の口論は，前日の歓迎会のＣの失敗を発端とするものであったが，就業開始前のクリーニング店の通用口の外でなされたものであり，しかもＤは，Ｃの素手による殴打によって鼻を骨折した。このときＤは，Ａ社に対して使用者責任を追及することが可能か。

●】参考文献【●

＊吉村良一『不法行為法〔第５版〕』（有斐閣・2017）216頁／窪田充見『不法行為法〔第２版〕』（有斐閣・2018）203頁／中原太郎・百選Ⅱ192頁

（水野　謙）

53 工作物責任

　資産家のAは，居住する都市とは別の地方に，かつて別荘として使っていた3000平方メートルの甲土地とその上に乙建物を所有している。洋館風の造りの乙建物は，昭和初期に建てられた木造建物である。

　Aは，会社の保養施設等として利用したいというB社からの求めに応じて，乙建物をBに賃貸した。Bは，退職した社員Cを，あらためて乙建物の管理人として雇い，普段は，Cが，乙建物の維持管理と乙建物周辺の庭の手入れ等を行っていた。なお，一帯は，別荘地として一般に利用されている地域であり，甲土地と他の土地との境は明確ではない。また，甲土地上の通路には，「私道」との表示はあったものの，特に，外部からの立入りを規制しているわけではなく，通常の林道と区別しにくく，付近の住民等が普段から散策に利用していた。甲土地上には，かつて農業用水としても使われていた溜池があり，現在は使われていない。ある日，その溜池で，ザリガニをとったりして遊んでいた近所の子どもDが転落して死亡するという事故が発生した。

　この場合に，Dの遺族（両親）は，誰に対して，どのような法律構成に基づいて損害賠償を求めることができるかを検討しなさい。

　なお，溜池の周辺には，柵が設けられ，金網が張られていたが，上記事故発生時には，その金網の一部がペンチで切り取られて，人が出入りできる程度の穴が開いていた。従来からも，その金網をペンチ等で切り取って，中に入り，釣りをする者などがおり，Cは，年に数回程度，その金網を修理していたという事実が確認されている。

●】参考判例【●

① 最判昭和46・4・23民集25巻3号351頁
② 最判昭和61・3・25民集40巻2号472頁

●】解説 【●

1　工作物責任の基本的な構造と本問の解決

　本問は，工作物に関連する事故を取り上げるものであり，こうした事故については，民法717条の適用がまず問題となる。工作物責任を規定する同条については，特に，以下の2つの点が問題となる。

　まず，民法717条の「土地の工作物の設置又は保存に瑕疵がある」という要件に関し，設置または保存の瑕疵が何を意味し，具体的な事案において，そうした瑕疵が認められるのかをどのように判断するのかが問題となる。

　次に，誰が責任を負うのかという点についてである。民法717条は，いわゆる特殊的不法行為（709条以外の不法行為類型）の中では，若干複雑な規定の仕方になっており，一次的に工作物占有者が中間責任を負うことを規定するとともに（同条1項本文），「占有者が損害の発生を防止するのに必要な注意をしたとき」には，工作物の所有者が責任を負うことを規定している（同項ただし書）。この所有者の責任は，占有者が責任を負わない場合に限るという点で補充的な責任である。また，無過失を理由とする免責等の可能性が規定されていないという点では，いわゆる中間責任ではなく，民法の規定する不法行為責任の中では，唯一の無過失責任だということになる。

2　工作物の瑕疵

(1)　工作物の瑕疵の意味：客観説と結果回避義務違反説

　工作物責任における瑕疵の意味については，当該工作物が通常有すべき安全性を欠いているという状態を瑕疵だとする客観説と，当該工作物の危険性が実現しないようになすべきことを怠ることが瑕疵だとする結果回避義務違反説が対立している。

　客観説では，具体的に生じた結果から，当該工作物が通常有すべき安全性を欠いていたといえるかどうかが重要なのであり，そのような状態になぜ至ったのかという点は，特に問題とされない。他方，結果回避義務違反は，まさしく，なぜそのようになったのかというプロセスの部分を問題とし，そのプロセスにおいて，結果発生を回避する義務の違反と評価されるものがあるか否かが問題とされることになる。

(2) 工作物事故の類型と両説の相違

　両説の相違は，たとえば建物の外壁の一部が落下してきて，歩行者が負傷したというような事案では，比較的明瞭に示される。客観説では，なぜ外壁の一部が落下したのかという経緯は重要ではない。他方，結果回避義務違反説では，外壁が落下しないように何をなすべきであったのかという点に焦点が当てられることになる。

　もっとも，工作物をめぐる事故の中には，上記の外壁の落下のように，被害者の関与がない場合に，工作物がいわば攻撃してくるというタイプのものもあれば（攻撃型の瑕疵），本問のようにDの関与があってはじめて工作物の潜在的な危険性が実現するというタイプのものもある。後者においては，被害者が当該工作物に近づくこと等の関与をどのように防ぐのかといったことが問題となる（守備ミス型の瑕疵）。

　後者の守備ミス型の事故類型では，瑕疵についての客観説と結果回避義務違反説との相違は，攻撃型の場合ほどは明確ではない。客観説においても，そこで工作物が通常有すべき安全性を有しているか否かは，危険な工作物等に防護柵やネットが張られるなど，「安全性を確保するために必要な措置が講じられていたのか」という点を通じて判断されるのであり，その点では，結果回避義務違反説と基本的に共通するからである。

　本問のようなケースにおいて，柵等がまったく設けられていなかった場合，「柵が設けられていなかった」ことが，客観説では「通常有すべき安全性を欠いている」と評価され，結果回避義務違反説では「結果回避のために必要な義務が怠られていた」と評価されることになる。

　もっとも，このように守備ミス型の事故においても，客観説と結果回避義務違反説が完全に一致するわけではない。本問のように，誰かが金網を切り取って穴を開けたために，危険な状態となったという場合に，その危険性を「回避する可能性」があったのかをどのように位置づけるかで違ってくる。

　まず，客観説では，当該事故が発生した時点での，当該工作物の客観的状態（安全性の欠如）が問題とされるのであり，本問の場合にも，誰によって，いつの時点で，どのように穴が開けられたのかという点は問題とならない。

　他方，結果回避義務違反説では，異なる理解をする可能性がある。結果回

避義務違反説の基本的な主張が，瑕疵と過失とを一元的に理解するのだという点にあるのだとすると，そこで義務違反を問題とする場合，当該義務を履行する実現可能性をまったく無視して瑕疵を議論することはできない。したがって，本間の場合も，そのような穴が開けられたということを前提として，どのような対処が可能だったと考えられるのかを問題とせざるを得ない。穴が1週間も前に開けられていたとすれば，それをみつけ，修復することが可能だったということになるし，他方，それが事故発生の直前であったというような場合には，それを発見することも，それに対処することも困難であり，結果回避義務違反としての瑕疵を認定することはできないというとの結論が考えられる。本間においては，穴がどのように開けられたのかという経緯は示されていない以上，それについて必要な場合分けを行ったうえで，問題を考えていくことになる。

3 工作物責任を負担する主体

　民法717条は，工作物責任を1次的に負担する主体を工作物の占有者であるとし，占有者が損害発生のために必要な注意を尽くしていた場合に，補充的に，工作物の所有者が責任を負担するということを規定している（なお，瑕疵についての客観説を前提とすれば，瑕疵の有無の問題と責任主体の問題を区別して議論することは容易である。他方，結果回避義務違反説を前提とすると，両者を切り離して議論すること自体が困難になる）。

(1) 賃借人としてのB社の占有者責任：賃貸借と占有の範囲

　さて，工作物責任では，まず占有者としての責任を誰が負担するかという点が問題となる。本間でも，誰が，この一次的責任を負担する占有者なのかを検討しなければならない。

　まず，乙建物自体については，AB間の賃貸借契約があり，Bが，乙建物の占有者であるということは本間の文章からも明らかである。したがって，Bが，乙建物の占有者であることについては問題はない。なお，管理人Cがいるということは，Bの乙建物の占有を否定する事情ではなく，Bは，占有補助者であるCを用いた占有をしていると理解すればよい。

　他方，甲土地についての法律関係は，本間では明確には示されていない。甲土地も，賃貸借の対象となっていたとすれば，甲土地上の溜池について

も，Bの占有者としての責任が問題となる。他方，賃貸借の対象はあくまで乙建物（周辺の庭）だけであり，Bは，乙建物の利用に必要な範囲で，乙建物周辺の土地の利用権限が認められているにすぎないと解すると，甲土地上のどこにあったかが示されていない溜池について，Bが占有者としての責任を負担するか否かは，ここで示された事情からだけでは明らかではないということになる（なお，建物を目的とする賃貸借があった場合に，当該建物が立つ土地について，どのような法律関係となるのかという点は，それ自体が1つの問題となるが，それについては賃貸借についての教科書等の説明を参照されたい）。

(2) 工作物責任の判断における管理人Cの法的地位

Cについては，上記のとおり，Bの占有補助者であり，C自身が，甲建物あるいはその周辺の土地の占有者として，民法717条の責任を負担するものではないと考えられる。

なお，本問の中には，過去に，Cは，年に数回程度，その金網を修理していたということが示されている。ただし，この修理の経緯に関する事情（なぜCは，それを修理していたのか等）は必ずしも明らかではなく，この事実のみをもって，占有補助者としてのCの管理とBの占有をただちに基礎づけることはできないだろう。

(3) 所有者Aの責任：工作物所有者の補充的責任

占有者としてのBが責任が負わない場合，Aの責任が問題となる。

この場合，Bが責任を負わないというのは，2つの異なるレベルで考えられる。

まず，当該溜池がある部分の土地については賃貸借契約は成立していないとすれば，そもそもBは，溜池の占有者ではなく，民法717条1項を適用するという前提を欠く。この場合，Aは，自ら所有し，（直接）占有する当該溜池についての責任を負担することになる。ここでは，占有者と所有者が分離していないので，同項について，本文によるのか，ただし書によるのかは，実質的な問題とはならない。

他方，当該溜池を含む土地についても賃貸借契約が成立していたということになると，Bは，溜池について占有者としての責任を負担することになる。そのうえで，損害の発生を防止するのに必要な注意を尽くしていたというこ

と，管理についての無過失を立証できた場合には，責任を免れるのである。

　以上のように，Ｂが責任を負わない場合には，いずれにしても，Ａが所有者として責任を負担するということになる。そして，Ａの責任については，占有者の責任と異なり，無過失の立証による免責は規定されていない。したがって，十分注意を尽くしていたということを仮に立証できても，それはＡの免責をもたらすものではない（ただし，結果回避義務違反説を前提とした場合には，瑕疵がないとして責任が否定される可能性は残される。もっとも，そのように理解すると，民法717条1項ただし書は，実質的には意味を失うだろう）。

4　本件事故発生に関するＤの関与と損害賠償額の決定：過失相殺等をめぐる問題

　本問のような守備ミス型の工作物事故においては，通常，被害者の関与があるために，それをどのように位置づけるのかが問題となる。この点については，もっぱら民法722条2項の過失相殺の問題として扱われる。

　したがって，本問の場合，Ｄが，フェンスに開いた穴から入り込んで，そこで遊んでいたということについて，Ｄの年齢（過失相殺能力の問題），当該溜池の状況，さらには，Ｄの遺族である両親のＤに対する注意などの対応（被害者側の過失をめぐる問題）等に照らしながら，過失相殺として考慮し，その損害賠償請求において反映させるということになる。

　なお，Ｄ自身が，ペンチで金網を切り取って穴を開けたというような事実があったとすれば，そこでは，客観説と結果回避義務違反説のいずれによっても，そもそも工作物の設置管理の瑕疵（Ｄにとっての危険性）はなかったということになり，民法717条の工作物責任は成立しないと考えられるだろう。

5　その他の賠償義務者

　本問のような建物や溜池のような土地の工作物の事故に関しては，民法717条の工作物責任が問題となるが，同時に，同条は，他の責任の可能性，特に同法709条に基づく責任の可能性を排除するものではない。

　上記のとおり，Ｃは，占有補助者にすぎず，民法717条1項の占有者としての責任は負担しないとしても，自らの過失（たとえば自らが管理する溜池の金網に穴が開いて，明らかに危険な状態になっていたにもかかわらず，漫然とそれを放置した等）を理由とする同法709条の責任までが排除されるわけではない。

また，金網の一部を切り取った者を特定できた場合，その者が，本件事故について，民法709条の責任を負担する（工作物占有者等とともに，同法719条により連帯責任を負担する）ことも十分に考えられるだろう。

　民法717条1項に基づいて責任を負う者は，同条3項により，これらの者に対して求償をなすことができる。ただし，BからCへの求償は，使用者責任における被用者への求償と同様，信義則上，一定の制約がなされることが考えられる。

関連問題

　(1)　本問において，Cが，工務店を営むEに連絡をとって，金網の修理を依頼していたが，Eが，その依頼を忘れて修理していなかったという場合に，Eと，被害者およびA・Bとの間にどのような法律関係が成立するかを検討しなさい。

　(2)　本問において，Bの占有者としての責任が認められないという場合において，事故発生時には，甲の所有権がすでにAからFに移っていたが，その移転登記がなされていなかったというときに，Dの遺族は誰に対して民法717条1項ただし書の所有者の責任を追及することができるのかを検討しなさい。

参考文献

＊大塚直「民法715条・717条（使用者責任・工作物責任）」広中俊雄＝星野英一編『民法典の百年Ⅲ』（有斐閣・1998）673頁

（窪田充見）

54 共同不法行為：関連共同性

甲川の下流域で稲作を営むXは，甲川から分岐する水路から自己の水田に水を引いて利用していた。ある年，甲川の上流にA・B・Yからなる工場群が設置されて，各工場はそれぞれ物質αを含む廃水を甲川に流し始めた。物質αには植物の成長を過剰に促進する成分が含まれていた。

A・B・Yの各工場が操業を開始して迎えた最初の夏，Xの水田の稲は異常に成長し，自らの重量に耐え切れず次々に倒れてしまった。これにより，Xは水田から米を収穫することができず，1000万円の損害が生じた。

以下の各場合に，XはYに対して損害賠償を求めることができるか。また，これに対してYはどのような反論をすることができるか。

(1) A・B・Yの各工場は，Aが原料をBに供給し，Bが精製した物質を最終的にYが加工してある製品を製造する，という関係にあり，相互にパイプラインでつながれて一体的に操業していた場合

(2) A・B・Yの各工場は，たまたま同時期に設立されたというだけで，操業については相互にまったく関係なかった場合

●】 参考判例 【●

① 津地四日市支判昭和47・7・24判時672号30頁

② 大阪地判平成3・3・29判時1383号22頁

③ 大阪地判平成7・7・5判時1538号17頁

④ 最判令和3・5・17民集75巻5号1359頁

1 複数加害者と不法行為法

本問の水質汚濁や大気汚染は公害の典型例の1つである。このようなタイプの公害には，被害の原因物質を排出する行為者が多く存在する。すなわち，不法行為法の観点からすると，原因競合という点に特徴がある。この場合，原因物質を排出する行為者の数が多いうえに，各自の排出行為は単独では被害の全部を惹起するほどのものではないこともあり，個々の加害行為と損害の間の個別的な因果関係を証明するのは非常に難しくなる。もっとも，複数の行為をまとめて把握できるなら，それとの因果関係を問題とすればよく，因果関係を証明するうえでの困難は解消する。

さて，損害の惹起に複数の行為者が関与する場面に関して，民法は719条を用意している。これは，ⓐ狭義の共同不法行為（719条1項前段），ⓑ加害者不明の共同不法行為（同項後段），ⓒ教唆・幇助（同条2項）について，連帯責任という効果を定めるものである。

なお，民法719条にいう「連帯」とは，改正民法436条以下に規定のある連帯債務ではなく，不真正連帯債務であるとされてきた。しかし，今般の民法改正は，不真正連帯債務に係る判例の規律を連帯債務の規定に取り込み（免除等），また，連帯債務となる場合として「法令の規定……によって」（436条）を挙げ，立法過程では民法719条がその例とされている。よって，同条の適用を受ける場合には，連帯債務の規定によるのが原則となろう。もっとも，共同不法行為者間の求償については，改正民法442条1項を適用しない解釈もありうる（一問一答119頁）。

2 民法719条1項前段の要件──共同の内容

(1) 客観的共同説

かつての支配的理解は，民法719条1項前段について，「共同行為者各自の行為が客観的に関連し共同して違法に損害を加えた場合において，各自の行為がそれぞれ独立に不法行為の要件を備えるときは，各自が右違法な加害行為と相当因果関係にある損害についてその賠償の責に任ずべき」ものとしていた（最判昭和43・4・23民集22巻4号964頁）。これによると，狭義の共

同不法行為は民法 709 条の不法行為が複数成立する場合を含み，同条にはない「共同」という要件は，複数の原因が競合して損害が発生したという行為者間の客観的な関連性だけでも満たされることになる（客観的共同説）。

　他方，同一の損害について複数の民法 709 条に基づく不法行為責任が成立する場合，これらの者は各自が全損害について責任を負うと考えられている。結局，客観的共同説によれば，小問(1)(2)はいずれも民法 719 条 1 項前段が適用され，X は A・B・Y のいずれに対しても全損害の賠償を求めることができる。なお，民法 709 条の成立要件のうちの因果関係は，各自の行為に全部惹起力がある場合だけでなく，それぞれが必要条件にすぎない場合にも認めることができる。

(2)　批判的見解

　しかし，客観的共同説のような理解では，要件・効果のいずれにおいても民法 709 条とは別に同法 719 条を定めた意味はないことになる。そこで，近時は，同法 709 条では対処できない事態を規律するために同法 719 条があると考え，そうした特別の責任を負わせる根拠を共同要件に求めて単なる原因競合以上の内容を盛りこむ理解が支配的である。その場合，行為者の主観的要素を重視する傾向が強い（主観的共同説）。たとえば，各自が他人の行為を利用し，他方自己の行為が他人に利用されるのを認容する意思をもつ関係にある場合には（共謀の場合が典型だが，小問(1)のようなコンビナートの場合もこれに該当する），自己の行為と因果関係がない損害についても責任を負わされることが正当化されるとする立場もある。しかし，そこまで主観的要素を重視せず，客観的要素をも考慮事情に加えて，複数の加害行為が場所的・時間的に近接しているなど社会通念上，一個の行為と認めることができる程度に一体性があればよい（たとえば，自動車の衝突により歩行者が負傷した場合の両運転手など）とするのが一般的である。

(3)　一般的不法行為に対する独自性

　主観的・客観的な関連性のいずれを重視するにせよ，批判的見解は，一般的不法行為（709 条）では責任が成立しない，または，成立しにくい場合にこそ狭義の共同不法行為を認める必要がある，とする。共同要件によって複数の者が 1 つにまとめられる結果，共同者中のある者は，他の者が惹起した

行為の結果について，自己の行為との因果関係がなくとも責任を負う（共同とされる者の賠償範囲は，被害者との関係では，この共同とされる行為との相当因果関係で決まる）。一般的不法行為とは別に狭義の共同不法行為が用意された理由はこの点にあり，共同要件の内容もこれを説明する根拠にふさわしく設定されている必要がある。

　他方，共同要件に絞りをかけると，単なる原因競合の事例は狭義の共同不法行為の問題ではなくなる。その場合でも，競合原因者の各自について一般的不法行為の成立を認めることができれば，独立した不法行為責任が競合することになり，複数加害者の連帯責任も導くことができる。しかし，多数の排出源によって発生した水質汚濁・大気汚染を介して多人数の健康被害に至った場合において，1つの排出源ではすべての被害を発生させることができない，または被害者の1人の健康被害のすべてが生じるわけではない，という事態も多い。ここで排出行為者の各自が全部の損害について責任を負うのか（そもそも因果関係が認められるのか），という点は必ずしも明確ではない。そのため，一般的不法行為は原因競合事例への対応という点で必ずしも十分とはいえないと考えられている。

3　民法719条1項後段の規定の活用

　そこで，原因競合の事例については，民法719条1項前段・709条以外の対応が模索されてきた。その際に利用されたのは，同条1項後段の規律である。

(1)　民法719条1項後段の適用場面——択一的競合

　民法719条1項後段は，択一的競合という原因競合の一事例に対応する規定である。この規定によれば，複数の者がいずれも被害者の損害をそれのみで惹起し得る（すなわち，全部惹起力がある）行為を行い，そのうちのいずれの者の行為によって損害が生じたのかが不明である場合，当該各行為者は連帯して損害の全部について賠償責任を負う。各行為者の行為と権利侵害・損害との因果関係に係る証明責任が転換される点で，一般的不法行為の特則となる。その趣旨は，択一的競合という状況において被害者が陥る立証の困難を救済することにあり，被害者が原因となりうる行為をした者をある程度まで絞り込めば，結果との因果関係は推定することにしている（よって，被害

者によって特定された複数の行為者のほかに被害者の損害をそれのみで惹起し得る行為をした者が存在しないこと，も要件となる）。

(2) 民法719条1項後段の類推適用——重合的競合における寄与度限定責任

原因競合から生じる被害者の立証困難に対して，被害者保護のためのさらなる対応が図られている。すなわち，複数の者がそれぞれ全部惹起力のない行為を行った状況において，そのうちの一定の範囲の者のいずれもが被害者の損害発生に対する原因であり，かつ，この範囲の者全体でどの程度の損害を惹起したか（寄与度）は明らかだがそれぞれの寄与度は不明である場合に，この範囲の者はその寄与度の限度で連帯責任を負う，という対応である。想定されているのは，複数の者の行為に全部惹起力はないが，これらが重なり合ってはじめて結果が発生する，という原因競合（重合的競合）の事例である。前記の対応は，重合的競合の場合に，寄与度が判明する一定範囲の複数行為者について，㋐当該寄与度に限定した範囲で，㋑連帯責任を負わせる，という2つの内容を持つ。㋑は，本来損害の全部を惹起するだけの原因力を具備していないにもかかわらず，全損害の賠償責任を負わせる，という事態を因果関係の推定に類比するものといえる。この点で，民法719条1項後段の発想，すなわち，個別の因果関係は不明だが一定範囲に絞られた者の行為との因果関係は認められる場合に，因果関係の立証責任を転換するという被害者救済の考えを拡張したものとみることができる。そもそも，大気汚染の重合的競合事例を扱った下級審には，複数の不法行為者に弱い関連性しかない場合に，共同行為者として当該共同行為者全体の寄与度の限度での連帯責任を認めたものがあり，法律構成としては同項後段の適用（参考判例②）・類推適用（参考判例③）が用いられていた。最高裁も，近時，発展問題に掲げた事案において，同項後段の類推適用によってこのような対応を認めている（参考判例④）。

　Ｘら建設労働者 10 名は，複数の建設作業に従事した際，そのそれ
ぞれにおいて石綿粉塵に曝露し，石綿肺に罹患した。石綿含有建材
の製造会社は，$Y_1 \cdot Y_2 \cdot Y_3$ を含めて 10 社に限定され，いずれもそ
の製品から生ずる粉塵を吸入すると石綿肺に罹患する危険があるこ
とを表示することなく石綿含有建材を製造販売していた。Ｘらは，
建設現場で $Y_1 \sim Y_3$ を含む複数の建材メーカーが製造販売した石綿含
有建材を取り扱ったため，累積的に石綿粉塵に曝露した。さらに，
① Ｘらは建設現場で $Y_1 \sim Y_3$ の製造販売した石綿含有建材を相当な回
数で取り扱っており，②これによるＸらの石綿粉塵の曝露量は，各
自の石綿粉塵の曝露量全体のうち 3 分の 1 程度であることは判明し
たが，③ Ｘらの石綿肺の発症について $Y_1 \cdot Y_2 \cdot Y_3$ が個別にどの程度
の影響を与えたのかは不明であった。
　Ｘは $Y_1 \cdot Y_2 \cdot Y_3$ に対して損害賠償を求めることができるか。

●】参考文献【●

＊能見善久・争点 284 頁／内田貴「近時の共同不法行為論に関する覚書（上）(下)，
　続（上）(下)」NBL1081 号（2016）4 頁・1082 号 32 頁，同 1986 号 4 頁・
　1087 号 19 頁

（小池　泰）

55 共同不法行為：過失相殺

　Xは，2021年9月6日午後10時ごろ，制限速度が時速50キロメートル，終日駐車禁止の片側2車線の交通量の多い道路を自家用車で走行中，携帯電話の着信に気づき，左側の第1車線にハザードランプを点滅させて車を止めたところ，同じ車線を前方不注視のまま時速60キロメートルで走行するY₁の運転する自家用車に追突された。このとき，以下の2つの独立した設問に答えなさい。現在は2022年3月1日である。

　(1)　Y₁は，前方に駐車中のX車に気づき急ブレーキをかけたが，わずかに間に合わず，X車のリアバンパーの一部をへこませた。通話中にシートベルトを外していたXは，頭部をハンドルに強打したので，近くのA救急病院まで自ら車を運転して，当直のB医師（消化器外科が専門）の診察を受けた。Xは，当時，意識が清明であり，また，Bの問診に対してシートベルト未装着の事実を告げず，追突による首の痛みだけを訴えたため，Bは，Xが軽い鞭打ち症だと考え，CT検査等をせずに経過観察を指示してXを帰宅させた。しかし帰宅直後，Xは急性硬膜外血腫により容態が悪化し，救急車でA病院に運ばれ手術を受けたが，重い後遺症が残った。Xは，Y₁に対して，後遺症による損害の賠償を請求できるか。

　(2)　Y₁は，駐車中のX車に気づき，後方確認をせず，右ウィンカーを出すのと同時に第2車線に進路変更したところ，第2車線を時速90キロメートルで走行中のY₂運転の自家用車に追突され，その衝撃でY₁車は第1車線に押し戻され，X車に衝突した。Xの損害額の合計は1200万円，X・Y₁・Y₂の過失割合は1対4対7である。Xは，Yらに，それぞれいくらの賠償を請求できるか。

●】参考判例【●

①　最判平成 13・3・13 民集 55 巻 2 号 328 頁
②　最判平成 15・7・11 民集 57 巻 7 号 815 頁

●】解説【●

1　小問(1)について

(1)　Y_1 が賠償すべき損害の範囲

　小問(1)では，交通事故と医療過誤が異時的に競合（時間的に連鎖）しているが，加害運転者だけが責任を追及されている。このような訴訟形態は珍しくはない。医師と患者とでは医療に関する情報量に格差があるので，医療過誤訴訟で患者側が勝訴するのは容易ではなく，また，交通事故については責任保険制度が発達しているので，資力の点では運転者のみを被告としても不合理ではないからである。もっとも，Y_1 が後遺症による損害という 2 次的な損害についてまで賠償責任を負うかどうかは，考え方が分かれうる。ⓐまず，Y_1 の違反した注意義務は交通事故の回避に向けられており，その射程が後遺症による損害には及んでいないとみるのが自然である。ⓑしかし，Y_1 の引き起こした硬膜外血腫は，治療が遅れれば死亡または重篤な後遺症が残る傷害であり，本問では，まさにそのような傷害による特別の危険が実現している。この危険性関連に着目すると，Y_1 は後遺症による損害も賠償すべきだということになりそうである。ⓒもっとも本問では，衝突の程度が軽微だったのに，X の駐車禁止違反およびシートベルト未装着の過失が競合して硬膜外血腫が生じている点が問題となる。しかし民法 709 条の文言から，加害者の過失の軽重に応じて損害賠償の範囲が変わるという結論を導くことはできず，また，被害者の過失は，賠償範囲が 2 次的損害に及ぶと解したうえで，過失相殺（722 条 2 項）の段階で考慮すべきである。ⓓそれでは，診療過程における X と B の対応は，どう考えたらよいか。Y_1 は，硬膜外血腫が適切に治療されることを期待するであろうが，この期待は必ずしも保護されるわけではない。一般に，医師は，複数の療法の中から裁量を伴う専門的判断に基づいて療法を選択し患者を治療するが，このとき，最善の療法の

選択や治療がなされないリスクは常にあるからである。ⓔもっとも，本件で，当時の医療水準を大きく下回る診療しかなされなかった（Ｂに重過失がある）のなら，医療に対するＹ₁の期待（ⓓ）が保護される度合いは相対的に高まり，「Ｘの損害はＹ₁の起こした傷害による特別な危険が実現したものである」という評価（ⓑ）は後退するだろう。この点について，Ｂが必要な検査をせずにＸを帰宅させたことは適切ではなかったとみる余地がある。しかし，専門医が待機しているとは限らない夜間の救急病院で，Ｘが問診に正確に答えなかったことを考慮すると，Ｙ₁の賠償範囲が縮減するほどの重過失がＢにあったとはいえないのではないか。なお，Ｘの不適切な応答は，過失相殺の中で考慮すれば足りる。

(2) 判例の立場

　以上，Ｙ₁の責任を賠償範囲という観点から検討したが，参考判例①は，交通事故と医療過誤が異時的に競合して病院の責任が問われた事例で，「本件交通事故により，〔被害者〕は放置すれば死亡するに至る傷害を負った」が被告病院において「適切な治療が施されていれば，高度の蓋然性をもって〔被害者〕を救命できた」のであるから「本件交通事故と本件医療事故とのいずれもが，〔被害者〕の死亡という不可分の一個の結果を招来し，この結果について相当因果関係を有する」としたうえで，運転行為と医療行為は「719条所定の共同不法行為に当たるから，各不法行為者は被害者の被った損害の全額について連帯して責任を負う」と判示している。従来の判例は，共同不法行為について，各加害者が独立して不法行為の要件を満たしており，また，各加害行為の間に（緩やかな）客観的関連共同性があれば，各加害行為と相当因果関係のある全損害の連帯責任を認めている［→本巻54解説］。これに対して参考判例①は，関連共同性に言及せずに，不可分一個の結果が生じたことに注目する。学説では，この判決も従来の判例の立場を維持していると理解するものが多いが，加害者不明型に適用される民法719条1項後段を損害一体型の事例に類推適用したとみる見解もある。

(3) 共同不法行為を議論する意味

　しかし，判例をどう理解するにせよ，救命できたはずの被害者が医師の過失により死亡した場合，医師や病院は原則として（診療開始後に患者に不注意

な点があれば過失相殺の対象となる）全損害の賠償責任を負うべきである。なぜなら，負傷や病気の原因が何であれ，医師は最善を尽くして患者を治療する義務を負い，かかる業務の性質に照らすと，患者または第三者が診療開始前に負傷や病気の発生に関与していたことが医師側の減免責を導く理由にはならないからである。他方で，参考判例①によれば，加害運転者も全額の賠償責任を負うことになりそうであるが，医師に重過失があれば運転者の賠償範囲は縮減すると解すべきである（(1)参照）。このように考えると，共同不法行為や損害の一体性という概念から，運転者と医師の賠償範囲が自動的に決まるわけではない。参考判例①の意義は，医師の業務の性質に照らして病院は全額の責任を負うべきところ，控訴審が交通事故と医療事故との寄与度に基づく割合的責任しか認めなかったため，共同不法行為という言葉を用いて病院の減責を否定した点にあり，それにとどまる。むしろ，本問のような事案は，競合的不法行為（独立の不法行為の競合）事例と捉えて，各加害者の賠償範囲を個別に議論すべきである。損害賠償の範囲がどこまで及ぶのかという検討こそが重要であり，その結果，各加害者が全額の賠償責任を負う（損害に同一性があれば連帯して責任を負う）という結論に達したときに，判例のように「共同不法行為」というタームを用いてこれを説明するかどうかは，まさに言葉の問題ではないだろうか。

(4) 相対的過失相殺

後遺症による損害の賠償を請求された Y_1 は，損害の発生および拡大に関わる X の過失を基礎づける事実（ⓐ交通量の多い駐車禁止の路上で車を継続的に停止していたことおよびⓑそのような場所でシートベルトを未装着だったことならびにⓒ B 医師の問診に不正確な応答をしたこと）を主張・立証して，過失相殺の抗弁を出すことができる（損害の拡大に寄与している以上，ⓒは Y_1 との関係でも過失相殺事由となる）。仮に A 病院や B が被告となったときは，X の診療開始後の上記応答（ⓒ）が，X の過失を基礎づける事実となる。各不法行為は性質が異なり，X の過失が損害の発生・拡大に与える影響も異なっているので，各加害者と被害者の関係ごとに過失割合を対比する方法（相対的過失相殺）に合理性がある。参考判例①も，過失相殺が不法行為による損害について当事者間で「相対的な負担の公平を図る制度である」という一般的

な理由を挙げるほか，「加害者及び侵害行為を異にする2つの不法行為が順次競合した共同不法行為」事例では，各不法行為における「加害者及び被害者の過失の内容も別異の性質を有する」という実質論を展開して，相対的過失相殺説をとっている。

2　小問(2)について

(1)　絶対的過失相殺

　以上のように，性質を異にする不法行為の異時的競合事例では，共同不法行為の成否は問題となるが，過失相殺の方法には大きな異論はない。それに対して小問(2)のように，同種の不法行為が場所と時間を同じくして競合した場合は，関連共同性の意義をごく限定的に理解する一部の学説を除けば，共同不法行為の成立自体には異論はない。問題は，過失相殺の方法である。これについて参考判例②は，「複数の加害者の過失及び被害者の過失が競合する1つの交通事故」で，すべての過失の割合（絶対的過失割合）を認定できるときは，その割合に基づいて過失相殺をした賠償額について，加害者らは連帯して共同不法行為に基づく賠償責任を負うとしている。これによれば，本問でXは，Yらに対して12分の1という過失割合による過失相殺をした残りの損害額1100万円を請求できる。そしてY₁がXに1100万円を支払うと，Y₁は内部的な負担部分400万円を超える700万円をY₂に求償しうる。すなわち，Y₁はこの限りでY₂の無資力のリスクを負担することになる。参考判例②は，絶対的過失相殺を行う理由として，相対的過失相殺では「被害者が共同不法行為者のいずれからも全額の損害賠償を受けられるとすることによって被害者保護を図ろうとする民法719条の趣旨に反する」と判示する。本問でも，仮に相対的に過失相殺をすると，XはY₁に損害額の5分の4の960万円を，Y₂には8分の7の1050万円しか請求できない。この結論は，たしかに絶対的過失相殺の場合よりXに不利であり「被害者保護」に反するようにみえる。

(2)　被害者はなぜ保護に値するのか

　しかし，不法行為法における「被害者保護」という言葉は，被害者が「なぜ」保護に値するのかという思考を省略することを容易にするタームであり，慎重に用いる必要がある。本問で相対的過失相殺説をとり，XがY₁のみを相手どって960万円を請求したケースを想定すると，Xは残りの240

万円を負担することになる。これが絶対的過失相殺をした場合のXの負担額（100万円）よりも多い理由は，この240万円の中には，100万円に加えて，Y2の絶対的過失割合12分の7に相当する700万円をY1とXとの絶対的過失割合（4対1）で按分した140万円が含まれているからである。すなわち，相対的過失相殺の枠組みのもとでXがY1に賠償を請求するときには，Xは他の加害者Y2の絶対的過失割合に相当する損害額の一部まで引き受けることになる。問題は，このことが共同不法行為の趣旨に照らして不適切なのかどうかである。ⓐ仮に，Yらの過失行為が時間的・場所的に密接に関係し社会的に一体性を有する一方で，Xがかかる強い関連共同性とは無関係の事例——共同不法行為理論のかつての主戦場だった公害事例の多くは，まさにこのようなケースであった——において，Xに何らかの過失相殺事由がある場合は，Xが他方の加害者の過失の一部に相当する損害額を当然に負担すると解することには合理性がない。ここでは絶対的過失相殺説をとり，一方の加害者に他方の加害者の負担部分について無資力のリスクを負わせるのが，加害行為の関連共同性に鑑みると望ましい（もっとも，このとき加害者らと被害者の過失は異質で絶対的過失割合を認定しにくい場合が多いだろう）。ⓑしかし，本問のXは，Yらと並んで，時と場所を同じくしながら，自動車の運転者として互いに守るべき注意義務に違反している。たまたまXがYらに賠償請求しているのでXは「被害者」と呼ばれているが，本問のような「1つの交通事故」事例では，加害者と被害者の区別は，実は相対的なのである（この点で，かつての公害事例とは大きく異なる）。このように加害者同士に客観的に強い関連共同性があっても，被害者の行為もまた関連共同性の一部を形成しているとみうる場合には相対的過失相殺説をとり，Y1に賠償を請求するXに，Y2の絶対的過失割合に相当する損害額の一部を引き受けさせることがむしろ自然ではあるまいか。共同不法行為理論が扱う領域は，公害事例のような一見して明白な被害者がいるケースばかりではないのである。

(3) **判例の正当化とその射程**

　もっとも，学説の多くは参考判例②の立場に好意的である。小問(2)で，判例や多数説の立場に与し，これを正当化したいのであれば，「被害者保護」という視点が民法719条の基本的な考え方とどう整合的かについて述べたう

えで，（被害者も加害者らと同じ関連共同性の中にいるという点よりも，加害者らに強い関連共同性がある点にもっぱら注目して）加害者の一方に他方の無資力のリスクを負わせてもかまわないという実質論を展開すべきである。さらに，絶対的過失相殺説のほうが加害者の負担部分の算定が容易である（相対的過失相殺説では見解が分かれている。関連問題(1)参照）という司法政策的な観点に言及してもよいかもしれない。もっとも，参考判例②は，「絶対的過失割合」を認定できることを前提に絶対的過失相殺説をとっている。加害者らと被害者の過失が同質の場合（「1つの交通事故」事例はその典型例である）は，たしかに絶対的過失割合を認定しやすいが，各当事者の過失がいずれも同質であるとはいえない場合は絶対的過失割合の認定が困難であり（不法行為が異時的に競合する事例のほか同時的に競合する事例も考えられる），その場合は参考判例②の射程は及ばず，相対的過失相殺をするほかはないだろう。なお，加害行為がそれぞれ異なる性質を有する場合は，共同不法行為なのか，それとも競合的不法行為（1(3)参照）と捉えるべきかという論点が同時に浮上することにも注意が必要である。

関連問題

(1) 小問(2)で相対的過失相殺説をとる場合，Xが最終的に負担する額については，ⓐ絶対的過失相殺説と同様に100万円と解する見解や，ⓑXの負担額は零という見解もあるが，理論的に無理が少ないと考えられるのは，ⓒYらは960万円を限度に（不真正）連帯債務を負担し，Xは150万円を負担するという説である。この立場に立った場合，Yらの負担部分は，それぞれいくらになるか。

(2) Xが夫Cの運転する自家用車に同乗中，Y運転の自家用車と交差点で衝突し，Xが負傷した（Xの損害額は計1000万円，CとYの過失割合は2対8）。Xは，Yにどのような賠償を請求できるか。本項目のテーマと「被害者側の過失」理論との関連の仕方に留意しながら検討しなさい。最判昭和51・3・25民集30巻2号160頁と最判平成20・7・4判時2018号16頁も参照のこと。

●】参考文献【●

＊水野謙・平成 15 年度重判 93 頁／窪田充見・民商法雑誌 131 巻 6 号（2005）
859 頁／前田陽一「交通事故における共同不法行為と過失相殺」ジュリ 1403
号（2010）30 頁／潮見佳男『不法行為法Ⅱ〔第 2 版〕』（信山社・2011）
165 頁・189 頁／大塚直・百選Ⅱ 216 頁

（水野　謙）

56　製造物責任

　　家電メーカーＡの現地法人Ｂは，Ｐ国に工場をもち，電熱ストーブを生産している。Ｂが製造したストーブは，Ａによりわが国に輸入され，大手家電メーカーＣのブランドで家電量販店やスーパーマーケットを中心に販売されている（機種名をαとする）。

　　Ｋは，2024年11月11日に，Ｄの経営する家電量販店で，αを1台，代金1万円で購入し，持ち帰った。Ｋは，購入したストーブ（βとする）を子の大学生Ｘに渡し，Ｘは，自分の勉強部屋でβを使用し始めた（βは，同年7月17日に製造された物品であった）。ところが，使用開始から数日経過した頃から，Ｘは原因不明の頭痛・不快感等に悩まされるようになった。Ｋは，2025年1月8日に，ＸをＳ大学病院で診察してもらったところ，Ｘの症状は「化学物質過敏症」とされるものの判定基準を満たすことが判明した。また，ＸとＫは，医師との会話の中から，Ｘの症状がβから出る化学物質によるものではないのかという疑いをもつようになった。そこで，Ｘは，翌日からβの使用をやめたが，症状は一向に改善しない。外出先でも頭痛・不快感に悩まされる機会が増え，将来の就職にも不安を感じている。Ｋは，βを専門の検査機関で調べてもらったが，そこから微量の化学物質が出ていることが判明した。

　　なお，Ｋは4LDKのマンションに暮らす5人家族であるが，家族にはＸ以外，症状は出ていない。また，αについては，「スイッチを入れたあとの臭いがきつい」との苦情がＣおよびＤのもとに全国で30件ほど寄せられているが，Ｘのような症状を訴える者は今のところ出ていない。現在は，2025年5月15日である。

　　あなたは，ＸとＫから，Ｘの被害について関係者に対して損害賠償請求をすることを考えているが，法律上の問題点があれば教えてほしいとの相談を受けた。あなたは，どのような助言をするか。

●】参考判例【●

①　大阪地判平成 6・3・29 判時 1493 号 29 頁
②　東京高判平成 18・8・31 判時 1959 号 3 頁
③　東京地判平成 20・8・29 判時 2031 号 71 頁

●】解説【●

1　考えられる請求の方法

本問では，X が請求権者となって損害賠償請求をしていく可能性と，K が請求権者となって損害賠償請求をしていく可能性がある。

このうち，X は，自己の健康に対する侵害を理由として，不法行為に基づき損害賠償請求をしていくことになる（なお，「第三者のための保護効を伴う契約」の問題もあるが，この問題についてふれる文献は少なく，また，本書の読者層を想定したときに必ずしも言及に適さないと考え，解説を省略する）。また，K は，（解説の都合上，民法 711 条の適用に関する問題を別とすれば）β の売主に対し，β の瑕疵を理由として損害賠償請求をしていくことになる。

以下では，まず，X による損害賠償請求の可能性，ついで K による損害賠償請求の可能性について整理する。

2　B・A・C に対する X の請求：製造物責任法 3 条に基づく損害賠償請求

X による自己の健康に対する侵害を理由とする損害賠償請求であるが，まず，請求の相手方を考えてみよう。

X としては，実際に β を製造した B，輸入した A，β にブランド名を付した C，そして，β を販売した D を請求の相手方として考えることができる。

このうち，B・A・C については，（民法 709 条による請求の可能性は否定されないとして）無過失責任を定めた製造物責任法 3 条に基づく損害賠償請求の可能性がある。

製造物責任法は，1994 年に成立した法律で，1995 年 7 月 1 日の施行日後に製造業者等が引き渡した製造物について適用される（それより前に引き渡された製造物による事故は，民法の規定によって処理される）。製造物責任法が適用されるのは，「製造物の欠陥により人の生命，身体又は財産に係る被害

が生じた場合」である（製造物1条）。そこでの「製造物」とは，「製造又は加工された動産」であるから（同法2条1項），本問におけるβは，これを満たす。また，製造物責任法で被告とされるのは，「製造業者等」であるが，ここには，当該製造物を業として製造・加工している者のほか，輸入業者や，製造業者として製造物に表示された者その他実質的な製造業者と認められる者が含まれる（同条3項）。その結果，B・A・Cは「製造業者等」として，製造物責任法3条に基づく責任を負担する地位にあるものといえる。

　もっとも，製造物責任法3条の責任が成立するには，いくら無過失責任であるとはいえ，その「製造物」に「欠陥」があったのでなければならない。ここにいう「欠陥」とは「当該製造物が通常有すべき安全性を欠いていること」である（製造物2条2項）。しかも，同法3条・2条2項によれば，欠陥は，製造物の「引渡時に」存在することが必要である。さらにいえば，製造物の「欠陥」が引渡時に存したことについては，被害者側が主張・立証責任を負う。加えて，「欠陥」と権利・法益侵害ないし損害との「因果関係」も必要であり，これについても被害者側が主張・立証責任を負う。その結果，製造物責任がせっかく過失の立証を必要としない無過失責任であるとされたのに，「欠陥を立証できなければ，損害賠償請求が認められない」とか，「因果関係を立証できなければ，損害賠償請求が認められない」とかいった懸念も生じてくる。

　こうした懸念に対しては，主張・立証の対象となる事実を被害者に有利にとらえることで対応することが考えられる。その手がかりとなる手法が，製造物責任法施行以前の民法709条の過失の立証に関する「テレビ発火事件」（参考判例①）と称される判決にみられる。この判決は，第1に，「製品の性状が，社会通念上製品に要求される合理的安全性を欠き，不相当に危険と評価されれば，その製品には欠陥がある」という立場をとり，この意味での「欠陥」を，「そのような危険を生じさせた何らかの具体的な機械的，物理的，化学的原因（欠陥原因）」から区別した。この言い回しは，製造物責任法のもとでも，「具体的な機械的，物理的，化学的原因」は欠陥の主張・立証責任の対象となる主要事実とみないとの理解につながる。また，この判決は，第2に，「事故時の欠陥」から「引渡時の欠陥」を推認するという方法

にも道を開いている。このようにして，欠陥についての主張・立証面での被害者側の負担は軽減される余地があるし，因果関係についても同様に考えることができる。

　なお，製造物責任法3条に基づく請求を考えるうえでは，同条に基づく請求をすることができる「損害」についても注意が必要である。同条本文により賠償請求可能な損害は，「引き渡したものの欠陥により他人の生命，身体又は財産を侵害した」ことによって生じた損害である。これに対して，「その損害が当該製造物についてのみ生じたとき」は，同条本文による請求は棄却される（同条ただし書）。本問では，Xへの健康被害が生じているため，このことは，同条に基づく請求をするに当たって支障にならない。

　次に，こうして，製造物責任法3条に基づく損害賠償請求をされた「製造業者等」は，民法722条2項による過失相殺の抗弁（損害軽減義務の違反を理由とするものを含む），（判例によれば）素因を理由とする減額の抗弁を出すことができるほか，製造物責任法4条1号に基づく「開発危険の抗弁」と呼ばれるものを提出する余地がある。「当該製造物をその製造業者等が引き渡した時における科学又は技術に関する知見によっては，当該製造物にその欠陥があることを認識することができなかったこと」を内容とする抗弁である。もっとも，「認識可能性がなかったこと」が緩やかに解されたのでは，過失における「予見可能性」に近づき，「開発危険の抗弁」が「無過失の抗弁」と大差のないものとなり，製造物責任を無過失責任として規定した趣旨に反する。それゆえ，同法4条1号が基準としている科学技術の水準については，製造業者の情報収集・研究調査能力のいかんにかかわらず，引渡時点において入手可能な最高水準のものが要求されているものと解すべきである。

　なお，余力のある読者の方は，B・A・Cについて共同不法行為の成立する余地はないかどうかを検討してみればおもしろい〔共同不法行為については→本巻54解説〕。

3　Dに対するXの請求：民法709条に基づく損害賠償請求

　XがDに対して，自己の健康に対する侵害を理由として損害賠償請求をするには，Dが製造物責任法にいう「製造業者等」に当たらないゆえに，

（さらにまた，Ｄとの間には契約関係がないゆえに）一般の不法行為法によらねばならない。その結果，Ｘとしては，民法709条に基づいて損害賠償請求をすることになる。損害賠償請求のために必要な要件については，説明を省略する。Ｄからの抗弁についても，説明を省略する。

　なお，Ｘからの請求が認められた場合，Ｂ・Ａ・Ｃ・Ｄの損害賠償債務は，通説・判例によれば，不真正連帯債務となる。

　4　Ｄに対するＫの請求：契約不適合・債務不履行に基づく損害賠償請求

　Ｋについては，Ｄに対し，売買目的物（β）に契約不適合があったことを理由として，損害賠償請求をすることが考えられる（564条・415条参照）。このための要件（種類物売買における契約不適合の問題），Ｄからの反論の可能性などについては，本巻⑮の解説を参照されたい。

• • • **関連問題** •

　本問について，Ｘから，さらに次のような質問があった。あなたとしては，どのような助言をするか。

　⑴「αから健康被害を受けた者は，私のほかにはいないようですが，このことは，私が損害賠償請求するうえで，どのような意味をもってくるのでしょうか」

　⑵「実は，ここに相談に来る前に，私はＣに直接電話をしたのですが，そのとき，応対に出たＣの担当者からは，『あなたのいう化学物質なら，他の家庭用機器や建材からも出ていますよ』といわれました。また，『お気の毒ですが，Ｄの店舗での保管が悪かったからではないのでしょうか。当方にはαについての健康被害の苦情など来ていません』ともいわれました。このことは，私が損害賠償請求するうえで，どのような意味をもってくるのでしょうか」

　⑶「化学物質過敏症という症状については，その定義を含めて医学の世界で確立していないとの記事もみたのですが，このことが本当だとすれば，私が損害賠償請求するうえで，どのような意味をもってくるのでしょうか」

　⑷「私が将来得ることができたであろう経済的利益（逸失利益）

については，どのように算定されるのでしょうか」

　また，同じく，Kから，さらに次のような質問があった。あなたとしては，どのような助言をするか。

　⑸　「αから健康被害を受けた者は，Xのほかにはいないようですが，このことは，私が損害賠償請求するうえで，どのような意味をもってくるのでしょうか」

　⑹　「α・βに契約不適合があるかどうか考えるうえで，決定的な要因は何でしょうか」

　⑺　「私は，Xの診療の際の医療費・交通費などを支払いましたが，これらの費用は，誰が，どういう理由で，誰に対して請求すればよいのでしょうか」

　⑻　「私は，βを返して，別の電熱ストーブをもらいたいのですが，それは可能でしょうか」

●】参考文献【●

＊新美育文・争点 298 頁／潮見佳男「『化学物質過敏症』と民事過失論」棚瀬孝雄編『市民社会と責任』（有斐閣・2007）169 頁／飯塚和之・リマークス 36 号（2008）55 頁

（潮見佳男）

判例索引
（参考判例として掲載されたものは太字で示した）

396

Law Practice 民法Ⅱ【債権編】〔第 5 版〕

2009年 9 月30日	初 版第 1 刷発行
2014年 4 月 1 日	第 2 版第 1 刷発行
2017年 3 月10日	第 3 版第 1 刷発行
2018年 6 月20日	第 4 版第 1 刷発行
2022年10月15日	第 5 版第 1 刷発行

編　　者　　千　葉　恵美子　　潮　見　佳　男
　　　　　　片　山　直　也

発 行 者　　石　川　雅　規

発 行 所　　鑄商 事 法 務

〒103-0025 東京都中央区日本橋茅場町3-9-10
TEL 03-5614-5643・FAX 03-3664-8844〔営業〕
TEL 03-5614-5649〔編集〕
https://www.shojihomu.co.jp/